U0807936

法律类学术文库

中国建筑西北设计研究院有限公司资助

建筑设计的知识产权保护

JIANZHU SHEJI DE ZHISHI CHANQUAN BAOHU

赵 龙 著

西安交通大学出版社
XI'AN JIAOTONG UNIVERSITY PRESS
国 家 一 级 出 版 社
全国百佳图书出版单位

图书在版编目(CIP)数据

建筑设计的知识产权保护 / 赵龙著. — 西安 ：西安交通大学出版社，2022.11

ISBN 978-7-5693-2833-2

Ⅰ.①建… Ⅱ.①赵… Ⅲ.①建筑设计-知识产权保护-中国 Ⅳ.①D923.4

中国版本图书馆 CIP 数据核字(2022)第 195153 号

书　　名	建筑设计的知识产权保护 JIANZHU SHEJI DE ZHISHI CHANQUAN BAOHU
著　　者	赵　龙
责任编辑	魏照民
责任校对	郭　剑
封面设计	任加盟
出版发行	西安交通大学出版社 (西安市兴庆南路 1 号　邮政编码 710048)
网　　址	http://www.xjtupress.com
电　　话	(029)82668357　82667874(市场营销中心) (029)82668315(总编办)
传　　真	(029)82668280
印　　刷	西安五星印刷有限公司
开　　本	700mm×1000mm　1/16　**印张**　17.5　**字数**　343 千字
版次印次	2022 年 11 月第 1 版　2023 年 2 月第 1 次印刷
书　　号	ISBN 978-7-5693-2833-2
定　　价	99.90 元

如发现印装质量问题，请与本社市场营销中心联系。
订购热线：(029)82665248　(029)82667874
投稿热线：(029)82668133
读者信箱：897899804@qq.com

版权所有　侵权必究

序

进入2021年以来，我国国民经济与社会发展正式迈入第十四个五年规划时期，作为我国全面建成小康社会、实现第一个百年奋斗目标之后的首个五年，“十四五”时期是我国乘势而上开启全面建设社会主义现代化国家新征程、向第二个百年奋斗目标进军的关键起点，具有极为重要的战略意义和价值。而作为“十四五”规划的重要一环，知识产权保护制度是我国坚持创新驱动发展、全面塑造发展新优势的重要支撑和保障，对于顺利实现“十四五”规划主要目标、促进社会主义现代化国家建设具有不可或缺的作用和价值。为此，《中华人民共和国国民经济和社会发展第十四个五年规划和2035年远景目标纲要》明确提出：“实施知识产权强国战略，实行严格的知识产权保护制度，完善知识产权相关法律法规，加快新领域新业态知识产权立法。”

《知识产权强国建设纲要（2021—2035年）》明确指出，我国国民经济进入新发展阶段以来，推动高质量发展是保持经济持续健康发展的必然要求，而创新则是引领发展的第一驱动力。考虑到知识产权与创新之间的密切联系，知识产权作为国家发展战略性资源和国际竞争力核心要素的作用自然更加凸显，这也正是我国实施知识产权强国战略的原因所在。在这一大背景下，回应新技术、新经济、新形势对知识产权制度变革提出的挑战，加快推进知识产权高质量发展，全面提升国家知识产权综合实力，建设中国特色、世界水平的知识产权强国，成为当下我国国民经济和社会发展应当重点关注的内容之一。

对于勘察设计行业而言，知识产权保护的制度构建与意识培养更加重要。进入“十四五”时期以后，勘察设计行业面临着复杂的国际国内市场形势与行业发展态势：国际上，当前国际政治经济环境面临“百年未有之大变局”，经济全球化进入新阶段，呈现新趋势、新特征，保护主义和单边主义抬头，中美政治博弈和经济竞争将贯穿未来若干年直到出现新的平衡点，新冠疫情导致部分区域经济衰退和国际矛盾激化，深刻影响全球产业链，将对勘察设计行业的海外市场扩展产生一定的冲击和影响；国内方面，碳达峰、碳中和目标将改变市场格局，推动既有建筑能效水平不断提高，装配化建造方式占比不断提升，绿色建材应用范围和程度进一步扩大，这些都对勘察设计行业的业务发展提出了更高的要求和标准；至于行业自身方面，我国建筑业预计将在“十四五”时期迎来产业生命周期的剧烈变化，从新建项目的投资建设高峰逐步过渡到增量市场与存量市场并存周期，预计未来存量市场将占据主导地位，进而导致勘察设计行业规模体量增速放缓，行业竞争更加激烈，对相关设计院所的业务转型升级提出了新的紧迫要求。在此背景下，我国勘察设计行业迎来了转型发展的关键阶段，而若想顺利渡过这一时期，应当把好两个重要节点：一是促产出。各设计院所需要加快数字化、智能化、低碳化转型，推动业务升级，提高生产能力与水平，实现高质量发展，从而提升自身的核心竞争力。二是保成果。设计院所的工作成果，大多表现为建筑工程初步设计方案、施工图纸、BIM 模型等，是建筑师们的智力创造成果，应当获得知识产权保护。对于设计院所而言，在提升生产设计能力的同时，更要重视对有关设计成果的知识产权保护，注重借助知识产权法律制度促进相关成果的转化，从而充分挖掘它们的潜在价值与附加效益，提升企业的综合实力。

但是在我国现阶段的法律制度体系下，对于建筑设计知识产权保护的相关制度设计与机制构建尚不健全、不充分。无论是相关的法条、案例判决，还是理论研究都是少之又少，可以说建筑设计的法律保护是目前知识产权制度体系中最薄弱的环节之一。虽然《中华人民共和国著作权法》（以下简称《著作权法》）第三条明确对建筑作品的著作权进行了确认，但是《中华人民共和国商标法》（以下简称《商标法》）、《中华人民共和国专利法》（以下简称《专利法》）等其他知识产权法律制度中却并未对此做出明确规定。随着勘察设计行业的转型发展和业务升级，有关建筑设计成果的范畴已经越来越难以被《著作权法》第三条的内容所涵盖，大量建筑设计面临着愈发严重的知识产权侵权风险与挑战。而目前建筑设计企业中的法务人员往往受自身业务局限性的影响，缺乏系统的知识产权法律保护与纠纷应对经验，对于企业日常经营管理过程中面临的各类知识产权侵权风险与争议，不能做到及时有效地识别、预警和应对，为企业的持续健康稳定发展埋下了一定的隐患。同时，其他管理部门的管理人员与业务部门的建筑师们更是缺乏知识产权保护意识与相关基础知识，可能导致在企业日常生产经营管理中有关建筑设计成果的知识产权保护、维权和利用转化等重要环节的缺失，损害设计院所的综合实力与市场竞争力。由此可见，在我国迈入“十四五”新时期、开启知识产权强国建设和社会主义现代化国家建设新征程的时代大潮下,《建筑设计的知识产权保护》的出版具有十分重要的理论意义和现实意义,填补了研究空白,尤其是对于以中建西北院为代表的诸多设计院所而言,这一研究更是充分保护和挖掘相关建筑设计成果的潜在价值与附加效益、提升企业综合实力与市场竞争力的重要支撑,是应对勘察设计行业巨大变革、促进企业转型升级、实现高质量发展的重要驱动力,值得每一位从事建筑设计的同仁了解和重视。

寥寥数语,以之为序!

赵元超[①]

二〇二二年八月

---

① 全国工程勘察设计大师、陕西省首届工程勘察设计大师、中国建筑西北设计研究院总建筑师。

目　录

第一章　建筑设计概论

在衣食住行中，住离不开房屋，建造房屋是人类最早的生产活动之一。在原始社会中，人们用树枝、石块构筑巢穴躲避风雨和野兽侵袭。在阶级社会中，供统治阶级住的宫殿、府邸、庄园、别墅，供统治者灵魂"居住"的陵墓，以及人们灵魂的统治者——神——"住"的庙宇，都离不开"建筑"。从这个角度讲，建筑首先包含的是满足人类各种生活所需的成分①。近几年建筑设计知识产权纠纷时有发生，如设计图纸被"盗版"、建筑外观被"仿冒"等，这些问题往往是施工方在施工中使用涉嫌知识产权侵权的产品和技术，而且国内建筑设计行业的创新能力不足，行业进入门槛较低，许多设计院所靠抄袭、仿冒他人建筑设计作品生存，因此频发知识产权侵权纠纷。

第一节　认识建筑

建筑是为了满足人类社会活动的需要，利用物质技术条件，按照科学法则和审美要求，通过对空间的塑造、组织与完善所形成的物质环境。在原则上，一种好的建筑应兼具实用性、坚固性、美观性。实用性是指切合于当时当地人民生活习惯，适合于当地地理环境。坚固性强调在正常环境之下，不违背其主要材料的合理结构而具有永久性。美观性则是指具有合理平衡，既要呈现舒适、自然的外表，也要体现全部或部分的功用，不矫揉造作也不勉强堆砌。美观是综合实用与坚固的结果②。本节主要介绍建筑的基本概念、基本属性以及构成要素。

一、建筑的基本概念

（一）建筑的概念

建筑的概念是什么？历史上著名的建筑师、哲学家、艺术家是这样描述建筑的：贝聿铭认为"艺术和历史才是建筑的精髓"；赖特认为"建筑是用结构表达思想的科学性艺术"；勒·柯布西耶认为"建筑是居住的机器，建筑是最高的艺术，它达到了柏拉图式的崇高、数学的规律、哲学的思想以及由动情的协调产生的和

---

① 冯美宇. 建筑设计原理[M]. 武汉：武汉理工大学出版社，2020：1.

② 林徽因. 中国建筑常识[M]. 北京：北京理工大学出版社，2017：3.

谐之感”；雨果认为“建筑是石头的史书”[①]；歌德认为“建筑是凝固的音乐”；果戈理认为“建筑是世界的年鉴，当歌曲和传说已经缄默，它依旧还在诉说”；黑格尔认为“建筑是地球引力的艺术”。由此可见，建筑不是简单的房子，随着人类历史的发展，它是包含着科学、技术、宗教、文化、历史、政治、经济等多种人类文明成果体系的一个组合。建筑的概念可以理解为，按照美的规律，运用建筑独特的艺术语言，使建筑形象具有文化价值和审美价值，具有象征性和形式美，体现出民族性和时代感。

建筑是人们为了满足社会生活的需要，利用从自然界掌握的各种物质技术手段，在科学规律和美学法则的支配下，通过对空间的限制、组织、改善而创造的一种人为的社会生活环境。建筑泛指建筑物和构筑物。建筑物具有较完整的围护结构，审美要求较高，如博物馆、图书馆、办公楼、住宅、学校等，人们习惯上统称其为房屋。而构筑物的围护结构不完整，审美要求也不高，如水塔、烟囱、蓄水池等。有的建筑虽然没有完整的围护结构，但审美要求高，也可称为建筑物，如纪念碑、桥梁、水坝等[②]。城市规划也属于建筑的范畴，城市规划是在更大的范围内为人们创造各种必需的环境。从远古的穴居、巢居到现代的高楼大厦，千姿百态，异彩纷呈。考察建筑发展的脉络，影响因素很多，主要有以下三方面。

一是生产力发展水平。建筑首先是一种物质资料的生产，因而离不开建筑材料和建造技术。远古时期，人们采用自然界最易取得或加工最方便的材料来建造房屋，如泥土、木、石等，出现了石屋、木骨泥墙等简单的房屋。随着生产力的发展，人们逐渐学会了制造砖瓦，利用火山灰制作天然水泥，提高了对木材和石材的加工技术，并掌握了构架、拱券、穹顶等施工方法，使建筑变得更加复杂、更加精美。特别是进入工业时代以后，生产力迅速提高，钢筋混凝土、金属、玻璃、塑料逐渐代替砖、瓦、木、石，成为最主要的建筑材料。科学的发展已使建造超高层建筑和大跨度建筑成为可能，各种建筑设备的采用，极大地改善了建筑的环境条件。建筑正以前所未有的速度改变其面貌。所以，生产力的发展是建筑发展最重要的物质基础。

二是生产关系的改变。建筑是为人类从事各种社会活动的需要而建造的，因而其必然要反映各个历史时期社会活动的特点，包括生产组织方式、政治制度、社会意识形态和生活习俗等。原始社会、奴隶社会、封建社会、现代社会等各个时期的建筑都大不相同。建于公元前2580年的埃及胡夫金字塔，以

---

① 冯美宇. 建筑设计原理[M]. 武汉：武汉理工大学出版社，2020：2.

② 艾学明. 公共建筑设计[M]. 2版. 南京：东南大学出版社，2015：1.

其庞大无比的简单几何形象作为奴隶主绝对权力的象征，它是埃及奴隶制社会阶级压迫的历史见证，也体现了古埃及卓越的起重技术和垒砌技术，以及对建筑设计的深刻理解。建于 1969 年的纽约世界贸易中心大厦，主要建筑是一对方形塔楼，每幢塔楼内设 46 部高速电梯、144 部区间电梯和 8 部货梯，反映了资本主义社会高超的建筑技术和经济实力。

三是自然条件的差异。建筑的目的是创造能适应人类社会活动需要的良好环境，因而如何针对不同的自然条件来改善环境便成为建筑设计活动的重要内容。不同的地域自然有不同的自然环境，作为人与自然中介的建筑，这些建筑像植物一样，落地生根，合天时，合地利，适宜于地区自然环境的要求，与大自然融为一体。建筑既要根植于自然环境，又要服从于自然环境，这是建筑设计必须遵循的一条基本原则。如何协调好建筑与周围环境的关系、建筑设计与周围环境的关系，以及体现出的人与自然的关系，涉及一种和谐关系的运动体系构建。基于"生命是美的"这种天生的审美情结，凡是模仿生命形态的建筑设计，人们都认为是美的。所以建筑设计首先要迎合人对生命美的追求，体现人与自然和谐的气息。如寒带与热带、山地与平原、林区与草原等，人类在不同自然条件下创造了丰富多彩的建筑类型[①]。建筑的发展受到各种因素影响，并被打上了深深的烙印，所以建筑成为人类历史发展的重要标志，成为各地文化的重要组成部分。

（二）建筑的发展

经过长期的封建社会，中国帝制建筑逐步形成了一种成熟的、独特的体系，在城市规划、建筑群、园林、民居、建筑空间处理、建筑艺术与材料结构的和谐统一、设计方法、施工技术等方面，都有卓越的创造与贡献。直到今天，这些方面仍可供我们创造现代化而又民族化的社会主义建筑参考和借鉴。

魏晋南北朝（公元 220—589 年），又称三国两晋南北朝，是中国历史上政权更迭最频繁的时期，建筑特色为"人"字拱和一斗三升组合的结构，常见的建筑类型有佛寺、佛塔和石窟。佛教的传入引起了佛教建筑的发展，高层佛塔出现了，并带来了印度、中亚一带的雕刻、绘画艺术，不仅使我国的石窟、佛像、壁画等有了巨大发展，而且也影响到建筑艺术，使汉代比较质朴的建筑风格变得更为成熟圆淳。佛教在东汉初就已传入中国，至南北朝时统治阶级予以大力提倡，兴建了大量的寺院、佛塔和石窟。中国四大石窟——莫高窟、龙门石窟、云冈石窟、麦积山石窟——都开凿于此时。寺庙建筑、塔、石窟等的繁荣兴起，极大地充实了中

① 艾学明. 公共建筑设计[M]. 2 版. 南京：东南大学出版社，2015：1.

国建筑的风貌。佛教的影响不仅仅是佛教建筑，还影响着老百姓的住宅。这一时期出现了“舍宅为寺”的建筑现象。人们疯狂地崇拜佛教，在自家院里建佛殿、建塔。

隋代（公元581—618年）建筑上承六朝，下启唐宋，为中国古建筑体系的成熟时期。隋代虽短，但因隋炀帝大兴土木，大建行宫别苑，建筑技术得到快速发展。因隋一统分裂多时的南北两朝，南北建筑技术的交流空前繁盛，为唐代成熟的建筑体系垫定了基础。隋朝建造了规划严整的大兴城，开凿了南北大运河，修建了世界上最早的敞肩券大石桥——安济桥。城市布局和建筑风格规模宏大，气魄雄浑。在建筑材料方面，砖的应用逐步增多，砖墓、砖塔的数量增加；琉璃的烧制比南北朝进步，使用范围也更为广泛。建筑技术也取得很大发展，木构架的做法已经可以正确地运用材料性能，出现了以“材”为木构架设计的标准，从而使构件的比例形式趋向定型化，并出现了专门掌握绳墨绘制图样和施工的都料匠。建筑与雕刻装饰进一步融合、提高，创造出了统一和谐的风格。住宅，根据主人不同的社会等级，其门厅的大小、间数、架数以及装饰、色彩等都有严格的规定，体现了中国封建社会严格的等级制度。这一时期遗存下来的殿堂、陵墓、石窟、塔、桥及城市宫殿的遗址，无论布局还是造型都具有较高的艺术和技术水平，雕塑和壁画尤为精美，是中国封建社会前期建筑的高峰。

唐代（公元618—907年）是中国封建社会经济文化发展的高潮时期，建筑技术和建筑艺术也有巨大发展。唐朝建筑的风格特点是气魄宏伟，严整开朗。建筑发展到了一个成熟的时期，形成了一个完整的建筑体系。它规模宏大，气势磅礴，形体俊美，庄重大方，整齐而不呆板，华美而不纤巧，舒展而不张扬，古朴却富有活力，正是当时时代精神的完美体现。从唐开始，历经千年，包括大名鼎鼎的佛光寺在内，如今中国现存的唐代建筑仍有百十余座，砖石建筑在其中占绝大多数。经过建筑学家、考古学家多年考察确证，全国共有4处保存较为完整的唐代木构建筑——五台山南禅寺、佛光寺、芮城广仁王庙、平顺天台庵，它们都奇迹般地存于山西省境内。这些榫卯结构不着一钉的木构建筑，传达着唐代建筑独特的艺术神韵。

宋代（公元960—1279年）在经济、手工业和科学技术方面都有发展，使得宋代的木匠、技工、斗拱体系、建筑构造与造型技术达到了很高的水平。建筑方式也日渐趋向系统化与模块化，建筑物慢慢出现了自由多变的组合，并且绽放出成熟的风格、拥有更专业的外形。为了增强室内的空间与采光度，采用了减柱法和移柱法，梁柱上硕大雄厚的斗拱铺作层数增多，更出现了不规整的梁柱铺排形式，跳出了唐朝梁柱铺排的工整模式。宋朝建筑物的类型多样，其中杰出的建筑主要是佛塔、石桥、木桥、园林、皇陵与宫殿等。由于注重意境的园林设计特意追求把自然美与人工美融为一体的意境，所以这一时期的建筑，一改唐代雄浑的特点，建筑物的屋脊、屋角有起翘之势，给人一种轻柔的感觉。油漆得到大量使用，使颜色十分突出。窗棂、梁柱与石座的雕刻与彩绘的变化十分丰富，柱子造型更是变化多端。数千年来，建筑智慧多依靠口耳相传、子承父业传承下来，但关于建筑的文献亦早已存在，在传世的中国画中描绘的建筑物也让历史学家更好地了解宋朝建筑的配搭。宋朝的建筑文献——《营造法式》——对施工和度量的描述非常深入，比以前的文献更有组织，为后世朝代的建筑提供了可靠依据。同时，朝廷设立了专门负责建筑营造的官职与机构——将作监——掌管宫室建筑，使建筑技术的传承更加系统。

元代（公元 1206—1368 年）是一个由蒙古统治者建立的疆域广大的军事帝国，但这一时期中国经济、文化发展缓慢，建筑发展也基本处于凋敝状态。元代建筑承金代建筑。元代建筑特点是粗放不羁，在金代盛用移柱、减柱的基础上，更大胆地减省木构架结构。元代木构多用原木作梁，因此外观粗放。因为蒙古人好白的缘故，元代建筑多用白色琉璃瓦，为这一时代的建筑特色。元代的都城元大都（今北京北部）规模宏大且形制得以延续，明清两朝皇城——北京的规模就是这一时期创建的。留存至今的元代太掖池万岁山（今北京北海公园琼岛）也是元代的盛景。由于元朝统治者崇信宗教，尤其是藏传佛教，这一时期的宗教建筑异常兴盛。北京的妙应寺白塔就是一座由尼泊尔工匠设计建造的喇嘛塔。

明代（公元 1368—1644 年）的建筑样式，大都继承于宋代而无显著变化，但建筑的设计规划以规模宏大、气象雄伟为主要特点。这一时期的城市规划和宫殿建筑均为后世所沿用：都城北京和古城南京均得益于明代的规划和经营，清代帝王的宫殿也是在明宫殿的基础上不断扩展完善而来的。这一时期的都城北京是在原有基础上改建的，建后分为外城、内城和皇城三部分。明代继续大力修筑宏伟的防御建筑——长城，长城许多重要的墙体和城关堡寨都用砖砌。明长城东起鸭绿江边，西至甘肃嘉峪关，长达 8851.8 千米。山海关、嘉峪关等著名关城，是中国建筑艺术中独具风格的杰作；北京八达岭段长城、司马台段长城等具有较高的艺术价值。这一时期，建筑方面进一步发展了木构架艺术、技术，官式建筑形象较为严谨稳重，其装修、彩画、装饰日趋定型化；装修陈设上也留下许多砖石、琉璃、硬木等不同材质的作品，砖已普遍用于民居砌墙。明代，中国建筑群的布置更为成熟。南京明孝陵和北京十三陵是善于利用地形和环境形成陵墓肃穆气氛的杰出实例。此外，此时江南官僚地主的私家园林建设非常发达，明式家具也闻名世界。值得一提的是，风水术在明代已达极盛时期，这一中国建筑史上特有的古代文化现象，影响一直延续到近代。

清代(公元1616—1912年)是中国最后一个少数民族政权，这一时期的建筑大体因袭明代传统，但也有发展和创新，建筑物更崇尚工巧华丽。清代的都城北京城基本保持了明朝时的原状，城内共有20座高大、雄伟的城门，气势最为磅礴的是内城的正阳门。因沿用了明代的帝王宫殿，清代帝王兴建了大规模的皇家园林，这些园林建筑是清代建筑的精华，其中包括华美的圆明园与颐和园。在清代建筑群实例中，群体布置与装修设计水平已达成熟。尤其是园林建筑，在结合地形或空间进行处理、变化造型等方面都有很高的水平。这一时期，建筑技艺仍有所创新，主要表现为玻璃的引进使用及砖石建筑的进步等方面。这一时期，中国的民居建筑丰富多彩，灵活多样的自由式建筑较多。风格独特的藏传佛教建筑在这一时期兴盛。这些佛寺造型多样，打破了原有寺庙建筑传统单一的程式化处理，创造了丰富多彩的建筑形式，以北京雍和宫和承德兴建的一批藏传佛教寺庙为代表。清代晚期，中国还出现了部分中西合璧的新建筑形象。

1949年新中国成立前，中国建筑呈现出中西交汇、风格多样的特点。这一时期，传统的中国旧建筑体系仍然占据数量上的优势，但戏园、酒楼、客栈等娱乐业、服务业建筑和百货、商场、菜市场等商业建筑，突破了传统的建筑格局，扩大了人际活动空间，树立起中西合璧的洋式店面；西方建筑风格也呈现在中国的建筑活动中，在上海、天津、青岛、哈尔滨等租界城市，出现了外国领事馆、洋行、俱乐部等外来建筑。这一时期也出现了近代民族建筑，这类建筑较好地实现了新功能、新技术、新造型与民族风格的统一。1949年新中国成立后，中国建筑进入新的历史时期，大规模、有计划的国民经济建设，推动了建筑业的蓬勃发展。中国现代建筑在数量、规模、类型、地区分布及现代化水平上都展现出崭新的姿态。这一时期的中国建筑经历了以局部应用大屋顶为主要特征的复古风格时期、以国庆工程十大建筑为代表的社会主义建筑新风格时期、集现代设计方法和民族意蕴为一体的广州风格时期。自20世纪80年代以来，中国建筑趋向开放、兼容，现代建筑开始向多元化方向发展。

陕西历史博物馆(见图1-1)位于西安市，设计单位为中国建筑西北设计研究院(简称中建西北院)。1991年建成开放，建筑整体充分体现了张锦秋院士“在技术上达到国际水平，建筑艺术上成为悠久历史和灿烂文化的象征”的设计思想，突出了盛唐风采。布局设计上，借鉴了中国宫殿建筑“轴线对称、主从有序、中央殿堂、四隅崇楼”的特点。整座建筑主次分明、散中有聚，突出古朴凝重的格调，营造出古代帝宫与传统园林相结合的气氛，再现传统文化与现代科技融为一体的风范，表现了中国传统宫殿建筑“太极中央、四面八方”的空间构图特色，以及千百年来早已潜入中国人空间意识中的“超以象外、得其环中”的东方宇宙哲理。

图 1－1　陕西历史博物馆(来源:中建西北院)

黄帝陵轩辕殿(见图 1－2)位于延安市,设计单位为中国建筑西北设计研究院。作为黄帝陵的标志性建筑,轩辕殿位于庙院北端,坐北面南,为正方形花岗岩石材建筑,由圆形石柱围合成方形空间,其上为巨型覆斗屋顶,顶中央有圆形天光,体现出“天圆地方”的寓意。蓝天、白云、阳光直接映入殿内,四面青山透过列柱历历在望,整个空间显得恢宏神圣、庄严肃穆。地面上用青、红、白、黑、黄五色的青石,按照东、南、西、北、中五个方位来进行铺砌,象征中国传统的五色土,也是寓意黄帝恩泽华夏大地。

图 1－2　黄帝陵轩辕殿(来源:中建西北院)

西安交通大学钱学森图书馆(见图1-3)位于西安市,设计单位为中国建筑西北设计研究院。图书馆前身为1896年创建于上海的南洋公学藏书楼,1956年图书馆主体随交通大学内迁西安。西安交通大学图书馆由两部分组成,北楼建于1961年,为响应当时建筑界正在进行的"厉行节约,反对浪费"运动,以"平屋面造型"的建筑形式建成。南楼1991年投入使用,采用退台的"后现代主义建筑美学风格"设计方案,成为国内后现代主义风格的代表性建筑。1995年,西安交通大学图书馆更名为钱学森图书馆。

图1-3 西安交通大学图书馆(来源:中建西北院)

延安大剧院(见图1-4)位于延安市,设计单位为中国建筑西北设计研究院。延安大剧院2016年建成,主体框架为剪力墙结构,屋顶为网架结构,由大剧场、戏剧厅和音乐厅三大主功能厅组成。将延安传统建筑元素窑洞作为主要设计因素,充分赋予建筑地域特色,建筑由外到内统一,以简洁的方形体量相互穿插生成。建筑外立面材质主要应用艺术混凝土、玻璃、金属三种材质,艺术混凝土有着黄土大地的味道,肌理贴近自然,如同沟壑,使建筑犹如从大地中生长出来,屋顶的造型感更加强烈,增添现代开放气息,且通过玻璃幕墙的衔接,屋顶也更加轻盈。

中国大运河博物馆(见图1-5)位于扬州市,设计单位为中国建筑西北设计研究院。中国大运河博物馆整体馆型采用了巨型船只造型,同时融入风帆元素,就像运河边一艘即将扬帆起航的巨船。整个博物馆的设计理念寓意着扬州与运河的关系,犹如船只与水一样,相依相偎,相辅相成。大运塔则以唐塔的风格设计,塔高百米,可通过馆顶建设的长虹卧波式长廊进入高塔。文峰塔、大运塔、天中塔在运河边形成了“三塔映三湾”的景观。博物馆整体基调为唐代建筑风格，由张锦秋院士领衔设计。

图 1-4　延安大剧院(来源:中建西北院)

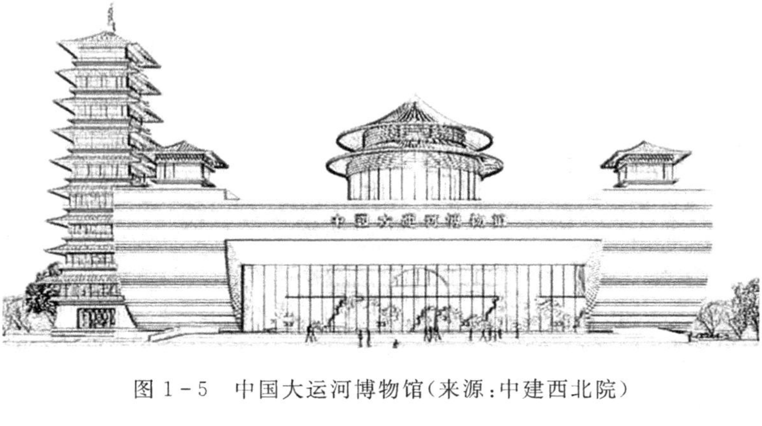

图 1-5　中国大运河博物馆(来源:中建西北院)

中国国家版本馆文济阁(见图1－6)位于西安市,设计单位为中国建筑西北设计研究院。中国国家版本馆是国家版本资源总库和中华文化种子基因库,由中央总馆文瀚阁、西安分馆文济阁、杭州分馆文润阁、广州分馆文沁阁组成。中国国家版本馆文济阁南倚秦岭,北望渭河,主体为高台建筑,呈现出大气磅礴的汉唐风格。设计延续了古今交融的理念,将中国传统建筑风格应用于国家版本馆文济阁的设计中,利用山峦地势起伏,形成中心对称、园林交错的建筑景观。在项目建设上,国家版本馆文济阁具有“四大三高”的特点,即南北高差大、土方量大、护坡桩工程量大、钢结构工程量大,抗震设防高、装修标准高、工艺技术要求高。

图1－6 中国国家版本馆文济阁(来源:中建西北院)

二、建筑的基本属性

建筑的本质是人类建造以供居住和活动的生活场所,所以实用性是建筑的首要功能,只是随着人类实践的发展,物质技术的进步,建筑越来越具有审美价值。建筑是实用价值与审美价值、工程技术手段与艺术手段、民族性与地域性紧密结合的美术门类。因此建筑主要具有实用性、技术性、艺术性、时空性、地域性以及社会性等六个基本属性。

一是实用性。建筑是为了满足人类生产和生活的需要而建立的,所以它首先是一个实用对象,应该具有与其使用功能相适应的空间尺度、合理的室内空间布置、必要的家具设施和良好的物理环境条件等。二是技术性。科学技术和物质生产是社会发展中最活跃的力量，它们不但推动社会的进步，而且直接推动建筑的发展。科学技术不仅是现实建筑的保障，同时也为建筑开辟新领域，为建筑提供新的物质基础，并为建筑提供不断发展的可能性。三是艺术性。建筑的艺术性多指建筑的形式或建筑造型方面。建筑虽然是一个使用对象，但它需要用具体的形象表现出来。建筑的艺术性具有相对独立性，它有自己的一套规律和法则。四是时空性。从建筑作为客观的物质存在来说，建筑的时空特性具有实体与空间的统一性，以及空间和时间的统一性。五是地域性。不同地域有着不同的建筑形式，这既是由于人们的生活方式、风俗习惯、宗教信仰等因素的不同而形成的，也是由于气候、地貌、生态环境、自然资源等因素的不同而形成的。六是社会性。建筑是社会赖以生存的物质基础之一，它的产生与发展依赖于社会的生产力，同时也是社会制度和社会意识形态的物质表征。也就是说，在一定的社会历史发展阶段，社会创造了建筑，建筑反过来也影响着社会。

三、建筑的构成要素

建筑的构成要素主要有建筑功能、建筑技术、建筑形象三个方面，而构成建筑的三个要素是辩证统一的关系，它们既不能分割，也不分主次。

建筑功能是指建筑的用途和使用要求。建筑功能的要求随着社会生产和生活的发展而发展，不同的功能要求产生不同的建筑类型，不同的建筑类型具有不同的建筑特点。建筑功能是人们建造房屋的主要目的之一。具体而言，功能表明了人类生产、生活的各种需要，如为了满足居住生活的需要，人们修建了住宅建筑；为了满足社会公共事务的需要，人们创造了办公建筑；为了满足交通出行的需要，人们创造了交通建筑。由于社会向建筑提出了各种不同的功能要求，于是就出现了许多不同的建筑类型，又由于这种要求不是一成不变的，所以建筑功能也在不断地发展变化。新的建筑类型不断产生，旧的建筑类型逐渐消失，这已经成为建筑发展中的基本现象。建筑功能是推动建筑发展最活跃的因素，在建筑构成要素中始终占据主导地位。

建筑技术包括材料、结构、设备、施工技术及经济合理性等。建筑技术随社会生产水平和科学技术水平的提高而提高，建筑技术的进步带来建筑设计的理念革新。物质技术条件主要包括建筑材料、建筑结构技术、建筑设备技术、建筑施工技术等用以完成建筑的各类工程技术手段。它对建筑的发展既表现出积极推动的一面，同时也表现出消极限制的一面。古代社会，由于工程技术条件的限制，难以获得较大的室内空间，大大限制了人们的室内活动空间。为了克服这一矛盾，人们采用各种方法扩大室内空间。在西方，古罗马人发明了拱券结构和穹隆技术；在东方，中国古人采用殿堂型、厅堂型等木构架技术，从而有效扩大了室内空间，同时也推动了建筑外观形式的变化。近现代建筑的发展也表明了工程结构技术的发展对建筑的推动作用。近代钢材、水泥、混凝土材料的应用，推动了钢结构和钢筋混凝土结构的发展，同时促使建筑在室内空间跨度和建筑高度方面取得显著成就①。

构成建筑形象的因素，包括建筑群体和单体的体形、内部和外部的空间组合、立面构图、细部处理、材料的质感和色彩以及光影变化等。这些因素处理得当，便会产生良好的艺术效果，满足人们的审美要求。优秀的建筑设计，其建筑形象常常能反映时代的生产水平、文化传统、民族风格和社会精神面貌，表现出某种建筑的性格和内容。建筑形象包括建筑内部空间形象和建筑外在表现形象。如果说建筑功能反映了对建筑所围合空间的利用情况，那么建筑形象则反映了对围合空间的周边实体的建筑设计。不同于一般的动物，人类具有思维和精神活动能力，因而供人居住和使用的建筑应考虑它对人的精神感受所产生的巨大影响。因此，一般的居住建筑设计和公共建筑设计既要考虑到人们对它提出的物质功能方面的要求，同时还应兼顾人们的精神感受方面的要求，通过内部空间的大小、形状、比例、空间组合设计，外部体型、立面构图、细部处理、材料的色彩和质感以及光影变化等综合因素创造出具有一定艺术感染力的建筑设计作品。

现代建筑设计理念的日益完善，已经不再局限于功能视角下对室内空间多元结构布局的研究，而是从视觉美学层面满足人们追求舒适、轻松、安静的室内环境空间。在此背景下，现代建筑设计中的色彩美学得到了广泛应用，并逐渐形成了基于色彩美学的空间艺术体现②。在上述三个基本构成要素中，建筑功能是建筑的目的，建筑技术是实现建筑目的的手段，而建筑形象则是建筑功能、建筑技术和审美要求的综合表现③。建筑是人设计的，是为人服务的，它以空间为其主要特征，以创造良好的环境为其宗旨，建筑应实现功能、技术和形象三者的辩证统一，这就是建筑的本质。建筑不仅注重实用功能的体现，还注重形式美学、视觉美学的呈现，给人以舒适的体验④。

① 冯美宇. 建筑设计原理[M]. 武汉：武汉理工大学出版社，2020：3－4.

② 杨书婷. 现代建筑设计中的色彩美学的艺术体现[J]. 建筑结构，2022，52(3)：162－163.

③ 艾学明. 公共建筑设计[M]. 2版. 南京：东南大学出版社，2015：4.

④ 潘琦. 文化性和艺术化主导下的建筑设计[J]. 建筑结构，2022，52(3)：164－165.

四、建筑的分类

按照建筑的使用功能，建筑可分为民用建筑、工业建筑和农业建筑三大类。民用建筑是供人们居住和公共活动的建筑的总称。工业建筑是工业生产所需的各类建筑，加厂房车间、仓储等。农业建筑是各类农业、牧业、渔业生产和加工所需的各类建筑，如种植暖房、农副产品仓库等。

民用建筑按照使用功能可分为居住建筑和公共建筑两大类。居住建筑包括住宅建筑、宿舍建筑。公共建筑包括办公建筑、商业建筑、餐饮建筑、科研建筑、教育建筑、休闲娱乐建筑、金融建筑、旅馆建筑、观演建筑、博物馆建筑、文化建筑、纪念性建筑、会展建筑、体育建筑、医疗建筑、卫生防疫建筑、交通建筑、广播电视建筑、邮电通信建筑、商业综合体、宗教建筑、殡葬建筑、园林建筑、惩戒建筑、市政建筑以及临时建筑。

民用建筑按照建筑高度可分为单、多层建筑，高层建筑，超高层建筑。在住宅建筑中，小于等于 27 米（包括设置商业服务网店的住宅）的住宅建筑属于单、多层建筑，大于 27 米且小于等于 100 米的住宅建筑属于高层建筑，大于 100 米的住宅建筑属于超高层建筑。在公共建筑中，小于等于 24 米（包括建筑高度大于 24 米的单层建筑）的公共建筑属于单、多层建筑，大于 24 米且小于等于 100 米的公共建筑属于高层建筑，大于 100 米的公共建筑属于超高层建筑。

民用建筑按照工程规模可分为特大型、大型、大中型、中型、小型建筑。在展览建筑中，展览面积大于 10 万平方米的为特大型建筑，大于 3 万平方米小于 10 万平方米的为大型建筑，大于 1 万平方米小于 3 万平方米的为中型建筑，小于 1 万平方米的为小型建筑。在博物馆中，建筑面积大于 5 万平方米的为特大型建筑，大于 2 万平方米小于 5 万平方米的为大型建筑，大于 1 万平方米小于 2 万平方米的为大中型建筑，大于 5000 平方米小于 1 万平方米的为中型建筑，小于 5000 平方米的为小型建筑。在文化馆建筑中，建筑面积大于 6000 平方米的为大型建筑，大于 4000 平方米小于 6000 平方米的为中型建筑，小于 4000 平方米的为小型建筑。在体育场中，座位数大于 6 万座的为特大型建筑，大于 4 万座小于 6 万座的为大型建筑，大于 2 万座小于 4 万座的为中型建筑，小于 2 万座的为小型建筑。在体育馆中，座位数大于 1 万座的为特大型建筑，大于 6000 座小于 1 万座的为大型建筑，大于 3000 座小于 6000 座的为中型建筑，小于 3000 座的为小型建筑。在游泳设施中，座位数大于 6000 座的为特大型建筑，大于 3000 座小于 6000 座的为大型建筑，大于 1500 座小于 3000 座的为中型建筑，小于 1500 座的为小型建筑。在剧场中，座位数大于 1500 座的为特大型建筑，大于 1200 座小于 1500 座的为大型建筑，大于 800 座小于 1200 千座的为中型建筑，小于 800

座的为小型建筑。在电影院中，座位数大于1800座的为特大型建筑，大于1200座小于1800座的为大型建筑，大于700座小于1200座的为中型建筑，小于700座的为小型建筑。在商店建筑中，大于2万平方米的为大型建筑，大于5000平方米小于2万平方米的为中型建筑，小于5000平方米的为小型建筑。在公共图书馆中，服务人口大于150万(含)的为大型建筑，大于20万小于150万的为中型建筑，小于20万的为小型建筑。

民用建筑按照设计使用年限分为四类。第一类的设计使用年限为5年，例如临时性建筑。第二类的设计使用年限为25年，例如易于替换结构构件的建筑。第三类的设计使用年限为50年，例如普通建筑和构筑物。第四类的设计使用年限为100年，例如纪念性建筑和特别重要的建筑。

按照《建筑设计防火规范》(GB 50016—2014)规定，高层民用建筑根据其建筑高度、使用功能和楼层的建筑面积可分为一类建筑和二类建筑，多层建筑不进行划分。在住宅建筑中，一类建筑是建筑高度大于54米的住宅建筑(包括设置商业服务网点的住宅建筑)，二类建筑是建筑高度大于27米且小于等于54米的住宅建筑(包括设置商业服务网点的住宅建筑)。在公共建筑中，一类建筑包括：建筑高度大于50米的公共建筑；建筑高度24米以上部分任一楼层建筑面积大于1000平方米的商店、展览、电信、邮政、财贸金融建筑和其他多种功能组合的建筑；医疗建筑、重要公共建筑、独立建造的老年人照料设施；省级及以上的广播电视和防灾指挥调度建筑、网局级和省级电力调度建筑；藏书超过100万册的图书馆、书库。二类建筑是除一类高层公共建筑外的其他高层公共建筑。

第二节　认识建筑设计

设计，是在正式做某项工作之前，根据一定的目的要求，预先制定方法、图样等，把一种计划、规划、设想通过视觉的形式传达出来的活动过程。设计广泛应用于人类的各项创造活动之中，如工业设计、服装设计、机械设计、环境设计、建筑设计、室内设计、网站设计、平面设计、影视动画设计等。建筑设计，其概念比较复杂，本节主要介绍建筑设计的含义、方针、原则、内容、依据等。

一、建筑设计的含义

建筑设计的含义，可以从以下两个方面来理解：一是从设计过程来理解。建筑设计是根据建筑物的使用性质、所处环境和相应标准，运用物质技术手段和建筑美学原理，创造功能合理、舒适优美，满足人们物质和精神生活需要的室内外空间环境的过程。二是从学科角度来理解。建筑设计是一门边缘性与交叉性的学科。就设计的功能性与技术性而言，建筑设计涉及人体工程学、材料学、物理学、生态学、应用数学、结构力学、经济学等学科领域；就设计的审美性而言，建筑设计还要对相关的艺术美学、构成学、心理学、民俗学、色彩学、伦理学及哲学等学科进行研究。

建筑设计是一个复杂的创造过程，其最终目的是实现功能性与审美性，以人的生产需要、生活需要和精神需要为核心展开。建筑设计作为建筑工程中的基础环节，需对建筑项目中的功能、空间做出合理安排，确保建筑项目在施工结束后可以为用户带来更加优质的居住体验①。在设计之初，需要整体把握设计对象的各类因素，主要包括使用性质（根据功能需要设计建筑物）、所在场所（建筑物所在的周围环境状况）以及设计标准（工程项目的经济投入标准和各项设计规范标准要求）。在设计构思过程中，需要运用物质技术手段，即建造一座建筑物所需要的工程技术，主要涉及建筑材料、结构、设备技术等，还需要遵循建筑美学原理，这是建筑设计的艺术性需要，在建筑造型设计中应考虑"统一与变化、对比与微差、均衡与稳定、比例与尺度、节奏与韵律、主从与重点"等美学法则，因此，需重视建筑设计在工程项目中的作用②。

二、建筑设计的方针与原则

建筑是凝固的历史和文化，是城市文脉的体现和延续。根据罗马时代的建筑家维特鲁威所著的《建筑十书》的记载，建筑应具备三个基本要求，即适用性、坚固性以及美观性，作为建筑设计基本指导原则，一直影响至当代③。建筑设计的方针随着时代的发展也在不断发展。近年来，我国广大建筑师奋发图强、勇于实践，创作了一大批高质量、高水平的建筑设计作品，在满足人民群众生产生活需求、塑造城市建筑风貌、推动新型城镇化发展方面发挥了极为重要的作用，成绩显著。

（一）建筑设计方针

建筑设计方针是建筑设计活动必须遵循的基本原则，是指导我国建筑活动的核心价值观，在保证国家基本建设、满足人民生产生活需要方面发挥着重要作用。我国的建筑设计方针随着经济社会的发展，经历了一个逐渐演变的过程。1952 年，第一次全国建筑工程会议提出建筑设计总方针是"适用、坚固安全、经

---

① 李晓娟，刘科．面向全生命周期的绿色建筑多目标优化决策[J]．上海节能，2020(10)：1117－1120．

② 王东旭．建筑工程中建筑设计的重要性及强化措施[J]．陶瓷，2020(12)：106－107．

③ 冯美宇．建筑设计原理[M]．武汉：武汉理工大学出版社，2020：9．

济、适当照顾外形的美观”。1955 年，建筑工程部召开设计及施工工作会议，明确全国的建筑设计方针是“适用、经济、在可能条件下注意美观”。1956 年，国务院下发了《关于加强设计工作的决定》，明确提出“在民用建筑的设计中，必须全面掌握适用、经济、在可能条件下注意美观的原则”。1986 年，国家建设部在《中国建筑技术政策》中提出，建筑业的主要任务是全面贯彻“适用、安全、经济、美观”的方针。1996 年的《中国建筑技术政策》中提出，建筑设计的任务是本着“适用、经济、美观”的方针进行创作。2019 年，住房城乡建设部颁布的《民用建筑设计统一标准》中提出民用建筑应符合“适用、经济、绿色、美观”的方针，这是指导我国当前建筑设计的总体方针。

“适用”是对建筑的基本要求，也是建筑的目的。因此建筑应具有与其使用要求相适应的面积、体积及合理的空间布置、必要的设施条件，并能创造良好的物理环境。“经济”是建筑在建造和使用过程中所产生的综合效益，包括经济效益、社会效益和环境效益。经济效益要综合考虑建筑造价、材料消耗和建设周期等因素。社会效益体现在社会文化、福利、对人才素质的提高以及国民收入增长等方面。环境效益则取决于环境质量评价。“绿色”是在民用建筑设计中体现可持续发展的理念，在满足建筑功能的基础上，实现建筑全生命周期内的资源节约和环境保护，为人们提供健康、实用和高效的使用空间。“美观”是建筑造型、室内外空间组织以及装修等艺术处理的结果，也是时代的社会生活物质技术、审美意识的综合反映。随着人们审美水平的不断提高，现代建筑设计在强调基础功能与空间结构设计的基础上，突出建筑设计的艺术美学效果[①]。不同的建筑类型和处于不同的环境条件下的建筑，应具有不同的艺术形式和建筑风格，以促进建筑创作的繁荣与发展。因此，在建筑设计实践中应严格执行“适用、经济、绿色、美观”方针，以保证建筑设计行业沿着正确的方向发展。

（二）建筑设计的基本原则

城市与乡村的文化形象在很大程度上是通过其建筑设计来体现的[②]，建筑设计是一项政策性和技术性很强、内容非常广泛的综合性工作。实际上，一个类型的建筑的使用功能总是相同的，在确保能够满足其使用功能并达到安全标准的前提下，一个国家或地区建筑设计水平的高低主要体现在建筑社会功能的实现度上，而不仅仅在于其建筑设计外观的新颖独特。那么遵循哪些设计原则才能促使建筑社会功能的实现呢？[③] 概括地说，目前我国的建筑设计主要应遵循

① 赵沛源．现代建筑设计的艺术美学展现[J]．建筑结构，2021，51(16)：167．

② 吴德峰．建筑外墙陶瓷装饰的设计原则与意义[J]．中国陶瓷，2018，54(1)：71－74．

③ 王憺．当代建筑设计应遵循的五项原则[J]．美术观察，2014(9)：24－25．

以下基本原则：

(1)坚决贯彻国家的有关方针政策，遵守有关的法规、规范和条例[①]。

(2)考虑建筑与城市以及周围环境的关系，使建筑设计满足城市规划的要求。

(3)考虑建筑的功能和使用要求，创造良好的空间环境，以满足人们生产、生活和文化等各种活动的需要[②]。

(4)考虑防火、抗震、防空、防洪等措施，保障人民生命财产的安全，并尽量为残疾人和老年人的正常生活及参与社会活动创造便利条件。

(5)考虑建筑的内外形式，创造良好的建筑形象，以满足人们的审美要求。

(6)考虑材料、结构与设备布置的可能性与合理性，妥善解决建筑功能、艺术要求与技术之间的矛盾。

(7)考虑经济条件，创造良好的经济效益、社会效益和环境效益，并适当考虑远近期的目标相结合。

(8)考虑施工技术问题，为施工创造有利条件，并促进建筑工业化。

三、建筑设计的内容与依据

房屋的设计工作，通常包括建筑设计、结构设计、设备设计三部分。建筑设计是房屋设计的龙头，并与结构设计、设备设计紧密配合，相互协调；结构设计包括结构选型、结构计算、结构布置与构件设计等，它是从受力骨架上保证建筑安全的设计；设备设计包括给水、排水、供热、通风、电气、燃气、通信、动力等设计，它是改善建筑物理环境的重要设计[③]。

(一)建筑设计的内容

建筑设计的内容包括两部分，即建筑空间环境的造型设计和构造设计。随着人们生活水平的显著提升，人们对于生活环境尤其是居住空间环境的要求也持续提高。与之对应的，建筑室内空间环境设计也越来越受到人们的关注并成为当前建筑设计的研究热点[④]。

造型设计包括建筑总平面设计、建筑平面设计、建筑剖面设计以及建筑立面设计等四个方面。第一，建筑总平面设计主要是根据建筑物的性质和规模，结合基地条件和环境特点，以及城市规划的要求，来确定建筑物或建筑群的位置和布

① 艾学明. 公共建筑设计[M]. 2版. 南京：东南大学出版社，2015：5.

② 冯美宇. 建筑设计原理[M]. 武汉：武汉理工大学出版社，2020：9.

③ 艾学明. 公共建筑设计[M]. 2版. 南京：东南大学出版社，2015：7.

④ 赵悟，鲁璇. 基于人性化理念的建筑室内空间环境设计探析[J]. 建筑经济，2021，42(7)：96－99.

局,规划用地内的绿化、道路和出入口,以及布置其他设施,使建筑总体满足使用要求和艺术要求。第二,建筑平面设计主要是根据建筑的空间组成及使用要求,结合自然条件、经济条件和技术条件,来确定各个房间的大小和形状,确定房间与房间之间、室内与室外空间之间的分隔联系方式,进行平面布局,使建筑的平面组合满足实用、安全、经济、美观和结构合理的要求。第三,建筑剖面设计主要是根据功能和使用要求,结合建筑结构和构造特点,来确定房间各部分高度和空间比例,进行垂直方向空间的组合和利用,选择适当的剖面形式,并进行垂直方向的交通、采光、通风等方面的设计。第四,建筑立面设计主要是根据建筑的性质和内容,结合材料、结构和周围环境特点,综合解决建筑的体形组合、立面构图和装饰处理,以创造良好的建筑形象,满足人们的审美要求。

构造设计主要是建筑的构造组成、形式、方法及各个组成部分的细部构造做法,如墙体、楼层、楼梯、屋顶、门窗等,并确定这些构造组成所采用的材料和组合方式,以解决建筑的功能、技术、经济和美观等问题。构造设计根据建筑物使用功能的要求,综合考虑建筑的物质技术条件,依据建筑材料、建筑结构、建筑经济、建筑施工和建筑艺术诸方面因素的影响,选择合理的构造方案,确定出安全实用、经济美观的构造做法。房屋的空间环境造型设计中,总平面、平面、剖面以及立面各部分的设计是一个综合思考过程,而不是相互孤立的设计步骤。建筑空间环境的造型设计和构造设计,虽然设计内容不同,但目的和要求却是一致的,所以设计时应综合考虑。

(二)建筑设计的依据

建筑设计要根据人体工程学、行为建筑学、自然条件、环境条件以及技术要求等资料性依据和条件性依据综合做出判断。

人体工程学研究人体尺度和人体活动所需的空间尺度,研究家具、设备与人的配合关系,研究人的生理要求。

行为建筑学研究人与建筑空间环境的关系,包括人的各种行为对建筑产生的要求,建筑对人的行为产生的生理和心理的反作用等。

自然条件包括气象、地形、地质、水文、地震烈度等。气象包括建筑地区的温度、湿度、日照、降水、风向、风速等,建筑设计应根据建筑自身的要求和不同的气象条件,解决好保温、隔热、通风、防风沙、日照、遮阳、排水、防水、防潮、防冰冻等问题①。地形是指建设地段地势起伏的状况。地质包括地基土的种类和承载能力。水文包括地面水和地下水的基本情况。地震烈度是指地面及房屋建筑遭受

① 艾学明.公共建筑设计[M].2版.南京:东南大学出版社,2015:8.

地震破坏的程度。地震烈度为五度及以下的地区，地震对建筑物的损坏影响较小，可以不设防。九度以上地区，一般不适宜建造房屋①。建筑设计应根据自然条件趋利避害，采取必要的防范措施。

环境条件包括建设基地的方位、形状、面积，基地周围的绿化与自然风景，基地原有的建筑状况和管网设施，以及城市规划对该地段的要求等。建筑设计必须与环境条件相适应，通过建筑设计进一步改善环境质量。

技术要求包括建筑材料、结构形式、施工方法和设备选择等。建筑设计会受到技术条件的制约，建筑师必须做好与其他工种设计人员的协作配合工作。建筑设计应尽量采用新材料、新技术、新工艺，为建筑工业化创造条件。

四、建筑设计程序

建筑设计是一项复杂而综合性强的专业技术工作②。建造一幢房屋，大体要经过决策阶段、设计阶段、施工阶段以及后评价阶段等四个阶段，其中最主要的工作是设计前期的准备与各阶段的具体设计。

（一）决策阶段

这一阶段主要包括编制项目建议书和可行性研究报告两项工作。项目建议书是投资决策前对拟建项目提出工作设想，是要求建设具体工程项目的建议性文件。可行性研究是项目建议书经过上级主管部门批准后，通过对项目有关的工程、技术、经济等条件和情况进行调查、研究、分析，对可能的建设方案和技术方案进行比较论证和预测建成后的经济效益。可行性研究的目的是评价拟建项目在技术上的先进性和适用性，在经济上的盈利性和合理性。可行性研究的最终成果是可行性研究报告，审批后方可进入项目建设的下一个阶段③。

（二）设计阶段

根据项目建设的不同情况，一般的建筑设计可分为设计准备、方案设计、初步设计和施工图设计等四个环节。

设计准备环节的具体工作内容有四项。一是接受委托任务书，签订合同，或者根据标书要求参加投标，明确设计期限并制订设计进度，考虑有关工种的配合与协调。二是明确建筑设计任务和要求，包括建筑的使用性质、功能特点、艺术风格、设计规模、等级标准、工程造价等要求。三是资料收集与现场调研。资料

① 何相宇，张路，马玉虎．建筑结构设计依据合理化识别方法研究[J]．建筑结构，2019，49(S1)：218－224.

② 马景忠．中日两国建筑设计程序的比较[J]．建筑学报，2003(8)：67－69.

③ 冯美宇．建筑设计原理[M]．武汉：武汉理工大学出版社，2020：10.

收集包括各类现行规范、标准的收集，气象资料、地形图、现状图、规划文件、地质勘察资料的收集。现场调研包括现场踏勘以及对同类建筑实例的参观等。对建设单位及其主管部门的调查，包括使用要求、建设标准等；对同类建筑的调查，包括设计的成败得失等[①]；对材料供应商和施工企业的调查，包括材料供应情况、施工条件和施工水平等；对本地传统建筑经验与生活习俗的调查，这种调查也可以和行为建筑学的调查结合起来。现场踏勘，包括核对地形图与现状图，了解历史沿革与现状中存在的有利和不利因素，并初步拟定建筑物位置与总平面布局。调查研究应注意去粗取精，去伪存真，进行分析归纳，找出设计中要解决的主要矛盾和问题。四是拟定任务书，接受委托的设计，必要时需要协助业主拟定符合实际需求的任务书。

方案设计环节包括两种情形：一种情形为设计不需要投标，建设方已直接委托设计。另一种情形为设计需要投标，又可分为投标方案设计和方案深化设计两个阶段。前者是在项目招投标阶段以招标书为依据，通过投标、竞赛，为建设方提供最佳方案，以争得设计权；后者是在获得项目设计权后，通过对方案的调整与深化设计，以满足建设行政主管部门的正式规划申报要求。方案设计文件包括设计说明、主要技术经济指标、设计图纸、建筑效果图或模型，以及其他形式的设计效果展示等。设计说明是对设计方案的具体解说，包括设计项目概况、设计依据和设计要求、建筑构思说明、总平面设计说明、建筑设计说明、主要技术经济指标。设计图纸主要包括总图系列的图纸和建筑设计图纸。总图系列的图纸一般包括场地的区域位置图、场地现状图、总平面图、各类场地分析图。建筑设计图纸一般包括各层平面图、代表性建筑立面图、主要剖面图等，另外包括根据招标文件要求制作的各类分析图和详图，如建筑功能分析图、平面交通分析图、室内景观分析图、建筑声学分析图等。方案设计图纸最好采用彩色表达，平面图最好按照功能分区填色，立面图宜进行渲染。随着市场竞争日趋激烈，为了达到中标的目的，透视图、鸟瞰图、模型等已经成为建筑效果图及模型常用的形式，三维动画也多有应用[②]。

初步设计环节侧重于建筑空间环境设计，设计成果包括总平面图、各层平面图、主要立面和剖面图、投资概算、设计说明等。为了提高表现力，重要工程需绘制彩色图、透视图或制作模型。方案设计图经有关部门审查通过后，建筑师根据审查意见建议和业主新的要求条件，对方案设计的内容进行修改和调整，同时着手组织各技术专业的设计配合工作。在项目设计组安排就绪后，建筑师同各专

① 艾学明.公共建筑设计[M].2版.南京：东南大学出版社，2015：16.

② 冯美宇.建筑设计原理[M].武汉：理工大学出版社，2020：11.

业的设计师对设计技术方面的内容进行反复探讨和研究，并在相互提供各专业的技术设计要求和条件后，进行初步设计的制图工作。初步设计文件包括设计说明、技术经济指标、设计图纸、计算书等。初步设计说明包括设计总说明、执行的设计规范与标准、总平面设计、建筑功能设计、建筑造型设计、建筑材料及设施、防水工程设计、无障碍设施、建筑使用人数、建筑面积统计表、防火设计、人防设计、节能设计、环境保护与生态设计等内容。其中设计总说明是对设计项目基本概况和设计依据的描述，由各专业合作完成，在以后的各专业说明中不另行撰写。初步设计图纸包括总平面系列、平面系列、立面图、剖面图及详图系列。总平面系列图纸包括区域位置图与城市环境图、总平面图、竖向设计图、交通分析图、绿化分析图、日照分析图等。平面系列图纸包括轴网定位图、组合平面图、平面图、平面详图、防火分区图。在初步设计阶段，建筑专业要向其他专业提供包括设计说明、设计图纸、建设标准、材料做法及门窗表等基本资料。

根据初步设计的审查意见建议和业主新的需要，建筑师对初步设计的内容进行修改和调整，在设计原则和设计技术等方面，如各专业间基本没有争议，就要着手准备进行施工图的设计工作①。施工图是提供给施工单位作为施工的依据，所以必须正确和详尽。建筑设计绘制的图样包括总平面图、各层平面图、各立面图、各剖面图、屋顶平面图等基本图，还包括建筑的各种配件与节点的构造详图，它们都应有详尽的尺寸和施工说明②。施工图的设计说明也应详尽具体，把图样中未能充分表达的内容交代清楚。建筑结构与建筑设备各工种设计成果也包括基本图、详图、设计说明等内容。此外，施工图阶段还应做出设计预算。施工图设计文件应包括设计说明、技术经济指标、材料用量表、设计图纸、设计计算书等。施工图设计说明包括设计项目概况、设计依据、设计范围与设计分工、设计坐标与高程系统、基本说明与要求、总平面设计、防空地下室设计、防火设计、节能设计、无障碍设计、各类工程做法说明、电梯选择及性能说明、卫生器具设置要求、噪声控制设计、新技术和新材料做法说明、施工注意事项、设计计算书等。施工图设计图纸包括总图系列、平面系列、立面系列、剖面系列及详图系列的图纸。总图系列图纸有区域位置图、总平面图、竖向设计图、土方图、绿化及建筑小品布置图、总平面详图等；平面系列图纸有轴网定位图、组合平面图、平面图、平面详图；立面系列图纸有立面图、立面详图；剖面系列图纸有剖面图、剖面详图；详图系列图纸有外墙详图，楼梯详图，电梯、自动扶梯、自动步道详图，卫生间详图，厨房详图，门窗详图，幕墙详图，吊顶详图等。设计计算书分为对外报审

① 马景忠. 中日两国建筑设计程序的比较[J]. 建筑学报，2003(8)：67－69.

② 艾学明. 公共建筑设计[M]. 2版. 南京：东南大学出版社，2015：17.

和供内部使用两种，既可以在设计说明中分项列出，也可以以附件的形式与说明并列。其内容包括建筑面积统计、使用人数、节能、土方、视线、座位、电梯、防火、安全疏散等。在施工图设计过程中，建筑专业应及时向内部其他专业提供基本设计资料。

（三）施工阶段

施工阶段也称为建设实施阶段，指工程建设实施阶段的生产活动，是各类建筑物的建造过程，也可以说是人们利用各种建筑材料、机械设备按照特定的建筑设计图纸在指定的空间、时间内进行的为建造各式各样的建筑产品而进行的生产活动。这个过程中将要进行施工准备、施工组织设计与管理、土方工程、爆破工程、基础工程、钢筋工程、模板工程、脚手架工程、混凝土工程、预应力混凝土工程、砌体工程、钢结构工程、木结构工程、结构安装工程等工作。

（四）后评价阶段

建设项目后评价是工程项目竣工投产，生产运营一段时间后对建设项目的立项决策、设计、施工、竣工、投产以及生产经营全过程进行系统综合评价的一项技术活动，也是固定资产投资管理的最后一个环节。通过这一综合性的技术评价，可以总结经验、发现问题、吸取教训、提出建议，改进今后的工作。

第三节 知识产权理论概述

“知识产权”这个概念并非源于我国，而是译自外文。在英语中，通常用“intellectual property”（IP）或者“intellectual property right”（IPR）表示我们所指称的知识产权。从词义上讲，IP 更多地在财产意义上使用，可以称为“知识财产”，而 IPR 则更多地在权利意义上使用。但在国内外文献中，除极其严谨的场合和特别必要，一般没有严格区分二者，通常将“IP”和“知识产权”互译。本节主要介绍知识产权的概念、性质、特征、分类以及相关的国际条约。

一、知识产权的概念

我国学术界在学术研究过程中也曾使用过“智力成果权”这个概念，但在 1986 年颁布的《中华人民共和国民法通则》中正式使用了“知识产权”的概念[①]。据有关文献记载，“知识产权”作为一个名词提出，到现在只有三百多年的历史，而将其作为法学领域的学术概念或者法律规范中的法律概念的时间则更加短

① 王洪友. 知识产权理论与实务[M]. 知识产权出版社，2016：15.

暂。相对于已有数千年历史的民商法中的物权、债权等基本概念，知识产权作为一种财产权概念的历史仅仅是弹指瞬间①。

在英文文献里，“Intellectual Property”被理解为“来自工业、科学、文学与艺术领域的智力活动产生的法律权利”②。在国内，对知识产权概念的界定也多种多样，并且都给出了各自定义的理由。例如有的学者认为知识产权是指“智力成果的创造人或者工商业标记的所有人依法享有的权利的统称”③；另有学者认为知识产权是“民事主体依法享有的，支配特定的蕴涵人的创造力并具有一定价值的信息，享受其利益并排斥他人干涉的权利”④；还有学者认为知识产权是“民事主体基于创造性智力劳动成果依法享有的民事权利的总称”⑤。

上述对知识产权的界定方式，分为两种：一种是以世界知识产权组织（WIPO）相关文件为代表的“对象定义法”，即以对象为中心界定权利，认为知识产权是存在于某种对象上的权利；一种是国内诸多学者采用的“主体定义法”，即采用民事主体为中心界定权利，认为知识产权是民事主体享有的某种权利。两种定义方法虽然角度不同，但也有共同点，即都会指明知识产权依附的对象，差别在于对象范围、抽象程度不同。然而，知识产权的定义应当体现准确性，即准确概括权利对象、权利性质、权利内容等要素，权利主体只是享有权利的人，与其他权利主体并无不同，没有必要将权利主体纳入权利定义之中，可见对象定义法相对更可取。采用对象定义法，首先需要对知识产权对象做必要的列举和抽象。

WIPO 在 1967 年签订的《成立世界知识产权组织公约》第 2 条第 8 款规定，知识产权包括以下有关项目的权利：文学、艺术和科学作品；表演艺术家的演出、录音制品和广播节目；在人类一切领域的发明；科学发现；工业品外观设计；商标、服务标记、商号名称和标记；禁止不正当竞争；在工业、科学、文学或艺术领域内的其他一切来自智力活动的权利。世界贸易组织（WTO）在《与贸易有关的知识产权协议》（TRIPs）中规定知识产权包括著作权、商标权、地理标志权、工业品外观设计权、专利权、集成电路布图设计权、未公开信息权、对许可合同中限制竞争行为的控制权。《中华人民共和国民法典》（以下简称《民法典》）确定的知识产权客体主要包括：作品；发明、实用新型、外观设计；商标；地理标志；商业秘密；集成电路布图设计；植物新品种；法律规定的其他客体。

---

① 郭禾.知识产权法[M].5 版.北京：知识产权出版社，2014：55.

② WIPO. WIPO Intellectual Property Handbook: Policy, Lay and Use[M]. WIPO Puplication, 2004：3.

③ 刘春田.知识产权法[M].北京：高等教育出版社，2007：3.

④ 张玉敏.知识产权法学[M].北京：法律出版社，2011：12.

⑤ 韩松.知识产权法[M].北京：中国人民大学出版社，2006：5.

上述国际条约以及我国法律规定的知识产权对象，可以概括为三种类型：一是智力成果，即基于人的智力活动产生的事物，例如作品、专利、集成电路布图设计等；二是商业化标记，即在商业过程中用于识别某些事物的符号，如商标、服务标记、商号、地理标志等；三是其他信息，如商品化信息等。随着社会发展，知识产权对象的表现形态也将越来越多。与物权的对象即物相比，知识产权的对象表现出明显的非物质性，即不具有任何物理特性，虽可为人所感知但不能借助物理维度进行描述与界定。但与人身权的对象相比，有些人身权的对象例如名誉、荣誉、隐私等也具有非物质性，也不具有任何物理特性，为何后者是人身权的对象而通常不作为知识产权的对象呢？这是法律规定的原因。法律将某些与人身密切相关的信息规定为人身权的对象，而将某些其他信息则规定为知识产权的对象，这就是知识产权的法定性。

综上所述，知识产权是指基于创造性智力成果和商业化标记及其他信息依法产生的权利的统称。这一定义体现了以下几个特点：一是知识产权是一类权利的统称而非指单个权利，包括著作权、专利权、商标权等多种权利，是这些权利的上位概念，而不能等同于著作权甚至更下位的权利如署名权等具体权利；二是知识产权是"依法产生"的权利，可见知识产权是一种法定权利而非"天赋"即自然取得的权利，哪些对象受法律保护，是一种政策的选择；三是知识产权的对象本质上是一种信息，主要表现为智力成果和商业化标记。

二、知识产权的性质和特征

探讨知识产权的性质，有两个层面的含义：第一，知识产权为公权还是私权，以政府运行之利益为内容者是公权，以社会生活之利益为内容者是私权；第二，知识产权是人身权还是财产权，或是既有人身权也有财产权性质。

（一）知识产权的性质

知识产权是基于特定信息依法产生的权利的统称，这种权利的内容是关于信息的支配及相关利益如何在平等主体间进行配置，而非关于政治权力的配置、国家机构的设计、国防事务的处理以及外交、国际关系等政府生活内容，因此知识产权是一种私权而非公权。《民法典》将知识产权规定在第一编总则的第五章民事权利，确认了知识产权的民事权利性质。TRIPs在前言中也声明，各成员国共同认为知识产权为私权。明确知识产权的私权性质，有利于通过民法理论研究知识产权，并在司法实践中运用上位法与下位法、普通法与特别法的关系处理相关问题。

其次，关于知识产权是财产权、人身权，还是兼有财产权和人身权双重性质。有学者认为，并非所有知识产权都具有人身权的内容，知识产权的普遍属性是一种财产权[①]。也有学者认为，智力成果是一种精神财产，作为人类脑力劳动的产物，也体现一般劳动者的个性，从而包括人身权的内容。没有学者认为知识产权是一种纯粹的人身权或其普遍属性是一种人身权。知识产权大多具有人身权和财产权的双重性质[②]。

在学界，因为对财产权的范围界定不同，知识产权的性质界定就会不同。例如史尚宽教授认为，财产权为身份权和人格权以外之权利，而知识产权既不是身份权也不是人格权，因此应为财产权，可谓无体财产权[③]。而王利明教授认为，财产权仅包括物权与债权两大类，知识产权既不是物权也不是财产权，属于独立的第三类民事权利[④]。

从我国民法典的规定来看，民事法律关系只有两类，一类是人身关系，一类是财产关系。从民法理论关于人身权和财产权划分的标准来看，基本采取权利所体现的利益性质来划分权利的性质：如果这种利益是人身利益，则权利为人身权；如果是财产利益，则权利为财产权。这种权利性质划分，与我国民法典关于民事法律关系的划分是一致的，应当以权利对象是人身还是人身之外的事物将民事权利分为人身权和财产权：权利对象为人身者即为人身权，权利对象为人身之外且有经济价值的事物者则为财产权。知识产权的对象为特定信息，这些信息如作品、专利、商标等，并不包含直接与人身相关的信息。例如个人姓名、隐私、名誉、荣誉等，不属于人身的范畴，而属于财产的范畴。可见，知识产权在性质上应属于财产权。

知识产权是一种新型的民事权利，是一种有别于财产所有权的无形财产权[⑤]。要理解知识产权是一种财产权，最难在于如何理解著作权中的署名权、发表权、保护作品完整权这些通常被称为"人身权利"的权利也是一种财产权。以人身性最强的署名权为例，学界通常认为署名权是一种人身权，是因为署名以识别民事主体的指代来区分不同的主体为功能，因此其与民事主体人身直接相关。但署名的功能不同，署名的功能在于识别作者身份，也就是宣示作品的创作者身份，本质意义仍然是一种识别作品的符号，而不是识别作者的符号。姓名使人与某个民事主体相联系，而署名使人与某个作品的创作者相联系。署名仅仅与作品相关，是作品的一个识别要素，因此署名权本质是一种财产权。虽然署名权的内容是作者决定是否署名以及以何种方式署名的"意志自由"，但是不能将"意志

---

① 王春燕. 也论知识产权的属性[J]. 中国法学，1996(3)：96－102.

② 刘春茂. 中国民法学·知识产权[M]. 北京：中国人民公安大学出版社，1997：7.

③ 史尚宽. 民法总论[M]. 北京：中国政法大学出版社，2000：23－25.

④ 王利明. 民法[M]. 北京：中国人民大学出版社，2005：125－126.

⑤ 吴汉东. 知识产权法[M]. 北京：中国政法出版社，2011：32.

自由"等同于"人身自由",因为许可也是一种意志自由,不能认为知识产权中的许可权也是人身权。至于发表权和保护作品完整权,如果从发表和保护作品完整的实质的角度来理解,也容易理解为这是作者控制作品的两种方式,是知识产权控制权能的体现,直接支配对象仍然是作品这种财产而非人身。因此发表权和保护作品完整权本质上也是财产权。正如某些学者所言:虽然把某些权利称为著作人身权,但它与传统民事权利中的人身权利有本质区别①。这种本质区别,就是人身权和财产权的区别。

(二)知识产权的特征

知识产权的特征可以概括为以下四个方面,一是知识产权的对象是信息,二是知识产权的法定专有性,三是知识产权的可共享性,四是知识产权的异域共存性。

1.知识产权的对象是信息

权利的对象就是权利所依托的事物②。物权的对象是物,物是存在于人身之外,占有一定空间,能够为人力所支配并且能满足人类某种需要,具有稀缺性的物质实体③;人身权的对象是人身利益;债权的对象则是特定主体的给付。关于知识产权对象的本质,学术界存在诸多学说,主要有精神产物说④、智力成果说⑤、知识产品说⑥、知识说⑦以及信息说⑧等。以上学说是从不同的理论角度认识知识产权的对象,很难简单判断各种学说的对错。相对于其他学说,信息说是从自然科学的角度来解释社会科学,使作为社会科学领域内的知识产权具有了自然机理基础,相关理论建构更加科学、更加牢固。

从信息学的角度讲,信息是指适于通信、存储或处理的情报或知识⑨。从控制论的角度讲,信息不仅仅是信号所承载的一种不变结构,还是具有特定意义的不变结构。作为知识产权对象的信息,不可能仅是一种客观存在的频率、符号

① 刘春田.知识产权法[M].北京:中国人民大学出版社,2009:70.

② 王洪友.知识产权理论与实务[M].北京:知识产权出版社,2016:22.

③ 王利明.民法[M].北京:中国人民大学出版社,2005:140.

④ 王泽鉴.民法总论[M].北京:中国政法出版社,2001:204.

⑤ 杨立新.民法总论[M].北京:高等教育出版社,2007:136.

⑥ 吴汉东.知识产权法[M].北京:中国政法出版社,2004:12.

⑦ 刘春田.知识产权法[M].北京:中国人民大学出版社,2009:8.

⑧ 郑胜利,袁泳.从知识产权到信息产权:知识经济时代财产性信息的保护[J].知识产权,1999(4):7-10.

⑨ 郑成思,朱谢群.信息与知识产权的基本概念[J].中国社会科学院研究生院学报,2004(5):41-49,142.

等，还必须有这些频率、符号在特定环境中对特定主体的意义，因此是控制论意义上的信息，即具有“同型结构＋意义”的双重结构①。

综观目前法律实务界和理论界基本认可的知识产权对象，可以认为它们本质上符合信息的特征，因此都是一种信息。信息具有以下几个方面的特征：

(1)非物质性。信息不同于物质本身，它是物质属性的反映与表征，不具有任何物理特性，也不具有任何化学特征或者生物特征。正如美国控制论学者维纳所称：“信息就是信息，不是物质，也不是能量。”②与物具有的物质性相对应，可以将这种特性称为非物质性。以文字作品为例，文字作品既不是载有特定文字的纸张或其他载体如竹简、羊皮等，也不是这些文字本身，而是这些文字借由其意义所体现的同型结构③。

(2)独立性。就信息和载体的关系而言，虽然信息需要依托载体得以存储和表现，但信息独立于其载体而存在。存贮有某种信息的载体，可以仅仅作为一个物而存在，而脱离了某种载体的信息，也可以其他形式存在于其他载体上。信息可能与载体完全无关，也可能是对载体的描述，但绝不是载体本身。

(3)可复制性。复制即为信息的再现。信息可以被固定在多种载体上，尽管载体不同，但信息却相同，存在于第一个载体上的信息可称为原信息，而存在其他载体上的信息则为复制信息。例如《清明上河图》这幅画，当它被首次画于纸上时，人们看到以线条、颜色为基本表达手段，由许多建筑、人物、动物、植物等图案组成的街景；当它被现代技术扫描进入电脑后，人们看到的还是那些线条、颜色描绘的由建筑、人物、动物、植物等图案组成的街景，即《清明上河图》的信息再现了。信息只有在其组成要素损耗的情况下才会发生损耗，一般的复制不会导致信息损耗。

(4)可传递性。传递就是信息通过信道从信源传达到信宿的过程。只要条件适合，信息可以从一个信源出发，同时被多个信宿接收。甚至可以在信宿接收以后，自己作为信源再次向别的信宿发出信息。信息传递的基础是信息的可复制性，经过传递，在信宿那里产生了信源信息的复制信息。同样以《清明上河图》为例，当该画被扫描进入电脑以后，即产生了该画的复制件，而该复制件完全可以通过网络或其他设备传到其他存储设备上。

2.知识产权的法定专有性

法定专有性是指知识产权人依法享有对知识产权对象的控制、利用、收益和

① 张玉敏.知识产权法学[M].北京：法律出版社，2001：8－9.

② 维纳.控制论[M].郝季仁，译.北京：科学出版社，1962：133.

③ 王洪友.知识产权理论与实务[M].北京：知识产权出版社，2016：23－25.

处分权能，非经知识产权人许可或者法律特别规定，他人不得实施受知识产权专有权利控制的行为①。知识产权的法定专有性有两层含义。第一，知识产权具有专有性，即知识产权人对知识产权的对象享有排他性支配权。尽管信息可以由多个主体同时支配，但只是事实层面的共享，而在权利层面只有知识产权人才有权支配，其他人均无权支配。第二，知识产权的专有性是法律规定的。知识产权的专有性使得社会公众在未经许可的情况下对信息的支配成为非法，若是社会公众在法律没有规定的情况下轻易成为侵权人，显然是不合理的。因此，法律按照权利对象不同，分门别类详细规定了知识产权的对象、取得、内容及期限等，从而使社会公众明确自己行为的边界。

因为信息具有可共享性，所以权利人不可能如物权人那样通过对对象进行排他性控制来达到独享对象法益的目的，而只能由法律在权利配置上赋予权利人对信息法益的垄断性支配来保护权利人的利益②。

3. 知识产权的可共享性

知识产权的可共享性是指知识产权的同一权项可以被多个主体同时以完全相同的方式利用而不会相互影响。知识产权的可共享性是其与物的显著区别，一个物不可能被多个主体同时以完全相同的方式利用而相互不影响。一个物在特定时间段被一个主体以某种方式利用，其他主体就不可以这种方式利用，除非他们对物的不同部分进行利用。但知识产权可以在同一时间段被多个主体以完全相同的方式利用。以专利方案为例，甲在A地依照专利方案制造某件产品，而乙完全可以同时在B地依照专利方案制造相同的产品。但若是丙的机械设备正被丙用于某地收割水稻，丁就不可能同时将丙的那台机械设备用于异地收割水稻③。以著作权中的复制权为例，可同时授予无数主体行使，即就完全相同的作品复制完全相同的份数。所有权则不同，不能就同一权能同时被多个主体行使，只能就不同权能同时被多个主体行使。例如占有权能，如果甲占有了某物，乙则不能同时占有某物，即使存在甲乙共同占有某物，也是二者在量上做了分割以后分别行使不同部分的占有，或者甲乙分时段占有某物。

4. 知识产权的异域共存性

知识产权的异域共存性是指基于同一对象可以同时在不同的法域存在相同的知识产权，受不同法律体系的独立调整。因为信息具有可传递性和可共享性，因此知识产权的对象可以同时存在于不同的国家或地区，但不同的国家或地区

① 王迁. 知识产权法教程[M]. 北京：中国人民大学出版社，2011：7.

② 王洪友. 知识产权理论与实务[M]. 北京：知识产权出版社，2016：33.

③ 王洪友. 知识产权理论与实务[M]. 北京：知识产权出版社，2016：26－28.

的法律政策不同，对同一信息是否保护以及保护程度都会不同。“异域共存性”观点不同于传统的“地域性”观点，后者认为知识产权“只能依一定国家的法律产生，只在其依法产生的地域内有效”[①]。地域性观点强调知识产权保护的国别差异性，这点其实在其他民事权利如物权中也存在，并非知识产权所独有[②]。例如关于哪些物可以成为物权的对象，在各国不尽相同。如在许多国家土地可以成为个人所有的对象，而目前我国土地只能成为国家所有和集体所有的对象，不能成为个人所有的对象。知识产权区别于物权的重要之处不在于它是否“只在其依法产生的地域内有效”，而在于它是否可以同时在不同法域有效。例如专利方案，既可依中国的法律取得专利，也可依美国的法律取得专利，在特定时间内，二者完全并存而互不冲突。但若某对象为物，例如不动产，位于我国境内依据我国的法律享有所有权，却绝不可同时依据美国的法律在美国享有所有权。

三、知识产权的分类

对知识产权进行分类，有助于更好地认识知识产权。依据不同的标准，知识产权有两种不同的分类，一是工业产权和著作权，二是创造性智力成果权、识别性标记权以及其他信息产权。

以知识产权对象的功能为标准，将知识产权划分为工业产权和著作权，是比较传统的划分方式。例如 1883 年制定的《保护工业产权巴黎公约》（以下简称《巴黎公约》）就将专利权、商标权、服务标记权、厂商名称权、货源标记权、原产地名称权以及反不正当竞争权统称为工业产权，而 1886 年制定的《保护文学艺术作品伯尔尼公约》（以下简称《伯尔尼公约》）只保护著作权和与著作权相关的权利。有学者认为，将知识产权划分为工业产权和著作权，是以知识产权对象的功能为标准，工业产权对象的功能主要在于满足人类生产生活，为实用功能，如专利权、商标权等绝大多数知识产权都属于工业产权。著作权的对象即作品，以满足人类审美需求为功能，为非实用功能[③]。然而，以知识产权的对象功能是否为实用功能划分知识产权种类的标准并不严谨。例如实用艺术品虽具有实用功能，却是著作权的对象；外观设计专利主要功能是为人们提供视觉美感，属于精神性质而非实用功能，但外观设计却是专利权的对象。所以虽然早期的国际公约区分作品以及作品之外的对象，但这只说明早期的知识产权理论不够成熟。

---

① 郑成思. 知识产权法[M]. 北京：法律出版社，1997:19.

② 张玉敏. 知识产权法学[M]. 北京：法律出版社，2001:16.

③ 刘春田. 知识产权法[M]. 北京：中国人民大学出版社，2009:18.

随着知识产权理论的发展，工业产权与著作权的二分法将被摒弃①。

根据知识产权对象的价值来源，可以将知识产权划分为创造性智力成果权、识别性标记权和其他信息产权②。将知识产权分为创造性智力成果权和识别性标记权的理论产生于20世纪60年代。这种理论内部也存在多种划分标准。有一种标准叫价值来源标准，即判断知识产权对象的价值是直接来源于人的创造成果本身还是来源于创造成果识别的事物。如果知识产权对象的价值直接来源于创造成果，就叫创造性智力成果权；如果知识产权的价值不是来源于创造成果本身，而是来源于创造成果所识别的事物，就是识别性标记权③，或称工商业标记权④。按照这种划分方法，著作权、专利权、集成电路布图设计权、植物新品种权等属于创造性智力成果权；商标权、地理标志权、商号权等则属于工商业标记权。

将知识产权划分为创造性智力成果权和识别性标记权，在外延上表明知识产权的对象只有两类，即创造性智力成果和识别性标记。这虽然能够涵盖知识产权的绝大多数对象，却不能完全涵盖知识产权的对象范围。随着社会经济生活的发展，知识产权的对象范围越来越大，有些会超越这两类范围，例如商品化权中的个人经历，就是一种纯粹的个人信息，既不是某个人创造的结果，也不是识别性标记；另如商业秘密中的经营秘密，就只是在经营过程中不愿为他人知悉的信息，这些信息既不是创造性智力活动的产物，也不是识别性标记。这类信息可以统称为其他信息。由此，知识产权就可以划分为创造性智力成果权、识别性标记权和其他信息产权⑤。

四、与知识产权相关的国际条约

由于各国的历史文化背景不同，致使各国法律制度存在巨大差异。造成这一差异的原因在于，各国法律的形成分别经历了不同的历史过程，各国有着不同的国情，最终反映在立法中则表现各异。但是在各类法律中，各国的知识产权法却在许多方面具有相似之处。比如，各国著作权法或专利法中所规定的著作权或专利权等内容基本相同，各国著作权法都要求受保护的作品必须具备独创性。授予专利的发明创造必须具备新颖性、创造性和实用性。究其原因，主要是各国的知识产权法律制度产生年代都相对较晚，又无系统、完整和现成的古代制度或

① 王洪友. 知识产权理论与实务[M]. 北京：知识产权出版社，2016：43.

② 王洪友. 知识产权理论与实务[M]. 北京：知识产权出版社，2016：44.

③ 郑成思. 知识产权法[M]. 北京：法律出版社，2003：58.

④ 刘春田. 知识产权法[M]. 北京：中国人民大学出版社，2009：19.

⑤ 王洪友. 知识产权理论与实务[M]. 北京：知识产权出版社，2016：47.

先例可以承袭，而近代以来国际法律协调机制开始在世界范围内发挥影响力。19 世纪末分别诞生了目前国际上最大、最有影响的两个知识产权国际公约，即《巴黎公约》和《伯尔尼公约》。这两个公约在 20 世纪对国际知识产权制度的协调发挥了巨大作用，公约要求所有成员国的国内法必须达到公约所要求的最低标准，这在客观上使各国法律趋于一致①。

(一)《巴黎公约》

《巴黎公约》于 1883 年在法国巴黎订立，以后历经修改②，中国于 1985 年加入该公约。《巴黎公约》是知识产权领域第一个世界性多边公约，对于工业产权的国际保护具有深刻影响。根据 WIPO 统计，截至 2022 年 7 月，《巴黎公约》共有成员国 179 个。《巴黎公约》所指的"工业"，并不限于一般意义上的工业和商业本身，而是包括农业和采掘业，一切制成品或天然产品，例如酒类、谷物、烟叶、水果、牲畜、矿产品、矿泉水、花卉和谷类的粉。《巴黎公约》第 1 条明确规定，工业产权的保护对象有专利、实用新型、外观设计、商标、服务标记、厂商名称、货源标记或原产地名称和反不正当竞争。该公约将专利与实用新型、外观设计分别规定，是因为在国际上发明与专利常被作为同义词。类似地，服务标记也未被当作商标处理，故这里的商标仅指产品商标。

《巴黎公约》中最重要的内容均已成为国际知识产权领域的基本制度或基本原则。国民待遇原则是在该公约第 2 条和第 3 条中规定的。依照该公约，成员国间应当实行国民待遇，非成员国国民只要在一成员国内有真实、有效的营业场所，也应享有国民待遇。《巴黎公约》提出的优先权原则如今已为世界上大多数国家所广泛采用，不仅适用于发明专利，还适用于实用新型、外观设计、商标等其他保护对象。该公约中还规定了各国专利权、商标权等相互独立，对驰名商标给予特别保护以及针对其他工业产权保护对象的相应保护措施，同时还就有关权利的限制做了规定，如交通工具临时过境等③。《巴黎公约》的规定对各国的国内法影响甚大。

(二)《伯尔尼公约》

《伯尔尼公约》于 1886 年在瑞士伯尔尼签订，由英国、法国、瑞士、比利时、意大利、德国、西班牙、利比里亚、海地和突尼斯 10 个国家发起，该公约分别于 1896 年在巴黎、1908 年在柏林、1914 年在伯尔尼、1928 年在罗马、1948 年在布鲁塞尔、1967 年在斯德哥尔摩、1971 年在巴黎等地进行了修订和补充。根据

---

① 郭禾．知识产权法[M]．5 版．北京：知识产权出版社，2014：72－73．

② 王洪友．知识产权理论与实务[M]．北京：知识产权出版社，2016：48．

③ 郭禾．知识产权法[M]．5 版．北京：知识产权出版社，2014：75－78．

WIPO 统计，截至 2022 年 7 月，《伯尔尼公约》共有成员国 181 个。

《伯尔尼公约》是目前世界上最大的著作权公约，这是其他任何著作权公约所不能比拟的。在著作权保护方面，《伯尔尼公约》同《巴黎公约》一样规定了国民待遇原则。另外还规定了著作权自动保护原则，即缔约国间无须办理任何手续，不论作品是否发表，只要作品创作完成，均受公约保护。该公约还规定了著作权独立原则，即无论作品在起源国的保护状态如何，缔约国均应根据公约给予同本国国民同样的保护。也就是说，一国给予某作品著作权保护，不受他国法律的影响。同时，该公约对缔约国的著作权保护规定了最低限度标准。即该公约允许缔约国制定国内法或缔约国间订立条约，给予作品更为广泛或更多的权利，但不应低于公约规定的各类作品的最低保护水平，例如该公约第 7 条规定的各类作品的保护期，第 6 条、第 8 条、第 9 条以及第 11 条至第 14 条所列的各项权利。我国自 1992 年加入《伯尔尼公约》，并为弥补 1990 年《著作权法》与公约间的差距，专门颁布了《实施国际著作权条约的规定》。根据我国政府的声明，自 1997 年 7 月 1 日起，该文本也适用于中华人民共和国香港特别行政区。2001 年我国修订了《著作权法》，使现行法满足了《伯尔尼公约》的要求①。

（三）TRIPs

TRIPs 是 WTO 下的一个国际条约。该协议于 1993 年底形成最后文本，是在原关税与贸易总协定的乌拉圭回合谈判中形成的一系列协定中的知识产权分协定。在乌拉圭回合谈判结束时的 1994 年 4 月，WTO 同时诞生，该协议逐渐转为 WTO 下的知识产权协议。

TRIPs 所包含的内容十分广泛②。从总体上看，该协议对各种知识产权都给予了较高的保护水平。不仅如此，该协议不同于其他知识产权国际公约，专门规定了知识产权的执法程序以及争端的解决办法等内容。这些原本都是贸易公约的内容，如今都被引入知识产权公约之中，这也说明知识产权中的财产权越来越受到国际社会的重视。该协议在实体权利的规定上还有一个特点，即大量援引既有的国际公约。比如，《伯尔尼公约》《巴黎公约》《罗马公约》《集成电路知识产权条约》等都被该协议大量引用。在争取加入 WTO 的过程中，我国修订了一系列的国内法，其中《专利法》《著作权法》《商标法》均针对 TRIPs 在 2000 年到 2001 年进行了修订。2001 年年底，我国加入 WTO，TRIPs 也因此对我国国内法产生了约束力。

---

① 郭禾. 知识产权法[M]. 5 版. 北京：知识产权出版社，2014：80.

② 王洪友. 知识产权理论与实务[M]. 北京：知识产权出版社，2016：62.

(四)其他国际条约

有关知识产权的国际条约非常之多,不算区域性的国际条约,仅全球性的知识产权条约就有几十个。它们分别由 WIPO、联合国教科文组织(UNESCO)、WTO 等机构管理。这其中,我国参加的公约有《成立世界知识产权组织公约》《巴黎公约》《伯尔尼公约》《世界版权公约》《保护录音制品制作者防止未经许可复制其录音制品公约》《专利合作条约》《商标国际注册马德里协定》《国际植物新品种保护条约》以及 TRIPs 等。还有一些公约我国政府已经在其最后文本上签字,但目前尚未在我国生效。另外,我国已加入 WIPO 的《版权条约》和《表演和唱片条约》,这两个条约是国际上针对网络技术发展现状于 1996 年通过的新条约。2012 年 6 月,为弥补这两个互联网条约的疏漏,WIPO 又在北京签订了《音像表演北京条约》,我国政府已在该条约文本上签字。当然,也有一些国际公约我国尚未参加,但它们在知识产权国际条约中占有重要的地位,比如《保护表演者、录音制品制作者、广播组织罗马条约》在邻接权的保护方面影响较大。

科学技术在不断地进步和发展,知识产权制度必然也会随其发展,有关知识产权的公约自然也会越来越多。我国在持续对外开放的背景下,随着经济实力、科技水平的提高,还将根据需求参加更多的国际知识产权条约,以提高我国的知识产权保护水平①。

第四节　建筑设计不同阶段的知识产权保护

本节主要对建筑设计中不同阶段成果进行认定,包括建筑设计图、建筑模型以及建筑物,并且对建筑设计知识产权保护现状进行分析。建筑设计图是建造建筑物的依据,是建筑设计成果的一种表现形式。建筑模型是介于建筑设计图与建筑物之间,按照建筑物的一定比例微缩的三维立体建筑形态,可以弥补建筑设计图在表现上的局限性。建筑物则是供人们进行生产、生活或其他活动的空间场所。

一、建筑设计过程中不同阶段成果的认定

建筑设计的范围有两种不同的理解,分别为广义说和狭义说。一方面,当建筑设计是指“综合性设计”时,是广义上的理解,泛指建筑图设计、结构施工图设计、给排水施工图设计、电气施工图设计、楼宇智能化设计等综合性设计工作;另

① 郭禾. 知识产权法[M]. 5 版. 北京:知识产权出版社,2014:83－84.

一方面，当建筑设计指“建筑方面的设计”时，是狭义上的理解，包括建筑方面的造型体量、空间组合、平面布局、建筑艺术价值的设计工作①。建筑设计过程中不同阶段对应不同的成果，主要分为建筑设计图、建筑模型和建筑物。

（一）建筑设计图

《辞海》将建筑设计一词解释为“一般指建筑物或构筑物在建筑、结构、设备等方面的综合性设计工作，也可以仅指建筑方面的设计工作”。并指出，建筑设计是根据建筑任务要求，通过调查研究，综合考虑使用功能和投资、材料、环境、地质、结构、构造、设备、建筑艺术、有关法规、施工等因素，合理拟订方案，设计成建筑单体或群体的图纸文件②。建筑设计图根据其表现形式可分成两类：一类是建筑平立剖面图，另一类是效果图。建筑平立剖面图依不同设计阶段产生相应的设计成果，对于一般的建筑工程设计可分成两个设计阶段，相应地形成初步设计图和建筑施工图；而对于复杂工程、大型工程，根据实际情况可分成三个设计阶段，包括初步设计阶段、技术设计阶段和施工图设计阶段，有些还会在初步设计阶段之前增加方案设计阶段。换言之，建筑设计各阶段形成的图纸包括建筑方案图、初步设计图、技术设计图、建筑施工图、建筑效果图等③。

按照通常的设计程序，第一阶段的设计工作是初步设计，本阶段的编制依据主要是批准的可行性研究报告和可靠的基础性资料。一方面，设计方案的提出需要综合考虑建筑使用功能、现行技术条件、建筑艺术形象以及经济合理性等因素；另一方面，建筑师将依据创作原理及创新技术进行多方案的比较和价值的优化，目的是确定一个理想的建筑作品方案，著作权法所保护的建筑作品艺术性部分很大程度上在这一阶段被体现出来，这是建筑作品创作非常重要的阶段。技术设计的编制依据是初步设计文件，它是在初步设计的基础上进一步具体化作品的阶段。因为建筑作品的建造具有工程项目的特征，项目设计程序合理是保证设计质量的关键。对于复杂的项目设计还需要解决各种专业技术问题，协调各专业工种之间技术上的矛盾。到建筑施工图设计阶段，建筑施工图的编制依据是初步设计文件或技术设计文件，建筑施工图的目的是指导施工，建筑物、构筑物的建造依据是建筑施工图。建筑施工图设计的任务是要满足施工的要求，解决施工过程中的技术措施、材料选用及具体做法。可见，建筑设计各阶段是一种环环相扣的依据关系，前一阶段的设计成果是后一阶段的设计依据，建筑施工图是建筑物、构筑物的建造依据。

---

① 郐国伟. 建筑作品著作权法律问题研究[D]. 兰州：兰州大学，2018.

② 夏征农. 辞海[M]. 上海：上海辞书出版社，1989：571.

③ 郐国伟. 建筑作品著作权法律问题研究[D]. 兰州：兰州大学，2018.

建筑效果图实际上是把二维形式绘制的建筑平面图纸以三维形式表现出来，并赋予其色彩的渲染。在建筑制图理论中，三维效果图是以透视图的形式来表现建筑物整体形象的，比如既可以采用一点透视图来表达建筑室内设计的艺术效果，也可以采用两点透视图来表现建筑室外立面的材质效果，还可以采用三点透视图来表现高耸建筑物巍峨的壮美效果。而二维形式绘制的平面图形以三面投影的形式来表达建筑物的立体效果，通过水平投影、正立投影以及侧立投影的组合来表达建筑物的形状。无论是采用二维的抽象表达形式，还是采用三维的直观表现形式，共同的目标均为体现立体的建筑物。然而，三面投影形式表达立体的建筑物需要专业人员才能读懂。对于非专业人员来说，如何在建筑物建造出来之前能了解到未来建筑作品的形象，其中最直接有效的方法就是为非专业群体展现建筑效果图。效果图在建筑作品的创作与创新过程中具有特定的作用。首先，在建筑设计方案招投标中，效果图可以为专家评审提供参考，直观地向评委传递建筑师的设计理念与设计创意[①]。其次，效果图是建筑师与非专业人员进行沟通的媒介，如何把概念设计展现出来而让非专业人员了解，效果图显然是一种更为直观、更加真实的表现手段。最后，在设计院所内部，创作团队也常常利用效果图进行方案比选，实施创作优化，提升建筑艺术价值。由此可知，在建筑作品设计过程中，效果图的功能定位是作为一种传递创意、交流思想的重要手段。通过以上分析，可以看出建筑设计图是建筑物的前期形态。在建筑作品的创作思维中，建筑师首先想到的是一个立体的建筑物实体，然后通过建筑设计图表现出来，作为交流的手段以及建造的依据。

（二）建筑模型

郑思成教授认为："建筑模型作为受保护客体，无论是建筑物落成前的施工模型，还是建筑物落成后的缩影模型，肯定都能表现出设计师的独创性构思，因此应与建筑物一样受到保护。"[②]建筑模型作为建筑"原型"等比例的放大或缩小版，与法律上所保护的建筑物或构筑物所具有的独创性艺术造型是完全相同的。建筑模型可以依照建筑物或构筑物进行制作，也可以依据建筑设计图制作，两者并无本质差别。无论是依照建筑设计图抑或是建筑物，建筑模型必须符合建筑设计图中关于该建筑的长宽高比例要求，必须体现建筑师对于该建筑的独创性艺术美感[③]。

关于建筑模型的制作依据，如果从"模型"概念上去理解，建筑模型的制作依

① 邬国伟.建筑作品著作权法律问题研究[D].兰州：兰州大学，2018.

② 郑思成.知识产权法[M].2版.北京：法律出版社，2003：301－302.

③ 刘鸿华.我国建筑作品著作权保护问题研究[D].广州：广东财经大学，2017.

据应该是建筑实物，而实际上建筑模型还可以根据建筑图纸来制作。换言之，建筑模型既可以根据实物也可以根据图纸来制作。因为建筑物的建设需要一定的周期，在建筑物落成之前，当拟建的建筑作品需要做项目宣传或方案展示时，可通过制作立体的建筑模型来表达设计的构想、展示创作的成果。作为一种手段，建筑模型和建筑效果图存在相似之处。一方面，两者的表现手法都是采用三维表现形式；另一方面，两者都具有沟通、交流的作用。例如通过展示成果的方式，建筑师不仅可以与非专业人员展开有效沟通，起到集思广益的作用，而且可以与工程师充分交流，共同感受建筑体量之美，着重推敲细部，协调空间结构。但是，建筑模型除了与建筑效果图一样给人以视觉感受之外，还可以给人更为直观的触觉体验，更为逼真的立体效果具有更强的表现力和感染力。显然，建筑模型并不是完全独立于建筑设计图、建筑物的物体。

（三）建筑物

建筑物的建造目的侧重于获得人类活动的空间，满足人们的使用要求，具有实用性。除此之外，某些建筑的建造还在于获得建筑形象，例如标志性建筑，具有艺术性①。从经济学角度看，建筑物是有形的固定资产，但知识产权法律制度保护的并非是所有具有财产价值的建筑物，而是蕴含审美元素和艺术价值的建筑物。"许多建筑物的形式、外观并没有独创性的设计成分，它们也就不能成为著作权的保护客体。在复杂的现实生活中，更多的建筑物可能是整个外观中仅仅有一部分含有独特的设计成分。那么，受著作权保护的就只是这一部分。"②现代社会，建筑物特别是建筑物中的标志性建筑物，正与知识产权存在越来越多的紧密联系。标志性建筑物，是指除了具有一般建筑的特点和功能之外，在较长时间为社会公众所认可的具有明显特色的建筑。标志性建筑与其他建筑物相比，最大的特点在于其具有明显特色，这种特色可以是其本身的建筑设计特色，如北京奥运场馆鸟巢、水立方等，也可以指其在长期的使用过程中形成的人文特色，如西安明城墙、大雁塔。标志性建筑物由于其鲜明的特色在现代社会具有不非的商业价值，成为商家谋求经济利益的重要手段，而且与知识产权紧密相关。

建筑物是建筑作品的一种载体。"建筑作品是指整体的外形、空间和设计中各种因素的排列、结合。或者说，建筑作品的独创性在于，作者选择、协调或者编排了一系列空间和设计中的要素，在整体上构成了受保护的作品。"③从建筑工程项目角度看，建筑作品具有项目的特征，其最终目的是要通过建筑物实现居住

① 李健.论建筑物的知识产权[J].沈阳建筑大学学报(社会科学版)，2011，13(3)：355－358.

② 郑思成.知识产权法[M].2版.北京：法律出版社，2003：301－302.

③ 李明德.美国知识产权法[M].北京：法律出版社，2014：273.

或使用的功能。根据工程建造理论,建筑物是依据建筑施工图为基础建设而成的。建筑物的建设程序为:建筑师的构想首先通过图纸表现出来,然后再由图纸转变为实体的建筑物,从而表现建筑作品的艺术特色①。

建筑物可以作为著作权客体,也可以作为著作权客体的载体。从著作权法的角度看待建筑物,主要是将建筑物作为建筑作品来对待,而对于什么是建筑作品存在不同的理解和认识。1986 年,WIPO 和 UNESCO 对建筑作品做了统一界定:"建筑作品通常包括设计图、草图和模型以及已完成的建筑物或其他建筑结构。"②1990 年生效的美国《建筑作品著作权保护法》给出的建筑作品的定义为:"以任何有形媒介表达体现的建筑物设计,包括建筑物、建筑方案或者设计图。作品包括设计要素和空间的安排与组合以及全面形式,但不包括个别的标准特征。"根据我国著作权法的规定,建筑作品属于著作权的保护范畴,建筑物本身可以作为著作权的客体③。2002 年 9 月 15 日起施行的《中华人民共和国著作权法实施条例》(以下简称《著作权法实施条例》)第四条第九项将建筑作品解释为以建筑物或者建筑物形式表现的有审美意义的作品。从我国著作权法的规定来看,建筑作品就是建筑物本身,包括其外观和内部的设计、装饰装潢。建筑作品不包括与之相关的设计图、草图和模型等,与之相关的设计图、草图是按照图形作品进行保护。但是,并不是所有的建筑物都是著作权保护的客体,可以作为著作权客体的建筑物必须满足两个条件:一是具有独创性;二是具有审美意义。对于标志性建筑而言,无论从独创性条件还是从审美意义条件看都可以成为著作权法中的作品,是著作权的客体。由于建筑物通常是根据事先完成的建筑设计图以及施工图等进行建造,《著作权法》第三条第七项规定,工程设计图、产品设计图、地图、示意图等图形作品和模型作品属于著作权法保护范围。因此,建筑物又可以成为工程设计图等图形作品的载体,即成为著作权客体的载体。在建筑物建造完成的一系列步骤中,建筑设计图、模型和建筑物这三者是一个整体,体现的是同一种独创性的表达,一个环节产物的变化会使另一个环节所创造出来的产物发生相应的变化,因此在对建筑设计的保护上,不能将其整体割裂开。我国目前采取的保护方式是将建筑物、设计图等相关图纸与建筑模型分别进行保护④。然而,建筑设计知识产权保护不应仅包括建筑物或构筑物,还应包

① 邬国伟.建筑作品著作权法律问题研究[D].兰州:兰州大学,2018.

② 李永明,王君兰.建筑作品著作权问题研究[J].浙江大学学报(人文社会科学版),2008(1):74-81.

③ 李健.论建筑物的知识产权[J].沈阳建筑大学学报(社会科学版),2011,13(3):355-358.

④ 王迁.论建筑作品的表现形式[J].法商研究,2014,31(6):126-132.

含建筑设计图纸以及建筑模型①。

同时，建筑物也可以作为商标权的客体。以建筑物作为商标的主题，在实践中极为常见。关于建筑物的主题，我国商标法原则上允许其作为商标使用和注册，一般不作为商标的禁止要件，只有一个例外情况，即《商标法》第十条规定，与中央国家机关所在地的标志性建筑相同的文字和图案不得作为商标使用，当然也不可能获得商标注册。同时，《商标法》还允许注册立体商标，因此以建筑物为主题的商标既可以以图形商标的形式出现，也可以以立体商标的形式出现。与建筑物的名称、外形等相关的文字还可以注册为文字商标。

二、建筑设计知识产权保护现状

纵观建筑设计知识产权的法律保护现状，无论是相关的法条、案例、判决还是理论研究都对其做了规定，我国对于建筑设计的知识产权保护主要体现为著作权、商标权和专利权等权利的保护。

（一）著作权法视野下的建筑设计保护

我国 1990 年颁布的第一部著作权法的作品类型中并没有建筑作品。1991 年颁布的《著作权法实施条例》第四条将建筑列为美术作品进行保护，此条款首次提及建筑。但第一次将建筑作品纳入著作权法中是在 2001 年修正的著作权法，从相关条文中可以看出，立法者将受到著作权法保护的作品划分为几个类别，并将建筑作品单独划成一类，不再像之前的规定一般将其列为美术作品，具体为第三条增加“建筑作品为著作权法保护的一类作品”。2002 年 9 月颁布的《著作权法实施条例》进一步对建筑作品进行了界定，其第四条规定“建筑作品是指以建筑物或者构筑物形式表现的有审美意义的作品”，而与建筑有关的设计图、平面图、竣工图等图纸被纳入图形作品中进行保护，建筑模型被纳入模型作品的类别②。这样的规定实际上割裂了建筑作品的整体性，与国际条约及一些立法比较成熟的国家不相符，也不利于法律实践。而 2010 年对著作权的修订仅仅针对权利行使的相关问题，并没有涉及建筑作品的法律规定。从我国现行的《著作权法实施条例》第四条对建筑作品规定的含义可知，在我国现行的法律法规中，对于建筑作品仅包括建筑物和构筑物这一观点是明确的③。

按照现行法律规定，建筑作品中并不包括建筑设计图、平面图和建筑模型，

---

① 朱芮雨.建筑作品著作权保护研究[D].郑州：郑州大学，2020.

② 刘宁.建筑作品著作权侵权认定探析[J].福州大学学报(哲学社会科学版)，2016，30(5)：99－104.

③ 朱芮雨.建筑作品著作权保护研究[D].郑州：郑州大学，2020.

这一法律规定存在缺陷。保护建筑作品的著作权是对建筑学学科的肯定，是对建筑师思想与情感的保护，更是对精神文明重视的体现。建筑设计图和建筑模型等建筑作品，对于建筑师来说，就是砖块与楼房、水滴与大海、细胞与生命。建筑设计图和建筑模型也是建筑师的创造性劳动，反映了建筑师的思想表达和理念构思。建筑设计图和建筑模型不只是图画和模型，在具备科学之美的同时，设计图和模型不仅体现了艺术性，还反映了建筑作品独特的功能性和技术性，这是普通的图纸和模型所不具备的。因此，在规定建筑作品的范围时，不应该破坏建筑作品创作过程的完整性。建筑设计图、平面图与模型若不放在建筑作品这一大类中，不仅是对事实的不尊重，更是对建筑师情感的伤害。

（二）专利法视野下的建筑设计保护

《专利法》第二条规定，外观设计是指对产品的整体或者局部的形状、图案或者其结合以及色彩与形状、图案的结合所作出的富有美感并适于工业应用的新设计[①]。但对于何为适于工业应用，法律并没有释明。有人认为，建筑作品受限于外部地理环境的影响，既不能移动也不能批量生产，因而不属于外观设计专利，这种观点具有片面性[②]。对此问题，北京市高级人民法院于 2008 年出台的《北京市高级人民法院关于审理外观设计专利案件的若干指导意见（试行）》明确指出，取决于特定地理条件、不能重复再现的固定建筑物、桥梁等不属于外观设计专利。然而建筑作品中，还有一部分是富有美感而且能够批量生产的作品，可以申请外观设计专利。这方面国外早有实例，2008 年，新加坡一个申请人向新加坡知识产权局申请对其在住宅楼中设置空中花园的设计理念授予外观设计专利权，并得到了认可。在国内，建筑作品申请外观设计专利成功的个案也存在，2012 年中国建筑集团有限公司下属的中建八局所申报的珐琅铂晶工艺壁画“孔子问礼”，首次获国家外观设计专利，堪称建筑作品保护领域新的里程碑。其实《专利法》对建筑作品的保护远非只有外观设计专利这一种方式，建筑作品还有申请发明专利和实用新型专利的。2003 年天津万科公司发明的“户户带花园或露台的住宅”首次被国家知识产权局授予了一项实用新型专利，引起房地产界和知识产权界轰动。而且 1999 年，我国还有“弹性核心区多灵活型住宅”专利申请获得了国家发明专利授权批准的案例。

（三）商标法视野下的建筑设计保护

2001 年，我国商标法就规定三维标志可作为商标的可视性标志。作为商品

---

① 冉崇高，赵克．著作权与外观设计专利权的竞合与冲突：以实用艺术作品的保护为视角[J]．人民司法，2011(21)：90－96．

② 陈艳．外观设计“富有美感”的法律问题探究[J]．设计，2016(23)：80－81．

或者服务的标记，商标一个重要的功能就是识别功能，建筑作品如果能够做出区分，具有显著性，则可以申请成为商标①。早在1937年，美国第六巡回法院在白塔连锁公司诉白色城堡饮食连锁公司一案中就指出，被告在相同地理区域，用一个白色城堡模型，是为了搭原告的便车，利用他人商标上的商誉获得利益，是侵犯商标权的行为②。美国已有很多建筑物作为商标进行登记，例如麦当劳建筑、花旗集团大厦、洛克菲勒广场、帝国大厦等。虽然美国这些建筑物都是以服务商标进行注册的，但是根据现行标准，建筑作品也可以作为商品类商标注册。2017年国家工商行政管理总局发布的《商标审查及审理标准》规定，对立体商标的显著性审查包括商品本身的立体形状。可见，建筑作品的一部分可以作为商标注册。如果建筑作品的一部分具有显著性和美学价值，并且不是实用功能的单纯展示，商标法也不排斥其商标资格，比如某建筑公司经过艺术设计的小区大门，或者其他具有显著性的组成部分。

总之，对建筑设计的多重保护，并非是对权利人的偏袒。对不同层次的智力成果有所侧重，体现的是对知识产权的重视。21世纪以来，各式各样的建筑作品在我国如雨后春笋般出现，无论公共建筑还是住宅建筑，差异化越来越明显，这无疑是国人权利意识崛起的一个重要表现。建筑作品在受到知识产权多重保护的同时，存在权利竞合的现象，对其采用多元保护机制，不仅显示了法律对当事人权利自由的尊重，也切合当下激励创新的时代背景。

① 汪廷固. 建筑设计作品保护方式的法律探析[J]. 设计，2017(16)：110－111.

② 左金风. 论建筑物上的知识产权[J]. 信阳师范学院学报(哲学社会科学版)，2010，30(6)：56－59，63.

第二章 知识产权法对建筑设计的保护

从我国目前的立法现状看,知识产权法仅是一个学科概念,并不是一部具体的制定法。近几年,我国已初步形成了以《民法典》原则规定为引领,以《专利法》《商标法》《著作权法》《中华人民反不正当竞争法》(以下简称《反不正当竞争法》)等单行法为核心,包括集成电路布图设计、植物新品种、特殊标志等保护条例以及若干部门规章、司法解释、相关国际条约等共同构成的知识产权法律体系。而与建筑设计有关的知识产权保护,主要体现为著作权法、专利法、商标法对建筑设计的保护。

第一节 著作权法对建筑设计的保护

在知识产权法对建筑设计的保护中,著作权保护是其中最重要的权利保护方式。本节主要从保护对象、保护条件、权利归属、保护内容、保护方式及期限等展开,详细阐述著作权法对建筑设计的保护。

一、保护对象

根据《著作权法》第三条的规定:"本法所称的作品,是指文学、艺术和科学领域内具有独创性并能以一定形式表现的智力成果,包括:(一)文字作品;(二)口述作品;(三)音乐、戏剧、曲艺、舞蹈、杂技艺术作品;(四)美术、建筑作品;(五)摄影作品;(六)视听作品;(七)工程设计图、产品设计图、地图、示意图等图形作品和模型作品;(八)计算机软件;(九)符合作品特征的其他智力成果。"根据著作权法规定的受保护作品的特征和范围,建筑设计领域受著作权法保护的作品范围常见于建筑作品、图形作品、模型作品、视听作品、摄影作品、美术作品等作品类型。

鉴于建筑作品的表现形式存在巨大争议,先介绍《著作权法实施条例》对其他作品类型的定义。第一,图形作品是指为施工、生产绘制的工程设计图、产品设计图,以及反映地理现象、说明事物原理或者结构的地图、示意图等作品。图形作品在建筑设计领域中很常见,尤其是工程设计图,比如建筑设计图、室内设计图等,这些都可以归类到图形作品,受著作权法的保护。第二,模型作品是指为展示、试验或者观测等用途,根据物体的形状和结构,按照一定比例制成的立体作品。建筑模型,比如房产模型、商场模型、古建模型等,这些都可以归类到模型作品，受著作权法的保护。第三，视听作品，指的是摄制在一定介质上，由一系列有伴音或者无伴音的画面组成，并且借助适当装置放映或者以其他方式传播的作品。视听作品，比如建筑物的宣传片、纪录片等，受著作权法的保护。第四，摄影作品，是指借助器械在感光材料或者其他介质上记录客观物体形象的艺术作品。我国对于摄影作品的界定比较宽泛，只要是摄影者本身的创造性劳动成果，比如建筑物的照片等，均可以通过著作权法予以保护。第五，美术作品，是指绘画、书法、雕塑等以线条、色彩或者其他方式构成的有审美意义的平面或者立体的造型艺术作品。

在建筑设计领域，建筑作品是最重要的作品类型，也是《著作权法》规定的作品类型。《著作权法实施条例》规定，建筑作品是指以建筑物或者构筑物形式表现的有审美意义的作品。同时，《著作权法》第三条、《著作权法实施条例》第四条还分别规定了"图形作品"和"模型作品"。根据上述规定，建筑物属于建筑作品，建筑设计图可以构成图形作品，建筑模型可以构成模型作品。然而，在 WIPO 编制的《著作权与邻接权法律术语汇编》中，建筑作品被定义为："美术领域内的一种建造建筑物的创作，通常包含设计图、草图和模型，以及已建成的建筑物或其他建筑型构筑。"因此，国内学者在针对建筑作品保护对象界定的探讨中，逐渐形成两类不同的观点。第一种观点是将建筑作品限定为"建筑物或构筑物形式"。持这种观点的学者认为"建筑作品是指通过一定的形状、色彩来表现某种个性和美感的建筑物"①。考察建筑作品的落脚点在于建筑外观，建筑物以及与建筑物相关的图纸、模型等应当被分类保护，不可忽略其形式的差异②。第二种观点认为"建筑作品"的概念应包含建筑设计图和建筑模型，建筑设计图（包括外观设计图和外观效果图）及建筑模型只要能体现建筑物的外观造型，就属于同一建筑作品的不同表现形式③。因为，从建筑物的设计和建造过程看（绘制一系列建筑设计图—根据设计图制作建筑模型—施工建设形成建筑物），建筑设计图、建筑模型和建筑物体现了相同的建筑设计，应当属于同一作品类型，即都属于建筑作品。王迁教授认为，建筑设计图、建筑模型和建筑物是建筑作品的不同形式，它们之间的转换应是复制而非演绎。对智力创作成果的判断，不可单纯考虑其外在表现形式，图形固然不同于模型，但仅仅是表达之形式区别，不可以此认定存在多个作品④。

---

① 吴汉东. 知识产权法[M]. 北京：中国政法大学出版社，2002：206.

② 沈干仁. 郑成思版权文集：第一卷[M]. 北京：中国人民大学出版社，2008：550 - 552.

③ 王迁. 论建筑作品的表现形式[J]. 法商研究，2014：126 - 132.

④ 郑效军，何英，高海龙. 建筑作品定义辨析[J]. 知识产权，2008(3)：73 - 77.

二、保护条件

我国著作权法规定，作品的保护条件要符合独创性、合法性、有一定的形式或者载体表现的且属于文学、艺术或科学领域。其中，独创性是建筑作品受保护的条件中最重要的一点。建筑作品获得著作权保护的条件，应当满足作品的著作权保护条件。除此之外，对于独创性的要求，不同类型的作品也不尽相同。

对于与建筑设计有关的工程设计图的独创性判断，我国法院在审理侵犯建筑作品著作权纠纷的案件中，一般是先确定前期设计图、请求保护的设计图以及被控侵权的设计图这三套设计图的性质。住房和城乡建设部《建筑工程设计文件编制深度规定》(2016 年版)第 1.0.4 条规定："建筑工程一般应分为方案设计、初步设计和施工图设计三个阶段；对于技术要求相对简单的民用建筑工程，当有关主管部门在初步设计阶段没有审查要求，且合同中没有做初步设计的约定时，可在方案设计审批后直接进入施工图设计。"施工图设计作为具体实施的设计，需要遵循方案设计或初步设计的规范，也就是说，方案设计、初步设计是施工图设计的依据，施工图设计不得随意更改原方案设计或原初步设计的内容。在司法实践中，请求保护的施工图设计往往在设计指标、设计性能、设计规范等方面与方案设计或初步设计中的设计内容相同，这就涉及在前期设计图基础上设计完成的建筑作品的独创性认定问题。就建筑作品而言，方案设计或初步设计的设计指标、设计性能、设计规范等内容均属于设计思想的范畴，而不是建筑作品在说明事物原理或者是设计建筑结构方面的具体表达，设计指标、设计性能、设计规范等内容的相同，不影响施工图设计作品的独创性。因此，请求保护的施工图设计即便沿用了经过行政主管机关审批的方案设计或初步设计中的设计内容，也不构成对在先的方案设计或初步设计的抄袭或剽窃，请求保护的施工图设计并不因此而丧失作品的独创性①。

对于与建筑设计有关的建筑作品的独创性判断，明显与我国著作权法上其他类别的作品在性质上存在差异，主要是因为建筑作品除了包含艺术性以外还包括实用性。从原始社会人类建造居住的洞穴开始，建筑物就有了实用性的特点，供人类居住、生活、办公、娱乐的实用性是建筑作品的基本特征。建筑作品与美术作品的最大区别是实用性，建筑作品来源于生活最后还要回归生活，而美术作品或者其他艺术品可以来源于生活也可以高于生活。所以建筑作品在设计过程中独创性受到限制，就是要首先考虑到实用这一属性。除实用性限制以外，建筑作品还是特定时间、空间、环境的产物，服从于一定的生产或生活使用目的，受

① 童海超. 如何认定建筑工程设计图图形作品的独创性[N]. 中国知识产权报，2017－10－11(8).

到所在的环境制约，有一定的技术和经济条件限制，也受到使用者和决策者要求的干预，因此需要法律大大降低对它的独创性要求。实践中建筑设计行业借鉴前人优秀的创作成果者屡见不鲜，若所有的参考和借鉴都构成侵权，这将对建筑设计行业的发展产生不利影响。在现实生活中，很多建筑物仅仅有一部分含有独创性的设计成分，其余部分基本雷同，那么法律并不吝啬保护这一小部分。从宏观上来说，应当根据建筑作品的特性采取以下的独创性判断标准，即独立创作与适量创新。首先，建筑作品必须是建筑师独立创作的产物，不能抄袭、剽窃他人已有的作品。其次，建筑作品需要有适量的创新性，虽然建筑作品受实用性的限制，创新性空间较小，但这并不影响创造性的存在，建筑师仍然要在建筑作品中体现独创性。建筑作品的实用性和技术性要求，使得建筑师的创作自由度必然低于其他允许借助虚构、夸张方式进行创作的艺术家。除此以外，建筑作品的创作还经常受到使用者和政府有关部门等方面的干预，使得建筑师的创作自由度进一步降低。因此，对著作权法保护的建筑作品的独创性要求应该低于一般文学艺术作品。在应用独创性这一具有主观色彩的标准时，应视具体情况而定①。

对于与建筑设计有关的摄影作品的独创性判断，学界普遍认为摄影作品的独创性体现为拍摄者在选择拍摄对象、姿势和光线等方面做出的独立判断。我国法院一般认为，独创性应包括独立完成和创造性两个部分。在司法实践中，独创性是作品取得著作权保护的首要条件和客观依据。作品必须是作者独立创作出来的，并且应当体现作者的智力投入。独立完成常常依据原告提供涉案摄影作品的底稿来推定。对于摄影作品而言，难点在于如何判定“作者的智力投入”或“作者独特的艺术思想”。创造性体现在拍摄者运用拍摄技能时所做的选择。作者在拍摄过程中根据所拍摄建筑物的不同特性，选取了不同的场景、角度、光线和拍摄手法，体现了作者的创造性劳动，并非简单的、机械性的记录过程，涉案照片具有独创性应当认定为我国著作权法保护的作品。摄影作品不是机械性地记录建筑物，而是作者运用其技能对建筑物予以创造性选择的结果。摄影作品保护的对象必须是拍摄者的独创性表达。因此被拍摄的建筑形态，不是由拍摄者所创造，而是客观存在的事实。在拍摄照片时，构图设计、被拍摄建筑物的选择、风景的安排、道具的布置以及拍摄角度、光线处理、拍摄时机、后期制作等技术运用体现为最终形成的照片，它体现了摄影作品的独创性。当然摄影作品所体现的创造性程度各不相同，相应地其受保护的范围也不相同。著作权法只保

① 朱啸飞.建筑作品的法律特征及其保护条件[J].法治研究，2010，42(6)：95－97.

护作品的独创性表达，这表明独创性程度越高的表达，受保护的范围也越大①。

三、权利归属

建筑设计的著作权归属是著作权制度的重要组成部分。一方面，著作权主体是进行著作权交易的基础。交易是具有所有权或处分权的平等主体之间互通有无的一种行为。另一方面，著作权主体是解决著作权纠纷的重要依据。著作权作为一种民事权利，当其权利受到侵害，发生民事纠纷时，根据民事诉讼中的"不告不理"原则，必须有明确的诉讼主体提起民事诉讼，司法机关才可以受理该案件。

根据著作权制度的一般规则，作者是著作权的主体。《著作权法》规定创作作品的公民是作者。也就是说，创作作品的自然人是作品的著作权主体。作者是自然人的规定，无论是大陆法系国家的著作权法，还是英美法系国家的版权法，观点是一致的。我国对于法人和非法人组织是否能成为著作权的主体做了专门的规定，《著作权法》第十一条规定："由法人或者非法人组织主持，代表法人或者非法人组织意志创作，并由法人或者非法人组织承担责任的作品，法人或者非法人组织视为作者。"

建筑设计著作权的主体，属于自然人，还是属于法人或非法人组织，应该根据建筑作品的特殊性来确定。在建筑设计中，建筑作品是最重要的，故接下来将主要针对建筑作品进行讨论。在我国，建筑作品的著作权主体与其他建筑设计有关作品的著作权主体的规定统一于作品的著作权主体。对建筑设计而言，权利归属主要分为自然人作品、职务作品、委托作品以及合作作品。

（一）自然人作品

从作品的创作角度来看，作品是通过自然人的智力活动直接产生的。建筑设计是由建筑师主导的创造性活动，建筑作品的艺术性表现，需要建筑师创造性的智力劳动，因此，建筑师是实际从事建筑设计的自然人，是建筑作品的直接创作者。而在建筑设计的过程中，组织工程项目的项目经理人、提出建筑设计要求的项目业主、提出规划设计条件的规划师或者其他相关配套专业（如结构、设备专业）的工程师，均没有进行实际的设计创作，仅仅在整个项目设计过程中从事次要的相关性工作，对于设计成果是否能成为建筑作品并没有起到关键性的作用，下面可以做进一步的分析。

首先，如果组织工程项目的项目经理人对设计风格提出指导性建议，比如，

① 梁志文．摄影作品的独创性及其版权保护[J]．法学，2014(6)：32－41.

提议对某一项目设计采用古典长廊式建筑设计风格来表现其特征，如果最终设计成果获得成功，那么设计风格的提议者是不是可以认为是建筑作品创作者之一呢？在这里，一种建筑设计风格实际上是指反映了某一“设计思想”，根据著作权法“不保护思想，只保护表达”的基本原理，提议者显然不是建筑作品的创作者。

其次，项目业主在设计招标文件中会提出一定的设计要求，而建筑师在提出方案设计时，为了获得中标，参与投标的设计方案需要对招标文件的设计要求做实质性响应。换言之，建筑师的创作劳动是在招标人提出的建筑设计要求规定约束下开展设计工作的，但是设计招标文件提出的要求往往是功能性要求，而著作权法不保护实用性功能。在英美法系版权法理论中，实用性功能属于“思想”的范畴。所以，提出设计要求的业主方代表，不是参与建筑作品实际设计工作的创作者。建筑规划方面，根据城乡规划法律法规的规定，建筑设计应符合城镇控制性详细规划和修建性详细规划的要求，城市规划师提出的要求建筑设计成果必须满足城乡功能结构方面的条件，也属于功能性的要求，因此城市规划师也不属于建筑作品创作者之一。

最后，分析各专业工程师在建筑设计中的作用，在整个工程项目的建筑设计过程中，建筑师需要与各专业工程师共同协作完成图纸设计，最终才能依据该设计成果建造实体建筑物。但是，各专业工程师的工作主要是满足建筑功能性要求的设计。比如，结构工程师的设计工作是使建筑满足强度、刚度、稳定性、耐久性等功能性方面的要求；设备工程师的设计工作是为建筑物提供一个舒适宜人的工作和居住环境。同样，各专业工程师不是实际的建筑作品的创作者。

综上可知，建筑师在作品的设计过程中，对建筑物的平面布局、使用功能的美化组合、立体形态的创意构成、建筑艺术的处理和表现手法的运用起到关键性的作用，建筑作品整体所显示出来的独创和完美意境通过建筑师的智力创作表现得淋漓尽致。建筑师是建筑作品的实际创作者，按照大陆法系的观点，建筑师应该是建筑作品的第一权利人，建筑作品的著作权归属于建筑师所有。

（二）职务作品

根据上面的分析，建筑师是建筑设计的直接主体，这符合著作权归属一般规则。但是，由于建筑设计过程具有工程项目的特点以及建筑师执业的特殊性，建筑作品的归属权也应该发生合理性的改变。根据我国著作权法关于作品著作权归属的特殊规则，对于完成特定工作任务的智力创作，其创作成果视为职务作品，这是《著作权法》针对创作的特定情形而采取的特殊政策。

职务作品，亦称雇佣作品。通常情况下，自然人在接受特定单位聘用期间，在其业务范围内从事创作活动而产生的智力成果，属于职务作品。职务作品的认定制度，反映出对资本制度、投资价值的重视，体现了雇主作为投资者追求利益的目标获得法律更大程度的保护。特别是部分英美法系国家，直接把雇主视为创作作品的主体，如美国版权法规定职务作品的作者为雇主，日本著作权法也有类似的规定。

职务作品与法人作品也有一定的区别，根据《著作权法》第十一条第三款的规定，构成法人作品需具备三个条件：必须由单位主持创作；作品必须代表单位意志；作品产生的责任必须由单位承担。有学者认为，法人作品制度借鉴自英美法系国家，职务作品制度则借鉴自大陆法系国家。《著作权法》第十八条规定：自然人为完成法人或者非法人组织工作任务所创作的作品是职务作品。据此，要构成职务作品，必须符合两个条件：第一，创作作品的自然人必须是法人或者非法人组织的工作人员，与单位有实质劳动关系或雇佣关系；第二，作品必须因履行职务行为的需要而创作，也即为了完成单位的工作任务而产生。对建筑作品来说，应该符合职务作品的要求，同时，我国著作权法进一步规定了特殊职务作品。把建筑作品归于特殊的职务作品，其合理性可以从以下三个方面来分析：第一，建筑师在从事建筑作品的智力创作时，表达的作品构思是建筑设计者的思想和意志，其工作性质是为了完成法人或非法人组织的工作任务，建筑设计单位的业务范围主要是建筑设计，建筑设计工作是建筑设计单位的工作任务，建筑师作为建筑设计单位的工作人员，从事建筑设计工作是在履行其工作职责，且需在建筑设计图纸上签名，并对建筑设计文件负责。根据《中华人民共和国注册建筑师条例》第二十一条规定：注册建筑师执行业务，应当加入建筑设计单位。即建筑师从事建筑设计业务不能脱离建筑设计单位，他们的工作是完成建筑设计单位下达的设计任务，是履行作为建筑师工作岗位的职责。第二，建筑师的创作活动通常离不开建筑设计单位的物质技术条件的支持，比如来自建筑设计单位的其他相关专业技术人员的技术支持。第三，根据我国目前的相关制度规定，建筑师创作的智力成果如果产生问题或者存在缺陷，给业主带来经济损失，通常先由建筑设计单位对外承担相应的经济责任，之后建筑设计单位可以根据实际情况对建筑师进行追责。这一点与法人作品不同，根据法人作品的其中一个构成要件，法人作品产生的责任必须也只能由单位承担，个人实际上不承担作品产生的责任。

我国著作权法对特殊职务作品的著作权归属做出界定，特别规定著作财产权归属于雇主，做出有利于雇主的规定。一方面，为了保护投资者的利益，让合法的投资者能得到预期回报；另一方面，对于建筑作品而言，雇主可以分担建筑师的一些风险责任。建筑作品具有建筑工程项目的特点，投资大、技术性强、通用性广，一旦发生设计质量风险，或将造成较大的经济损失。建筑师个人往往难以承担过大的经济责任，需要有能力的责任单位来分担相应的经济责任。因此，把建筑作品确定为特殊的职务作品，其著作权归属于建筑作品的设计单位，可以减轻建筑师的经济责任风险，有利于建筑设计行业创作活动的健康发展。

（三）委托作品

委托作品是指受托人根据委托人的委托而创作的作品。委托作品与职务作品都是针对作品的特殊性而设定的特殊类作品，但两者各自主体所履行的职能有所不同，比如建筑师执业于某建筑设计单位，从事实际的建筑作品设计，其创作职务作品的过程是履行劳动合同所规定的应尽义务；而委托作品的创作是受托人履行委托合同中规定的义务。委托创作作品的合同主体是双方当事人，即委托人和受托人，合同的标的是创作作品。关于创作作品的归属，如果适用《著作权法》的一般规则，创作者将享有完整的著作权，当作品的委托者与创作者订立了委托合同时，则是按照特殊作品做特殊规定。那么，委托作品的著作权是归属于创作作品的委托人，还是归属于受托人？目前，各国的著作权法对委托作品的主体规定大相径庭。譬如，英国、印度的版权法把委托作品的版权规定为委托人或出资人所有；突尼斯的著作权法规定委托作品的著作权归属于作者；菲律宾著作权法则规定委托作品的著作权由作者和委托人共同享有；另外，法国、德国、西班牙的著作权法对委托作品的著作权归属没有作具体规定。

我国著作权法对委托作品的归属问题做了较为灵活的规定，允许订立委托合同的双方通过约定的形式来确定著作权的归属，即法律允许当事人在合同中约定著作权属于委托人，也可以约定著作权属于受托人。当没有约定时，则著作权可以推定为作者所有。我国对委托作品归属的法律规定，一方面强调对作品创作者的利益保护，另一方面也体现了民事主体的意思自治原则。

对建筑作品而言，建筑物的形成需要经过精心的设计和建造过程，与一般的作品创作过程不同，这一系列的设计和建造过程必须符合法定的程序。比如，在建筑物形成的整个建设程序中，建筑设计任务招投标、签订建筑设计委托合同等环节都应符合法定要求。建筑设计委托合同是建筑工程合同中的一种合同类型，有其特定的法律特征，如建筑设计委托合同主体的限制性特征，要求承担建筑作品设计任务的受托人必须具有从事建筑设计任务的资格，而建筑作品设计任务的委托人也应该是经过批准的建设项目法人或非法人组织。这里的委托人通常是指建设单位，而受托人通常是指建筑设计单位，那么建筑设计的成果最终归属于建设单位，还是建筑设计单位？按照我国现行著作权法规定，可以通过合同条款约定建筑设计成果归属于建设单位或者建筑设计单位。但是，根据我国实施的建设工程招投标相关制度，在进行建筑设计招标时，参与投标的建筑设计单位通常不止一个，甚至多个建筑设计单位参与竞标，而最终获得中标的建筑设计单位却只有一个，只有中标的设计单位才能签订设计委托合同，其创作成果才是被采用的建筑设计方案，作为特殊的委托作品。而其他未中标建筑设计单位的设计创作成果归属如何确定呢？大部分观点认为，中标的设计方案可以通过设计委托合同设定为委托作品，约定其著作权归属于建设单位。而未中标的建筑设计方案依然是智力创作活动的成果，其著作权应该归属于原建筑设计单位所有，建设单位未经许可而不得采用这些建筑设计方案，否则将构成著作权的侵权。

（四）合作作品

合作是一种由两个或两个以上的主体共同参与的方式，合作含有特定的目的性。以共同创作作品为目的的智力活动，所产生的成果即为合作作品。我国著作权法并没有对合作作品做出直接的定义，而是从作品创作过程的行动方式角度，把合作创作的事实作为作品著作权归属于合作作者的一个条件。至于如何判断作品属于合作作品，一般可从三个方面分析。首先，创作主体的非单一性。合作创作方式是指由双方或者多方主体的合作行为，各国的立法在定义合作作品时通常使用“由两个以上”“由数人”等先行词。其次，合作目的的一致性。所有共同参与的创作者都有一致的合作愿望和创作意图，并需要对各自的创作行为有明确的认识以及对其后果负责。最后，共同创作的事实性。关于共同创作者的合作事实，一般要求合作作者参与创作，对作品做出直接的、实质的贡献。当然，如果合作作者所做的贡献只是提出创意或构思，不能认为是实质性的贡献。

考虑建筑设计项目的特殊性，建筑作品在何种条件下可以确定为合作作品呢？区分建筑师或者建筑设计单位作为创作主体，可以从两种情况做进一步分析。第一种情况，创作者是建筑师时，例如一个建筑作品在设计过程中可以分解成多个部分，即分解成各个分部分项工程，有两个或两个以上的建筑师来完成各部分的设计工作，最后形成一个整体建筑物，其整个创作活动指向同一个建筑作品，这里的两个或两个以上的建筑师的创作活动是满足合作目的的一致性和共同创作的事实性的条件，创作成果就可认为是合作作品。第二种情况，两个或两个以上建筑设计单位组成联合体形成共同的创作团队参与设计竞标，如果不同的建筑设计单位组成联合体的条件满足《中华人民共和国招标投标法》（以下简称《招投标法》）第三十一条的规定时，则可以把联合体共同创作的成果视为合作作品。如果两个以上建筑设计单位组成一个联合体参与建筑设计任务的投标，联合体各方具有相应的资格和相应的能力，并就获得中标的设计项目承担相应的责任。那么，联合体团队的建筑设计创作活动将满足合作目的一致性和共同创作事实性的条件，其建筑设计的成果可以视为合作作品。

四、保护内容

著作权保护的权利内容是指作者和其他著作权人与其他任何人基于作品的创作、传播和使用所产生的权利和义务。建筑设计相关作品作为著作权法保护的一类客体，其受著作权保护的内容可分为人身权利和财产权利两部分内容。

（一）著作人身权

所谓的人身权，是指民事主体依法享有的，与其自身不可分离亦不可转让的没有直接财产内容的法定民事权利。著作人身权具有整体的不可转让性，不会随着著作财产权的转移而转移。著作人身权也具有永久性，不会随着著作财产权的丧失而丧失。在著作人身权中，除发表权外，作者的署名权、修改权、保持作品完整权的保护期限不受限制，不会因为作者的死亡而消灭，也不因著作权保护期限的届满而消灭。建筑作品的作者如何行使作品的发表权、署名权、修改和保护作品完整权，是完善建筑作品人身权立法中应予以考虑的内容。

1. 发表权

发表权，即作者决定作品是否公之于众的权利。具体是指作者有权决定其作品是否发表、何时发表、以何种方式发表、通过哪些表现形式发表（以书籍形式、刊物连载形式、录音制品形式或广播形式等）。我国著作权法实际上把发表权按照既带有精神权利性质又带有经济权利性质的一种特殊权利对待。但是，由于发表权的性质更加接近于人身权，我国和世界上大多数国家将其归于著作人身权之中。由于广义的建筑作品不仅包括具有审美意义的建筑物，而且还包括建筑图纸和建筑模型等，所以对于建筑设计有关的作品发表权的行使，主要可以分为：

第一，建筑图纸和建筑模型发表权的行使。由于建筑图纸和建筑模型本身与一般的文字、美术作品没有什么不同，所以其发表权的行使按照著作权法的相关规定即可，在此不做更多的讨论。

第二，具有审美意义的建筑物或者构筑物本身的发表权的行使。因为很难理解如何将巨大的建筑实体进行发表，所以这是一个存在很大争议的问题。

我国著作权法中的发表权仅确认作者有权决定作品是否公之于众，建筑作品一经完成即为公众所知的一般情况，使很多人否定建筑物发表权的行使。例如，由于建筑作品的建筑物本身具有实用性，且作为不动产，要想做到不为公众所知几乎不可能，所以在决定是否发表建筑作品方面，作者一般无法行使。这种观点虽然有一定的道理，但是考虑得并不全面。首先，建筑物既然能够得到著作权法的保护，其作者当然享有对该建筑物的发表权。其次，建筑作品发表权的行使因建筑物的特殊性而与其他作品形式的发表有所不同。一般来说，由于建筑物或者构筑物都是在公共场所建造的体积庞大的实物，如果不做特殊的掩饰措施，建筑物或者构筑物在建成之日就已经当场公之于众了。相对于其他作品而言，建筑物存在着独特的公开性。一般来说，建筑物发表权的行使不能由作者自由决定。但是，在特殊的情况下，建筑物的发表权可以行使，主要可以分为：

第一，建筑物的作者能够有期限地行使建筑作品的发表权。随着现代科学技术日新月异的发展，新的技术手段和新物质材料的不断出现，为建筑物发表权有期限的行使提供了可能。作者可以利用外墙、外罩等形式先把创作中或者创作完成后的建筑作品遮盖起来，以此来有期限地行使自己享有的发表权。但是，由于建筑物或者构筑物实用性的特点，建筑作品最终还是要公之于众的。从这个意义上来说，只有在特定的期限内，作者才能行使建筑作品的发表权。

第二，建筑物的作者可以无期限地行使自己不发表作品的权利。这是一种比较极端的情况，但不排除存在的可能。比如建筑物的作者在建筑物施工过程中，对自己的作品不满意或者是在施工中遇到了不可克服的自然条件，譬如建筑物根基所在的土壤、砂石状况不符合所设计的建筑物的要求，从而决定不再建造该建筑物。在这些情形下，作者所设计的建筑物没有公之于众，可以视为作者无限期地不发表自己的作品。

2. 署名权

根据我国著作权法的规定，署名权是指表明作者身份在作品上署名的权利。作者在自己的作品上，既有权利署名也有权利不署名，既有权利署真名也有权利署假名。同时，署名权的另一层含义，是指作者有权禁止未参加作品创作的人署名的权利。换言之，署名权也可理解为确认作者身份权。

一般而言，在建筑图纸和建筑模型作品上，作者行使署名权不会存在问题。如在四川省首例建筑著作权侵权纠纷案中，未经著作权人某建筑设计院允许，四川某装饰设计公司和香港某公司，在印刷品上非法使用了某建筑设计院设计的重庆标志性建筑物——重庆体育馆、峨眉山游人中心方案、富港花园成都高速大厦和云南鸿发广场等 7 幅作品，并被称为两公司的代表作品。上述两公司的做法严重侵犯了某建筑设计院对这些作品享有的署名权，应当承担相应的侵权责任。

但是，具体到可以称为作品的建筑物上，作者署名权的行使就遇到麻烦。这是由建筑作品的独特特性决定的。从理论上讲，建筑作品作者有权在其设计的建筑物上署名，以确认自己的作者身份。但是由于得到著作权保护的建筑物既是作者的作品，又是建筑物所有者的财产。一般来说，建筑物的所有者只关心建筑的质量和使用状况，并不需要知道建筑物的作者是谁，更不希望在其建筑物刻上作者的名字，特别是在建筑师的名字不雅或者使用了有违公序良俗的假名或笔名的情况，因为这种做法，不仅会对建筑物带来外观上的问题，而且会对建筑物所有者对建筑物的使用造成不利影响。为此，UNESCO 及 WIPO 在 1986 年 10 月的一份文件中建议，各国在保护建筑作品作者的精神权利时，应强调署名权只能善意合理行使，亦即对这项权利要做一定限制。

“署名权只能善意行使”的原则，既肯定了建筑作品作者行使署名的权利，又“只能善意行使”而对其加以限制。所以，建筑作品作者有权要求在建筑物上那些不会影响建筑物的外观和使用的地方行使署名权。“署名权只能善意行使”的原则，在实际操作中被法律界和建筑界进一步界定为：在建筑物上行使署名权，署名的尺寸应比照建筑物的铭牌，且不应大于建筑物的名称标牌，署名的位置不应醒目于建筑物的名称标牌。反之，如果建筑作品作者要求以非正常方式或以不适当的尺寸在建筑物上标示自己的姓名，就可视为“非善意行使”署名权。

对建筑作品而言，署名权的应有之义还包括：在建筑物竣工之后，如果他人未经建筑作品作者的同意，进行与作者设计风格不同且对作者声誉有影响的修改，则不得再把该作者的姓名标示在建筑物上。

建筑作品作者在其设计的建筑物上署名的另一个好处是，减少对建筑作品复制权的侵犯。如果倡议每一个楼盘的建筑师都把自己的名字刻在楼外立面上，推广楼盘设计实名制，可以有效防止克隆，因为通常模仿者不愿意公开自己的姓名。为了遏制我国当前建筑领域中侵犯建筑作品复制权的行为，立法者也可以考虑对署名权的行使做强制性的规定。

3. 修改权和保护作品完整权

根据我国著作权法的规定，修改权是指作者修改或者授权他人修改作品的权利，而保护作品完整权则是指保护作品不受歪曲、篡改的权利。一般认为，保护作品完整权系指作者享有的保护其作品在思想表达的形式和内容上的完整性，禁止他人歪曲、篡改的权利。同时，作者本人有权对自己的作品在发表之前或在作品再版时进行修改，即作者享有作品修改权。

修改权和保护作品完整权是互相联系的，侵犯修改权往往也侵犯了作者的保护作品完整权。大多数国家将修改权的内容包含在保护作品完整权之中，也有少数国家将这两层意思分别予以规定。我国基于修改权和保护作品完整权两者的侧重点不同，采用分别规定的立法模式：修改权侧重于更好地表达作者的意志；保护作品完整权侧重于维护作者的荣誉，主要是从维护作者的尊严和人格出发，防止他人对作品进行歪曲性处理以损害作者的荣誉。

日英德美意加等主要西方国家立法中有关作品完整权的规定表明，保护作品完整权作为一项重要的著作人身权，与作者的声誉、荣誉密切相关，其权利基础是对作品中所表现出的作者的个性、人格和作品本身的尊重。作者有权要求他的思想既不被改变，也不被歪曲，社会也有权要求它得到的人的精神创作产品保持原作者的表达形式。作者拥有作品修改权的基础则是对作者思想表达自由的尊重。思想表达的自由当然包括改变思想表达的自由在内。“保护作品完整权、作品修改权与作者身份权一道，构成了作者精神权利的基础和首要支柱。”

在实践中，大多数国家将修改权的内容包含在保护作品完整权中。修改权与保护作品完整权是一个权利的正、反两方面：从正面讲，作者有权修改自己的作品；从反面讲，作者有权禁止他人修改、增删或歪曲自己的作品。从法律规定只有作者才能修改其作品，也能推导出任何歪曲、篡改作品的行为都应予以禁止。

对建筑作品的著作权人而言，其修改权和保护作品完整权主要是指：在体现建筑作品的建筑物建设过程中，著作权人有权制止施工人员和单位改变设计方案，从而确保最终建成的建筑物或者构筑物外观与建筑作品作者设计的要求相吻合；在建筑物完成之后，未经建筑作品作者同意，他人不得修改该建筑物的外观造型。但建筑作品人身权的行使，相比较于文学、艺术作品，因它的创作实践和实用性而对于修改权和保护作品完整权的行使会有所限制。

（二）著作人身权的产生时间

建筑设计有关作品的人身权产生时间，也就是建筑设计有关作品人身权何时产生的问题。现行《著作权法实施条例》第六条规定：“著作权自作品创作完成之日起产生。”

具体到建筑设计有关作品而言，情况比较复杂。一般来说，对于建筑作品而言，建筑作品的作者一般为建筑师，而建筑物的建造者却是工程师和建筑工人。因为建筑物的建造者根据工程技术规范要求和设计图纸进行工作，只是体现建筑师的智力成果，一般不认为会产生智力成果。实践中，建筑作品的作者一般不参与建筑物的建造工作。从本质上讲，完成建筑设计图的时间一般可认为是建筑师的创作完成时。但是，由于我国现行著作权法中的建筑作品仅仅是指那些能够得到著作权法保护的建筑物，如果将建筑设计图纸和建筑模型作品的创作完成作为建筑作品人身权的产生之日，则与我国法律所规定的建筑作品的范围不符，因为此时的建筑物本身还没有出现，只是一张纸而已。所以，从这个角度来说，比较合理的做法是采用建筑物的竣工、完成之时作为建筑作品人身权产生的时间。

（三）著作财产权

著作财产权又称著作经济权利，指作者及传播者通过某种形式使用作品，从而依法获得经济报酬的权利。著作财产权具有可让与性、有期限性、可继承性的特点。著作财产权包括复制权、发行权、出租权、改编权等权利。

对于建筑设计有关作品而言，主要涉及复制权、发行权、展览权等。建筑作品的发行权和展览权，应具体分析。对于建筑设计图纸和建筑模型而言，其发行权、展览权的内容和行使可以依照一般文字、美术等作品的规定；对于能够得到著作权保护的建筑物而言，由于建筑物的不可移动性和公开性，发行权和展览权的存在并没有多大意义。复制权是作品著作权人实现自己经济和社会价值的最有效的手段。对作品进行著作权保护的重要意义，就是著作权人通过对作品的复制，实现自己脑力劳动和智力成果的经济价值，从而更加有效地促进社会文学、艺术和科学领域的创新。

鉴于社会生产生活中出现的建筑作品侵权纠纷，主要是侵犯了建筑作品作者的复制权，在此主要对建筑作品著作财产权中的复制权进行探讨。在世界范围内，从著作权的立法来看，对于复制主要有广义和狭义两种解释。狭义的复制是指印刷、复印、拓印、录音、录像、翻录、翻拍等，这是一般国家的著作权法都承认的。而实际上，复制可以是从平面到平面的复制，可以是从平面到立体的复制，也可以是从立体到平面的复制，亦可以是从立体到立体的复制。所以广义的复制则在狭义的复制外，还包括了按照设计图制作建筑物、雕塑等立体作品。《伯尔尼公约》明文规定保护建筑物和建筑设计图，依据该公约“复制”的概念，按照建筑设计图进行施工属于复制，如未经许可属于侵犯著作权的行为。公约中的复制权包含着从平面到立体的复制，即包括了按照建筑设计图纸施工的行为。在法国、日本等国家，一般都把按照设计图施工视为复制。复制是最能实现作品经济和社会价值的使用方式，对于建筑作品来讲，它最主要的复制方式同时也是最能实现其价值的使用方式是从设计图纸到立体建筑物的实现过程，即一种从平面到立体的复制。

1990 年颁布的《著作权法》中并没有关于建筑作品的明文规定，只是在该法第三条的第六项中规定，工程设计、产品设计图纸及其说明受到著作权法的保护。而根据 2020 年修订的《著作权法》第十条的规定：“复制权，即以印刷、复印、拓印、录音、录像、翻录、翻拍、数字化等方式将作品制作一份或者多份的权利”，这其中并没有列明从平面到立体形式的复制。1990 年颁布的《著作权法》曾在附则第五十二条对“复制”分两款专门做了规定。第一款的规定同现行《著作权法》关于复制权的规定是基本一致的，只是还有一项“临摹”。第二款规定：“按照工程设计、产品设计图及其说明进行施工、生产工业品，不属于本法所称的复制。”该款规定排除了对建筑作品的著作权保护，允许仿建。因为2001年第一次修正后的《著作权法》在作品类别中增加了“建筑作品”，删掉了原法第五十二条第二款的上述规定。建筑物本身成了著作权保护的客体，对原法第五十二条第二款的适用产生了争议。一种观点认为，按照建筑设计图进行施工属于复制，未经许可使用他人享有著作权的建筑设计图进行施工将侵犯著作权。另一种则认为，按照建筑设计图进行施工不是复制，未经许可使用他人享有著作权的建筑设计图进行施工将侵犯著作权，但是不侵犯复制权。我国著作权法中复制权虽然不包括按照建筑设计图进行施工的权利，但我国作为伯尔尼公约的缔约国，现行《著作权法》第十条规定的“应当由著作权人享有的其他权利”，至少包括了“按照建筑设计图建造的权利”。而对于将体现建筑作品的建筑物转化成二维影像或者三维模型的各种作品，并没有侵犯著作权人的复制权。

我国经济的飞速发展改善了人们的生活水平，建筑专业化、商业化、工业化和建筑市场的繁荣，使人们的居住理念发生了巨大的变化。“楼盘名称的演变和户型设计的变化，正好印证了人类不断进化的居住观念。但是一些懒惰的开发商却利用这一变化，不断抄袭，窃取别人的劳动成果。”反观今日我国经济浪潮中涌现出来的与建筑作品有关的案例，无论是建筑师与建筑设计单位之间，建筑师与建筑开发商之间，还是建筑开发商与建筑开发商之间，几乎都存在对建筑作品复制权的侵犯。“模仿”“抄袭”“克隆”都是复制的同义语。国内建筑界抄袭之风盛行，建筑作品著作权人的权利得不到很好的保障。而对建筑作品复制权的侵犯却是全方位的。先是对建筑作品宣传画的复制，接着是对建筑作品的设计图纸和建筑外观的复制，又继续升级为对建筑作品小区整体布局的复制。

建筑作品的著作权保护，同一个国家的经济发展水平和建筑市场的发展水平关系密切。建筑市场越繁荣，建筑作品的经济价值就越大，而对建筑作品复制权的侵犯就越有可能发生。特别是在我国，房地产市场的区域性很强，建筑作品著作权人的能力往往非常有限，仅仅能够控制一个或若干区域的房地产市场。这种情况下，一个成功的建筑作品，往往会遭到很多不同地区地产开发商的抄袭，给那些侵犯建筑作品复制权的开发商节省很多开发成本，并带来巨大的经济利益。

对建筑作品的非法复制行为，严重侵犯了建筑作品作者所享有的复制权，挫伤了著作权人的创作积极性，扰乱了建筑设计市场的运作秩序，而且还会侵害他人利益和社会利益，造成诸多严重的社会后果。第一，非法复制建筑作品的行为会挫伤作者创新的积极性，导致著作权法立法目的不能实现。非法复制行为是对作者劳动成果的窃取。建筑作品被一些利欲熏心的开发商或者不称职的建筑师恶意复制，致使作者应得的利益不能实现，也使著作权法通过赋予作者复制权获得经济利益进而促进社会创新的目的落空。第二，非法复制建筑作品的行为会造成建筑行业处于无序竞争的混乱状态。建筑作品的创作不仅需要作者有较深厚的知识储备和较高的审美修养，而且要耗费作者大量的时间和精力。对于房地产开发者来说，建筑作品的创作也是一件需要花费巨大人力成本和经济成本的活动。对建筑作品的非法复制行为，会造成一些开发商不劳而获。这样下去，建筑行业的竞争秩序将会被打乱，会对我国建筑行业的发展造成非常不利的影响。第三，非法复制建筑作品的行为，会造成城市景观与城市格局的千篇一律，最终影响社会发展和公众利益。这种现象在我国已经出现，在不同的城市甚至是在同一个城市，都有相同的建筑物或者居住小区存在，已经影响了公众利益和社会发展。在侵权和被侵权的建筑物中，人们已经感受到了种种由人居环境的雷同所带来的不适感。

现阶段，我国应当采取各种措施，加强对侵犯建筑作品复制权的打击力度。首先，司法机关在司法审判中，应当采取比较宽松的建筑作品复制侵权的认定标准。从已有的案例来看，被诉诸法庭的侵犯建筑作品复制权的被告，往往以自己作品使用的是进入公有领域中的元素进行抗辩，并且会以自己作品同原告作品间的细微差别进行抗辩。此种抗辩有一定合理性，如美国的著作权法就将作为历史遗产的各种风格排除在建筑作品侵权认定之外。但是，法官完全可以从建筑物的建成时间、公众对原被告建筑物的感官体验以及两个建筑物之间的差别，对是否侵犯著作权做出判定。其次，我国也可以加强市场方面对建筑作品复制权的约束。譬如把好的建筑设计院、不好的建筑设计院、有抄袭行为或者涉嫌抄袭行为的建筑设计院每年通过各种媒体进行公示。通过多管齐下，更好地保障建筑作品的创新，同时对规范建筑行业起到很好的作用，从而改善我国的人居环境和社会景观①。

五、建筑设计著作权的保护方式

著作权的保护方式在著作权制度中具有重要地位。在建筑设计著作权的保护中，更应该明确保护方式以及保护期限，让著作权法对建筑设计的保护发挥更大的作用。

对建筑作品来说，建筑物的孕育、生长和完成是一个复杂的、长期的过程。

① 赵建雷．建筑作品相关著作权研究[D]．北京：清华大学，2007.

这个过程，包括在建设监理的监督下，依据建筑规范和建筑标准，运用建筑声学、建筑光学、建筑热工学等原理，充分考虑建筑结构和构造，建筑防潮、建筑隔热的要求，进行建筑设计，并采用建筑生产企业的建筑陶瓷、建筑彩画等材料进行建筑施工和建筑装修，直至建筑物的最终竣工。如何有效地对建筑作品著作权进行保护，将是一个需要不断探讨和不断实践的问题。目前实践中，主要通过三种方式进行保护。

一是通过合同法对建筑作品著作权进行保护。通过合同法对建筑作品著作权进行保护的方式，不论对于建筑作品著作权人还是建设单位来说都不陌生。因为在双方签订的建筑设计合同中经常有关于设计成果著作权的约定，通常是“设计成果的著作权归设计方享有”或是“设计成果在建设方支付设计费后归建设方享有。”无论是理论上还是实践中，均可以通过合同法对建筑作品进行法律保护。一般来说，建筑作品的设计、施工至最终成型是一个时间周期很长的过程。在建筑物施工的前期阶段，至建筑作品完成之前，建筑作品的作者完全可以同建筑物的咨询方、施工方签订合同，详尽地约定能够接触建筑工程设计图、工程施工图及相关模型作品的其他各方所应当承担的保密义务，如不得向第三方特别是竞争对手提供同建筑作品相关的文件。在住房和城乡建设部提供的建设工程设计合同示范文本中，就有关于工程设计知识产权保护的条款。而在这其中，工程建设各方可以约定其中一方承担保密的义务。当然，工程建设方和设计方也可以通过合同约定合同双方互负保密义务。建设工程设计合同双方不仅可以通过合同约定建筑作品著作权保密义务的承担方，而且可以自主约定违反这些义务所需承担的违约责任，该责任主要是以赔偿损失为主。

二是通过行政法对建筑作品著作权进行保护。根据现行《著作权法》的规定，建筑设计的著作权人对侵权行为，可以向国家著作权行政管理部门举报，要求依法对侵权者给予行政制裁。根据法律规定和具体侵权情节，对侵犯建筑作品著作权人所享有的著作权的行为人，可以给予行政处罚。

三是通过刑事法对建筑设计的著作权进行保护。1990年颁布的《著作权法》只规定了侵犯著作权的民事责任与行政责任，缺乏对刑事责任规定。而现行《著作权法》则专门规定“构成犯罪的，依法追究刑事责任”，从而使三大法律责任在著作权法中形成立体结构，以全面打击著作侵权行为。对于那些侵犯建筑作品著作权情节特别严重、数额特别巨大的行为，在现行《著作权法》的规定下，也要考虑追究侵权人的刑事责任。

第二节　专利法对建筑设计的保护

企业之间的专利竞争是国际科技竞争和经济竞争的一个战略制高点。拥有专利的数量和质量以及运用专利制度的能力和水平，已是衡量一个企业乃至一个国家或地区综合实力的重要指标。专利制度是发展市场经济的重要法律基础，专利制度可以促进发明创造，推动技术进步，提高建筑设计企业在市场竞争中的优势。在建筑设计的知识产权保护中，《专利法》对建筑设计的保护占有重要地位。本节主要从保护对象、保护条件、专利权的主体及权利归属、保护内容、专利权的内容以及专利申请程序等展开，详细阐述专利法对建筑设计的保护。

一、保护对象

2021 年修订的《专利法》第二条规定："本法所称的发明创造是指发明、实用新型和外观设计。发明，是指对产品、方法或者其改进所提出的新的技术方案。实用新型，是指对产品的整体或者局部形状、构造或者其结合所提出的适于实用的新的技术方案。外观设计，是指对产品的形状、图案或者其结合以及色彩与形状、图案的结合所做出的富有美感并适于工业应用的新设计"。《专利法》可以对建筑设计相关的方法以及建筑物的外观设计等进行保护。

对于建筑设计相关的发明专利申请，专利局先进行初步审查，然后再依据申请人的请求进行实质审查。在初步审查环节，审查员主要在形式、缴费和程序方面审查申请是否符合《专利法》的要求，对部分属于"明显实质性缺陷"的实体内容进行审查。此类"明显实质性缺陷"包括发明明显不属于《专利法》的保护客体、发明申请明显不具备单一性、专利文件修改明显超出原始说明书的范围等。专利申请通过初步审查后，专利局会在自申请日起满 18 个月后公布该申请。专利申请实质审查环节，审查员审查该发明是否符合《专利法》所规定的客体范围、实用性、新颖性、创造性等一系列实质性授权要件。只有通过实质审查之后，专利局才会授予发明专利权。《专利法》对发明专利给予 20 年的保护，从专利申请日开始起算。由于发明专利通过了实质审查，在侵权纠纷发生后，《专利法》也给予发明专利以较强的法律效力推定——专利证书或专利登记簿副本通常就是专利权效力的有效证明。

对于建筑设计相关的实用新型和外观设计专利申请，专利局只进行初步审查，而不进行实质审查。初步审查的范围与上述发明专利申请的初步审查大致类似。在申请人提交了符合形式要求的申请文件，并且不存在明显的实质性缺陷后，专利局就会按照既定的程序授予专利权。专利局并不审查该申请是否满足《专利法》上的实用性、新颖性和创造性等要求。正常的实用新型和外观设计专利申请总是能够获得授权。《专利法》对实用新型和外观设计专利的保护期只有10年。由于此类专利未经过实质审查，在侵权诉讼中，《专利法》给予的法律效力推定强度非常有限。依据《专利法》，在专利证书或专利登记簿副本之外，人民法院可以要求专利权人或利害关系人提交专利局出具的专利权评价报告，证明其专利权的可靠性。

《专利法》区别对待不同的发明创造，尤其是区别对待发明和实用新型，给申请人提供了更多的选择机会。发明专利能够获得较长时间的保护，但授权标准较高，程序耗时较长，维持费用较高；实用新型专利保护期限较短，但是授权标准较低，程序耗时较短。申请人可以根据自己的实际需要，选择按照发明专利或实用新型专利进行保护。必要时，还可以就同一方案同时提出两类专利申请，先获得实用新型专利保护，然后再获得发明专利保护。前提是，在获得发明专利授权时要声明放弃实用新型专利。

二、保护条件

专利权的客体是专利权人的权利和义务所指向的对象。就我国专利法而言，专利权的客体是指发明创造，即发明、实用新型和外观设计。建筑设计相关的发明专利和实用新型专利的授予条件有多方面的规定，主要的构成要件是新颖性、创造性和实用性，即所谓的“三性”标准。

（一）实用性

《专利法》第二十二条第一款要求，发明或实用新型必须具备“新颖性、创造性和实用性”。所谓的实用性，是指发明或实用新型“能够制造或者使用，并且能够产生积极效果”。《专利审查指南》对于实用性的含义有进一步的说明：实用性，是指发明或者实用新型申请的主题必须能够在产业上制造或者使用，并且能够产生积极效果。一方面，授予专利权的建筑设计相关的发明或者实用新型，必须是能够解决技术问题，并且是能够应用的发明或者实用新型。换句话说，如果申请的是一种产品（包括发明和实用新型），那么该产品必须在产业中能够制造，并且能够解决技术问题；如果申请的是一种方法（仅限发明），那么这种方法必须在产业中能够使用，并且能够解决技术问题。只有满足上述条件的产品或者方法专利申请才可能被授予专利权。所谓产业，它包括工业、农业、林业、水产业、畜牧业、交通运输业以及文化体育、生活用品和医疗器械等行业。另一方面，能够产生积极效果，是指发明或者实用新型专利申请在提出申请之日，其产生的经济、技术和社会的效果是所属技术领域的技术人员可以预料到的。这些效果应当是积极的和有益的[①]。

学理上，实用性要求至少包含有三方面的内容：发明方案能够实现；发明效果达到实用程度；发明具有积极效果。首先，实用性的基本要求是发明方案能够实现。更准确地说，专利权利要求中的方案能够实际实施，产生申请人所披露的效果。专利局通常只对申请进行书面审查，判断发明方案是否能够实施的标准是，在申请提交之日该领域熟练人员是否相信该方案能够达到所披露的效果。不符合这一要求的最为典型的一类“发明”是所谓的“永动机”类的发明。专利局会以此类“发明”违反科学定律无法实施为由，否定其实用性。其次，实用性的进一步要求是发明方案的效果必须达到“实用”的程度。发明方案能够实施，能够实现预期的效果，并不当然就符合实用性的要求。有些方案的实施，可能仅仅在纯粹的科学研究领域有意义，并不能给社会公众带来直接的功用。比如，在生物和化学领域，合成一种新的物质、分离出新的 DNA 片段等。在找到该物质和 DNA 片段的实际用途之前，该发明可能仅仅在纯理论研究领域有意义，对于现实产业可能没有什么实际价值。我国专利法控制实用性的标准，鼓励发明人将发明进行到底，直至达到“实用”的程度。最后，实用性还要求发明方案的效果应当是“积极”的。《专利法》明确要求发明能产生“积极效果”。将这一要求做拓宽解释，或许可以涵盖上文提到的产业实用性方面的要求。不过，这里更多地将这一要求视为一种价值判断，要求发明的实施会给社会带来正面效果，为社会所期待。通过实用性审查，专利局可以将那些社会并不乐意见到的发明拒之门外，比如犯罪工具、赌博工具、商业欺骗手段等。一项发明的效果是否是“积极”的，是看该发明的整体效果，即正面和负面效果综合后的结果是否为“积极”的。比如，副作用很大的药物、存在安全隐患的电器、既可以用于娱乐也可以用于赌博的棋牌、引发道德危机的生物发明等等，都需要利用这一方法进行判断。

（二）新颖性

《专利法》第二十二条第二款：“新颖性，是指该发明或者实用新型不属于现有技术；也没有任何单位或者个人就同样的发明或者实用新型在申请日以前向国务院专利行政部门提出过申请，并记载在申请日以后公布的专利申请文件或者公告的专利文件中。”

《专利法》要求专利申请必须具有新颖性，旨在避免对已经存在的技术方案重新授予专利权。《专利法》规定的新颖性审查包括两部分：第一，现有技术中是否含有申请人所要保护的技术方案。现有技术“是指申请日以前在国内外为公

① 《专利审查指南》(2020)第二部分第五章第1节。

众所知的技术”。“为公众所知”是指在国内外公开出版物上发表过、公开使用或以其他方式为公众所知。按照这一定义，在申请日之前已经存在但处于保密状态的技术，不构成现有技术；第二，是否存在抵触申请。抵触申请是指任何人（包括申请人自己）在当前申请的申请日以前提出，并在申请日以后公布的包含相同技术方案的专利申请。抵触申请在当前申请的申请日之前，处在专利申请程序之中，并未对外公开，不构成现有技术。抵触申请审查显然具有防止对他人发明在先但尚处在专利申请过程中因而未公开的相同的技术方案授予专利权的作用。不过，在抵触申请已经公告授权后，让权利要求之外的内容抵触在后申请，已经超出避免重复授权的范畴，因为这里抵触申请只是公开了在后申请的技术方案，却没有对之提出保护要求，对在后申请中相关内容授权，并没有重复授权的可能性。

关于现有技术的范围的判断，依据《专利法》第二十二条第五款，决定一项技术是否为现有技术的要素有两项：其一，“申请日之前”，即申请日以前公开的才可能属于现有技术（申请当天公开的不包括在内）；其二，“为公众所知”。一项在先技术方案要被视为现有技术，必须对技术方案做了完整、清楚、准确描述，使得该领域的熟练技术人员能够实施该发明方案，否则该在先技术方案不能构成破坏新颖性的现有技术。这里的可实施要求，可能有两层含义。其一，该在先技术方案公开的技术方案客观上的确能够为熟练技术人员所实施，这应该是最基本的要求。其二，熟练技术人员主观相信该技术方案能够实施。

判断一项技术是否为现有技术，关键不在于它是以何种方式为人所知，而是在各种方式下，它究竟是否能够“为公众所知”。《专利法》和《专利法实施细则》并没有具体的解释。这就给法院和执法者留下很大的解释空间，在实务中也引发很多争议。对“为公众所知”标准最为严格的解释可能是，公众是指不负有保密义务的任何人。比如，有学者指出：“专利法上所说的公开就是指有关技术脱离了保密状态。所以只要某种技术有可能被一个不负有保密义务的人知悉，就足以使该技术构成公开，因为他可以向别人传播。只要有关技术内容已经处于为公众中的任何人有可能得知的状态，就是说已经脱离了保密状态，即视为已经公开。”[①]与上述严格标准相对，《专利审查指南》采用相对宽松的标准，即“有关技术内容处于公众想得知就能够得知的状态，就构成使用公开，而不取决于是否有公众得知”。在这一宽松的标准下，法院或专利局在自由裁量时可能会考虑公开渠道的开放程度、能够接触该渠道的人员数量、公众为接触该渠道所要付出的实质性成本等。依据这一标准，如果技术扩散的范围已经很广，比如在发行量很

① 汤宗舜. 专利法教程[M]. 北京：法律出版社，1996：83.

大的出版物上发表，在产业上大范围应用，或者在市场上大量销售，则没有人会怀疑该技术已经“为公众所知”。如果技术的扩散范围很小，只是有个别“不负保密义务的人”获知了这项技术，则并不意味着“想要了解其技术内容的人都有可能通过正当的途径了解”。这时，法院可能认为该个人并非“不特定多数的公众”的一员，同时，真正的“不特定多数的公众”也很难找到并不对外声张的该个人，因此该技术没有“为公众所知”。

从司法案例来看，审查员和法官常常在上述两个标准间摇摆不定。自觉或不自觉地将公众解释为“不负保密义务”的人，采用严格标准的案例应该占多数。这一标准的操作性很强，管理成本较低。只要能够证明有一个不负有保密义务的人通过合法途径获知该技术方案，就能够否定一项申请的新颖性。但是，这一标准对那些积极申请专利、促进技术公开的申请人是不公平的。因为，原本技术方案可能仅仅在非常有限的范围内为人所知，通过他的专利申请，才在更大的范围内为公众所知晓，从而降低了整个社会的搜寻成本。

（三）创造性

所谓创造性，对于发明专利申请而言，是指专利申请中的技术方案与现有技术相比，“该发明具有突出的实质性特点和显著的进步”；而对于实用新型专利申请，则是指“该实用新型具有实质性特点和进步”。依据《专利审查指南》，所谓的实质性特点，通常是指该技术方案对熟练技术人员而言，非显而易见。所谓“显著的进步”则是指发明具有有益的技术效果。

创造性要求使得相同领域的熟练技术人员可以自由获取和使用那些基于现有技术而无须创造性劳动就能够获得的新技术。比如，对现有建筑设计中某些建筑材料的惯常替换、对工艺流程步骤的简单变化等。这一要求实际上将公共领域拓展到现有技术以外的范围，导致公共领域不仅覆盖部分具有新颖性的技术方案，而且使得公共领域能随着熟练技术人员知识能力的提高而自动地向外拓展。

《专利法》之所以要求发明必须具有创造性，主要有以下几种解释：首先，如果发明本身不具备创造性，发明的过程不是很困难，无须利用《专利法》的激励机制。这时候提供专利保护，单纯增加社会成本。其次，对于不具备创造性的发明授予专利，会导致真正具有创造性的发明人的积极性受损。如果创造性要求很低，重要的基础性发明专利很快就会被很多不具备真正创造性的改进或从属发明所包围，导致专利许可费向从属专利的权利人流失，影响基础性发明人的积极性。最后，创造性标准过低，会导致大量低水平专利泛滥，增加社会的检索和许可成本。

我国专利法上的创造性标准要求熟练技术人员对发明和现有技术进行对

比，以确定是否存在所谓"实质性特点和显著的进步"。表面上，这似乎强调客观的技术特点和效果的对比，然后由熟练技术人员分析该对比所体现出的差异是否是"实质性"或"显著的"。这一判断方法与《专利审查指南》上的"非显而易见"标准，还是有些细微的差别。"非显而易见性"强调的是熟练技术人员的主观判断，并不刻意关注技术的特点和效果，从而显得更主观一些。在判断一项发明是否具有创造性时，《专利审查指南》参考了欧洲专利局的做法，采用所谓的"三步法"：确定最接近的现有技术；确定发明的区别特征和发明实际解决的技术问题；判断要求保护的发明对本领域的技术人员来说是否显而易见。显然，这三个步骤中的任何一步，都是在事后还原一个虚拟的"熟练技术人员"的事前的想法或做法，不可避免地要受到所谓的后见之明的影响。实际发生纠纷时，离发明完成之时已经有相当的时间。在发明时具有创造性的发明，随着时间的推移，技术的进步，在普通技术人员看来可能不再具有创造性。这无形中增加了判断的难度，使判断结果更容易受到后见之明的影响，《专利法》难以从制度上消除这一影响。

专利申请人通常并不需要主动证明其发明存在创造性。只是他人依据上述方法对其发明创造性提出合理挑战时，申请人才需要提供证据加以反驳。反驳时，申请人当然可以直接提供证据证明上述证明环节中可能存在的问题。除此以外，申请人还可以通过一系列辅助手段来证明技术方案具有创造性。这些间接的辅助证据包括：商业上的成功、超出预期的效果、克服技术偏见、在先的失败、众多的专利许可、长期存在的需求等。之所以说它们是辅助证据，是因为它们与创造性之间并不具有逻辑上的必然性，既非创造性存在的充分条件，也非必要条件，只是供审查员或法官综合权衡的反驳证据[①]。

三、专利权的主体及其权利归属

我国专利法根据发明创造的性质及主体的性质，分别规定了完成发明创造的人、专利申请人和专利权人之间的关系以及不同的权利义务。建筑设计有关的发明的专利权主体以及权利的归属，遵循我国专利法对发明的专利权主体及权利归属的统一规定。

（一）发明人与设计人

任何发明创造只可能由可以思维、有创造能力的自然人完成，这一自然人称为发明人或设计人。《专利法实施细则》第十三条规定，对发明创造的实质性特

① 崔国斌．专利法：原理与案例[M]．2版．北京：北京大学出版社，2016：156．

点做出创造性贡献的人是发明人或设计人。在完成发明创造的过程中，只负责组织工作的人、为物质条件的利用提供方便的人或者从事其他辅助工作的人，诸如建筑设计单位的管理人员、实验员、描图员等不应当认为是发明人或设计人。之所以对发明创造完成人有不同的称谓，是根据不同专利种类而进行的区别。对于发明专利，这种人称为发明人；对于实用新型专利和外观设计专利，这种人称为设计人。

发明人或设计人只能是自然人，不能是法人或其他单位。不能在专利的请求书中将发明人一栏填写“某设计工作室”“某建筑设计院”等。发明人或设计人享有署名权、获得奖励权和获得报酬权。署名权是一种人身权，不能转让、继承，永远归属于发明人或设计人所有。发明人或设计人也可以请求国务院专利行政部门不公布其姓名。如果发明创造是由二人或二人以上共同完成的，那么这些人就互为共同发明人或设计人。判断共同发明人或共同设计人的标准也是看其是否对发明创造的实质性特点做出了创造性的贡献。共同发明人或共同设计人的权利和义务是相等的，排名前后没有实质上的影响。

作为发明创造这一无形财产的创造者，发明人或设计人理应有权申请专利并获得专利权。但是，如果发明人或设计人的创造活动是其为建筑设计单位履行其职务完成的，则不具备专利申请人资格。发明人或设计人作为申请人有条件限制，只有非职务（或非雇员）发明创造的发明人或设计人才能作为专利申请人①。

（二）专利申请人

专利申请人是对某项发明创造有资格向国务院专利行政部门提出专利申请的公民、法人或者非法人组织。并不是任何自然人或法人都有权申请专利，具体应按照不同情形进行分析。

首先，针对非职务发明创造而言，申请专利的权利属于发明人或设计人。所谓非职务发明创造，是在本职工作或者单位交付的工作之外，完全依靠自己的物质技术条件做出的发明创造。非职务发明创造，申请专利的权利属于发明人或设计人。单个自然人完成的非职务发明创造，其申请权由发明人或设计人自由行使。共同发明或共同设计，则必须由全体发明人或设计人提出。发明人或设计人也可以放弃或转让专利申请权。但共同发明人或设计人转让申请权，应征得其他共同发明人或设计人的同意。取得专利后，其中一人或数人可以转让他们在专利权中的经济收入的份额，这一份额也可以继承。向外国人转让申请权

① 吴汉东．知识产权法学[M]．北京：北京大学出版社，2011：198．

或专利权时，必须经国务院有关主管部门批准。无论哪种转让情况，都必须订立书面合同，经国务院专利行政部门登记和公告，转让自登记之日起生效。在中国设有经常居所的外国人在中国申请专利时，依照其所属国同中国签订的协议或者共同参加的国际条约，或者依照互惠原则，依我国专利法办理。无国籍的人不能在我国提出专利申请。

其次，职务发明创造是指执行本单位的任务或者主要是利用本单位的物质技术条件所完成的发明创造。物质技术条件是指资金、设备、零部件、原材料或者不对外公开的技术资料等，其中不对外公开的技术资料包括技术档案、设计图纸、新技术信息等。在建筑设计单位，职务发明创造申请专利的权利属于该建筑设计单位，申请被批准后，该单位为专利权人。如果仅仅使用了建筑设计单位的物质条件，如办公场所、仪器设备、建筑设计软件等，但建筑设计单位与发明人或设计人订有合同，对申请专利的权利和专利权的归属做出了约定，应从其约定。如果发明人或设计人向建筑设计单位交付设备使用费的也有可能除外，一般依照合同约定。作为职务发明的发明人与有权申请专利的单位存在劳动雇佣关系。根据劳动合同，职工只要是受雇于建筑设计单位，不管是临时雇佣还是长期雇佣，只要建筑设计单位给付了劳动报酬，就成立了雇佣关系。因而，在雇员履行职务中所做出的发明，都是职务发明，申请专利的权利自然属于建筑设计单位。依我国专利法，执行本单位的任务或者主要是利用本单位的物质技术条件所完成的发明创造为职务发明创造。“执行本单位的任务”一般可以分为三种情况：第一，属于本职工作范围内的发明创造。本职工作的判断可以参照劳动合同、工作人员的职务、责任范围和工作目标，一般不考虑所学的专业。例如，某人是学建筑学专业的，现行职务是建筑师，他的职责是公司的经营与管理，不从事建筑设计，所以他做出的建筑设计发明创造并不一定都属于本职工作范围，要根据具体情况处理。第二，履行本单位交付的本职工作之外的任务所做出的发明创造。一般指单位短期或临时下达的工作任务，如合作设计、接受委托等。在完成这些工作任务中所产生的发明创造与单位的宏观指导、具体方案的制订、责任的承担以及必要的物质条件密切相关，所以属于职务发明创造。第三，退职、退休或者调动工作一年内做出的，与其在原单位承担的本职工作或者分配的任务有关的发明创造。实践中经常出现如何判断离开单位的时间以及如何判断发明创造完成的时间的困难。比如，某人从甲建筑设计院辞职到乙建筑设计院，提出辞职报告甲建筑设计院没有批准，该人不辞而别，到乙建筑设计院一年半后申请一件与原来在甲建筑设计院的工作任务相关的专利，但是甲建筑设计院在该人离开 8 个月后才将其除名。如果双方都不能证明该专利申请内容完成的时间，就只有将专利申请日视为完成日。于是，按照甲建筑设计院除名时间计算距离完成日期不足1年，应当属于甲建筑设计院的职务发明；按照该人实际到乙建筑设计院工作的时间计算，则应当属于乙建筑设计院的职务发明。实践中判断是属于1年内还是1年外，还应根据发明创造完成的证据以及实际领取相应职务的工薪时间判断。在人才流动已经非常普遍的情况下，为了避免日后的纠纷，最好通过劳动合同明确约定相关条款。

四、专利权人的权利与义务

专利申请人即有权申请专利的人，如果有权申请专利的人依法提出专利申请之后，则成为专利申请权人，并依法对其专利申请享有权利。否则，专利申请人不可能转变为专利申请权人。可见，专利申请人是成为专利申请权人的基础，而专利申请人依法提出专利申请，则是专利申请人转换为专利申请权人的前提。权利与义务往往相伴而生。建筑设计专利权人应该充分利用相关权利，如独占权、许可权、转让权等，同时也要履行相关的义务。

（一）专利权人的权利

建筑设计专利权人的权利包含专利人身权和专利财产权两个方面。专利人身权又称专利人格权，是专利权的重要组成，主要是指建筑设计的专利发明人、设计人有权在专利文件中写明自己是该专利的发明或设计人，即署名权；还包含发表权、修改权和保护作品完整权。专利人身权是建筑设计的专利权人所特有的，不因专利财产权的转让而消失。建筑设计的专利财产权是权利人享有占有、使用、收益和处分其发明创造的权利，表现为独占权、许可权、转让权、放弃权等。

首先，独占权包括制造权、使用权、许诺销售权、销售权、进口权等五个方面。《专利法》第十一条规定："发明和实用新型专利权被授予后，除本法另有规定的以外，任何单位或者个人未经专利权人许可，都不得实施其专利，即不得为生产经营目的制造、使用、许诺销售、销售、进口其专利产品，或者使用其专利方法以及使用、许诺销售、销售、进口依照该专利方法直接获得的产品。外观设计专利权被授予后，任何单位或者个人未经专利权人许可，都不得实施其专利，即不得为生产经营目的制造、许诺销售、销售、进口其外观设计专利产品。"这里，法律规定了禁止他人未经许可实施其专利的行为，从而保护了权利人享有的权利，即制造权、使用权、许诺销售权、销售权和进口权。由于发明、实用新型专利权与外观设计专利权的内容有所不同，专利权人的权利也有所区别。

其次，许可权是指专利权人（许可方），通过签订合同等方式允许他人（被许可方）在一定条件下使用其取得专利权的发明创造的全部或者部分技术的权利。在很多情况下，建筑设计专利权人不愿或不能实施专利，而是通过许可他人实施来取得收益。许可他人利用专利技术，并非是将专利权出售给他人，而仅仅是将专利技术的使用权授予他人，专利所有权并没有发生变化。许可他人实施专利，应当订立书面实施许可合同，由被许可方向专利权人支付专利使用费。除另有约定外，被许可人无权允许合同规定以外的任何单位或者个人实施该专利。专利权人的许可实施权受到一定的限制，比如强制许可和计划许可的例外规定。专利实施许可的方式有多种，比如独占许可、独家许可、交叉许可、分许可和普通许可等。采取哪种实施许可方式，如何签订实施许可合同，对许可方和被许可方来说至关重要，而专利法只能提供一些原则条款，实践中如何获得最大的专利许可收益属于合同层面的利用行为。

再次，转让权包括专利申请权的转让和专利权的转让。转让行为使权利主体发生了变更，从而使权利从原所有人转移到新所有人。转让有两种形式：一种是合同转让，这通常是自愿发生的，比如因买卖、交换、赠予、技术入股而进行专利权的转让；另一种是继承转让，这是因法定原因而发生的，当专利权人死亡后，专利权依继承法的规定而转移至有继承权的人。转让必须履行法律规定的手续。转让专利申请权或者专利权的，当事人应当订立书面合同，并向国务院专利行政部门登记，由国务院专利行政部门予以公告。专利申请权或者专利权的转让自登记之日起生效。中国单位或者个人向外国人转让专利申请权或者专利权的，必须经国务院有关主管部门批准。

最后，标记权是指专利权人在其专利产品或者该产品的包装上标明专利标记或专利号的权利。通过标记，可以起到宣传作用，有助于扩大产品的销售。同时，也可以起到警示作用，使其他人了解这种产品是受到专利保护的，不能随意仿造。当然，专利权人不在专利产品或其包装上标明专利标记或专利号，并不意味着放弃专利保护，其他人仿造专利产品，仍负侵权责任。

（二）专利权人的义务

权利与义务是相对存在的，建筑设计的专利权人享有的权利，是在其履行义务的前提之下。建筑设计的专利权人不履行其义务，将给自己带来不利的法律后果，甚至丧失建筑设计的专利权。建筑设计的专利权人具有充分公开发明内容、缴纳专利费用以及不得滥用专利权的义务。

首先，建筑设计的专利权人具有充分公开发明内容的义务。我国专利法规定，发明或者实用新型专利权的保护范围以其权利要求的内容为准，说明书及附图可以用于解释权利要求。外观设计专利权的保护范围以表示在图片或者照片中的该外观设计专利产品为准。如果专利权人不履行此义务，其发明就得不到法律的保护。

其次，建筑设计的专利权人具有缴纳专利费用的义务。专利申请人在申请专利时要缴纳各种申请费用。在专利授权后，专利权人应当在国务院专利行政部门通知的日期内缴纳规定的年费。年费的数额，按照专利类型的不同而不同。发明专利的年费数额较高，每三年累进一次；实用新型专利和外观设计专利的年费数额开始较低，以后每三年或两年累进一次。专利权人履行缴纳年费的义务，主要作用在于国务院专利行政部门通过收取年费促使专利权人尽早放弃已无实际商业价值的专利，作为一种经济杠杆调节专利权人与社会的利益关系。若建筑设计专利权人不履行缴纳年费的义务，将导致专利权提前终止。

最后，建筑设计的专利权人具有不得滥用专利权的义务。如果建筑设计相关的发明创造已经被授予专利权，专利权人应促进专利技术早日为社会所用，为人类作贡献。所以，在具备实施条件的单位以合理的条件请求专利权人许可实施时，专利权人应该在合理期限内给予许可。如果新专利技术的实施依赖于前一发明创造，则前一发明创造的专利权人更应该给予后一发明创造专利权人实施其专利的许可。拒绝许可可能构成专利权的滥用或者不正当竞争行为，导致专利被强制许可。另外，根据 TRIPs 的规定，对于专利权人排除、限制竞争的行为，可以通过实施强制许可，保障申请人的合理利益。

五、专利权的主要内容

由于发明、实用新型专利权与外观设计专利权的属性有所不同，所以《专利法》对不同类型权利的内容规定亦不相同。

对于建筑设计相关的发明和实用新型专利，如果属于产品专利，专利权人享有制造权、使用权、许诺销售权、销售权、进口权；如果属于方法专利，则专利权人的权利不仅及于对该方法的使用，还包括使用、许诺销售、销售、进口依照该专利方法直接获得的产品。未经专利权人的同意为生产经营目的（商业目的或营利目的）利用上述专利产品或方法，即构成对专利权的侵犯。

对于建筑设计相关的外观设计专利，专利权人享有制造权、许诺销售权、销售权和进口权。未经建筑设计的专利权人许可，任何单位或个人，为生产经营目的制造、许诺销售、销售或进口其外观设计专利产品，都是对专利权的侵犯。对外观设计专利权的规定，与发明和实用新型专利权的规定有两点不同：一是外观设计专利权人没有对专利产品的使用权（产品专利）；二是外观设计专利权人没有对专利产品或方法的使用权（方法专利）。

建筑设计的专利权具有独占性，专利权人除了自己实施专利技术外，除非有法律特殊规定，有权禁止其他任何人为生产经营的目的实施其专利技术。在这里，“为生产经营目的”并不同于“营利目的”，因为一些非营利事业的经营，例如环境保护、公共维修、气象预报等，也包含在生产经营的范围内。在这些领域中，同样不能未经专利权人许可而实施专利。

（一）制造权

专利权人拥有自己生产制造专利文件中记载的专利产品的权利。只要他人未经许可而生产制造的产品与专利产品相同，不问使用什么设备、装置或方法，也不管制造数量多少，只要结果相同，即构成侵权。对于制造类似的产品，如果其技术特征落入权利要求书中划定的保护范围，尽管产品看似不完全相同，也可能构成侵权。

（二）使用权

使用权包括对产品专利的使用权和方法专利的使用权。使用权有两种例外：一种是专利权人自己制造或许可他人制造的产品，这种产品售出后使用权就消失了，即所谓"权利用尽"；第二种是非为生产经营目的的善意使用，即不知道是未经许可制造的专利产品，且其使用并非为生产经营目的，不属于侵犯专利权人的使用权。方法专利的使用权是指对其专利方法的使用，以及使用、许诺销售、销售、进口依照该专利方法直接获得的产品的权利。我国 1992 年修改前的《专利法》对于方法专利权的保护仅限于专利方法本身。之后，扩展到对依照专利方法直接获得的产品。

（三）许诺销售权

专利法上的许诺销售是指明确表示愿意出售一种专利产品的行为。赋予发明专利和实用新型专利的专利权人独占性的许诺销售权是我国专利法根据 TRIPs 第 28 条的规定所作的修改补充。在实践中，一些建筑设计企业制造或者从他人那里购得侵权产品后，为了销售这些产品，往往会进行一些销售前的推销或促销行为，如做广告、在展览会上展出等，这些推销或促销行为就属于许诺销售。

（四）销售权

销售是指专利产品的销售行为，它与通常意义的货物买卖一样，是将产品的所有权按市场价格从一个单位或者个人转移到另一个单位或个人。这种销售不管是专利权人自己销售，还是许可他人销售，其第一次销售行为受法律保护。在第一次售出产品后，则销售权用尽，专利权人不能再干涉商品的流通。

（五）进口权

进口权是指专利权人享有的自己进口，或者禁止他人未经允许、为生产经营目的进口由该专利技术构成的产品或进口包含该专利技术产品或进口由专利方法直接生产的产品的权利。进口权是《专利法》1992 年修改后增加的，授予专利权人以进口权，强化了对专利权的保护，符合国际惯例，并有利于消除贸易壁垒，促进国际交流。

（六）许可实施权

许可实施权是指专利权人（称许可方），通过签订合同等方式允许他人（称被许可方）在一定条件下使用其取得专利权的发明创造的全部或者部分技术的权利。在很多情况下，建筑设计的专利权人不愿或不能实施专利，而是通过许可他人实施来取得收益。许可他人利用专利技术，并非是将专利权出售给他人，而仅仅是将专利技术的使用权授予他人，专利的所有权并没有发生变化。专利实施许可分为独占许可、排他许可、普通许可、分许可、交叉许可以及专利池许可等。

（七）转让权

转让权包括专利申请权的转让和专利权的转让。转让使权利主体发生了变更，从而使权利从原所有人转移到新所有人。这种权利转移的结果是，原申请人或专利权人不再享有申请权或专利权。转让有两种形式：一种是合同转让，比如因买卖、交换、赠予、技术入股而进行专利权的转让；另一种是继承转让，因法定原因而发生，当专利权人死亡后，专利权依继承法的规定而转移至有继承权的人。

（八）质押权

质押权是指专利权人可以以专利权出质。但以专利权出质的，出质人与质权人应当订立书面合同，并向国务院专利行政部门办理质押登记。质押权自登记之日起设立[①]。

六、专利审查

建筑设计相关的专利审查包括建筑设计的发明专利审查和建筑设计的实用新型以及外观设计审查。专利的审查是否通过与建筑设计能否受到《专利法》的保护之间具有重要的联系。

（一）发明专利的审查

依据《专利法》的相关规定，建筑设计相关的发明专利的审查适用“早期公开、延迟审查制”。其主要程序分为初步审查、公布、请求实质审查、授权与公告。

第一，初步审查是指对专利申请是否符合《专利法》规定的形式要件以及是否存在明显的实质性缺陷的审查。依据《专利法》的相关规定，发明专利的初步审查包括格式审查、合法性审查、保密审查以及费用审查。格式审查主要审查发

---

① 吴汉东．知识产权法学[M]．北京：北京大学出版社，2011：149．

明人和申请人的资格，申请人所委托的代理机构和代理人的资格，以及申请人提交的文件、证明的法律效力。合法性审查主要审查是否明显不属于《专利法》规定的保护范围或者违反国家法律、社会公德和妨碍公共利益、公共秩序。保密审查主要审查是否涉及国家安全和重大利益，是否需要保密。费用审查主要审查是否缴纳申请费。

第二，早期公开是指国务院专利行政部门收到发明专利申请后，经初步审查认为符合《专利法》要求的，自申请日起满 18 个月，即行公布。国务院专利行政部门可以根据申请人的请求早日公布其申请。国务院专利行政部门公布专利申请的方式，是利用《发明专利公报》登载发明专利申请请求书中记载的事项和说明书摘要，另外还可出版发明说明书和权利要求书的全文单行本。早期公开的目的是公众可以了解技术内容，促进技术的传播和利用，使相关人员及早了解技术发展趋势，制定自己的知识产权战略。同时，早期公开也有利于避免重复研究，促进他人在此技术上的进一步研究。建筑设计发明专利申请公布后到专利授予前这段时间申请人的权利如何保护？由于此时申请人还不是专利权人，其专利申请可能被驳回。但《专利法》为鼓励早期公开，明确规定申请人可以要求实施其发明的单位或者个人支付适当的费用，这就是所谓的“临时保护”制度。值得注意的是，《专利法》用的是“可以”，也就是说，如果实施其发明的人拒绝支付适当的费用，专利申请人也无能为力。但是，申请人可以等到专利申请被授权后，向人民法院起诉要求支付发明专利申请公布后至专利权授予前使用该发明的费用。这意味着《专利法》虽然规定了申请人可以要求在发明专利申请公布后至专利权授予之前（专利临时保护期内）实施其发明的单位或者个人支付适当的费用，即享有请求给付发明专利临时保护期使用费的权利，但对于专利临时保护期内实施其发明的行为并不享有请求停止实施的权利。因此，在发明专利临时保护期内实施相关发明的，不属于《专利法》禁止的行为。在专利临时保护期内制造、销售、进口被诉专利侵权产品不为专利法禁止的情况下，其后续的使用、许诺销售、销售该产品的行为，即使未经专利权人许可，也应当得到允许。也就是说，专利权人无权禁止他人对专利临时保护期内制造、销售、进口的被诉专利侵权产品的后续使用、许诺销售、销售。

第三，实质审查是专利局对发明专利申请的实质性条件所做出的审查，是从技术角度对发明的可专利性进行审查，因而也称为技术审查。发明专利申请自申请日起 3 年内，国务院专利行政部门可以根据申请人随时提出的请求，对其申请进行实质审查；申请人无正当理由逾期不请求实质审查的，该申请即被视为撤回。在我国，实质审查的请求主体一般为专利申请人，但国务院专利行政部门认为必要时，可以自行对发明专利申请进行实质审查。实质审查的主要内容包括实质缺陷审查和形式缺陷审查。国务院专利行政部门对发明专利申请进行实质审查后，认为不符合《专利法》规定的，应当通知申请人，要求其在指定的期限内陈述意见，或者对其申请进行修改；无正当理由逾期不答复的，该申请即被视为撤回。发明专利申请经申请人陈述意见或者进行修改后，国务院专利行政部门仍然认为不符合《专利法》规定的，应当予以驳回。发明专利申请经实质审查没有发现驳回理由的，由国务院专利行政部门做出授予发明专利权的决定，发给发明专利证书，同时予以登记和公告。发明专利权自公告之日起生效。

第四，授权与公告是指国务院专利行政部门发出授予专利权的通知后，申请人应当自收到通知之日起 2 个月内办理登记手续。申请人按期办理登记手续的，国务院专利行政部门应当授予专利权，颁发专利证书，并予以公告。期满未办理登记手续的，视为放弃取得专利权的权利。

（二）实用新型和外观设计专利权的审查

与建筑设计的发明专利实质审查不同，我国专利法对建筑设计的实用新型和外观设计申请只进行初步审查而不进行实质审查。国务院专利行政部门对这两种专利申请的初步审查的内容与发明专利申请初步审查基本一致，包括形式审查、明显实质性缺陷审查、合法性审查等。

国务院专利行政部门应当将审查意见通知申请人，要求其在指定期限内陈述意见或者补正；申请人期满未答复的，其申请视为撤回。申请人陈述意见或者补正后，国务院专利行政部门仍然认为不符合规定的，应当予以驳回。

建筑设计的专利申请人对国务院专利行政部门驳回申请的决定不服的，可以自收到通知之日起 3 个月内，向专利复审委员会请求复审。专利复审委员会复审后，做出决定，并通知专利申请人。专利申请人对专利复审委员会的复审决定不服的，可以自收到通知之日起 3 个月内向人民法院起诉。

建筑设计的实用新型和外观设计专利申请经初步审查没有发现驳回理由的，由国务院专利行政部门做出授予实用新型专利权或者外观设计专利权的决定，发给相应的专利证书，同时予以登记和公告。实用新型专利权和外观设计专利权自公告之日起生效。授予建筑设计相关的实用新型或者外观设计专利权的决定公告后，《专利法》第六十二条规定的专利权人或者利害关系人可以请求国务院专利行政部门做出专利权评价报告。

（三）禁止重复授权

在建筑设计的专利申请和审批实践中，可以通过抵触申请和狭义的禁止重复授权来避免专利权冲突的发生。修改后的《专利法》第二十二条第二款采用了绝对新颖性的标准，并且扩大了抵触申请的适用范围，规定“任何单位或者个人"就同样的发明或者实用新型在申请日以前向国务院专利行政部门提出的申请均可构成在后申请的抵触申请，这也包括了申请人自己在先提出的专利申请。

《专利法》修改后对目前专利申请过程中普遍存在的相同技术方案的发明创造既申请发明专利又申请实用新型专利的情况做出了明确规定，允许同一申请人对同样的发明创造既申请实用新型专利又申请发明专利。但是，规定必须同日提出，这样可以避免由于申请人分次提出实用新型和发明专利申请时保护期限可能超过二十年的不合理现象。同时还规定，随后授予发明专利权的另一个条件是"在先获得的实用新型专利权尚未终止"，这一规定避免了建筑设计的申请人已经放弃或专利权已经届满的权利再次被授予专利权，为社会公众提供一个明确的权利范围界限。

七、专利复审程序

复审程序，是指建筑设计的专利申请人对国务院专利行政部门驳回其专利申请不服时，请求专利复审委员会对其专利申请进行再次审查的程序。专利复审委员会由国务院专利行政部门指定的技术专家和法律专家组成，主任委员由国务院专利行政部门负责人兼任。国务院专利行政部门设立专利复审委员会。建筑设计的专利申请人对国务院专利行政部门驳回申请的决定不服的，可以自收到通知之日起 3 个月内，向专利复审委员会请求复审。

复审程序是因申请人对驳回决定不服而启动的救济程序，同时也是专利审批程序的延续。因此，一方面，专利复审委员会一般仅针对驳回决定所依据的理由和证据进行审查，不承担对专利申请全面审查的义务；另一方面，为了提高专利授权的质量，避免不合理地延长审批程序，专利复审委员会可以依职权对驳回决定未提及的明显实质性缺陷进行审查①。

我国的专利审查采用独任审查方式，初步与实质审查都是由一个审查员做出。由于建筑设计的专利审查涉及最新技术和复杂法律问题，很难保证审查员的决定都是正确的，设立采用合议形式的复审程序能更好地保证审查的合法性。复审程序中的前置程序，为申请人提供了一种可能通过修改文件或陈述理由而及时撤销驳回决定的补救途径。通过复审程序，建筑设计的专利申请人可以通过诸如修改专利申请文件等方式克服形式与实质缺陷，从而可能获得专利授权。当然，设置复审程序有利于减少法院的司法负担。

① 曹阳.专利实务指南与司法审查[M].北京：法律出版社，2018：113.

(一)复审的审查原则

复审程序是专利审查程序中的一部分,所以在审查程序中所遵循的原则在复审程序中仍然适用。合议组在复审程序中除总则规定的原则外,还应当遵循避免审级损失原则和程序经济原则。避免审级损失原则是指在先审级未处理的事项通常不能由在后审级超前处理,以避免对当事人的审级损失。程序经济原则是指程序的进行应当避免重复并尽可能地迅速、节省时间和费用。

(二)复审的审查范围

根据现行《专利法》的规定,建筑设计的专利申请人对国务院专利行政部门驳回申请的决定不服的,可以向专利复审委员会请求复审。因此,复审程序系因专利申请人对驳回决定不服而启动的行政救济程序,专利复审委员会基本的审查范围是原驳回决定的合法性。原则上,专利复审委员会应仅针对驳回决定所依据的理由和证据进行审查。但是,为了提高授权专利的质量,提升行政效率,节约成本,避免不合理地延长审查程序,专利复审委员会可以在特定情况下依职权对驳回决定未提及的明显实质性缺陷等进行相应审查。《专利审查指南》对此做了明确规定。因此,在专利复审程序中,专利复审委员会在符合《专利审查指南》规定的情况下,超出原驳回决定所依据的理由和证据的范围进行审理。

(三)复审的司法审查

建筑设计的专利申请人对专利复审委员会的复审决定不服的,可以自收到通知之日起3个月内向人民法院起诉。专利行政诉讼中合法性审查范围的判断,需要将原告的诉讼理由作为考虑因素之一,对于原告的所有诉讼理由均应加以审查。也就是说,专利行政诉讼的合法性审查范围,不应当小于原告的诉讼理由。依据合法性审查原则,法院既不能引入行政相对人在专利复审委员会未提出的证据,也不能审查无效宣告请求人或专利申请人在行政救济阶段未提出也未被复审委员会审理过的理由,更不能直接在判决中宣告专利无效或维持有效①。

第三节　商标法对建筑设计的保护

商标是一种商业标志,用以将不同的经营者所提供的商品或者服务区别开来。商标一般由文字、图形、字母、数字、三维标志、颜色或者其组合构成,附着于商品、商品包装、服务设施或者相关的广告宣传品上,目的是帮助消费者将一定

① 曹阳.专利实务指南与司法审查[M].北京:法律出版社,2018:113.

的商品或者服务与其经营者联系起来，并且与其他经营者的同类商品或者服务相区别。建筑设计的知识产权保护中，商标法对建筑设计的保护也不容忽视。本节主要从商标的构成要件、商标的取得与注册、商标权的内容以及限制等展开，详细阐述商标法对建筑设计的保护。

一、商标的构成要件

并非所有的标识都能作为商标使用或获得商标注册，《商标法》关于标志是否能够使用、获得注册的规定集中在第九、十、十一和十二条。第九条第一款规定："申请注册的商标，应当有显著特征，便于识别，并不得与他人在先取得的合法权利相冲突"；第十条规定了绝对不能注册为商标的一些标志；第十一条则规定了只有经过使用获得显著特征后才能注册的标志；第十二条是关于立体商标标识可注册性的规定。学者从不同的角度探讨标识能够作为商标使用或注册的条件，有的称其为商标注册的条件，并列明合法性、显著性、非功能性、在先性 4 个条件①。

（一）显著性

商标的基础功能是识别商品来源，故商标的第一构成要件便是标识本身具有显著性。唯其如此，商标所使用的标识才能够使消费者区别此产品与彼产品，此服务与彼服务。商标的显著性也称为商标的识别性或区别性。

由于基础概念本身的"表意"特性，对于商标的显著性，法律正面加以逻辑定义较为困难，更多地留给了学说和实践。学者认为，"何谓商标的显著特征，从文字或图形的创意设计角度评价，用来作为商标的文字、图形或其结合，其立意新颖，选材独特，形式上简洁抽象，具有和其他商标相区别的特点"②。实际上，商标不仅仅是一个符号，它是用在商品或服务上的符号。因此，不能从物理符号的角度来单纯地分析商标显著性的问题。判断一个商标的显著性，必须把符号和商品结合起来看。先判断符号本身的独特性，再判断符号与商品结合起来之后，是否能够把它所代表的商品与其他商品区别开来。正如其他学者所指出的，关于一个商标是否具有显著性，不能依外观构成说判断，认为显著性是指对商标本身的构成而言，构成商标的符号便于识别，能够引起消费者的注意，该符号就具有商标的显著性③。1982 年的《商标法》以及 1993 年第一次修改后的《商标法》均在第七条规定，商标使用的文字、图形或者其组合，应当有显著特征，便于识

① 黄晖. 商标法[M]. 北京：法律出版社，2004：56.

② 吴汉东. 知识产权法[M]. 北京：中国政法大学出版社，2002：229.

③ 汪泽. 商标显著性研究[J]. 商标通讯，2003(4)：35－39.

别。2001年第二次修改后的《商标法》在第九条规定，“申请注册的商标，应当有显著特征，便于识别，并不得与他人在先取得的合法权利相冲突”。2013年《商标法》保留了这一规定。这些规定都明确了商标的“显著性”构成要素。因此，商标的显著性是指商标所使用的标记能够使消费者区别此产品与彼产品，此服务与彼服务。不论学者和立法对商标功能的概括如何相异，也不论对商标显著性的定义方式有何种区别，但有一点是共识，即商标首先必须具有显著性，这是它与其他商标区别开来，从而发挥产品来源识别功能的基础。

（二）合法性

商标的合法性是指商标标识本身不属于法律规定明确禁止作为商标使用的标志。商标的合法性规定在《商标法》第十条，该条规定了以下几类不能作为商标注册并禁止使用的标志：第一，同中华人民共和国的国家名称、国旗、国徽、国歌、军旗、军徽、军歌、勋章等相同或者近似的，以及同中央国家机关的名称、标志、所在地特定地点的名称或者标志性建筑物的名称、图形相同的，不得作为商标注册并禁止使用；第二，同外国的国家名称、国旗、国徽、军旗等相同或者近似的，但该国政府同意的除外；第三，同政府间国际组织的名称、旗帜、徽记等相同或者近似的，但经该组织同意或者不易误导公众的除外；第四，与表明实施控制、予以保证的官方标志、检验印记相同或者近似的，但经授权的除外；第五，同“红十字”“红新月”的名称、标志相同或者近似的；第六，带有民族歧视性的；第七，带有欺骗性，容易使公众对商品的质量等特点或者产地产生误认的；第八，有害于社会主义道德风尚或者有其他不良影响的；第九，县级以上行政区划的地名或者公众知晓的外国地名，不得作为商标。

（三）非功能性

各国商标立法都从不同角度对显著性理论做了规定，而商标的功能性问题却处于逐渐被人们分析和认识的阶段。建筑设计相关的标志是否具有功能性，很大程度决定了相关商标是否受《商标法》的保护。从目前各国的立法规定来看，大多数西方发达国家的商标法只对立体商标的功能性问题做了明确规定。如英国商标法在第3条第2款规定，如果标记完全是由下列要素构成的，则它不能注册为商标：商品自身的性质产生的形状；商品要达到的技术效果所必需的形状；给商品带来实质性价值的形状。德国商标法也在第3条做出了几乎相同的规定。日本商标法在第4条第1款第18项规定，为确保商品或者商品包装发挥的功能所必需的立体形状构成的商标不能获得注册。《商标法》第十二条规定，“以三维标志申请注册商标的，仅由商品自身的性质产生的形状、为获得技术效果而需要的商品形状或者使商品具有实质性价值的形状，不得注册”。只有美国商标法没有将功能性标识的规定限定于立体标志。美国专利和商标局以及美国法院一直认为,功能性标识不能作为商标获得注册和保护,但该原则的立法化却在1998年美国国会修改《兰哈姆法》时才实现。

除了立体商标以外,颜色商标也经常会遇到功能性问题。1904年,美国第二巡回法院在马福尔与伯尔一案中提出,产品实际运转所必需的那些特征或者用于提高产品效能的特征不能被保护,这是对商标实用功能性的最早概括。此后,法院逐渐通过不同的标准发展、校正了商标实用功能性。欧洲法院对于商标功能性的认识体现在飞利浦与雷明顿案件中,法院在判决中指出,功能性分为三类:由商品自身的性质产生的形状、为获得技术效果而须有的商品的现状、使商品具有实质性价值的形状。替代设计不能否定功能性,否则所有的设计都会被注册。功能性标识即使通过使用获得显著性也不能注册为商标被人所独占。具有功能性的形状获得商标注册后,应予以撤销①。由上述美国和欧盟国家的观点来看,功能性标识绝对不能获得商标保护,即使是通过使用获得显著性也不能获得商标权,因为赋予这些标识以商标独占权会直接阻碍自由竞争,将非由信誉度产生的竞争优势从法律上直接认定为某个主体所独占。因此,和我国商标法的规定一样,规定了非功能性要件的主要国家都将功能性的规定与显著性的规定分开。但目前我国商标法关于功能性的规定在商标审查和审判中很少适用,商标局和法院更倾向于援引显著性条款来判断,直接根据是否缺乏显著性来处理商标申请问题。

(四)在先性

商标在社会经济生活中发挥的广告功能越来越突出,商标与消费者的购买倾向、内心偏好紧密联系,这不仅使建筑设计企业在选定相关商标时绞尽脑汁设计完美的标识,也让建筑设计企业意识到,采用本身就具有一定知名度的标识是一个捷径。经营者都想通过搭名人、名物的“便车”而扩大自己商品的影响、提高商品的销售量。于是,现实生活中出现了越来越多与商标权冲突的权利冲突类型,如商标权与姓名权、肖像权、著作权、专利权等权利的冲突,各国也纷纷就此问题做出立法上的应对。例如,日本商标法在第4条规定了含有他人的肖像或者他人的姓名或名称或著名的别号、艺名、笔名或知名简称的商标,除已经取得本人的同意者外,不能注册为商标。同时,该法在第29条又规定商标不能与他人在先著作权、外观设计权和专利权相冲突。

我国商标法在2001年第二次修改以前,并没有对商标权与其他权利的冲突

① 宋红松.飞利浦诉雷明顿案述评[J].中华商标,2003(6):43-48.

问题做出具体规定，实践中出现的纠纷都是依据法律原则，并考虑公平合理和市场经济等因素进行裁决。第二次修改后的《商标法》在第九条规定，"申请注册的商标，应当有显著特征，便于识别，并不得与他人在先取得的合法权利相冲突"。这就确立了商标权与其他权利发生冲突时的解决原则——在先取得的合法权利优先，使得现实生活中频繁出现的商标抢用名人名字、肖像等问题的解决于法有据。《商标法》的修改符合 TRIPs 的精神，该协定在第 16 条规定："注册商标所有人应享有专有权，防止任何第三方未经许可而在贸易活动中使用与注册商标相同或近似的标记去标示相同或类似的商品或服务，以造成混淆的可能。如果确将相同标记用于相同商品或服务，即应推定已有混淆之虞。上述权利不得损害任何已有的在先权，也不得影响成员依使用而确认权利效力的可能。"

二、商标的取得与注册

与著作权的产生方式不同，商标权的取得以使用或注册为前提，形成使用取得模式和注册取得模式。当今世界各国的商标保护制度呈现出多样化的特征，这种多样化首先就表现为商标权取得方式的不同。

（一）商标权取得模式

商标权取得的模式主要分为注册与使用取得商标权的二元模式、使用取得商标权的一元模式以及注册取得商标权的一元模式等不同模式。

首先，注册与使用取得商标权的二元模式。最早对商标提供保护的英美法系国家通过判例法确立了以商标在公众中享有声誉为保护前提的规则，而商标声誉则是通过商标的使用建立起来的。在 17 世纪初，英国通过普通法独创的"假冒诉讼"实现了对商标在先使用者的保护。在英国工业化初期，衡平法院在抵制模仿商标和商号方面一直居领导地位，因为原告希望获得禁令[①]。很快，在普通法中也出现了这种损害赔偿之诉，竞争者可以起诉对方欺诈。但这种发展有局限性，因为欺诈要求主观故意欺骗这一要件。衡平法院就不存在这个问题，只要是有受假冒之害的可能，人们就可以阻止被告的行为。当时的商誉被视为一种财产，而公众上当本身就是"欺诈"。1875 年英国颁布了《商标注册条例》，商品商标可以通过注册获得。尽管在注册制运行的最初 30 年，只有非常有限的标志能够注册为商标，如特殊形式表现的人名和公司名称，但它还是为商标权的取得带来了很多便捷，如在注册前并不要求对商标进行使用。根据英国 1994 年颁布的现行《商标法》第 2 条及第 9 条的规定，注册商标所有人拥有依据该法通

① 杜颖.商标法[M].北京：北京大学出版社，2015：157.

过商标注册而获得的财产权，该权利自注册之日起生效[①]。该《商标法》第2条第2款特别指出："本法不得影响有关假冒的法律。"因此，英国的商标保护方法为复合型而非选择型，即普通法上的假冒诉讼与制定法上的侵权诉讼相结合。因此，英国是实行注册取得与使用取得两种取得方式的国家。

其次，使用取得商标权的一元模式。使用原则较早出现，现在仍为某些国家所采用。根据这一原则，对某项商标的独占使用权归属于该商标的首先使用者。从权利原始取得的角度来看，这种情形之下的商标权利的取得与物权的取得相似，即主体对商标的首先使用行为这一法律事实是商标权利形成的依据。同时，"使用"所及的地理范围决定了权利的效力范围。直接承继了英国判例法而后又有了进一步发展的美国判例法认为，商标的使用是取得商标权的前提。目前，美国和菲律宾的商标制度都仅以使用作为确立商标权的依据。尽管美国联邦商标法《兰哈姆法》也规定了注册制度，但这种注册制与实行注册取得商标权的国家不同，它要求商标在注册前必须进行使用或者意图使用[②]。1989年生效的《兰哈姆法》修正案在"商标的注册"一节中，除了已经在贸易活动中实际使用的商标的注册以外，增加规定了申请人对在商业活动中具有真实使用意图的商标的注册。在后一种情形之下，《兰哈姆法》规定，从申请日起赋予基于真实使用意图的先申请商标注册者一种初期的所有权，这种权利将在注册发布时实际生效。然而，只有当实际使用开始时，注册才会发布；未注册的先使用人在注册人的申请日之前已经确立使用的地理区域内，仍然享有优先于注册人的权利。这表明，美国现行有关商标保护的制定法仍然维持使用原则，但这种使用原则已经是"改良后的使用原则"[③]。

最后，注册取得商标权的一元模式。与商标权取得上的使用原则相对应，商标权取得上的注册原则以申请注册在先作为确定商标权归属的依据，只有注册商标才受到商标权保护。在这一原则之下，权利的取得基于如下三个法律事实：主体选定商标的行为、主体向国家商标行政主管机关的申请行为、国家商标行政主管机关的审批行为。上述三个行为互相结合才使得相关权利得以形成。法国《知识产权法典》第712条第1款规定，商标所有权通过注册取得。我国商标立法也采行商标权的注册取得原则。《商标法》第四条规定，"自然人、法人或者其他组织在生产经营活动中，对其商品或者服务需要取得商标专用权的，应当向商标局申请商标注册。不以使用为目的的恶意商标注册申请，应当予以驳回"。同

① 李继忠，董葆霖．外国专家商标法律讲座[M]．北京：工商出版社，1991：12．

② 李明德．美国知识产权法[M]．北京：法律出版社，2003：288－296．

③ 文学．商标使用与商标保护研究[M]．北京：法律出版社，2008：170．

时，第五十六条规定，“注册商标的专用权，以核准注册的商标和核定使用的商品为限”。采用一元注册制模式的国家，一般都为了保护商标的在先使用，规定在先使用人继续使用不侵权。从限制注册商标专用权的角度讨论商标在先使用的效果问题，商标在先使用人可以商标使用在先去对抗在后注册的商标专用权人。我国学者对此有不同提法，有的称其为“先使用权”，认为先使用权是指某人在他人申请商标注册前已经在相同或者类似商品上使用与注册商标相同或近似商标，当他人申请注册的商标被核准注册后，该先用人享有在原有的范围内继续使用其商标的权利①。有的则称其为“商标先用权”，认为商标先用权是指在他人获得商标权之前已经使用该商标的所有人，享有在原有范围内继续使用该商标的权利②。有的称其为“商标在先使用权”③。当然，这里在先使用的商标指的是未注册商标，时间上早于他人实际使用但自己未予申请注册的商标④。

（二）商标注册原则

我国商标法关于商标注册的原则规定在第六条、第七条、第十二至二十七条以及第三十至三十二条。综合这些条款的规定，建筑设计相关的商标注册应该遵循自愿注册原则、诚实信用原则、分类注册和一标多类原则、申请在先原则、优先权原则等。

第一，自愿注册原则。我国商标法保护的商标都是注册商标，商标未经注册不受商标法保护，以此来鼓励商标使用人进行商标注册。但是，商标是否注册并不影响商标标注的商品在市场上流通。因此，是否要注册商标完全由商品的生产者自己决定。但是，对于某些特殊商品，因其特殊性质，国家必须强化对其管理，我国商标法律制度规定这类特殊商品必须进行注册以后才能在市场销售。《商标法》第六条规定，“法律、行政法规规定必须使用注册商标的商品，必须申请商标注册，未经核准注册的，不得在市场销售”。可见，我国商标注册原则严格意义上来说是自愿注册为原则，强制注册为例外。

第二，诚实信用原则。诚实信用原则是民事立法中的“帝王条款”，它在民事立法和法律适用中发挥一般条款的作用。从市场经济角度来看，诚实信用原则又是一项道德准则，它要求市场主体诚实、恪守信用。诚实信用原则不仅约束注册商标申请人、使用人和未注册商标使用人的行为，还约束商标代理机构的行为。目前，市场中很多商标代理机构职业自律性差，侵犯客户权益或者教唆其客

① 冯晓青. 商标权的限制研究[J]. 学海，2006(4)：44-49.

② 王莲峰. 我国商标权限制制度的构建：兼谈〈商标法〉的第三次修订[J]. 法学，2006(11)：38-44.

③ 汪泽. 论商标在先使用权[J]. 法商研究，2002(6)：48-53.

④ 苏启云. 在先使用未注册商标的法律保护[J]. 现代法学，1998(5)：53-58.

户侵犯其他商标权利主体权益的现象屡见不鲜。为此,《商标法》第十九条规定,商标代理机构应当遵循诚实信用原则。

第三,分类注册和一标多类原则。商品分类是指一件商标注册申请可指定的商品范围。为了便于商标注册和管理,商标管理机关根据一定的标准,将所有商品划归为若干类,按一定的顺序排列编成表册。目前世界上商品分类表有两类,一类是本国独立实行的商品分类表,另一类是国际统一的商品分类表。我国于 1988 年加入《巴黎公约》,并开始实行 WIPO 提供的《商标注册商品和服务国际分类尼斯协定》(以下简称《尼斯协定》)。各成员国于 2012 年起正式启用的第十版《尼斯协定》,该分类把商品和服务共分为 45 类。我国商标法第二十二条第二款规定:“商标注册申请人可以通过一份申请就多个类别的商品申请注册同一商标。”这是商标申请的一标多类原则。我国商标法规定这项注册原则与《商标国际注册马德里协定》的规定一致。一标多类节约了商标注册申请人的申请成本和商标局的审查成本。但一标多类制下,如何处理部分类别的注册申请被驳回与同一申请中其他类别注册申请的关系、商标转让可否分类分别处理等问题,还需要进一步研究。

第四,申请在先原则。我国商标法第三十一条规定,“两个或者两个以上的商标注册申请人,在同一种商品或者类似商品上,以相同或者近似的商标申请注册的,初步审定并公告申请在先的商标;同一天申请的,初步审定并公告使用在先的商标,驳回其他人的申请,不予公告”。严格意义上说,我国实行的不是绝对的申请在先注册原则,而是以申请在先注册为原则,同时考虑在先使用原则。两个或者两个以上的申请人,在同一种商品或者类似商品上,分别以相同或者近似的商标在同一天申请注册的,各申请人应当自收到商标局通知之日起 30 日内提交其申请注册前在先使用该商标的证据。同日使用或者均未使用的,各申请人可以自收到商标局通知之日起 30 日内自行协商,并将书面协议报送商标局;不愿协商或者协商不成的,商标局通知各申请人以抽签的方式确定一个申请人,驳回其他人的注册申请。商标局已经通知但申请人未参加抽签的,视为放弃申请,商标局应当书面通知未参加抽签的申请人。

第五,优先权原则。在建筑设计相关的商标注册中,因为实行先申请原则,这样申请日期对于能否获得商标注册和商标法的保护就至关重要。在涉及国外注册时,问题就更复杂。我国商标法规定了两种优先权。第二十五条规定了国际优先权,“商标注册申请人自其商标在外国第一次提出商标注册申请之日起六个月内,又在中国就相同商品以同一商标提出商标注册申请的,依照该外国同中国签订的协议或者共同参加的国际条约,或者按照相互承认优先权的原则,可以享有优先权。依照前款要求优先权的,应当在提出商标注册申请的时候提出书面声明，并且在三个月内提交第一次提出的商标注册申请文件的副本；未提出书面声明或者逾期未提交商标注册申请文件副本的，视为未要求优先权”。第二十六条规定了展览会优先权，“商标在中国政府主办的或者承认的国际展览会展出的商品上首次使用的，自该商品展出之日起六个月内，该商标的注册申请人可以享有优先权。依照前款要求优先权的，应在提出商标注册申请的时候提出书面声明，并且在三个月内提交展出其商品的展览会名称、在展出商品上使用该商标的证据、展出日期等证明文件；未提出书面声明或者逾期未提交证明文件的，视为未要求优先权”。

（三）我国商标注册申请流程

在商标注册申请程序方面，我国和《商标国际注册马德里协定》的规定也有差别。我国商标法规定了两次公告程序。第一次是商标经实质审查被初步审定之后的公告。在法律规定的时限内，任何人都可以对第一次公告刊登的商标提出异议。如果没有异议或经裁定异议不成立，该商标将被第二次公告并予以注册。然而，在办理商标国际注册时，根据《商标国际注册马德里协定及该协定有关议定书的共同实施细则》的有关要求，各成员国不需要另行公告，仅依赖由国际局发行的《国际商标公告》即具有法律效力。

在国家知识产权局商标局的官方网站，能够查到我国商标申请注册流程图。2014年，我国设立知识产权专门法院后，商标授权确权案件的司法管辖发生了变化。对商标评审委员会决定、裁定不服而提起的诉讼，改由知识产权法院管辖。

第一，商标注册申请人提出申请。建筑设计相关商标注册的申请人必须分类提出申请，按规定的商品分类表填报使用建筑设计相关商标的商品类别和商品名称。商品名称或者服务项目未列入商品和服务分类表的，应当附送对该商品或者服务的说明。商标注册申请人或者注册人发现商标申请文件或者注册文件有明显错误的，可以申请更正。商标局依法在其职权范围内做出更正，并通知当事人。如果申请人是外国人或者外国企业的，他们在中国申请商标注册和办理其他商标事宜，应当委托依法设立的商标代理机构代理。申请人要求优先权的，应该在申请之时即提出。申请人提交的第一次提出商标注册申请文件的副本应当经受理该申请的商标主管机关证明，并注明申请日期和申请号。因为展出商品而要求优先权的，申请人提交的证明文件应当经国务院工商行政管理部门规定的机构认证；展出其商品的国际展览会是在中国境内举办的除外。

第二，商标注册的初步审定与公告。商标局对受理的建筑设计相关商标注册申请，依照《商标法》《中华人民共和国商标法实施条例》（以下简称《商标法实施条例》）和《商标审查审理标准》的有关规定进行审查，对符合规定的或者在部分指定商品上使用商标的注册申请符合规定的，予以初步审定，并予以公告；对不符合规定或者在部分指定商品上使用商标的注册申请不符合规定的，予以驳回或者驳回在部分指定商品上使用商标的注册申请，书面通知申请人并说明理由。申请注册的建筑设计相关商标，同他人在同一种商品或者类似商品上已经注册的或者初步审定的商标相同或者近似的，由商标局驳回申请，不予公告。商标局对在部分指定商品上使用商标的注册申请予以初步审定的，申请人可以在异议期满之日前，申请放弃在部分指定商品上使用商标的注册申请；申请人放弃在部分指定商品上使用商标的注册申请的，商标局应当撤回原初步审定，终止审查程序，并重新公告。在审查过程中，商标局认为建筑设计相关商标注册申请内容需要说明或者修正的，可以要求申请人做出说明或者修正。申请人未做出说明或者修正的，不影响商标局做出审查决定。

第三，商标审查中的商标异议与商标核准注册。首先，对初步审定的商标，自公告之日起 3 个月内，任何人均可以提出异议。对商标局初步审定予以公告的商标提出异议的，异议人应当向商标局提交商标异议书一式两份。商标局应当将商标异议书副本及时送交被异议人，限其自收到商标异议书副本之日起 30 日内答辩。当事人需要在提出异议申请或者答辩后补充有关证据材料的，应当在申请书或者答辩书中声明，并自提交申请书或者答辩书之日起 3 个月内提交；期满未提交的，视为当事人放弃补充有关证据材料。对初步审定公告的商标提出异议的，商标局应当听取异议人和被异议人陈述事实和理由，经调查核实后，自公告期满之日起 12 个月内做出是否准予注册的决定，并书面通知异议人和被异议人。其次，商标局做出准予注册决定的，发给商标注册证，并予公告。异议人不服的，可以依照《商标法》第四十四条、第四十五条的规定向商标评审委员会请求宣告该注册商标无效。商标局做出不予注册决定，被异议人不服的，可以自收到通知之日起 15 日内向商标评审委员会申请复审。商标评审委员会应当自收到申请之日起 12 个月内做出复审决定，并书面通知异议人和被异议人。被异议人对商标评审委员会的决定不服的，可以自收到通知之日起 30 日内向人民法院起诉。人民法院应当通知异议人作为第三人参加诉讼。

第四，宣告注册商标无效的决定、裁定与诉讼。建筑设计有关商标已经获得注册的，核准公告后，如果商标局或者其他人仍然认为商标注册存在问题的，在商标注册公告后可以宣告商标无效。宣告注册商标无效的程序可以由商标局依据职权启动，做出决定，对该决定不服的，可以向商标评审委员会申请复审，商标评审委员会复审后做出决定。宣告注册商标无效的程序如果是由其他单位、个人或利害关系人启动的，则直接向商标评审委员会提出，商标评审委员会做出裁定。宣告注册商标无效的事由可以分为两类。一类是相对事由，基于这类事由启动的宣告注册商标无效程序必须在商标注册5年内进行。基于此类事由宣告注册商标无效的,《商标法》第四十五条规定,已注册商标违反本法的,自商标注册之日起5年内,在先权利人或者利害关系人可以请求商标评审委员会宣告该注册商标无效。当事人对商标评审委员会的裁定不服的,可以自收到通知之日起30日内向人民法院起诉。另一类是绝对事由,没有5年期限的限制。基于此类事由宣告注册商标无效的程序等规定在《商标法》第四十四条,已经注册的商标违反本法的,或者是以欺骗手段或者其他不正当手段取得注册的,由商标局宣告该注册商标无效。当事人对商标局的决定不服的,可以自收到通知之日起15日内向商标评审委员会申请复审。当事人对商标评审委员会的决定不服的,可以自收到通知之日起30日内向人民法院起诉。

值得一提的是,基于相对理由提出宣告注册商标无效请求的,其申请主体限定为"在先权利人或利害关系人";而基于绝对事由提出宣告注册商标无效申请的主体可以是任何单位和个人,商标局也可以依职权启动宣告注册商标无效程序。

三、商标权的内容

商标权是商标法的核心概念,商标法的基本任务就是确认并保护商标权。但是我国商标法并没有"商标权"这一概念,而是以"商标专用权"代之。理论上对商标权的含义也各有不同理解,主要分歧在于商标权的客体仅为注册商标,还是包括未注册商标。依据商标法律制度的宗旨,商标权应是商标所有人对其商标的使用享有的支配权。商标权的客体以注册商标为主,同时包括未注册商标。商标法以保护注册商标专用权为重点,同时适度保护未注册商标。

(一)商标专用权

商标专用权是商标权人所享有的专有权,是商标权的本权利,其他权利都是从该权利中派生出来的。在实行注册制的国家,商标权利自核准注册之日起产生。该权利除了内含有商标权人对自己商标进行使用的权利外,还意指商标权人有权禁止其他人在相同或者类似的商品或者服务上使用相同或者近似的商标标识。使用注册商标,可以在商品、商品包装、说明书或者其他附着物上标明"注册商标"或者注册标记。使用注册标记,应当标注在商标的右上角或者右下角。

(二)商标使用许可权

商标权人除有权在自己提供的商品或者服务之上加注商标,实施商标权以外,还可以许可他人在他人生产的商品或者服务上加注商标。《商标法》第四十三条规定,"商标注册人可以通过签订商标使用许可合同,许可他人使用其注册商标。许可人应当监督被许可人使用其注册商标的商品质量。被许可人应当保证使用该注册商标的商品质量。经许可使用他人注册商标的，必须在使用该注册商标的商品上标明被许可人的名称和商品产地”。违反该规定，在使用该注册商标的商品上未标明被许可人的名称和商品产地的，由工商行政管理部门责令限期改正；逾期不改正的，收缴其商标标识；商标标识与商品难以分离的，一并收缴、销毁。

商标使用许可因许可方式不同，被许可人的权利范围也不相同。法国《知识产权法典》在第 714－1 条规定，商标权可全部或部分作为独占或非独占性许可使用，也可作为抵押。被许可人违反许可限制的，商标注册申请权或商标权得用以对抗之。法国规定了两种许可方式，即独占许可和非独占性许可[①]。我国最高人民法院《关于审理商标民事纠纷案件适用法律若干问题的解释》在第三条规定了独占使用许可、排他使用许可及普通使用许可等三种商标被许可人。首先，独占使用许可是指商标注册人在约定的期间、地域和以约定的方式，将该注册商标仅许可一个被许可人使用，商标注册人依约定不得使用该注册商标。其次，排他使用许可是指商标注册人在约定的期间、地域和以约定的方式，将该注册商标仅许可一个被许可人使用，商标注册人依约定可以使用该注册商标，但不得另行许可他人使用该注册商标。最后，普通使用许可是指商标注册人在约定的期间、地域和以约定的方式，许可他人使用其注册商标，并可自行使用该注册商标和许可他人使用其注册商标。

三种被许可人的权限范围不同，导致其在诉讼中的地位和享有的权利也不相同。《商标法》第六十条规定的发生商标侵权行为时有权提起诉讼请求的利害关系人，包括注册商标使用许可合同的被许可人、注册商标财产权利的合法继承人等。在发生注册商标专用权被侵害时，独占使用许可合同的被许可人可以向人民法院提起诉讼；排他使用许可合同的被许可人可以和商标注册人共同起诉，也可以在商标注册人不起诉的情况下，自行提起诉讼；普通使用许可合同的被许可人经商标注册人明确授权，可以提起诉讼。

商标权许可给第三人使用后，如果商标权人转让商标权的，应如何处理商标权的受让人与商标权的被许可人之间的关系？最高人民法院《关于审理商标民事纠纷案件适用法律若干问题的解释》在第二十条做了规定，“注册商标的转让不影响转让前已经生效的商标使用许可合同的效力，但商标使用许可合同另有约定的除外”。也即，在商标权使用许可合同没有另行约定的情况下，商标权的被许可人可以以被许可使用商标权对抗新的商标权人。

---

① 曾陈明汝. 商标法原理[M]. 北京：中国人民大学出版社，2003：79.

（三）商标转让权

关于商标权能否转让、转让是否受严格的条件限制，各国立法和司法实践态度不一。《巴黎公约》在第6条"商标的转让"中，仅规定了商标连同厂商或者牌号一起转让的情形。但这种连同厂商或者牌号一起转让的地域范围仅限于在某一成员国内。TRIPs第21条规定了商标的许可与转让，成员国可确定商标的许可与转让条件；而"确定条件"应理解为不得采用商标强制许可制度，同时，注册商标所有人有权连同或不连同商标所属业务一道，转让其商标。TRIPs实际上把商标转让和许可应遵守的条件交给成员国自己来规定。TRIPs以公约的形式承认了商标可以与所属业务一起转让，这也体现了TRIPs鼓励自由贸易的特点。在大多数国家，因为商标专用权不是自动产生的，而是因国家权力机关的介入而发生，所以关于该权利的转让等交易，公权力也有介入之余地。

我国商标法规定了商标转让中的主要步骤。第一，转让人与受让人之间签订转让协议。转让注册商标的，转让人和受让人应当签订转让协议。第二，向商标局提交转让申请。转让注册商标的，转让人和受让人应当共同向商标局提出申请。第三，商标局核准、公告。转让注册商标经核准后，予以公告。受让人自公告之日起享有商标专用权。商标局对商标转让申请的核准只是进行形式上的审查，对申请人提交的材料、章戳、双方当事人意思表示是否真实等不予实质审查，因此，一般不会不核准商标转让申请。

正因为商标局对商标转让只进行形式审查，因此现实生活中发生很多虚假转让侵害商标权人或商标受让人权利的情况，如商标盗取或伪造印章转让他人注册商标行为。而且，因为商标转让程序较商标变更登记程序简单，商标所有人有时也以形式上的商标转让行为达成变更商标所有权主体之实质目的。为了规范商标转让行为，减少商标转让争议，避免虚假转让行为，国家知识产权局商标局于2009年发布了《关于申请转让商标有关问题的规定》。该规定指出，在办理转让商标申请手续时，除应当按照有关规定提交《转让申请/注册商标申请书》等材料外，还应当提供能够证明转让、受让双方主体资格的加盖公章的有效证件复印件。商标局对上述证件的真实性、有效性产生怀疑的，可以要求提供有关证明文件或经过公证的复印件，对于在国外形成的文件可以要求提供经公证、认证的复印件，对于在我国港、澳、台地区形成的文件可以要求履行相关证明手续。

注册商标专用权因转让以外的继承等其他事由发生移转的，接受该注册商标专用权的当事人应当凭有关证明文件或者法律文书到商标局办理注册商标专用权移转手续。注册商标专用权移转的，注册商标专用权人在同一种或者类似商品上注册的相同或者近似的商标，应当一并移转；未一并移转的，由商标局通知其限期改正；期满未改正的，视为放弃该移转注册商标的申请，商标局应当书面通知申请人。商标移转申请经核准的，予以公告。接受该注册商标专用权移转的当事人自公告之日起享有商标专用权。

（四）商标专用权质押

商标权人除可以自己使用商标、许可他人使用商标、转让商标专用权外，还可以将商标专用权质押给他的债权人，用于担保其债务的履行，由此实现通过商标融资的目的。为充分发挥商标专用权无形资产的价值，促进经济发展，国家知识产权局商标局制定了《注册商标专用权质押登记程序规定》。该规定明确指出，自然人、法人或者其他组织以其注册商标专用权出质的，出质人与质权人应当订立书面合同，并向商标局办理质权登记。质权登记申请应由质权人和出质人共同提出。质权人和出质人可以直接向商标局申请，也可以委托商标代理机构代理。在中国没有经常居所或者营业所的外国人或者外国企业应当委托代理机构办理。

办理注册商标专用权质权登记，出质人应当将在相同或者类似商品/服务上注册的相同或者近似商标一并办理质权登记。质权合同和登记申请书中应当载明出质的商标注册号。

四、商标权的限制

与著作权、专利权等知识产权一样，建筑设计有关的商标权的行使也受到一定的限制。知识产权的诞生是一个历史的概念，知识产权中的权利类型首先经过发现的过程，当商标权在法律上被确定保护后，权利内容随之丰富，权利保护中涉及的利益在生活中不断博弈，法律制度因此不断摸索出各种权利限制规则。

商标权与其他知识产权一样，都具有保护期限。知识产权是一种合法的垄断权利，法律为平衡权利人利益与社会公共利益，特别规定了对权利人权利的一些限制，其中保护期是最重要的一种限制。权利的保护期是社会回报知识产权人的收益期，期限经过后，智慧成果进入公有领域，社会公众可以自由地享用智慧成果。但是，商标权是一种非常特殊的权利，与专利权、著作权等创造性成果权不同，它并不阻止他人以同样商品或者服务进入市场，而是排除他人以同样标记的商品或者服务进入市场，经营者可以选择很多其他标志。因此，商标专用权原则上并不会带来商业垄断。正是基于这样一种考虑，各国商标法尽管都设置了商标权的保护期，但都允许商标权进行续展，对续展的次数也不进行限制。从理论上说，只要商标注册人积极进行商标续展，商标权就可以获得无限期保护。

我国商标法律制度中关于商标续展的规定体现在《商标法》第四十条和《商标法实施条例》第三十三条。《商标法》第四十条规定，“注册商标有效期满，需要继续使用的，商标注册人应当在期满前十二个月内办理续展手续；在此期间未能办理的，可以给予六个月的宽展期。每次续展注册的有效期为十年，自该商标上一届有效期满次日起计算。期满未办理续展手续的，注销其注册商标。商标局应当对续展注册的商标予以公告”。《商标法实施条例》第三十三条规定，“注册商标需要续展注册的，应当向商标局提交商标续展注册申请书。商标局核准商标注册续展申请后，发给相应证明并予以公告”。从我国商标法律制度的规定来看，商标续展中有两个期限：一个是商标续展期，它是商标权保护期届满前的12个月；另一个是宽展期，它从商标权保护期届满的第二日起算，到满6个月为止。在商标续展期中，如果有人侵犯了商标专用权，此时商标权仍然有效，侵权行为成立。但是，如果商标权人在续展期间提出续展申请，在商标有效期届满之时，其申请仍未被核准，若续展期间内提出的续展申请被核准了，则商标专用权连续存在，他人在此期间内在相同或类似商品上使用与该商标相同或者近似商标的，属于商标侵权行为；若提出续展申请但未被核准的，该商标专用权自有效期满后不受法律保护，他人在此期间内使用与该商标相同或者近似商标的，不构成侵权。商标注册机构和人民法院遇有悬而未决的商标续展问题时，应该先中止有关程序，待商标续展问题确定后再做出相应的处理。当然，事实上，由于大多数情况下续展申请只是一种手续上的要求，商标局一般都会核准商标权人的续展申请，因此，续展申请被核准前发生的在相同或类似商品上使用与商标注册人相同或类似商标的行为，被认定构成商标侵权的可能性极大。

比较难以解决的问题是宽展期内商标续展问题的处理，如果建筑设计相关的商标权人在6个月的宽展期才申请商标权续展，在发布商标权续展公告前他人使用了与原注册商标相同或近似的商标，该如何处理？原国家工商行政管理局发布的《关于商标行政执法中若干问题的意见》第十二条第二款规定，请求保护处于宽展期的商标的，投诉人应当提供续展申请证明，否则工商行政管理机关不予立案。该规定的处理方式是，首先要求投诉人提供续展申请的证明，否则不予立案；案件具体处理须等待续展申请是否被核准的结果明确后再确定。如果续展申请被核准，则他人行为构成商标侵权；如果续展申请不被核准，则他人行为不构成商标侵权。同时，宽展期内提出商标续展申请使商标权的效力暂时得以确定，但其权利范围受到限制，即对在保护期满至申请提出之前这段时间发生的侵犯商标权的行为，商标权人无权提出损害赔偿救济。因为没有在商标续展期中及时提出续展申请，对于法律规定的特殊优惠期发生的与商标专用权相冲突的行为，商标权人不能提出权利请求。宽展期延长的不是商标专有权有效期间，而是行使商标续展权利的期间。

第三章　侵犯建筑设计知识产权的行为认定

随着我国建筑设计行业的高速发展，建筑设计正以各种形态呈现在人们眼前，并且成为知识产权领域研究的重点内容。近几年来，建筑设计知识产权人的权利经常性被忽视，与建筑设计知识产权相关的侵权纠纷逐渐增多，建筑师以及建筑设计企业的合法权益得不到有效保护，严重影响了建筑设计行业的发展。关于建筑设计保护的一些法律规定仍然不够具体，相关条文过于粗糙，建筑设计知识产权侵权责任认定规则在具体的实践应用中存在问题，建筑设计侵权行为抗辩事由的规定也存在明显缺陷，这些问题致使建筑作品知识产权侵权认定在司法实践中存在一定的随意性。

第一节　侵犯建筑设计著作权的行为认定

建筑作品具备艺术性、实用性和功能性的特点，是建筑师智慧的体现，因此建筑作品著作权人的合法权益应当受到法律的保护。随着生活水平的提升，人们对建筑作品的设计要求越来越高，建筑设计行业的发展势头也越来越好，建筑作品设计理念被抄袭的现象越来越多。但是，我国关于建筑作品著作权侵权责任认定制度缺乏司法实践，一些法律法规较为简单和粗糙，导致建筑作品著作权侵权责任认定标准，建筑作品的合理使用等相关法律有很多不完善的地方。因此，我们有必要对建筑作品著作权侵权责任认定的制度进行研究。

一、建筑设计侵权作品的认定

认定某一作品属于侵犯著作权的侵权作品，通常需满足：第一，侵权作品对著作权作品构成抄袭；第二，侵权作品与著作权作品之间存在实质性相似的内容。然而，在现实生活中判定某一建筑作品是否对著作权作品构成抄袭是非常复杂的，因此就需要将著作权侵权的判定具体到侵权人有没有接触到被指控侵权的作品，以及判定侵权作品与著作权作品的相似性这两个要件。当两个要件同时存在的前提下，需要考量这两个要件的成立能否证明复制行为的存在。当缺乏接触要件时，那么两个作品的相同之处必须要非常明显。这种明显程度要达到侵权作品是不能被独立的创造出来，必须要以被控侵权作品的存在为前提条件。反之当有充分条件肯定被告无法接触到被控侵权作品，那么在这种情况下虽然被告的作品与被指控侵权的作品具有相似性，但仍然难以认定为侵权。

（一）"与原作品接触"的认定

法律规定对原作品的侵权认定需要进行以下两方面因素验证后才能认定为受到侵犯。第一，关于"接触"的认定。"接触"指的是在作品发表以后，这个作品被公众所熟知并且接受，或者原告由于一些其他关系可以接触到作品。接触要件并不是作为实质性相似要件的附随要件，接触要件是独立存在的。关于接触要件通用的说法为有没有可能接触到被指控侵权作品，但是这实际上是一种间接的事实。接触要件的本质是在自身的建筑作品中应用已经存在的建筑作品。第二，应该考虑到举证责任的问题①。在侵权案件中，原告需要提供证据证明被告可能接触过原告作品，而被告则需要证明自身的作品是独自创造出来的，不存在利用既存作品的情况。

（二）"实质性相似"的认定

实质性相似是认定建筑作品著作权侵权的关键。对于实质性相似认定来说。一个建筑作品的创造性大小直接影响到建筑作品实质性相似的认定。简单来说，当一个建筑作品的创造性程度越高，创造性高的元素组成就会增多，那么认定两个建筑作品具有实质性相似的程序就会越简单；反之，创造性小的建筑作品受到著作权保护的元素就会越少，验证程序也就越复杂。以电话号码的排列组合为例，两者相似程度要达到非常高才能认定两个作品实质性相似。建筑作品的作品性质类似于科学作品，因此对实质性相似的认定整体上不能过低。法官在判案的过程中需要根据不同情况选择不同的判断方式。判断两个建筑作品是否实质性相似时，主要采用四种方式："整体观感"标准、"外在到内在"标准、"抽象—过滤—比较"标准、"两步测试"标准②。

① 吴汉东．知识产权侵权诉讼中的过错责任推定与赔偿数额认定：以举证责任规则为视角[J]．法学评论，2014，32(5)：124－130．

② 刘瑛．再论建筑作品的著作权保护：从"盛放鸟巢"烟花侵权纠纷案谈起[J]．知识产权，2012(2)：35－41．

1.**“整体观感”标准**

“整体观感”标准是美国第九巡回法院在Greeting Card案件中形成的方法。第二巡回法院在审理Chicken’s books案件时，对此方法进行了发展和应用[①]。“整体观感”标准是根据普通观察者在看到建筑作品后的主观上的感受来判断被告的建筑作品是否存在使用被指控侵权作品的核心元素，以此来判断被告作品与被指控侵权作品是否实质性相似。“整体观感”标准的认定，主要利用的是普通理性人对于作品整体造型的主观上的感受。

“整体观感”标准具有两面性，既有优点又有不足之处。优点是能够快速判案，不需要判断被告的作品是否抄袭了被指控侵权作品的核心部分，也不需要将作品进行分解分析。但缺点是任何事物的性质一般都是由客观与主观两种要素结合才能确定，而“整体观感”标准只是利用了观察者的主观感受，不准确的因素比较大。而且尽管被告作品与被指控侵权作品存在相似，但是相似部分或许属于公共领域而不被著作权法所保护。因此，“整体观感”标准具有局限性。

2.**“外在到内在”标准**

关于“外在到内在”标准，首先是外部标准判断，法官需要列举被告的建筑作品与被指控侵权作品的外部构成元素，并分析构成元素之间是否有相似之处。这时要先排除著作权法不保护的元素，将建筑作品的其他组成元素进行比较。需要排除的单个元素不受著作权法的保护，但是组成元素互相组合或许就能受到法律保护。其次是对内在标准的判断，原理是一般理性人主观地看待被告作品与被指控侵权作品是否类似[②]。

3.**“抽象—过滤—比较”标准**

“抽象—过滤—比较”又叫分解分析法，它的优点是对所有建筑作品均适用，而且能够将受著作权保护以及不受著作权保护的元素分离，这样能够提高建筑作品相似认定的准确性。它的缺点是没有考虑到不受保护的元素在排列组合以后可能会成为受保护的部分，所以需要法官在使用这种方法的过程中考虑到这种情况发生的可能性。这个标准的首要步骤是将建筑作品“抽象”化，将没有得到体现的思想从建筑作品中提取出来。思想提取出来后就到了“过滤”阶段，需

---

① NICOLE K，ROODHUYZEN. Do we need a test a reevaluation of assessing substantial similarity in a copyright infringement case[J]. Journal of Law and Policy，2007(15)：78－86.

② 林欢. 著作权法中思想与表达二分法原则的运用：以琼瑶诉于正抄袭案为例[J]. 法制与经济，2016(7)：100.

要对这两个作品相似但是可以应用于所有建筑作品的公共领域部分进行过滤。“抽象—过滤—比较”标准中被过滤掉的元素有机结合以后可能构造出一个具有独创性表达的建筑作品，因此需要根据“整体观感”标准对具体案例进行比较分析[①]。

4.**“两步测试”标准**

美国第六巡回法院提出了“两步测试”标准。法院首先是过滤掉非原创和未受保护的内容，其次是确定被告作品与被指控侵权作品是否存在实质性的相似。应注意，在第二步测试中，需要有经过专业培训的工程师[②]参与。

（三）认定标准存在的问题

学界关于接触认定的研究较少，学者在研究侵权认定时主要讨论判断实质性相似的方法。法官在判案的过程中，在认定了实质性相似要件后极少否认接触要件的存在。因此，在近年来的侵权案件中，接触要件作为判断侵权的重要性被忽略，加上建筑作品著作权侵权认定中关于接触要件的参考文献很少，使得法官在判定接触要件时主要通过接触的可能性来判断，而不是去分析人们的实际感知。这种做法会导致接触要件越来越难以引起人们的关注，进而过分强调实质性相似。

很多案件在判定过程中容易理所当然地肯定接触要件的成立，让人们怀疑法官判案程序的恰当性。通过分析，发现存在三点问题：一是虽然人们有足够多的机会来接触建筑作品，但是如果不是特意去记忆，建筑作品在人们脑海中的印象是非常浅显的；二是现在的网络技术非常先进，被告接触到被指控侵权建筑作品的可能性很高，但不能因此判定被告接触过被原告作品；三是被告之前虽然有过接触现存建筑作品的行为，但是被告并没有对被指控侵权作品进行参考，因此当新作品出来后，与参考作品未必相似。所以，不能以被告与现存建筑作品有过接触来推测接触要件的成立。

对于建筑作品“实质性相似”的认定研究上存在较多问题，司法实践中对于实质性相似判定可采用的具体法律规定较少。例如，对于建筑作品的内部特征是否需要界定实质性相似，理论界的看法各不相同。因此，侵权认定制度的具体化就显得尤为重要。除此之外，判断实质性相似认定的四种方法各有利弊，在司法实践中容易造成类案不同判的情况，导致法官判案没有说服力。

---

① 吴汉东，曹新明．西方诸国著作权制度研究[M]．北京：中国政法大学出版社，1998：150.

② Louis ALTMAN L. Copyright on Architectural Works[J]. The Journal of Law and Technology, 1992(10):38-45.

二、侵犯建筑设计著作权的行为内容

建筑作品的著作权侵权可以分为直接侵权和间接侵权。直接侵权的概念与构成著作权权利内容的一系列专有权利密切相关，每一项专有权利都控制着一类特定行为，如复制权控制复制行为、发行权控制发行行为、表演权控制表演行为。如果未经著作权人许可，又缺乏"合理使用""法定许可"等抗辩理由，而实施受专有权利控制的行为，即构成"直接侵权"①。在这个意义上，判断某一行为是否构成直接侵犯他人建筑作品的行为，关键是判断该行为是否未经授权并且介入了专有权利的范畴。相对于直接侵权而言，间接侵权则是指行为人实施的是不直接受著作权中的专有权利控制的行为，但因其行为与他人的直接侵权行为存在教唆、引诱和帮助等关系，基于公共政策原因被法律视为实施了侵权行为。侵犯建筑作品著作权的间接侵权行为一般以直接侵权行为的发生为前提，因为只有当这一前提存在时，建筑师或建筑设计企业的市场利益才会受到负面影响②。

就侵权内容而言，建筑设计相关的著作权涉及发表权、署名权、修改权与保护作品完整权等著作人身权，亦涉及复制权等著作财产权。发表权即决定建筑作品是否公之于众的权利，包括出版、发行、广播、上映、口述、演出、展示和网络传播等方式。所谓"公之于众"，即"著作权人自行或者经著作权人许可将作品向不特定的人公开，但不以公众知晓为构成要件"③。因此，未经建筑师或建筑设计企业等建筑作品的著作权人同意而擅自公开建筑作品的行为构成对该建筑作品发表权的侵犯。署名权即表明建筑师或建筑设计企业身份、对其建筑作品及其复制品署名的权利，包括决定是否署名、如何署名以及署真名、假名或不署名。未经设计该作品的建筑师或建筑设计企业同意，任意修改其署名的行为将构成对建筑作品署名权的侵害。对于合作作品而言，将与他人合作完成的建筑作品当作自己的独创作品进行署名的，亦构成侵犯建筑作品署名权的侵权行为。修改权是建筑师或建筑设计企业授权他人修改其建筑作品的权利，他人未经授权不得对建筑作品擅自修改。任何歪曲篡改他人作品、未经作者同意，擅自删改作品内容，增添材料，损害作品真实含义和表现形式的行为，都构成对保护作品完整权的侵害④。而保护作品完整权则是保护建筑作品不受歪曲、篡改的权利。

① 王迁. 知识产权教程[M]. 北京：中国人民大学出版社，2019：240.

② 崔国斌. 著作权法原理与案例[M]. 北京：北京大学出版社，2014：724.

③ 《最高人民法院关于审理著作权民事纠纷案件适用法律若干问题的解释》(2002)第九条。

④ 张今. 著作权法[M]. 北京：北京大学出版社，2018：230.

因此，修改权通常能够帮助建筑师或建筑设计企业阻止他人歪曲、篡改建筑作品的行为[①]。所谓复制权，是指使建筑作品被相对持久稳定地“固定”在有形物质载体之上，从而形成作品的有形复制件的权利。有学者认为《伯尔尼公约》第9条关于复制权的定义，包括“以任何方式和采取任何形式复制”，当然也包括从平面到立体的复制[②]。就建筑作品而言，如果不承认平面到立体构成复制，那么以图纸形式呈现的建筑作品则无法得到保护，若对依照平面建筑设计图建造三维建筑作品的行为不加以制止，则对建筑作品的著作权保护就无从谈起[③]。

三、侵犯建筑设计著作权的抗辩事由

（一）合理使用行为

1. 合理使用制度

一些行为本身属于著作权的范畴，但因为构成“合理使用”而无须承担侵权责任。设计合理使用制度是为了避免社会冲突，建筑作品著作权人对作品享有著作权，但也应考虑社会公共利益，鼓励创新创造以及文化发展。

从域外法的角度看，每个国家对合理使用都有各自的法律法规。美国著作权法称，对于公共空间中存在的建筑物和视野中的建筑物，其建筑作品著作权人享有该建筑作品著作权但是并不能禁止他人对建筑物进行拍照[④]。换言之，在美国法律中，允许他人以拍摄或复制建筑作品的方式制作复制品，并按商业用途的性质投放市场。然而，立体作品复制为立体商品并出售给市场的行为是否为合理使用在美国法律上没有相关的规定[⑤]。日本著作权法规定了设置在公共领域的建筑作品的利用问题，支持将公共领域的建筑作品转化为二维的平面作品并且将其销售到市场中的行为，换句话说，这种行为是在合理使用的允许范围之内。但是日本的著作权法并没有规定将艺术作品复制为立体作品进行销售是否还在合理使用的范畴[⑥]。瑞典著作权法将设置于室外的建筑物从立体复制为平面作品并且用于市场的方式称为合理使用[⑦]。由此可知瑞典也将这种从立体复

① 崔国斌．著作权法原理与案例[M]．北京：北京大学出版社，2014：364．

② 韦之．著作权法原理[M]．北京：北京大学出版社，1998：186．

③ 王迁．著作权法学[M]．北京：北京大学出版社，2007：91．

④ 卢海君．美国的建筑作品著作权制度及对我国的启示[J]．北方法学，2010，4(2)：50．

⑤ MAHAFZAH，HANNA NUMAN. Protection of works of art and works of applied art in Jordan: a comparative study[J]. Journal of Intellectual Property Law & Practice，2016(12)：55－62.

⑥ 李扬．日本著作权法[M]．北京：知识产权出版社，2011：156．

⑦ DAVID E. SHIPHLEY，Copyright Protection for Architectural Works[J]. Review，1986(37)：78－84.

制到平面的方式认定为合理使用。德国著作权法中，允许将展示在公共场所的建筑作品通过照片来描摹、复制。因此，在德国法律中，建筑作品从立体到平面的复制方法也是合理使用。分析上述国家的相关立法，可以发现立体建筑作品转化为平面并且用于商业用途属于合理使用。然而，对于这些国家是否支持将建筑作品复制为立体商品并进行销售，目前还没有具体规定。在日益发展变化的今天，法律越来越完善，对于将建筑作品复制为立体商品这种方式也许将会被认定为合理使用，但是使用这种方式的前提是不能侵犯建筑作品著作权人的权利。

根据我国关于合理使用的相关法律规定来解读著名的“鸟巢诉烟花”案件是否属于合理使用的情形。运用合理使用的“三步检测法”来分析“鸟巢诉烟花”案件。首先是在特定情况下的合理使用，其次是不影响原建筑作品的正常使用，最后没有损害权利人的利益。虽然法律规定了建筑作品可以进行平面复制，复制以后的作品可以以任何目的再行使用，但是并没有规定复制为立体作品的行为属于合理使用。而此案可以认为将烟花作为载体，再现了“鸟巢”的立体造型，属于将建筑作品进行立体复制，这种行为能够造成“鸟巢”这一外观造型的替代，损害了权利人的利益，直接影响到了作品的二次利用。因此“鸟巢诉烟花案”不属于合理使用。

著作权制度是对著作权人的财产利益和人格利益两方面的保护。著作权法关于室外建筑作品合理使用的司法解释是：需要表明原作者的姓名以及原作品的名称。但应注意的是，如果在特殊的情况下无法指明作品原作者的姓名以及原作品的名称，也是可以被认定为合理使用的。例如：在山东青岛中级人民法院宣判的“五月的风”著作权侵权纠纷中，被告某公司使用原告“五月的风”雕塑作品平面复制品，未明确原告姓名和作品名称，但被认为属于合理使用[①]。

2. 具体的合理使用行为

我国著作权法第二十四条规定了 12 种合理使用行为，这些合理使用行为可以不经著作权人的许可，不向其支付报酬，但应当指明著作权人的姓名或者名称、作品名称，并且不得影响该作品的正常使用，也不得不合理地损害著作权人的合法权益。具体到建筑作品方面，构成合理使用的行为包括：

(1)个人使用行为。

个人使用行为，即为了个人学习、研究或者欣赏，使用他人已经发表的建筑作品。这一行为的目的限于个人的学习、研究或欣赏，而非为第三方的目的使用

① 详见山东省青岛市中级人民法院(2003)青民三初字第 964 号民事判决书。

建筑作品，从而排除了个人对于建筑作品的营利性使用。

(2)适当引用行为。

适当引用行为，即为了介绍、评论某一作品或者说明某一问题，在作品中适当引用他人已经发表的建筑作品。“适当引用”将行为人在自己创作中引用的他人已经发表的建筑作品限定在一定范围，排除完全以他人的作品替代自己作品的行为。

(3)时事新闻报道中的使用行为。

时事新闻报道中的使用行为，即为了报道新闻，在报纸、期刊、广播电台、电视台等媒体中不可避免地再现或者引用已经发表的建筑作品。需要说明的是，所谓“不可避免”并不意味着不再现或引用该作品就无法进行新闻报道，而是指如果不再现或引用，就无法使公众身临其境地了解其报道的内容。

(4)在课堂教学和科研中的使用行为。

在课堂教学和科研中的使用行为，即为了学校课堂教学或者科学研究，少量复制已经发表的建筑作品，供教学或者科研人员使用，但不得出版发行。如果复制该建筑作品已经超过了“少量”这一限度，则可能实质性损害建筑师或建筑设计企业的著作权，从而不属于“合理使用”行为。

(5)公务性使用行为。

公务性使用行为，即国家机关为了执行公务在合理范围内使用已经发表的建筑作品。当然，国家机关对作品的使用应当与其执行公务的目的相适应，具有必要性，而不得使用盗版作品。

(6)对馆藏作品的使用行为。

对馆藏作品的使用行为，即纪念馆、博物馆、美术馆、文化馆等为陈列或者保存版本的需要，复制本馆收藏的建筑作品。由于建筑作品在长期的展示、使用过程中可能出现不同程度的磨损，展馆出于继续展览或保存版本的需要而复制该馆藏作品并不会严重损害建筑师或建筑设计企业的著作权。相反，如果展馆为了经济利益而复制市场上出售的建筑作品，则不构成“合理使用”行为。

(7)以平面形式利用室外艺术作品的行为。

以平面形式利用室外艺术作品的行为，即对设置或者陈列在公共场所的建筑设计艺术作品进行临摹、绘画、摄影、录像。根据《最高人民法院关于审理著作权民事纠纷案件适用法律若干问题的解释》第十八条的规定，室外公共场所的建筑作品，应当是指设置或者陈列在室外公众活动处的作品，并且对该作品进行平面利用后的临摹、绘画、摄影、录像人可以对其成果在合理范围内以合理方式再行使用。

3. 合理使用制度存在的问题

目前我国著作权制度在建筑作品合理使用行为认定方面仍存在一定的问题。

一方面，法律规定将作品的非营利性的、纯粹满足个人学习、研究和欣赏等使用行为设定为合理使用的范畴。也就是说，出于个人学习、研究和欣赏的目的，可以采用一切复制方式且没有数量上的限制。由于不同主体对于何为"复制"的理解可能有所不同，赋予个人合理使用过于宽松的权限，可能会过多限制著作权人权利的行使，从而导致使用者和著作权人之间的利益失衡[①]。因此，如何达到利益的均衡是需要重点关注的问题。比如公益广告过度的使用某一建筑作品，这类是不需要得到作者同意，并且不用支付任何报酬的。

另一方面，室外建筑作品著作权合理使用制度的规定过于笼统，法律对这方面需要做更加具体的规定。随着现在科学技术的不断发展，侵权的手段日益多样化、复杂化，在当今时代仍然适用以往较为宽松的规定可能会带来诸多问题[②]。因此，需要进一步完善建筑作品合理使用方面的立法规定。例如，过度使用行为应当征得作者的同意，并且需要对于"过度"一词做出具体的规定。

(二)著作权保护期限届满

法律规定权利人享有的合法权益大多数都是有保护期限的，建筑作品同样也是如此。根据《著作权法》第二十二条的规定，建筑作品的建筑师或建筑设计企业的署名权、修改权和保护作品完整权的保护期不受限制。根据《著作权法》第二十三条第一款的规定，建筑师对其建筑作品的发表权及各项著作财产权的保护期为终生及其死亡后 50 年，截至死亡后第 50 年的 12 月 31 日；对于合作作品而言，保护期则截至最后死亡的著作权人死亡后第 50 年的 12 月 31 日。根据《著作权法》第二十三条第二款的规定，建筑设计企业对其建筑作品的发表权及各项著作财产权的保护期限为 50 年，截至作品首次发表后第 50 年的 12 月 31 日，作品自创作完成后 50 年内未发表的不再予以保护。

当建筑作品著作权的保护期届满后，权利人的权利就会消失，这个建筑作品流入公共领域，他人对该建筑作品进行使用时就不用得到原著作权人的许可，当然也不用支付任何的报酬。因此，对于超过上述著作权保护期限的建筑作品而言，行为人对该作品进行复制等行为不构成侵犯著作权的行为。

---

① 李鹏媛. 著作权中个人合理使用制度研究[J]. 传播与版权，2020(10)：167.

② 龙文懋. 知识产权法哲学初论[M]. 北京：人民出版社，2003：182.

可见，我国著作权法规定建筑作品著作权的保护期限与普通作品的保护期限一致，采用《伯尔尼公约》的立法模式。但是建筑作品大多数都呈现在外界环境中，与其他作品有很大的不同。对于建筑物来说，人们可以直观地看到，因此有很多举世闻名的建筑物被模仿抄袭，而且建筑物的存在形式也是多种多样的，不像其他大多数作品只有一种存在形式。例如一篇优美的文章，它的存在形式也就是单纯的字词而已，其著作权保护起来非常方便，但是建筑作品被复制的可能性非常大，所以建筑作品的保护期等同于其他作品，对于建筑作品的著作权保护不利。建筑作品保护期限是否需要做出适当的调整是一个亟待解决的问题。在立法上可以考虑完善国内法与国际条约的衔接，建立著作权保护期限调查机制来编撰出相对应的作品名录，并及时进行更新补充①。

（三）诉讼时效期限届满

建筑作品著作权作为一种权利，存在诉讼时效。权利人如果不在诉讼时效期间内行使自己的权利，就丧失胜诉的机会。诉讼时效制度的存在提高了法院的办案效率。我国民法典规定，法定诉讼时效期间为三年。起算点应当如何计算是诉讼时效制度比较关键的地方，通常情况下起点是著作权人知道或者应当知道其著作权受到侵犯的时间。诉讼时效是指以侵犯建筑作品权利人著作权为由请求损害赔偿的期限。权利人有权向法院主张损害赔偿，但权利人自得知侵权行为发生之日起三年内未主张侵权的，也未采取诉讼的形式，或者在侵权行为发生了 20 年，此期间也没有采取诉讼形式的，那么著作权人就失去了请求法院保护的权利。不过建筑作品权利人的其他一些权利还是存在的，只是不能用公力救济的方法来补偿。

在时效制度方面，在司法实践中，法院基于“知道”或“应当知道”的标准，具有一定的主观认识随机性。没有明确的标准，就很难实现公平正义。关于诉讼时效的起算点主要有以下三种情况需要考虑。

第一种情况是在建筑作品著作权受到侵害后，法院根据当事人的描述来判断受到侵害的时间，因此诉讼时效的起算点具有一定的随意性。在现实生活中，很多人因为缺乏法律知识，只是了解到有权提起诉讼以保护自己的利益，但是被侵权人不一定十分清楚提起诉讼的期限。在这种情况下，对起点的理解因司法机构而异。

第二种情况是判断被侵权方是否知道以及何时知道受到侵权。侵权行为的时间，知情时间掌握在各方手中，各方可以利用这一“权利”来延长其时效。

① 左晶，李然. 我国著作权保护期制度优化研究[J]. 出版发行研究，2019(4)：61.

第三种情况是建筑作品著作权受到侵犯以后产生的合同请求权以及侵权赔偿请求权的区分。大多数国家的立法都对两者进行了区分，规定了不同的起算标准。但是我国对于两者没有区分，我国并没有考虑到两者在诉讼时效方面的不同。这样的立法不仅与通行立法不符，也没有充分认识到两者在债权上的差异。

四、侵犯建筑设计著作权的典型案例：某时捷诉某赫雅特案

在我国，建筑作品著作权侵权现象频发，然而法官的判断标准与现行法律体系尚未达到完全统一，导致在司法实践中存在漏洞。以某时捷股份公司诉某赫雅特侵犯建筑作品著作权案（以下简称某时捷诉某赫雅特案）为例，剖析当前在建筑作品著作权侵权认定实践中存在的不足。此案例历经一审和二审，最终判定某赫雅特汽车销售服务有限公司对原告北京某时捷股份公司存在侵权行为。

（一）案情简介

某时捷诉某赫雅特案是比较著名的著作权纠纷案例，属于建筑作品著作权侵权的典型案例。原告某时捷公司当年向社会发出竞标，希望建筑设计师事务所能够为某时捷中心提供切实可行的设计方案，最后其中一家公司中标。这家公司与某时捷公司签订了合同，在合同中规定了建筑设计方案著作权的归属问题，建筑设计的合法权益均由某时捷公司享有。某时捷公司开始按照这个设计方案进行施工并于 2000 年建成了第一个某时捷建筑，2003 年北京某时捷中心建成并且该建筑物与其他地方的某时捷建筑造型一样。北京某时捷公司后来发现被告某赫雅特公司在金港汽车公园内建成了某赫雅特中心，直观上某赫雅特公司的中心建筑的外观造型与原告某时捷公司的建筑作品十分相似。

本案的原告某时捷中心认为：某赫雅特中心与某时捷中心的建筑作品高度相似[①]，被告明显知道原告建筑作品的独特特征，在这种情况下进行剽窃，具有主观故意性，这种行为侵犯了原告的著作权。而被告则提出圆弧形建筑、入口和上方的玻璃等设计属于常见的建筑特征，某时捷中心外观设计没有体现建筑作品的独创性。某时捷中心的工作区外部呈现出一种条带状，这种呈现是由使用的建筑材料决定的，我国的著作权法并未规定需要对建筑材料进行保护。

① 北京市第二中级人民法院（2007）二中民初字第 1764 号民事判决书。

(二)从该案看侵犯建筑作品著作权的行为认定

在某时捷诉某赫雅特案中,争议的焦点主要有两个:一是原告的设计是否受我国著作权法的保护,即判断这个建筑作品是否具有独创性;二是某赫雅特中心与某时捷中心在视觉上的相似性,是否构成复制侵权,是否达到我国著作权法所规定的建筑作品侵权认定的条件,即接触与实质性相似要件都存在的标准。

首先,原告某时捷中心外观是否体现了独创性。对于原告的著作权权属证明进行分析,然后与某时捷中心呈现的外观进行比对,某时捷中心的总体造型特征符合著作权权属证明上所记载的内容,并且某时捷中心建筑的外观造型使其拥有了独一无二的艺术美感,是独创性的表现,属于建筑作品。法院通过鉴定勘察,对原告涉案建筑作品进行综合分析,从而认定原告建筑作品因其独特的外观和造型及相应的美感而具有独创性,属于我国著作权法上的建筑作品,这一认定准确把握了建筑作品的特点①。其次,某时捷中心的工作区外部所呈现出的外观特点是由使用的建筑材料决定的,并且工作区的内部设计是每一个工作区域部分都必须存在,属于建筑作品公共部分的特征,因此判断这部分是否具有独创性没有必要。

因此,对于原告某时捷中心建筑来说,受保护的部分只有呈现出来的具有独创性的外部造型部分,其他部分不受我国著作权法保护。

在具体认定侵权行为时,首先应验证接触要件是否成立。北京某时捷中心在建成以后,多家媒体对这个建筑物做了报道,报道的内容主要是北京某时捷中心坐落的位置以及该公司的服务范围等信息。而某时捷中心被多家媒体报道,可以说明某赫雅特公司对于某时捷中心的建筑特征能够产生印象,即能够证明某赫雅特公司了解并且接触了这件作品,“接触”要件成立。其次是实质性相似这一标准的成立。某时捷中心和某赫雅特中心这两个建筑的整体造型是相似的,虽然两个建筑在高台、栏杆、展厅与工作间的位置、部分弧形外观、整体颜色深浅等部分存在细微的差异,但是在普通理性人的角度来看二者整体上是实质性相似的。因此,某赫雅特公司对北京某时捷公司构成建筑作品著作权侵权。

该案被告对于一审的判决结果有异议,向北京市高级人民法院提起上诉,认为一审判决将诸多非常大的差别判断为存在细微的差异,很难说服被告。北京市高级人民法院认为,两个建筑从外观上来看,具有非常大的相似性,任何一个4S店都具有工作区域部分,这部分的相似属于公共领域部分的相似。工作区域的外部给人视觉上展现出的横向带状及颜色,和使用的建筑材料存在联系,而建

① 谢江平.“真假保时捷”的对决:浅析保时捷与泰赫雅特建筑作品纠纷案[J].2012(1):292.

筑材料不受著作权法保护。对于实质性相似的部分，被告在上诉中提到，某赫雅特中心建筑下方有一个高台、建筑物左右两侧均加有栏杆、部分弧形外观也不相同，因此两个建筑物是不相似的。北京市高级人民法院认为，对某时捷中心以及某赫雅特中心的建筑而言，去除掉整体造型部分就不能称为一件建筑作品，整个建筑就已经失去了根本，这部分是建筑作品的实质部分。其他部分的不同无益于判断两个建筑是否实质性相似，不能改变实质性相似的认定结果。所以，最终认定两个建筑实质性相似，某赫雅特中心建筑存在侵权现象①。

（三）司法实践问题

一方面，法院在阐明认定侵权存在的理由时，说理过于简单。以某时捷诉某赫雅特为例，法院在判定侵权时阐明的理由过于简单，这是法院在判定侵权案件中普遍存在的问题。本案中，法院在判断建筑作品的独创性部分时，将"不可避免的设计"和"与建筑材料有关的实用性部分"排除在建筑作品著作权的保护范围之外，法院的判定结果说明不是所有的建筑作品元素均受保护，法院只对"独创性部分"与"非实用性部分"进行保护。在对二者相似性进行判断时，法院采用的是类似于"抽象—过滤—比较"的三步检验法。首先抽象出不受著作权法保护的部分和由于建筑材料的原因所造成的独创性，其次过滤掉两个作品元素相同但是属于公共领域的部分，留下的是核心的部分以及核心的独创性部分，最后将留下的核心部分进行比较分析。从整体上来说，该案件的判决结果比较公正和合理，但是判决结果的论证部分过于简单。比如在判决中对于某时捷中心以及某赫雅特中心的建筑来说，去除整体造型等实用性部分，这个建筑就不能称为一件建筑作品，因为整个建筑已经失去了根本。这种认定建筑作品的实质性相似的理由太过浅显，很难让被告接受。

另一方面，法院关于实质性相似的判断标准不统一。本案关于实质性相似的认定采用的是"抽象—过滤—比较"，但是这种方法的不确定性较大。在实践中，不同法院对每一个步骤的判定方法存在差异。本案中的焦点问题之一是被告的作品与被指控侵权的作品是否实质性相似，实质性相似的本质是建筑作品是否构成复制。虽然本案中两个建筑外观并不是十分的相似，但是法官通过对比发现，被告的建筑与被指控侵权作品的著作权属证书存在相似之处。我国著作权法没有对侵犯建筑作品复制权的问题作出相关规定，因此法官在这种情况下无法找到正确的裁判依据。目前各种建筑作品著作权侵权问题层出不穷，因此有必要完善《著作权法》，促进建筑设计行业的创新发展。

① 某时捷股份公司诉北京某赫雅特汽车销售服务有限公司侵犯著作权财产纠纷案，北京市高级人民法院(2008)高民终字第325号民事判决书。

第二节　侵犯建筑设计专利权的行为认定

《专利法》第二条第三款规定："实用新型，是指对产品的形状、构造或者其结合所提出的适于实用的新的技术方案"，第四款规定："外观设计，是指对产品的整体或者局部的形状、图案或者其结合以及色彩与形状、图案的结合所作出的富有美感并适于工业应用的新设计。"根据《专利法》第二十二条和第二十三条的规定可知，具备新颖性、创造性和实用性的建筑部分可以享有实用新型专利权，具有新颖性、创造性且不存在相关权利冲突的建筑设计可以享有外观设计专利权。

在认定专利权侵权行为，即确定抗辩事由之外未经许可实施的受专利权人专有权利控制的行为时，首先应当确定专利权的保护范围[①]。只有当一种建筑设计产品被认定为专利产品而落入专利权的保护范围时，他人对该建筑设计产品实施的建造、销售等受专有权利控制的行为才可能构成侵权。

一、建筑设计专利权的侵权判定

（一）建筑设计专利的保护范围

1. 专利保护范围的设立与确定

囿于专利客体高度抽象与不能为人所直接感知的特殊性，专利制度将专利权保护范围的"设立"环节与"确定"环节相独立，这是一种不得已而为之的制度安排，即专利权需国家专门机关明确授予而设立，但权利的内容——具体的技术实施方案——却无法穷尽、处于"变化"之中。在专利法领域，专利权保护范围的"设立"与"确定"不仅在程序安排上不同，其实际蕴含的意义也不同。专利权保护范围的设立被安排在专利申请授权阶段，随着专利文件的授权公告发布而完成；此时原专利申请人获得该专利权，但是专利权的保护范围并未随着设立而确定，在此后可能出现的行政授权确权程序与民事侵权程序中都可能涉及对专利权保护范围的确定。

随着专利被授权公告，专利文件不能再被修改，专利权人所申请的专利客体——技术方案——自然被固定下来，但此时专利权的保护范围依旧是不确定的，此后也面临被重新解释乃至调整的可能。例如在某案中，二极管真空管的发明人获得了一项专利，权利要求的特征在于二极管，但在专利侵权诉讼中

① 王迁. 知识产权教程[M]. 北京：中国人民大学出版社，2019：371.

法院判定该专利也包括三极管，尽管三极管相较于二极管肯定具备新的重要的额外功能。随着科学技术的发展与三极管的出现，第三人可以很容易联想到将该技术方案中使用的二极管换成三极管，但《专利法》并不因为这种简单替换的联想就允许第三人使用这种不同的技术方案。在具体的案例之中利用三极管进行替代的技术方案有可能被认定为落入专利权保护范围而被判定侵权。

有学者从这个例子中得出现代专利制度下，“专利被赋予了更广的保护范围以控制后发技术创新”[①]，也就是认为法院不应完全拘泥于专利文件（尤其是权利要求）的字面含义来给予专利保护。更有学者进一步提出，随着后发技术的进步，专利权的保护范围或许会以某种专利权人此前未预料的方式改变，而发明人在申请专利时并不具备足够的知识来撰写一份保护范围更广的专利文件，只能依靠事后侵权诉讼中的专利权保护范围调整。总之，无论是学界还是实践都认为专利权保护范围的确定在程序安排和实际效果上都滞后于专利权保护范围的设立。

2. 专利保护范围的具体界定

对于实用新型建筑设计而言，《专利法》第六十四条第一款规定：“发明或者实用新型专利权的保护范围以其权利要求的内容为准，说明书及附图可以用于解释权利要求的内容。”可见，主要通过权利要求书记载的内容来判断实用新型建筑设计专利权的保护范围。权利要求书界定的权利范围作为专利权获得保护的前提，也是权利实现的基础[②]。因此，权利要求解释的尺度将直接决定专利权保护范围的大小，影响专利权人与社会公众之间的利益关系[③]。在解释该实用新型权利要求书的方法时，主要存在三种解释方法[④]：

（1）“周边限定法”。

“周边限定法”要求严格以权利要求书中记载的事项为准则，完全忠于权利要求书的文字内容。采用这一方法时，不允许进行任何扩大解释，权利要求书所记载的范围就是专利保护的最大限度。[⑤] 采用这种方法判断权利要求的保护范围是清晰且明确的，使得他人可以明确知晓该项专利涉及的权利保护边界。然而，由于文字表述本身具有一定的不确定性，如果权利人在撰写权利

① KITCH E W. The Nature and Function of the Patent System，1977(20)：265－269.

② 刘友华，陈骞. 我国专利侵权判定原则及其适用研究[J]. 湖南科技大学学报，2014(1)：53.

③ 陈仲伯. 专利信息利用与创新[M]. 北京：知识产权出版社，2012：271.

④ 王迁. 知识产权教程[M]. 北京：中国人民大学出版社，2019：372－373.

⑤ 冯晓青，刘友华. 专利法[M]. 北京：法律出版社，2009：165.

要求书时措辞不当，则可能导致最终的权利保护范围发生偏差。因此，这一方法在保护范围清晰明确、易于确定的同时，也对专利申请人提出了过于严格的要求。

(2)“中心限定法”。

“中心限定法”要求以权利要求书中记载的事项为中心，并根据该专利权的性质和目的等向外扩张，将“中心区域”周边范围也纳入专利保护的范畴之中。采用这一方法实际上相当于对权利要求书中记载的事项进行了扩大解释，一部分未明确载入权利要求中的内容也将获得专利权的保护。因此，采用这一解释方法虽然较为全面地保护了专利权人的权利，但其不确定性也使得他人无法明确知悉权利的保护范围，从而可能导致侵权判定前后不一。

(3)“折中法”。

作为“周边限定法”和“中心限定法”的折中，这一方法仍然以权利要求书记载的事项为准，但并不严格限制于其文字表述内容，而是结合说明书和附图界定权利保护范围。根据《最高人民法院关于审理侵犯专利权纠纷案件应用法律若干问题的解释》第二条的规定，在确定《专利法》第六十九条规定的权利要求的内容时，“人民法院应当根据权利要求的记载，结合本领域普通技术人员阅读说明书及附图后对权利要求的理解”确定。可见，我国采用了“折中法”作为判断专利权保护范围的解释方法。

因此，在确定实用新型建筑设计权利要求保护范围时，主要以该建筑设计权利要求书中记载的事项为准，同时结合说明书和附图判断具体的权利保护范围。过于严格地以表述为准或者过于宽松地拓宽文字内容，对于建筑设计专利权保护而言都是不可取的解释方法。

对于申请外观设计专利的建筑设计而言，也需要将被控侵权产品与专利产品进行比较。对于在与建筑设计专利产品相同或者近似种类的产品之上，采用与授权外观设计相同或近似的外观设计的，应当认定被诉侵权设计落入外观设计专利权的保护范围①。《专利法》第六十四条第二款规定：“外观设计专利权的保护范围以表示在图片或者照片中的该产品的外观设计为准，简要说明可以用于解释图片或者照片所表示的该产品的外观设计”。可见，外观设计的权利要求体现在该建筑设计产品的“主视图”“俯视图”“斜视图”等图形中，依据专利申请人提交的图片、照片以及简要说明来确定该外观设计专利权的保护范围。

① 宁立志．欧盟专利的发展及其核心问题：兼及对中国的影响[J]．学习与实践，2012(5)：48－56.

（二）建筑设计专利的侵权判定原则

1. 禁止反悔原则

所谓禁止反悔原则，即在判断专利权效力以及是否构成侵权时，专利权人对专利权利要求的解释应当前后保持一致，禁止专利权人为了获取专利权，在专利申请过程中对权利要求进行狭义解释，而为了认定他人侵权，在侵权诉讼中对权利要求进行广义解释[①]。在实践中，专利申请人为了获得专利权，可能会自愿缩小其原先申请的权利保护范围，从而更加方便快捷地获取专利权。禁上反悔原则意味着在专利申请人缩小权利要求范围而获得专利权后不得反悔，不得将已经放弃的内容重新纳入保护范围之中。根据《最高人民法院关于审理侵犯专利权纠纷案件应用法律若干问题的解释》第六条的规定，“专利申请人、专利权人在专利授权或者无效宣告程序中，通过对权利要求、说明书的修改或者意见陈述而放弃的技术方案，权利人在侵犯专利权纠纷案件中又将其纳入专利权保护范围的，人民法院不予支持”。可见，这一原则同样适用于专利无效宣告程序中放弃或删除权利要求的情况。

2. 相同侵权与等同侵权原则

所谓相同侵权原则，即在判断被控侵权产品是否构成侵权时，若专利产品的权利要求中记载的每一项技术特征都可以对应到被控侵权产品的技术特征，则被控侵权产品所对应的技术特征在字面上均落入了权利要求记载的范畴，制造该被控侵权产品的行为构成相同侵权。然而，在实践中，侵权行为人往往会避免对专利产品完全复制的侵权行为，常常在模仿时加入了一些变动。在这种情况下，无法通过相同侵权原则判断是否构成侵权，因为变动的事项并未落入权利要求记载的范畴，但该被控侵权产品在实质上却仍可能构成侵权。由此，产生了“等同侵权”的判定原则。所谓等同侵权原则，是指被控侵权产品的技术特征在本领域的普通技术人员看来，与专利产品的技术特征构成实质相似，即采用实质相同的方式、发挥实质相同的功能、产生实质相同的效用，则制造该被控侵权产品的行为构成等同侵权。

在“机芯奏鸣装置音板的成键方法及其设备”专利侵权案中，国内首次将等同原则作为侵权判定原则以判定是否构成侵权。该案中，被控侵权物将涉案专利中的一个特征替换成两个特征，即将专利中“固定盲板和导向为一体的导向板”，更换为被控侵权技术方案中“防震限位板”和“工件拖板”，后两者结合为一体也可实现导向和固定盲板的功能。将“导向板”与“防震限位板”和“工件拖板”

---

① 苏平，何培育．专利法［M］．北京：北京大学出版社，2020：236．

的结合进行比对，两者手段、功能和效果基本相同，落入了机芯总厂所请求的权利保护范围。可见，等同原则的适用使得权利要求文字所表达的范围进一步扩展，具体表现为：将涉案产品或方法中的技术特征，与涉案专利所拆分的技术特征进行比对，虽因一些非实质性差别的存在而导致不构成字面侵权，但经过“三基本＋无需创造性联想”的判定，应视为涉案专利中对应的技术特征等同的特征。在这种情况下，为了给专利权人提供有效的专利保护，法院仍认定涉案产品或方法落入专利保护范围，即双方技术方案的技术特征对比，从字面表达上看不相同，但经过分析认定为等同特征，应当判定构成等同侵权。

3. 全面覆盖原则

全面覆盖原则，是指如果被控侵权产品的技术特征将专利产品权利要求所保护的必要权利特征全部覆盖，则该侵权行为成立。这一原则是专利侵权审理过程中一种常用且普遍的判定原则，美国称之为文字意义上的侵权，指权利要求中记载的任一项技术特征均能够在被控侵权物的技术特征中找到，则可认定被控侵权物构成侵权，其落入权利人请求保护的专利范围之内。换言之，“全面覆盖”可视为被控侵权物能够再现涉案权利要求中所述的全部技术特征，既包括相同，也包括等同。

由于等同原则的适用在防止恶意利用权利技术特征的同时也增加了权利保护范围的不确定性，竞争者可能因为信赖权利要求划定的保护范围而设计、建造具有不同技术特征的建筑专利产品，最后却因为等同原则被认定为侵权行为，从而有损公平竞争。因此，为了避免等同侵权原则被滥用，在将专利技术与被控侵权的技术进行对比时，应当坚持“全面覆盖原则”①。根据这一原则，如果被控侵权的产品与专利产品在整体上相似，但权利要求中记载的某一技术特征没有与被控侵权产品的技术特征构成相同或等同，则不能认定为等同侵权。

在上述原则的指导下，法院判定专利侵权的核心步骤是将被控侵权物的技术特征与涉案权利要求中所述的技术特征相对比，即采用“技术特征一一比对”的方式。若在一一对比的过程中，被控侵权技术方案缺失了权利要求中的技术特征，则不符合全面覆盖原则，因此不构成侵权；若可以一一比对，可能存在以下三种情形：相同侵权、等同侵权、不构成侵权。

成立相同侵权的情形包括：①被诉侵权技术方案与涉案权利要求中所述的全部技术特征一一对应且相同，或者两者仅在文字表达上存在某些差异，但所涉及的技术内容完全一致；②被诉侵权技术方案除了包括上述①中所述的全部技

① 王迁．知识产权教程［M］．北京：中国人民大学出版社，2019：380.

术特征，又增加其他技术特征；③涉案产品或方法中的技术特征与涉案专利中对应的技术特征相比，其为下位概念。

成立等同侵权的情形包括：①被诉侵权技术方案中包括等同特征，即对于本领域普通技术人员而言，无需创造性劳动即可联想到两者在手段、功能和效果层面基本相同；②针对等同特征，无禁止反悔或捐献的情形存在。

如果经过一一对比，其中有一个或一个以上的技术特征，既不相同也不等同，则不构成侵权。

（三）建筑设计专利的侵权判定步骤

1. 判断专利是否为有效专利

首先，专利国籍与侵权行为地是否一致；其次，专利在侵权行为发生时的法律状态是否有效；再次，即使已授权的专利未必都是真正有效的专利，因此也需要检查专利年费是否一直缴纳，分析该专利是否具备新颖性、创造性、实用性等。

2. 判断侵权嫌疑人的行为性质

法定专利侵权行为包含直接侵权和间接侵权两种。《专利法》第十一条所规定的禁止行为均属于直接侵犯专利权的行为，而教唆、帮助他人实施侵犯专利权的行为则构成间接侵权行为。

3. 判断是否存在法定侵权行为的例外

《专利法》第七十五条指出了不视为侵犯专利权的五种情形，因此需要根据实际判断是否存在专利法规定的侵权行为的例外情况。

4. 判断专利权的保护范围

依据《专利法》第六十四条，发明或实用新型专利权的保护范围以权利要求为准，外观设计专利权的保护范围则以在申请时指定的产品上表示的与图片或照片中的外观设计相同或实质相同的设计为准。

5. 进行技术特征的具体比较

进行发明和实用新型专利侵权技术特征比对时，需要逐项对比，即分别将构成专利权利要求中技术方案的全部技术特征和构成被控侵权产品或方法的全部技术特征分解，并按顺序列出数量及名称，最后对比两者是否一致。进行外观设计专利侵权技术特征比对时，以该类产品一般消费者的视角进行整体观察，逐个对比分析外观设计和被控侵权产品的全部设计特征，客观、全面地总结异同点，考虑所有能够影响整体视觉效果的因素，最终通过综合判断进行认定。如果二者属于相同或相近种类产品，并且在形态（形状、图案、色彩）上相同或近似，则侵权成立。

二、侵犯建筑设计专利权的行为内容

《专利法》第十一条规定："发明和实用新型专利权被授予后，除本法另有规定的以外，任何单位或者个人未经专利权人许可，都不得实施其专利，即不得为生产经营目的制造、使用、许诺销售、销售、进口其专利产品，或者使用其专利方法以及使用、许诺销售、销售、进口依照该专利方法直接获得的产品。外观设计专利权被授予后，任何单位或者个人未经专利权人许可，都不得实施其专利，即不得为生产经营目的制造、许诺销售、销售、进口其外观设计专利产品。"在主观方面，具体到建筑设计领域，侵犯建筑设计相关专利权的行为包括为生产经营目的制造、销售以及许诺销售建筑设计专利产品的行为。

"制造专利产品"是指通过机械或者手工方式作出的具有权利要求所记载的或外观设计专利全部特征的产品①。建造专利产品的侵权行为既包括故意实施的侵权行为，也包括过失实施的侵权行为。前者是指侵权行为人明知其建造的建筑是受到实用新型或外观设计专利保护的，但仍实施了建造行为；后者即侵权行为人应当预见其建造行为引发的后果而未能预见，或者已经预见但轻信该后果不会发生。

"销售"是一种有偿转让的行为，即将具有权利要求记载的或外观设计专利特征的产品有偿转让的行为。销售权作为销售专利产品或者依照专利方法直接获得的产品的权利，属于专利权人享有的独占权。因此，任何未经建筑设计专利权人许可而销售该建筑设计产品的行为均属于侵权行为。通常而言，设计该建筑的建筑师或建筑设计企业对其建筑设计产品拥有所有权，其对该建筑设计产品的销售不会构成侵权行为，实践中也几乎不存在其他非所有权人销售该建筑设计产品的情况。然而，若该建筑设计产品本身是未经允许建造的侵权产品，则对该侵权产品的销售构成侵犯原始建筑设计专利权的行为。

"许诺销售专利产品"是指明确表示愿意出售具有权利要求记载的或外观设计专利特征的产品的行为。与销售建筑设计专利产品的行为同理，建筑设计产品的专利权人同时作为该产品的所有权人，其对设计的建筑产品当然有权表示愿意出售。而如果表示愿意出售的产品本身是未经允许建造的侵权产品，则许诺销售该侵权产品的行为构成侵犯原始建筑设计专利权的行为。

原则上，就建筑设计专利权侵权行为人的主观方面而言，建筑设计专利侵权行为的构成不以过错为要件，只要该行为人实施了《专利法》第十一条规定的行为（除《专利法》第七十五条规定的不视为侵犯专利权的行为以外），无论其对建

① 苏平，何培育. 专利法[M]. 北京：北京大学出版社，2020：233.

筑设计专利技术方案实际是否知晓，均认为其构成专利侵权[1]。但是，根据《专利法》第七十七条的规定："为生产经营目的使用、许诺销售或者销售不知道是未经专利权人许可而制造并售出的专利侵权产品，能证明该产品合法来源的，不承担赔偿责任。"

由此可知，虽然原则上销售或许诺销售未经建筑师或建筑设计企业许可而建造并出售的建筑设计相关侵权产品的行为，将构成侵犯专利权的行为。但是，如果满足"不知道"与"合法来源"两个条件，则可以免予赔偿责任。对此，最高人民法院《关于审理侵犯专利权纠纷案件应用法律若干问题的解释(二)》第二十五条指明，"不知道"是指行为人对该侵权专利产品的情况实际上不知道而且也不应当知道，"合法来源"则是指通过合法的销售渠道、通常的买卖合同等正常商业方式取得产品，行为人对此应当提供符合交易习惯的证据。

此外，除上述直接侵犯建筑设计产品专利权的行为之外，虽然行为人没有直接实施专利侵权行为，但是存在教唆、帮助他人实施的侵犯建筑设计产品专利权的行为，则属于专利权间接侵权。我国现行立法目前并未对专利权间接侵权行为作出规定，有学者认为间接侵权行为应当满足三个必要条件：其一，存在直接侵权事实；其二，为直接侵权行为提供实施专利侵权的必要条件；其三，行为人主观上存在过错，其知道或应当知道为他人提供了实施专利侵权的条件[2]。因此，若存在上述直接侵犯建筑设计产品专利权的行为，并且行为人为该直接侵权行为提供了便利条件且主观上存在过错，则其行为构成间接侵犯建筑设计产品专利权的行为。

三、侵犯建筑设计专利权的抗辩事由

《专利法》第七十五条规定了五种不视为侵犯专利权的行为，具体到建筑设计专利权领域，不视为侵犯建筑设计专利权的行为大致可以分为以下几类。

(一)专利非自愿许可

专利非自愿许可是指国家专利主管机关根据具体情况，不经专利权人许可，授权符合法定条件的申请人实施专利的法律制度[3]。大致可以分为三种情形：为公共利益目的的强制许可、普通强制许可、交叉强制许可。

TRIPs规定了为公共利益目的的强制许可，即当国家或地区处于紧急状况时，为了保护公共利益，可以对专利权予以强制许可实施。此类强制许可的使用

① 最高人民法院(2014)民申字第1036号民事裁定书。

② 崔国斌.专利法：原理与案例[M].北京：北京大学出版社，2020：754.

③ 苏平，何培育.专利法[M].北京：北京大学出版社，2020：239.

必须满足两个条件：一是该国家或地区出现了诸如战争、自然灾害等影响社会安定的状态；二是出于公共利益的目的而使用该专利。

普通强制许可是为了防止专利权人滥用其独占权而阻止他人实施其专利或控制他人进口专利产品而存在的一类强制许可。适用普通强制许可应当满足两个条件：一是普通强制许可的申请人以合理的商业条件与专利权人进行磋商；二是申请人在相当长的合理期限内未获得成功。

交叉强制许可与从权利有关，是为了保障从属专利的实施。若前后两个建筑设计专利在技术上存在从属关系，后一专利的保护依托于前一专利的保护，则后一专利就是从属专利。为了保证两个专利权人之间的利益平衡，许多国家的专利法都通过强制许可允许从属专利的专利权人实施前一专利；同时，也在一定程度上允许前一专利权人实施后一从属专利，这就是交叉强制许可。对于建筑设计企业而言，专利交叉许可的设置，在促进补充性技术继续产生的同时，可以刺激更多的技术研究与创新，减少交易成本①。

（二）专利权用尽后的使用与销售行为

"专利权用尽"，又称"专利权穷竭"，是指专利权人自己或者许可他人制造的专利产品一旦被合法地投入市场，此后任何人在对该产品进行销售或使用时就不再需要获得专利权人的许可。专利权用尽原则来源于美国司法判例，其坚持这样一种政策性考虑：动产的购买者无须追溯其所有物中的专利授权轨迹，降低交易成本，使得市场免于不必要的限制②。消费者通过合法购买获得了建筑设计专利产品的所有权，本身也有权对该建筑设计专利产品进行相应的处分行为。与著作权法的"发行权用尽"类似，专利权人对其专利产品进行首次销售后即丧失对该产品此后流通的控制权能，否则可能引发专利权与购买者所有权的冲突，也不利于专利产品在市场中的正常流通。根据《专利法》第七十五条第一项的规定，对于建筑设计专利产品或者依照专利方法直接获得的产品，在建筑师、建筑设计企业或者经其许可的单位、个人售出后，对该建筑设计产品进行使用、销售、许诺销售等行为的，不属于侵犯专利权的行为。

（三）先用权人的特定实施行为

根据《专利法》第七十五条第二项的规定，在专利申请日前已经制造与建筑设计专利相同的产品或已经作好制造的必要准备的，并且仅在原有范围内继续制造的，不视为侵犯建筑设计相关专利权的行为。在他人申请建筑设计相关专

① 舒予.论企业专利交叉许可的对内共赢与对外垄断[J].创新，2007(5)：83－84.

② 德雷特勒.知识产权许可[M].王春燕，译.北京：清华大学出版社，2003：633.

利权之日之前，就已经制造了相同产品或者作好制造准备的人就是先用权人。在这种情况下，两个人出于巧合地建造了相同的建筑设计相关专利，如果尚未申请专利权的建筑师或建筑设计企业因另一方的申请而无法继续建造或使用自己的产品，对其而言是不公平的。因此，法律赋予尚未申请专利权一方先用权抗辩以维护其合法权益。

对于先用权的技术来源，法律并无具体规定，一般认为包括先用权人独立研发及先用权人的善意取得①。对于“原有范围”的认定，目前我国法律尚未作出具体界定。域外国家大多认为“原有范围”应当以满足先用权人的“事业目的”或“本企业的需要”为先，而认为不应当对“原有范围”作出具体限定②。我国理论界对于“原有范围”的界定主要采用量化标准，即不超过申请日前原有设备的正常生产能力可以达到的数量③。

当然，未申请专利一方必须是以合法的方式建造或使用自己的产品。根据《最高人民法院关于审理侵犯专利权纠纷案件应用法律若干问题的解释》第十五条的规定，被诉侵权人以违法获得的技术或者设计主张先用权抗辩的，人民法院不予支持。对于何为“已经做好制造、使用的必要准备”，第十五条第二款规定了两种情况：其一，已经完成实施发明创造所必需的主要技术图纸或者工艺文件；其二，已经制造或者购买实施发明创造所必需的主要设备或者原材料。

（四）临时过境的外国运输工具对专利的使用行为

根据《专利法》第七十五条第三项的规定，临时通过中国领陆、领水、领空的外国运输工具，依照其所属国同中国签订的协议或者共同参加的国际条约，或者依照互惠原则，为运输工具自身需要而在其装置和设备中使用有关建筑设计专利的行为不构成侵犯专利权的行为。在我国，临时过境要求运输工具是外国的而非中国的，临时通过中国境内，设备和装置是运输工具自身需要，交通工具所属国必须与我国订有协议或者共同参加的国际条约，或者依照互惠原则对待④。

构成这一临时过境的例外应当满足两个条件：其一，外国的运输工具临时通过中国领陆、领水、领空，这里的“临时通过”既包括定期进入，也包括因迷航或船舶失事等意外原因入境的情况；其二，使用相关专利产品是为了该运输工具自身的需要，超出该限制范围的使用则无法作为侵犯专利权的例外情况⑤。

---

① 王保民，张峣．我国专利先用权制度实施的困境与立法完善[J]．知识产权，2013(8)：62.

② 中国科学技术情报所专利馆．国外专利法介绍：第二卷[M]．北京：知识出版社，1981：211.

③ 郑成思．知识产权法教程[M]．北京：法律出版社，1997：212.

④ 王敏，曹晓娟．浅析专利权的限制[J]．企业导报，2014(12)：132.

⑤ 王迁．知识产权教程[M]．北京：中国人民大学出版社，2019：360－361.

四、侵犯建筑设计专利权的法定赔偿制度

在民事侵权诉讼案件中，法官主要解决两大问题：侵权归责问题和损害赔偿问题。同样，专利侵权案件亦是如此。由于专利非物质性等特征，其侵权损害赔偿数额的确定一直被认为是专利侵权案件的难题，导致专利侵权案件中法定赔偿适用率畸高。在损害数额难以确定或难以查明的情况下，法院判决专利侵权损害赔偿案件时往往久悬未决，司法诉讼效率低下，法定赔偿制度由此被引入到我国专利法领域[①]。专利侵权损害法定赔偿诞生于司法实践之现实需求，适用损害已造成但损害数额难以确定或难以查明的情况。

（一）专利侵权损害法定赔偿的特点

1. 法定性

专利侵权损害法定赔偿最突出的特点是法定性，是专利侵权损害法定赔偿的主要特征之一。专利侵权损害法定赔偿的法定性比较强，其原因主要有以下几点。

第一，法定的适用范畴。在专利侵权损害法定赔偿制度中，对其适用范畴和情景做了明确的规定。例如，在我国的专利侵权损害法定赔偿制度中明确规定了权利人损失、侵权人获利或专利许可费的合理倍数“不能确定”“难以确定”等无法判定的情况才能适用。同样美国著作权法第504款(c)款虽然并未规定权利人损失难以确定的情况下适用法定赔偿，却规定“在最终判决做出前”所有诉讼阶段当事人都有权适用，同时也基于法定的形式明确了该条件。通过上述分析可知，专利侵权法定赔偿，不管是否有限制条件，以法定形式进行相应的规定是必需的。

第二，专利侵权损害法定赔偿额度。酌定赔偿和法定赔偿二者的本质区别就是额度。酌定赔偿中明确做出了相关规定，法官可以自主确定赔偿数额的多少，同样并没有明确指出确定的依据及范围；而法定赔偿却对赔偿额度做出了明确的规定，这个赔偿额的幅度是赔偿数额的限度，但是以法定形式进行相应的规定是必需的。

第三，法定形式。专利侵权损害法定赔偿制度应具有法定的外观，即法定形式。专利侵权损害法定赔偿由于其特殊性，很多国家都建立了相关的法律，并以成文法的形式对专利侵权损害法定赔偿进行了规定。在我国，也同样以“指导意

---

① 袁秀挺，凌宗亮. 我国知识产权法定赔偿适用之问题及破解[J]. 同济大学学报(社会科学版)，2014，25(6)：117-124.

见”“会谈纪要”等形式做出了明确的规定，并制定了相应的司法解释，从而以法律的形式确立。判决、政策等都不是专利侵权法定赔偿制度的确立途径和形式。在整个知识产权领域，该步调都必须统一，只有步调一致，才能达到统一、可靠和长期稳定，最终才能具有法律地位。

第四，法定赔偿确定依据。我国专利法以法定的形式规定了“专利权的种类”“侵权行为的情节”等确定的赔偿额因素；并且在相对应的司法解释中对“侵权行为性质”“后果”等参考因素做了进一步具体的规定。

第五，计量标准的法定性。计量标准就是专利侵权法定赔偿的计算依据，即用什么样的标准来适用专利侵权法定赔偿数额。各国对该计量标准都做了一系列的规定。我国由于起步比较晚，还存在一些差距，并没有明确的法律规定。在实践过程中，针对该问题各个地方高级人民法院纷纷出台了“审判指导意见”。例如，《重庆市高级人民法院关于确定知识产权侵权损害赔偿数额若干问题的指导意见》《江苏省高级人民法院关于知识产权侵权损害适用定额赔偿办法若干问题的指导意见》等确立了以产品为辅、权利为主的计量标准。但是由于各种计量标准的不同，将会导致在实践审判过程中产生同案不同判的结果。因此，计量标准是专利侵权法定赔偿制度进行计算的基础，该标准应该以法定的形式进行明确。

总之，适用专利侵权损害法定赔偿制度时，虽然法官的自由裁量权比较大，但是应该按照法定的范围、因素、条件等来确定。法官自由裁量权的行使同样也会受到法定的限制。

2. 酌定性

与其他损害赔偿计算标准相比，专利侵权损害法定赔偿规则最明显的特点就是法官裁量权较大。虽然专利侵权损害法定赔偿制度在适用时存在一定的限制，但是法官存在较大的自由裁量空间。“法定赔偿”作为自由裁量方法，往往没有足够的证据支持，法官只能运用其自由裁量权在固定的范围内决定赔偿额，容易受到自身业务水平和其他主客观因素的影响[①]。

侵犯专利权所带来的经济损失在大部分的情况下都无法计算或者很难计算，但是侵权行为带来的损害确实是客观存在的事实，如果不赔偿肯定是行不通且不合理的。为了解决这个难题，在实践中各国纷纷摸索“推定”的方式，比如将侵权人在侵权过程中得到的利益推定为权利人的损失，并由侵权人举证说明哪些不是侵权所得，同时这也在一定程度上反映了专利侵权损害赔偿的不确定性。当然，当侵权人因其他原因无法查证或者不配合时，推定方式也无法解决这一难

① 边仁军.专利侵权损害赔偿规则的标准、困境与重构[J].知识产权，2021(3):38.

题。因此，权利人的法定赔偿数额也是无法确定的。因此，许多国家逐渐采用自己拟定的方案来计算专利侵权损害赔偿额，一般将某种计算方法确定为赔偿方式，例如侵权产品的份数、侵权主观恶意程度、许可费的倍数等。有的国家把确定公平、公正、平等的赔偿额权限直接赋予法官，在审判过程中没有指定计算方式，而是让法官根据具体情况来判决。这就是酌定赔偿，即法官结合自己的经验法则和案件事实来确定赔偿额度。酌定赔偿需要法官依据客观事实来确定，在详细分析、判断案情后，再根据相关法律，并且依靠法官本身的审判经验和法律意识，以保证合理、公平、公正快速地审判案情，以追究专利侵权人的民事责任，从而保护权利人的合法权益。可知，法官的酌定权在专利侵权损害法定赔偿确定方面确有必要。但是该方法存在一个很大的问题，就是法官自由裁量权过大。因此，针对该问题，政府采用了相对应的措施，比如法定条件的设定，赔偿数额范围的规定。

3. 数额幅度确定性

TRIPs中“法定赔偿”可以翻译为“预先确定的损失”。如果表现为赔偿数额，则该损失应该是法定赔偿；相反，如果表现为以外的形式，就应该是拟定赔偿或法定外的裁量性赔偿。假定经相关法律已经确定在无法对产品数量进行统计时，专利侵权产品的数量按五千份计算，这种预先的设定也就是预先拟定的损失数额。即法律首先拟定一个一般情况下的侵权产品数量，该预先规定的数值适用于双方都无法证明侵权产品生产数量的时候。在已明确的数值范围限度内确定专利侵权赔偿数额，而不是用数值限定计算赔偿数额的某种计算标准等因素，是专利侵权赔偿数额与其他赔偿制度最明显的差别之一。

4. 适用的特殊性

在我国，《专利法》规定必须在侵权人的侵权获利、权利人的实际损失以及专利许可使用费三者均不能确定时才能采用法定赔偿制度。换言之，专利侵权损害法定赔偿制度的适用性受到法律的严格限制。

（二）专利侵权损害法定赔偿的功能

1. 补偿功能

在专利侵权纠纷案件中，侵权人由于实施侵权行为造成了被侵权人的损失，因此，侵权人必须停止侵权，并向被侵权人支付损害赔偿金额以填补被侵权人所遭受的损失，这就是专利侵权损害赔偿制度的补偿功能。这里的损失不包括主观臆想的损失、实际未发生的损失，仅指被侵权人有权获得的实际损失。补偿意味着法院判决赔偿数额时应该以被侵权人的实际损失或侵权人因其侵权行为获利的数额为限，不能超过或低于被侵权人的实际损失或侵权人因其侵权行为获利的数额范围。在专利侵权损害责任中，往往是以填平原则为主，强调以使受害人恢复到原来没有受到损害的状态。TRIPs 第 45 条认为，法定赔偿应当以全面赔偿为原则，即法定赔偿具有补偿功能。我国的《江苏省高级人民法院关于知识产权侵权损害适用定额赔偿办法若干问题的指导意见》(2005 年)，《重庆市高级人民法院关于确定知识产权侵权损害赔偿数额若干问题的指导意见》(2007 年)，《浙江省高级人民法院关于审理侵犯专利权纠纷案件适用法定赔偿方法的若干意见》(2009 年)，《江苏省高级人民法院侵犯专利权纠纷案件审理指南》(2010 年)，均有条款指出法定赔偿应以实际的损失为限。

2.预防功能

预防是指事先防范，预防功能也可以称为遏制功能，通过设置法定赔偿金额的方式，使侵权行为人及其他社会公众(潜在侵权行为人)担心从事这种或类似这种的侵权行为将要支付法定赔偿金，从而达到教育侵权行为人或潜在侵权行为人，引导他们选择、做出正确的行为，最终实现事先预防或遏制侵权行为发生的效果。它是一种"向前看"的思考方法，着眼于"未来损害"的预防避免。

第三节　侵犯建筑设计商标权的行为认定

《商标法》第八条规定："任何能够将自然人、法人或者其他组织的商品与他人的商品区别开的标志，包括文字、图形、字母、数字、三维标志、颜色组合和声音等，以及上述要素的组合，均可以作为商标申请注册。"因此，具有显著性特征的建筑物或建筑模型，具有商标的识别功能，可以作为三维标志的一种申请注册商标。美国第六巡回法院在 1937 年就曾作出判决，认为被控侵权者在同一地理区域建造了与原告的白色城堡模型相同的模型，属于利用原告商标上的商誉获得利益，构成商标权侵权行为。

在现代社会，商标不但是用来区分产品或服务的标志，还是消费群体对产品或服务品质、供应方商誉评价信息的集中体现，是企业掌握的具有极高价值的无形资产。伴随全球经济的高度互融和一体化发展，商标权在经济中的影响不断凸显，商标权本身及其保护体系成为影响经济发展的重要因素。从整体来看，目前国内建筑设计企业对于知识产权的认识还不够深入，主动运用或自我保护的能力不足，多数建筑设计企业还没有建立保护其知识产权的制度，甚至还没有将此项工作纳入计划。目前我国进出口类型企业中只有不到两成企业自有商标，我国总出口额中自有品牌产品出口总额占比甚至不足 10%，侧面反映出国内企业对商标认识严重不足。此外，20 世纪 80 年代以来，我国出口的商品的商标遭到抢注超 2000 起，给企业和国家造成极大损失。因为国内大量驰名商标没有及时在国外完成注册商标手续，导致此类品牌产品在国外销售屡屡受挫。譬如大白兔在日本被抢注，全聚德在韩国被抢注，红星在英国被抢注，大宝在美国、比利时、英国、荷兰、卢森堡被抢注。此外，诸如红塔山、长虹、杏花村、同仁堂等著名品牌都遭遇过在国外被抢注的情形。上述案例充分证明，我国企业还没有建立良好的保护自有商标的意识，这和发达地区存在较大差距，给商标权保护工作带来很大压力。

最近数年，涉及商标的侵权案件亦有增加，除过去常见的侵权案件，譬如未经商标持有者允许，在同种或相近产品上运用和已有商标接近甚至完全相同的商标；出售假冒商标产品；仿造、伪造已有商标，或出售伪造商标标识等，给其他已经通过合法途径注册商标的持有人造成损害。针对上述行为，《商标法实施细则》将知晓或理应知晓产品商标存在伪冒情况，仍然经销此类产品的行为；在相同或相近产品上采用和已有商标类似甚至相同的商标、文字、图形等，足以导致消费者误解的行为；已知对方存在侵犯已有商标行为，仍然向其提供储存、隐蔽、运输以及邮寄等条件的行为均视为商标侵权行为。细则中还列示了不少新增的侵权行为，譬如没有经过商标持有人允许，将已有注册商标的对应产品，改用自己的商标然后售出产品的行为，即为“反向”假冒商标行为。此侵权是没有得到商标持有人允许，人为割离商标和其对应产品的联系，以便无偿利用其他人已有商誉牟利的行为。和直接假冒或仿冒商标造成侵权的行为不同，进行反向假冒的人多为销售商。虽然说此类行为只涉及自身和所仿冒商标两者之间，可是此行为不但会严重破坏市场，而且扰乱商标管理机构的执法，具有较大危害性，必须及时制止，避免其广泛蔓延。

一、侵犯建筑设计商标权的判定标准

关于侵犯商标权的判定标准，世界各国或地区的商标法所采取的标准各不相同，以相似性与混淆可能性的关系界定为基础，大致存在三种判定标准：其一，混淆可能性吸收相似性的标准，以美国商标法为典型代表；其二，混淆可能性内化于相似性的标准，以日本商标法为典型代表；其三，以相似性为基础而以混淆可能性为限定条件的标准，以欧盟商标法为典型代表①。在建筑设计相关的商标权的侵权判定方面，这三种标准同样存在。

（一）混淆可能性吸收相似性的标准

混淆可能性吸收相似性意味着相似性并非侵犯商标权的基本判定标准，而是作为混淆可能性的测试因素之一存在，后者才是商标权的基本判定标准。在

---

① 王太平．商标法：原理与案例[M]．北京：北京大学出版社，2015：229－234．

美国,无论侵犯的对象是否为联邦注册商标,均以混淆可能性作为侵犯商标权的基础测试标准。在混淆可能性测试的众多因素当中,商标相似性、商品类似性、被告的主观意图、原告商标的强度以及实际混淆的证据是混淆可能性测试因素的重要内容,其中商品类似性则是仅次于商标相似性的核心因素。相关研究表明,在美国颁发禁令和法官审理的案件中,有近九成的案件结果与商标相似性结果一致①。这意味着,若商标具有相似性则存在混淆可能性,反之则不存在,足见商标相似性对混淆可能性判断之关键。

(二)混淆可能性内化于相似性的标准

日本商标法第 37 条规定了侵犯商标权或专用使用权的行为,其中提及"类似商品的注册商标或者类似的商标"作为判断的参照标准。可见,日本商标法规定的侵犯建筑设计商标权的判定标准是相似性标准,即"商标相同或近似且商品相同或类似"②。

与美国混淆可能性吸收相似性标准相反,混淆可能性内化于相似性标准侧重于通过商标相似性判断商标权侵权行为。虽然日本商标法确立了相似性为侵犯商标权的判定标准,但该标准在司法实践中也发生了一定的变化,典型案件是 1968 年水山印案件。该案的判决改变了日本以音形义三要素其中之一相似判定商标近似的标准,而是将混淆可能性引入侵犯商标权的判定标准。因此,日本商标法规定的侵犯商标权的判定标准是相似性标准,但经过司法判例的演化混淆可能性标准已经内化于相似性标准当中。

(三)以相似性为基础而以混淆可能性为限定条件的标准

根据欧盟商标法第 9 条第 1 款的规定,商标所有人有权阻止所有第三方未经同意在贸易中使用商标,包括"由于与欧盟商标相同或近似,同时与欧盟商标注册的商品或服务相同或类似的任何标志,其使用可能会在公众中引起混淆的;这种可能的混淆包括该标志和该商标之间可能引起的联系"。可见,该条款规定的侵犯商标权的判定标准囊括了相似性和混淆可能性。在二者的关系上,欧盟通过其商标指令第 10 条的立法理由阐明了其立场:侵犯商标权的判定标准以商标和商品的相似性为基础,以混淆可能性为限定条件③。这意味着,在商标和商品完全相同时,商标侵权行为成立,不需要考虑混淆可能性的因素,因为在这种情况下几乎不可能不存在混淆可能性;在商标或商品其中之一不相同而只构成相似时,并不严格认定商标侵权行为成立,而是要通过混淆可能性作为限制条

① 王太平.商标法:原理与案例[M].北京:北京大学出版社,2015:231.

② 王太平.商标侵权的判断标准:相似性与混淆可能性之关系[J].法学研究,2014(6):162-180.

③ 王太平,卢结华.欧盟商标法上侵犯商标权的判断标准[J].知识产权,2014(11):77-85.

件。如此一来，通过混淆可能性的限定明确了商标权侵权的界限，同时也限制了商标专用权的滥用，防止其过度扩张而阻碍商品和服务的自由流通。

在以上三种标准当中，我国法律界定侵犯商标权的行为更倾向于以相似性为标准进行判断。根据《商标法》第五十七条规定的7种侵犯注册商标专用权的行为可知，在商品和商标完全相同、商品和商标其中之一不相同而只构成相似、商品和商标只构成相似的情况下认定成立商标侵权行为。在商品和商标完全相同时，该侵权行为是对商标专用权最直接、最核心的侵犯，因此并不要求混淆可能性的判断，否则可能阻碍注册商标的法律功能的发挥，也与商标法和商标权的核心价值相悖①。在商品和商标其中之一构成相似或均构成相似时，需要考虑是否是“容易导致混淆的”，即以混淆可能性标准作为限制性条件。在商标权扩张到近似商标与类似商品之上时，由于人的认知心理存在模糊性，如果没有混淆作为商标禁止权的限定，商标近似与商品类似的范围就可能无限扩张，从而最终损害作为商标法基础的自由竞争②。由此可见，我国判断建筑设计商标权侵权行为的标准与欧盟的标准类似，当建筑设计相关商品或商标完全相同时，直接成立侵权行为；当建筑设计相关商品或商标其中之一只构成相似时，需要考虑以混淆可能性标准判断侵权行为。

在司法实践中，判断相似的建筑设计商品或商标的混淆可能性是十分复杂的问题，需要综合考量原告注册商标的显著性和知名度、商标表达的含义以及给消费者留下的印象、建筑设计相关商品的类似程度、商品或服务间的类似程度、交易渠道与相关公众的特定情况等多种因素③。

就原告注册商标的显著性和知名度因素而言，显著性越强、知名度越高的建筑设计注册商标在公众眼中越具有影响力，越有可能构成混淆可能性。在判断显著性强弱时，应当考量该建筑设计自身的显著性程度，即该建筑设计与相关的商品或服务之间的关联程度。需要说明的是，如果某一建筑设计相关商标的显著性和知名度极高以至于构成驰名商标，则他人稍加改动就会被公众识别，此时混淆可能性则会降低。

就建筑设计相关商标表达的含义以及给消费者留下的印象而言，建筑设计相关商标本身表达的含义与其留给消费者的印象都需要在判断混淆可能性时予以考量。根据《商标侵权判断标准》第十八条的规定，在判断近似商标的相似性时，应当以相关公众的一般注意力和认知力为标准，采用隔离观察、整体比对和

① 孔祥俊. 商标与不正当竞争法：原理与判例[M]. 法律出版社，2009：327.

② 王太平. 商标法：原理与案例[M]. 北京：北京大学出版社，2015：254.

③ 王迁. 知识产权教程[M]. 北京：中国人民大学出版社，2019：508－513.

主要部分比对的方法进行认定。其中，隔离观察方法要求在通过建筑设计相关商标识别商品或者服务时，仅以公众对权利人商标的印象来判断其与被控侵权商标之间的相似程度，即将二者在不同的时间、地点进行观察比对。在进行隔离观察时，商标表达的含义以及给消费者留下的印象是否相似具有关键作用：若两建筑设计相关商标的外观、结构等存在差异，但被控侵权的商标足以使公众在看到时对应到原告商标并误认为两者为同一商标，则存在混淆可能性；反之，若两建筑设计相关商标的外观、结构相似，但在消费者心中留下的印象存在较大差异，公众对两个商标的印象是清晰的、区别的，则不存在混淆可能性。

就建筑设计相关商标的商品和服务间的类似程度而言，根据《最高人民法院关于审理商标民事纠纷案件适用法律若干问题的解释》第十一条的规定，“相似商品是指在功能、用途、生产部门、销售渠道、消费对象等方面相同，或者相关公众一般认为其存在特定联系、容易造成混淆的商品。类似服务是指在服务的目的、内容、方式、对象等方面相同，或者相关公众一般认为存在特定联系、容易造成混淆的服务。商品与服务类似是指商品和服务之间存在特定联系，容易使相关公众混淆。”若申请的建筑设计相关商标与在先商标十分相似，并且在先商标具有较高显著性和知名度，即使两商标的相关商品之间存在较大差异，该商品也可能被认定为与在先的建筑设计相关商标核准的商品类似。

就交易渠道而言，在商标侵权诉讼中，当事人双方使用商标的商品或服务的交易渠道与市场区分，对于判断被告使用被诉商标的行为是否侵权非常重要①。如果两建筑设计相关商标的商品或服务的交易渠道和市场区分度差异过大，那么相应商标或服务对应的群体几乎不存在重合，此时混淆可能性就很低。

二、侵犯建筑设计商标权的行为内容

《商标法》第五十七条规定了 7 种侵犯注册商标专用权的行为，大致包括六类典型侵权行为。

一是未经建筑设计商标注册人的许可，在同种或类似商品或服务上使用与注册商标相同或者近似的商标，用以指示商品或服务的来源，容易导致混淆的行为。这一类行为实际包含了四种行为方式：未经建筑设计商标注册人许可，在同种商品上使用与注册商标相同的商标；在同种商品上使用与注册商标近似的商标；在类似商品上使用与注册商标相同的商标；在类似商品上使用与注册商标近似的商标。其中，第一种行为，即商标假冒行为，这是最为直接和严重的商标侵

① 王迁. 知识产权教程[M]. 北京：中国人民大学出版社，2019：513.

权行为。这一行为直接导致商品来源的混淆，不仅损害了商标权人和消费者的合法权益，而且还破坏了公正合理的市场竞争秩序①。因此，该行为不仅会导致承担侵犯商标权的民事责任，甚至可能构成刑事犯罪而承担刑事责任。其他三种行为属于商标仿冒行为，在行为人实施该行为的同时需要满足混淆可能性的要件才构成侵犯建筑设计商标权的行为。根据《商标法实施条例》第七十六条的规定，在同一种商品或者类似商品上将与他人注册商标相同或者近似的标志作为商品名称或者商品装潢使用，误导公众的，属于《商标法》第五十七条第二项规定的侵犯注册商标专用权的行为。该行为与在同种商品上使用与注册商标相同商标的行为的差别在于，该行为是将他人的注册商标作为自己的商品名称或商品装潢，并不是直接将他人的商标用作自己商品的商标，侵权人通常在使用他人商标的同时也会使用自己的商标。但公众在看到该商品时，可能会将该商品名称或装潢出现的商标误判为商品或服务的来源，从而发生混淆。

二是销售侵犯建筑设计注册商标专用权的商品的行为。销售侵犯建筑设计商标权的商品是最为常见的侵权行为。根据《商标法》第六十四条第二款的规定，“销售不知道是侵犯注册商标专用权的商品，能证明该商品是自己合法取得并说明提供者的，不承担赔偿责任”。可见，对于销售侵犯他人建筑设计商标专用权但其并非假冒注册商标商品的人，其行为仍需要满足“明知”的主观要件才构成侵权行为。根据《商标法实施条例》第七十九条的规定，能证明商品是自己合法取得的情形有四种：其一，有供货单位合法签章的供货清单和货款收据且经查证属实或者供货单位认可的；其二，有供销双方签订的进货合同且经查证已真实履行的；其三，有合法进货发票且发票记载事项与涉案商品对应的；其四，其他能够证明合法取得涉案商品的情形。

三是伪造、擅自制造他人建筑设计商标标识或者销售伪造、擅自制造的注册商标标识的行为。伪造、擅自制造他人建筑设计商标标识或者销售伪造、擅自制造的注册商标标识的行为本身可能构成侵犯商标权的预备行为，而是否构成侵犯商标权的预备行为仍要视标识的最终用途而定。也就是说，如果伪造、擅自制造建筑设计商标标识未经许可被运用在商品或服务上，则运用行为本身构成侵犯商标权的行为，伪造、擅自制造或销售的行为则构成侵犯商标权的预备行为；反之，如果该伪造、擅自制造的标志没有被运用于商品或服务上，而是用于商标标识欣赏等方面，则该运用商标的行为不构成侵权行为，该伪造、擅自制造或销售的行为也不构成侵权行为的预备行为②。

① 窦祥铭，杜磊．新时期我国商标权保护若干问题探讨[J]．通化师范学院学报，2019(1)：116.

② 王太平．商标法：原理与案例[M]．北京：北京大学出版社，2015：304.

四是未经建筑设计商标注册人同意，更换其注册商标并将该更换商标的商品又投入市场的行为。这一行为俗称“反向假冒”或“反向混淆”行为。通常而言，“假冒”或“混淆”行为是侵权人的商标弱于被侵权人的商标，通过“假冒”或“混淆”行为而借助被侵权人商标的声誉销售自己的商品。与之相反，“反向假冒”或“反向混淆”行为往往表现为知名商标的所有人以自己的商标替换他人商品上的不知名商标，从而使消费者对该商品的来源发生混淆，认为该商品源于知名商标的所有人。在这种情况下，侵权人的商标实际上强于被侵权人的商标，其实施“反向假冒”或“反向混淆”行为的目的并非借助被侵权人的声誉销售产品。这一侵权行为易导致消费者的误判，在损害消费者的知情权的同时，商标也无法发挥区别来源的基本功能①。替换他人商品上的商标一方面可能是因为他人商品价格低廉而借此牟利，导致权利人无法获得其商标带来的商业信誉；另一方面，也可能是为了“吸收”被侵权商标的商誉，导致被侵权的较弱商标在市场上没有立足之地，从而侵犯了建筑设计商标权人的合法权益。

五是故意为侵犯他人建筑设计商标专用权行为提供便利条件，帮助他人实施侵犯商标专用权的行为。司法实践中，侵犯他人建筑设计商标权的行为可能并不是孤立进行的，通常需要借助第三人的帮助、参与和支持。故意为侵犯他人建筑设计商标专用权行为提供便利条件的就属于帮助侵权行为，本质上属于间接侵权行为。为了加强对商标权的保护，许多国家的商标法规定：引诱他人实施直接侵权行为，或在知晓他人准备或正在实施直接侵权行为时提供实质性帮助的，构成间接侵权②。需要说明的是，为侵犯他人建筑设计商标专用权行为提供便利条件的行为在主观上必须是故意，即明知是侵犯商标专用权的行为，仍然提供了便利条件。该侵权行为在本质上是侵犯商标权行为的帮助行为，主观方面应当满足故意的条件。如果为他人的侵权行为提供便利条件是出于过失，则这一侵权行为就不成立。

六是给他人的注册商标专用权造成损害的其他行为。《商标法》第五十七条第七项规定的“给他人的注册商标专用权造成其他损害的”作为兜底条款，将实践中发生的一些非典型的侵犯商标权的类型包括在内。售后混淆行为，即在交易完成后使用商品时使他人产生混淆的行为。该行为对商标权人的损害大致来自于两个方面：一方面，购买者在购买商品时由于得到了充分的信息而没有发生

① 肖乾利.浅析商标反向假冒行为的性质及法律规制[J].西华大学学报(哲学社会科学版),2007(5):89-92.

② 王迁.知识产权教程[M].北京:中国人民大学出版社,2019:521.

混淆，但对于并未购买而只进行消费的人来说则可能存在混淆，因为他们没有充分的信息因而并不知道商品是假冒的事实情况，从而发生混淆；另一方面，由于发生售后混淆的这部分消费者在未来可能成为真正的消费者，其对商品的认知发生混淆可能会降低对该商品的评价，从而扰乱商标经营的市场秩序，最终威胁原始商标的存续。网络侵权行为，主要是指因为网络搜索引擎或网络购物平台而引发的侵权行为。商标本质上是传递商品信息的工具，由于网络搜索引擎或网络购物平台的活动与商品流通直接相关，因此，只要互联网上涉及与商标相关的商品信息的传递，就有可能侵犯商标权。只不过，这一侵权行为在建筑设计相关的商标方面鲜少发生。

三、侵犯建筑设计商标权的抗辩事由

（一）商标权用尽

"商标权用尽"，也称"商标权穷竭"，是指对于经建筑设计商标权人许可或以其他方式合法投放市场的商品，他人在购买之后无须经过商标权人许可，就可将该带有商标的商品再次出售或以其他方式提供给公众，包括在为此目的进行的广告宣传中使用商标[①]。之所以将商标权用尽作为侵权的抗辩事由之一，是因为在商标权人已经许可带有商标的商品在市场流通的情况下，再对购买该商品的消费者能否转售商品做出限制是有损商品自由流转的经济秩序的。购买该商品的消费者作为所有权人，对其转售作出限制也违背传统法理。因此，与著作权法的"发行权用尽"类似，当带有建筑设计商标的商品被合法出售后再次销售时，对该建筑设计商标享有商标权的建筑师或建筑设计企业无权对此做出禁止，该行为不构成侵权行为。可见，"商标权用尽"制度的主要作用在于平衡商标权人与商品所有权人对商品的处分行为[②]。

但是，商标权用尽原则在适用时也应当符合一定的条件，具体包括：商标标志没有发生变化并且商品本身的条件没有发生变化[③]。

1. 建筑设计商标标志没有发生变化

在带有该商标标志的商品被再次销售时，该商品上的商标应当与初次销售时的商标相同，否则可能构成侵权。若再次销售的商品之上的商标发生变化而近似于初次销售时的商标，则属于在同种商品上使用与注册商标近似商标的行为；若再次销售的商品之上的商标与初次销售时完全不同，则属于前述"反向假

① 王迁. 知识产权教程[M]. 北京：中国人民大学出版社，2019：535.

② 宋红松，刘君. 商标权的限制与漏洞补充[J]. 中华商标，2002(2)：44.

③ 王太平. 商标法：原理与案例[M]. 北京：北京大学出版社，2015：363 - 364.

冒”或“反向混淆”行为。但若是仅仅对商标标志的大小、颜色等形式作出变化，原则上仍视为与原商标相同的商标标志。

2. **商品本身的条件没有发生变化**

商标权人初次销售带有其商标的商品实际上是代表着其对该商品质量的控制权，如果商品再次销售时本身发生了变化，可能导致消费者对该商品的质量产生误判，从而影响该商标的商誉。由于商品流通形态多样，判断商品本身条件是否发生变化应当具体到商品分装、加工、翻修等具体情况下进行具体分析。

（二）在先使用抗辩

《商标法》第五十九条第三款对“在先使用”抗辩做出了规定：“商标注册人申请商标注册前，他人已经在同一种商品或者类似商品上先于商标注册人使用与注册商标相同或者近似并有一定影响的商标的，注册商标专用权人无权禁止该使用人在原使用范围内继续使用该商标，但可以要求其附加适当区别标识”。“在先使用”作为一项抗辩事由，旨在对抗权利人的请求权，既可以保护在先使用人因为商标的在先使用行为而获得的实际权益，也可以避免由于商标注册所引起的商标在先使用被忽略的法律风险①。出于保护商标权人的需要，《商标法》对于注册商标的使用作出限制以维护商标的商誉，在商标注册前他人对与注册商标相同或近似的商标进行善意使用自然谈不上影响在后注册的商标商誉，因此不构成商标权侵权行为。

（三）商标的正常使用行为

一些商标使用行为是对建筑设计相关的注册商标的正常使用，因而不构成建筑设计相关的商标权侵权行为，主要分为描述性使用行为与对商品或服务用途的说明行为。

1. **描述性使用行为**

所谓描述性使用，是指使用他人商标中的文字或图形等要素对商品或服务进行描述的行为，该行为通常并不利用他人商标的识别功能来指示商品或服务的来源，而是用来说明商品或服务的特征或其他情况②。根据《商标法》第五十九条的规定，对于建筑设计注册商标而言，该商标中含有的本商品的通用名称、图形、型号，或者直接表示商品的质量、主要原料、功能、用途、重量、数量及其他特点的，商标专用权人无权禁止他人正当使用；建筑设计相关的商标作为一种三

---

① 常宝堂. 商标侵权中在先使用及反向混淆的认定[J]. 山东法官培训学院学报，2020(1)：196－197.

② 王迁. 知识产权教程[M]. 北京：中国人民大学出版社，2019：528.

维标志,其中含有的商品自身的性质产生的形状、为获得技术效果而需有的商品形状或者使商品具有实质性价值的形状,注册商标专有权人无权禁止他人正当使用。

2. 对商品或服务用途的说明行为

商标法保护建筑师或建筑设计企业的建筑设计商标权的目的在于维护其商誉、防止消费者遭受欺骗,进而形成良性竞争的市场环境,并非是赋予商标权人对相关商品或服务的垄断权。因此,如果使用他人建筑设计商标中的文字或图形,是为了指示自己商品或服务的用途、服务对象和真实来源,即说明自己提供的商品或服务能够与使用该建筑设计商标的商品或服务配套,或是为了传递该商品或服务来源于该建筑师或建筑设计企业的信息,这一行为则不构成侵权行为。

四、侵犯建筑设计商标权的惩罚性赔偿制度

(一)我国商标法惩罚性赔偿制度的施行现状

1. 立法现状

关于在知识产权领域引入惩罚性赔偿的讨论在我国加入 WTO 之后就一直存在。近年来,我国知识产权保护成效得到广泛认可,但社会对于打击和遏制严重侵权现象、提高损害赔偿及时性与足额性的呼声依然强烈。为回应这一现实需求,在 2011 年的国务院常务会议上首次提出“建立知识产权惩罚性赔偿制度”的构想,2013 年修订的《商标法》第六十三条中率先建立惩罚性赔偿制度。

2013 年 8 月 30 日修正的《商标法》第六十三条第一款规定“侵犯商标专用权的赔偿数额,按照权利人因被侵权所受到的实际损失确定;实际损失难以确定的,可以按照侵权人因侵权所获得的利益确定;权利人的损失或者侵权人获得的利益难以确定的,参照该商标许可使用费的倍数合理确定。对恶意侵犯商标专用权,情节严重的,可以在按照上述方法确定数额的一倍以上三倍以下确定赔偿数额。赔偿数额应当包括权利人为制止侵权行为所支付的合理开支。”2019 年 4 月 23 日修正的《商标法》又将其修改为“可以在按照上述方法确定数额的一倍以上五倍以下确定赔偿数额。”将“一倍以上三倍以下”改为“一倍以上五倍以下”,赔偿倍数区间的扩张是重视和加强商标保护的体现。2021 年 3 月,最高人民法院发布《关于审理侵害知识产权民事案件适用惩罚性赔偿的解释》也进一步明确了该制度的适用范围和对“故意”“情节严重”等要素的认定。

纵观现有的法律和有关司法解释可以发现,我国商标侵权领域的惩罚性赔偿制度未能明确区分补偿功能与惩罚功能的界限。其次,在惩罚性赔偿的司法

适用中存在着适用标准不统一、适用效果差别明显等情况。对于惩罚性赔偿的法律后果的确定更是缺乏明确且规范的法律依据。可见,我国商标领域的惩罚性赔偿制度尚未发挥立法者预想的规范不法行为的效果。

2.司法实践现状

以我国商标知识产权权属、侵权纠纷案件为对象,我们对2014年5月1日至2022年8月1日期间适用惩罚性赔偿制度的商标侵权案件进行检索,全文检索得到包含"惩罚性赔偿"字样的判决书891件。我们对这891件涉及"惩罚性赔偿"字样的判决书进行人工降噪,发现仅有16篇判决书根据权利人请求实际适用了惩罚性赔偿,其他裁判文书中或为原告在诉讼请求中主张适用惩罚性赔偿而未获支持,或为判决书说理分析中出现了"惩罚性赔偿"字样,实际适用法定赔偿方式来确定赔偿数额。

该制度虽然为一项新制度,需要时间去有效落实,但相较于每年快速增长的商标侵权案件量,适用惩罚性赔偿的案件数量微乎其微,究其原因主要有以下几点:第一,赔偿基数难以确定。虽然权利人大都通过请求法院考虑侵权人的主观恶意的严重情节从而适用三倍惩罚性赔偿条款,但由于适用《商标法》中的相关条款必须基于确定的被侵权人实际损失、侵权人实际获利和明确的商标许可费,同时,现实案件中存在查明以上项目具体数额诉讼成本过高或者难以查明等情况,因此难以直接适用惩罚性赔偿条款。第二,法定赔偿具有双重性质,其不仅具备补偿性,还具备一定的惩罚性,故法院在作出具体赔偿数额决定时并不考虑案件是否具备适用惩罚性赔偿的条件,而用法定赔偿代替惩罚性赔偿。虽然法定赔偿上限是500万元,但法院可以突破法定赔偿数额的上限来弥补被侵权人损失。理论上,具备惩罚性因素的法定赔偿与《商标法》第六十三条第一款明确规定的惩罚性赔偿并不是同等概念,法定赔偿的功能在于填平,而惩罚性赔偿则超越填平范围,旨在对侵权人做出惩罚,惩罚性赔偿制度拥有巨大的司法适用空间。

鉴于该制度在立法层面上存在规范不明、功能混淆等问题,在司法实践中存在适用数量少、判决结果支持率低、法定赔偿替代适用等现状,因此有必要从根本上对该项制度的设计进行反思,从而对商标领域的惩罚性赔偿制度提出合理的完善建议。

(二)我国商标法惩罚性赔偿制度的困境

1.基数计算的相关概念紊乱

商标权惩罚性赔偿的适用前提是基数的确定,然而计算基数所必备的某些重要概念却相当紊乱。首先是"利润率"。根据《商标法》第六十三条第一款的规定，权利人可以按照其自身所受损失、侵权人因侵权所获利益这两种方式进行基数计算。当上述两种方式难以确定时，法院可参照该商标许可使用费的倍数合理确定。按照上述规范，绝大部分权利人都需选择前两种方式予以举证，实践中的绝大多数案例也是如此。前述方式的公式为“权利人所受损失/侵权人所获利益=(所损失的产品销售量/或侵权产品销售量)×产品单价×利润率”，因此依前两种方式计算基数必须要确定利润率。然而就规范和实践层面来看，利润率的概念多种多样，《最高人民法院关于审理商标民事纠纷案件适用法律若干问题的解释》第十四条与第十五条皆称之为“单位利润”，这并未明确其内涵。实践中，侵权商品销售量、权利人因侵权所造成商品销售减少量、商品的单位利润均不易查清，而是否可以将行业平均利润率视为商品的单位利润，不同法院的观点也不一致[①]。实践中许多案例使用了“毛利润”一词，但也有法院认为无法以毛利润确定权利人损失或侵权人获益。毛利润(即销售利润)是指产品销售收入减去相应的销售成本(包括制造成本和销售费用)、产品销售税金及附加费用后的利润，其并未减去管理、财务等费用和增值税，故采取毛利润计算可能使得基数数值虚高。还有某些案例使用了“营业利润”进行计算。利润率的模糊性会影响基数计算的准确性，从而波及整个惩罚性赔偿制度的适用。

“难以确定”的具体含义也不甚明确。所谓的“难以确定”存于《商标法》第六十三条中，其具体规定为：当前两种方式“难以确定”基数时，可以参照该商标许可使用费的倍数合理确定。在性质上，如认为“难以确定”是权利人适用“商标许可使用费”方式的实体要件，则其选择适用该方式时必须先举证前两种方式在事实上难以确定，即权利人对此负有举证义务。学界对此讨论甚少，但对其性质的判定会影响当事人的路径选择和举证难度，故笔者认为确有研究之必要。而“难以确定”的标准在实务中也忽高忽低：在都市某案中，原告已经举证被告线上销售平台的侵权商品销售金额与所在行业的普遍利润率，但二审法院仍判定其基数难以确定。在阿迪某斯案中，一审法院认为权利人被侵权的商品单价并不明确，因此难以确定权利人的实际损失；二审法院则采用了对阿迪某斯公司最为不利的正品鞋单价作为计算依据，从而确定了权利人的实际损失并推翻一审判决——这显然把难以确定的标准抬高了。由此看来，“难以确定”的标准对能否适用惩罚性赔偿影响重大，但却未有明确的统一性标准。

---

① 广东省深圳市福田区人民法院课题组.商标侵权惩罚性赔偿的制度构建[J].知识产权，2020(5):44.

2. 实体适用要件含义不明

所谓的实体适用要件是指“恶意”和“情节严重”，这是在基数确定的基础上适用惩罚性赔偿所必须具备的两大要件。然而对上述要件的具体含义尚存疑惑。首先是关于“恶意”的争议。自该制度被引入《商标法》之后，学界争论不休：诸多学者认为“恶意”与“故意”不同，其主观恶性应在“故意”之上；也有学者认为二者皆为“明知故犯”之意，并且作为《商标法》上位法的《民法典》只有“故意”而无“恶意”，因此依文义解释与体系解释应判定“故意”等同于“恶意”。《最高人民法院关于审理侵害知识产权民事案件适用惩罚性赔偿的解释》第一条第二款也采取了等同说，然而司法解释在效力位阶上要低于法律，现有的分歧虽有所缓解，但还未彻底解决。实践中的法院裁判理由也夹杂着两种标准：在巴某克木业案中，法院认定原告与被告曾存在多年的 OEM（定点生产）代工合同关系，故认为被告对原告的商标知晓并了解，由此判定原告具有“恶意”。此种认定与侵权法上的“故意”类似。而在某米科技诉中山奔某案中，法院认定的“恶意”为：被告模仿原告注册商标申请注册多个类似商标，使用与原告宣传语近似或基本相同的宣传语、配色，申请近似的域名……并且直到二审期间，被告仍在持续宣传、销售被控侵权商品。上述事实的过错程度似乎远超“故意”。

对“情节严重”的适用与判断也存有疑问。《最高人民法院关于审理侵害知识产权民事案件适用惩罚性赔偿的解释》第四条规定要对“情节严重”予以综合性判断，判断要素包括侵权手段、次数，侵权行为的持续时间、地域范围、规模、后果，侵权人在诉讼中的行为等，但并未明确综合判断的侧重点和具体方法。

兜底条款中的“其他可以认定为情节严重的情形”又应如何解释。如果不解答以上问题，“情节严重”仍是一个过度抽象化的词语，上述款项也难以被直接适用。

3. 倍数的裁量较为随意

倍数的确定是得出基数之后、计算具体赔偿数额之前的最后一个环节，也是体现该制度惩罚性功能的一环。2019 年《商标法》将倍数上限从 3 倍提升至 5 倍，这更彰显出立法者保护知识产权的决心。然而就实践中的案例来看，倍数的裁量却较为随意。如在东莞某某集团案中，裁判文书仅言“本院依法对其适用惩罚性赔偿”，而并未说明具体倍数；再如在艾维某某案中，法院认为“应当适用惩罚性赔偿予以惩戒”，但只字未提倍数为何，更不存在对倍数大小的判决说理。即使是在明示倍数的案件中，法院对该部分的说理也相当含糊。在某案例中，法院以“应加大对于浙江公司的惩罚力度，在本案中确定两倍的赔偿比例”的宽泛表述做出裁判[①]；在其他案例中，法院“按照上述确定的经济损失 96 万元的 2 倍

① 参见江苏省苏州市中级人民法院（2016）苏 05 民初 41 号民事判决书。

确定”的具体数额裁判[①]。

综合来看，判决的倍数总体较为保守，并且绝大多数案件在最后判决赔偿金时并未把惩罚性赔偿与补偿性赔偿（基数）的数值进行相加，而是直接以前者为赔偿金额，这无疑是把惩罚性赔偿的倍数间接性地拉低了 50%。对本就偏向保守的判决倍数再行压低，惩罚性赔偿似乎也不具有所谓“惩罚性”，该制度的根本目的也就无从彰显了。

（三）现存困境的成因分析

1. 商标侵权惩罚性赔偿适用原则的缺失

宏观性的基本原则对具体规则的形成和司法实践影响重大。拉伦茨认为，原则与下位原则（以及进一步推导出来的具体规则）之间是双向运作的：原则通过被具体化才能被澄清，而具体化的原则又只有在与原则的意义关联中才能进行。纵观商标侵权的惩罚性赔偿适用现状可知，实务中并未明确相关的司法适用原则。例如，“便利”和“精确”有时是一对存有冲突的价值性原则。司法实务中，惩罚性赔偿与法定赔偿存在交叉适用、混淆不清的现象[②]。在基数的计算方法设计上，若完全顾及精确度则可能会削减部分便利性，从而降低效率，因为过分精确的计算方式会增加一定的烦琐性和复杂性，由此也提高了权利人的计算难度和举证成本。基数的计算必须要确定利润率。以财会制度的三个利润率概念来看，最精确的概念似乎是净利润，因为其计算的方法为产品利润总额减去所得税；而较为便利的概念应该是毛利润，因为其仅仅是产品销售收入减去销售成本，计算起来最为简便。如何抉择上述概念很大程度上受原则中的价值衡量之影响，因此利润率概念的不确定可能正源于适用原则的不明晰。

实践中的倍数衡量也和司法适用原则密切相关，因此司法实践中倍数选择的随意性也凸显出相关原则的缺失。根据《商标法》第六十三条的规定，惩罚性赔偿的倍数范围为 1 到 5 倍，即法官对最后算得的具体赔偿数额享有极大的自由裁量权。基于此，约束法官的司法适用原则将影响其自由裁量的价值取向，进而影响倍数的大小：如采取谨慎适用的司法原则，那么其选择的倍数将相对保守；而若是需要突出惩罚性赔偿的惩罚功能以遏制相应的恶性行为，则将向高倍数甚至顶格倍数靠拢。上文所述的倍数随意裁量之现状，或许恰恰源于司法适用原则的缺失。

---

① 参见东莞市中级人民法院（2017）粤 19 民终 2347 号民事判决书。

② 冯术杰，夏晔. 警惕惩罚性赔偿在知识产权法领域的泛用：以商标法及其实践为例[J]. 知识产权，2018(2)：42－48.

2.相关规范的用语过于抽象

法律规范作为一种由文字组成的文本，其中组成词语的选择尤为重要。尽管法律规范必定需要具有一定的抽象性以防止僵化，但是过度抽象化可能会引起规范与具象社会事实的距离过远，从而导致难以适用。规范中的词语应该尽量选择内涵确定、外延明确的用语。纵观商标权惩罚性赔偿的诸多问题，其实不少疑惑都源于用语的过度抽象化。就“恶意”和“情节严重”两大要件而言，前者并非我国民法领域的通用术语，其内涵与外延远远没有“故意”明晰；而后者在刑法领域适用较多，其含义在民事领域并非十分明确。此外，“难以确定”与“利润率”也存在一定的抽象性，对其具体含义也需再行解释，否则会造成难以涵摄或是过度涵摄的情况。

《最高人民法院关于审理侵害知识产权民事案件适用惩罚性赔偿的解释》第三条、第四条是典型的类型化条款，而这种规范对词语抽象性的适中程度要求更高。考夫曼认为，类型是抽象法律理念与具体生活事实的中间点，因此类型化条款需要中间层次的用语。特别是作为司法解释而言，其本身就是为了缓解法律规范的过度抽象性而存在，故其文本用语更是需要“多接地气”。就第四条中的“以侵害知识产权为业”而言，其虽是从司法实践中的典型案例总结而得，但该用语的含义相当空洞且外延并不明晰。所谓“为业”的判断标准究竟为何，理论界几乎未做讨论。这不仅在理论上存有缺失，这让在实践中的各方也是一头雾水：如在伊某特案中，权利人欲举同一份证据证明“以侵权为业”“恶意侵权”“侵权情节严重”等多个要件，然而权利人自身也不太清楚何为“以侵权为业”。就连裁判者也对该用语采取“逃避说理”的态度：如在小某通讯案中，法院直接言明两位上诉人显然不属于以侵权为业的情形；而在宁夏正某案中，最高院认为福某公司并不是完全以侵权为业的公司。当事人举证思路混乱，审判者未做说理而含糊判决，规范用语过度抽象的危害显露无遗。

3.“综合考虑”型条款存在缺陷

由于商标侵权的实务情况较为复杂，因此立法者和司法者都倾向于制定“综合考虑”型条款：《最高人民法院关于审理侵害知识产权民事案件适用惩罚性赔偿的解释》第三、四、六条分别规定对故意（恶意）、情节严重和倍数的认定要从各方面综合考虑。“综合考虑”一词赋予规范以开放性和弹性，因此该用语并无太大问题甚至值得赞许。但是何以综合考虑？对此需要的是一个较为明晰的考虑标准，即何为主要考虑因素、次要考虑因素等。此时“综合考虑”型条款中所列举的考虑因素就很关键。该司法解释第四条规定，对于情节严重的认定应当综合考虑侵权手段、次数，侵权行为的持续时间、地域范围、规模、后果，侵权人在诉讼中的行为等因素。通常认为,人类在“构造性无知”的现实处境中奉行有限理性的行为模式,只能考虑具有主导作用且数量有限的变量或因素。该规范的因素列举太多且无主次之分,违背了人类的有限理性法则,从而导致法官在裁判时难以参考此条文。该司法解释第六条也存在问题,其规定“人民法院依法确定惩罚性赔偿的倍数时,应当综合考虑被告主观过错程度、侵权行为的情节严重程度等因素。”其实,所有法官在考量倍数时都应该考虑“恶意”与“情节严重”两大实体适用要件,因此该条所列举的考虑要素并无太大的实践指导意义,甚至等于把问题抛向了法官。此外,此款也未有主次因素之分等细致规定,总体上缺陷较大。

“综合考虑”型条款的上述不足,一方面源于法律文本组织技术上的不成熟,另一方面则在于缺失了对事物本质的把握。规则通常是对背后正当化依据的简单重述。考虑因素的过多列举、主次因素的缺失——这一切都源于立法者对事物本质的不明晰。如果能把握“恶意”“情节严重”等事物的本质,在此基础上再加强法律文本的构造技术,上述条款的实用性将大为增加。

(四)对我国商标法领域惩罚性赔偿制度的反思

《商标法》上的惩罚性赔偿,是具有民事责任性质的金钱惩罚。完整的商标法惩罚性赔偿制度应具有三项功能:一是补偿功能,即弥补商标权人因商标侵权行为受到的损失;二是惩罚功能,惩罚功能对应着刑罚目的中的“特殊预防”,对商标侵权行为做出否定性评价,通过“沉重”的赔偿后果使侵权人不敢再犯;三是遏制功能,遏制功能对应着刑罚目的中的“一般预防”,通过个案赔偿使商标法的适用具有可预测性,发挥法的教育作用,强化侵权行为的法律后果导向,阻止潜在侵权行为的发生。但在目前的司法实践中,商标惩罚性赔偿制度往往被法定赔偿所替代,不能很好地发挥制度中惩罚和遏制的核心功能,这既揭露了惩罚性赔偿制度构成的模糊性,又体现了该制度政策驱动的局限性。

1.对“恶意”和“情节严重”的理解适用分歧减弱了惩罚性赔偿适用的可预测性

在司法实践中,各地法院对《商标法》第六十三条第一款中“恶意”这一主观要件和“情节严重”这一客观要件的描述理解不能统一,未达成统一意见,造成各地法院不能同案同判,从而使法律的可预测性受到伤害,减弱了惩罚性赔偿适用的可预测性。可预测性作为法的重要特征之一,要求不管是在立法层面还是司法层面都要统一“恶意”和“情节严重”的适用标准,做到同案同判。

“恶意”是对侵权行为人主观心理的评价,强调的是侵权行为人在行为时的心理状态。恶意应等同于故意,不包括过失[①]。主观动机作为心理活动,具有隐

① 张鹏.知识产权惩罚性赔偿制度中故意认定的关键因素探析[J].知识产权,2017(5):40-46.

秘性，未形成现实后果前一般不为人知，因此在司法实践中不能也不易直接通过判断行为人的主观动机认定其是否存在“恶意”。同时，由于经济文化快速发展，人们的道德观念也在日新月异的变化，原来人们认为充满“恶意”或者具有“恶意”的行为未来可能符合商业惯例或商业习惯，反之亦然。“恶意”这一充满道德色彩的词汇无疑使法律的可预测性大打折扣。

同样“情节严重”这一客观要件也难以达成统一的认定标准。首先，各地的经济发展水平不一，可能针对某一企业的惩罚性赔偿力度适宜，套用在另一企业上就不合适，要么出现惩罚性赔偿金额过高造成企业生存困难，导致企业履行赔偿责任后的生产经营困难；要么出现惩罚性赔偿数额过低，侵权企业赔偿后不受影响，威慑惩罚的效果不能显现，使惩罚性赔偿条款成为一纸空谈。其次，企业的发展程度不一，惩罚性赔偿责任的承担也需考虑企业的发展阶段和赔偿能力，如企业仍处于起步阶段，那么用针对行业内头部企业的惩罚性赔偿责任来要求起步阶段的企业承担，无疑是不公平的，也是不合理的。法律既要维护被侵权人的合法权益，同时也要维护市场经济秩序，因此惩罚性赔偿责任具有地域性和阶段性，要因地、因时制宜。最后，侵权行为的规模、侵权行为的持续时长、侵权行为的影响范围这些客观行为要素均会影响惩罚性赔偿责任的大小。

综上所述，无论是“恶意”这一主观要件，还是“情节严重”这一客观要件，实务中均缺乏对二者内涵的统一理解。在缺乏统一适用标准的前提下，实践中适用惩罚性赔偿需要更加谨慎，因此应对商标惩罚性赔偿做出进一步的细化规定。

2. 商标惩罚性赔偿额确定中缺乏对倍数确定的细化标准

从 2013 年《商标法》惩罚性赔偿规定中的“1 倍以上 3 倍以下”到现行《商标法》规定中的“1 倍以上 5 倍以下”，司法裁判中法律给予法官的自由裁量权变大了。立法中裁量空间的增大是基于我国日益增长的经济体量以及层出不穷的商标侵权行为，顶格为 3 倍的惩罚性赔偿已经不能适应现实需要。若是针对“补偿性赔偿”数额较小的计算基数，3 倍和 1 倍可能差距不大，对侵权企业的影响也不大，但对于“补偿性赔偿”数额较大的计算基数来说，那么 5 倍和 1 倍的惩罚性赔偿的差距就很大。目前司法判决的主流观点是对满足惩罚性赔偿适用条件的侵权企业采用顶格赔偿。对此，有学者提出了反对意见，认为惩罚性赔偿需要做精细化考量，不能一概而论地采用“顶格”的处罚标准，这样做会使区间性规定失去意义，长此以往，不如将以前的“1 倍以上 3 倍以下”和现在的“1 倍以上 5 倍以下”直接改为“3 倍赔偿”或“5 倍赔偿”。毕竟，绝大多数知识产权损害赔偿的不确定性都十分巨大，如果把确定的标准掌握得很严格，根本就无法以合理的社会成本来确定损害赔偿[①]。

美国兰哈姆法对商标侵权行为的惩罚性赔偿规定同我国司法判决中的主流做法一致，即取消区间性规定，只规定倍数。美国将侵权行为的惩罚性赔偿限定为损失或获利的3倍，这样具有指导意义的确定性规定，虽然失去了在具体案件中灵活适用的空间，但是至少会使同一案件法院的尺度统一，不致出现同一案件一审、二审尺度有分歧的情况。将区间性规定和确定性规定对比来看，二者各有利弊。从个案的视角来看，为保证同案同判，确定性规定更具合理性，而从更大的维度，以全部案件为视角，区间性规定是更为合理的选择，但需要更为细致、更具可操作性的细化规定进行完善。有观点认为，应结合我国商标法惩罚性赔偿规定演进的历史，将“1至5倍”拆分为“1至3倍”和“3至5倍”两个区间，两个赔偿区间的分界线在于商标侵权行为人的“恶意”与侵权行为“情节严重”的不同程度。但该种规定还是过于宽泛，并没有实际解决问题，所以应对区间中“1至5倍”的各个倍数分别作出规定，仅仅将“1至5倍”划分为“1至3倍”和“3至5倍”两个区间是“行百里者半九十”的建议，适用范围还是偏大，要对倍数确定细化标准就要确定每一个倍数的适用空间，准确厘定每个倍数的适用边界。

3. 商标惩罚性赔偿制度中的政策驱动具有局限性

惩罚性赔偿制度起源于英美法系国家，究其原因是基于英美法系国家未将精神损害赔偿纳入侵权赔偿范畴，从而需要专门规定惩罚性赔偿将精神损害赔偿纳入其中用以弥补被侵权人的精神损失。但在大陆法系国家，侵权损害赔偿体系较为健全，从立法伊始就将精神损害赔偿纳入侵权损害赔偿范畴，因此大陆法系国家的法律中没有惩罚性赔偿这一概念。由于我国民法体系是对大陆法系国家的借鉴，因此从一开始也没有对惩罚性赔偿的规定。2008年，经历了全球经济危机之后，最高人民法院认识到了新经济态势下知识产权领域面临的侵权成本低、维权成本高等问题，出台了《最高人民法院关于当前形势下知识产权审判服务大局若干问题的意见》，强调在审判中要提高侵权代价，增强知识产权领域损害赔偿的惩罚。该意见可视为我国知识产权领域引入惩罚性赔偿制度的萌芽阶段。2013年《商标法》中正式规定了惩罚性赔偿制度，但也仅局限于商标法领域。中美贸易摩擦中，知识产权领域的保护作为重要议题也强烈推动了知识产权领域惩罚性赔偿制度的建立，2019年国务院出台了《关于强化知识产权保护的意见》，惩罚性赔偿制度因此在《专利法》和《著作权法》中加以明确。

由此可见，我国惩罚性赔偿制度完全是由司法政策引领而建立，我国惩罚性

---

① 张维. 知识产权侵权获赔额整体偏低[N]. 法制日报，2013-04-18(3).

赔偿制度的发展也是由司法政策的引领而逐步完善，而政策驱动的局限性之一就体现在引进惩罚性赔偿制度对现有制度的冲击。在法理上，我国民法体系缺乏惩罚性赔偿制度的生存环境，该项移植而来的制度明显水土不服，起源于英美法系国家的惩罚性赔偿制度与我国现行民法体系不相适应。惩罚性赔偿制度作为一种民事惩罚规定，与民法中一般的民事填平规则不同，一方面，在适用时必须要严格谨慎，既不能完全舍弃不用，也不能过度使用造成制度滥用。另一方面，要对现行写入立法的惩罚性赔偿制度中的适用要件和法律后果进行重构，完善商标领域的惩罚性赔偿制度。

第四章　侵犯建筑设计知识产权的法律后果

现今，"山寨"之风蔓延到了建筑设计行业，例如武汉航海学院"山寨"了清华大学的清华园校门，安徽阜阳政府办公楼山寨了美国白宫等。一大批著名建筑被山寨的现象，折射出我国建筑设计知识产权保护的现况。有侵权就有救济，侵犯建筑设计的著作权、专利权以及商标权等知识产权的行为人，应当承担的法律后果包括行政责任、民事责任、刑事责任等。

第一节　侵犯建筑设计著作权的法律后果

针对侵犯知识产权的法律后果，不仅包括我国民法典第一百七十九条规定的停止侵害、排除妨碍、消除危险、返还财产、恢复原状、修理、重作、更换、继续履行、赔偿损失、支付违约金、消除影响、恢复名誉、赔礼道歉等民事责任，以及《民法典》第一千一百六十七条规定的承担停止侵害、排除妨碍、消除危险等侵权责任，若存在主观故意，还应根据《民法典》第一千一百八十五条承担惩罚性赔偿责任。那么侵犯建筑设计著作权还要承担什么责任呢？[①] 本节主要介绍侵犯建筑设计著作权的归责原则以及所要承担的法律后果。

一、归责原则

归责顾名思义就是归为何种责任，其含义为侵权人因实施行为或者其所支配的物导致了他人权利的损害，应承担何种法律责任。从定义上看，归责是承担责任的前提和依据，行为人承担责任的依据是主观过错，还是已经造成的损害后果，抑或是公平原则。归责囊括三层意思：第一，其根本意义就是决定责任的分配；第二，归责由于是价值判断的集中反应，因此归责的目的是采用何种标准，这一标准就是价值判断的产物；第三，归责和责任有着严格的区分，前者是过程，后者则是结果。

（一）一般性归责原则概述

针对归责原则，不同学者从不同角度给出的定义也不相同。王泽鉴教授指

---

① 王晓娟.商标侵权归责原则研究[D].石家庄：河北经贸大学，2013.

出，归责原则是“让加害人承担因侵权造成的损失，让其承担赔偿责任的事实，学说上称之为归责原则”[①]；杨立新教授认为，归责原则是确定侵权行为人侵权而承担排他责任的一般性原则，产生的前提是损害事实已发生，目的是确定行为人因侵权事实是否承担责任的原则。因此，归责原则是确定和追究责任的基础和依据，所要解答的是关于伦理和正义性的基础问题[②]。迄今为止，归责原则主要有过错责任原则、无过错责任原则以及公平责任等。

归责原则体系之间具有内在的逻辑联系，体系中的各项原则相互补充但又相互区别。因此，需要确立合理有序的归责原则体系。学界对归责原则持有以下主要观点：其一，支持过错责任归责原则的一元论，在以前这种支持是主要呼声，但是在现代几乎没有人只持这种主张；其二，支持二元论的主张，主要包括过错与无过错归责体系、过错责任与严格责任归责体系或者过错责任和公平责任体系；其三，支持多元论主张，这其中又包含多个方面，有学者主张过错责任、无过错责任和危险责任论[③]。一元论仅支持过错责任原则，不仅保护不了合法主体的权益而且不利于促进社会的公平与正义，最后导致社会的不稳定。二元论仅包括过错责任和无过错责任归责原则。而三元论虽然支持过错责任原则与无过错责任原则是民法的主要归责原则，但是仍然存在争议。公平责任原则能否作为归责原则之部分值得商榷[④]。但是公平原则有其合理性，公平原则作为民法的部分原则，即民法应包括过错与无过错还有公平责任原则，形成多元的归责原则体系。

第一，过错责任归责原则。我国民法典第一千一百六十五条规定：“行为人因过错侵害他人民事权益造成损害的，应当承担侵权责任。”在过错责任原则中，过错是侵权民事责任的构成要件，也是界定侵权民事责任范围和类型的依据[⑤]。理论上将过错责任原则称之为过失责任原则，原因是过失与过错同指行为人主观存在的问题。过错责任归责原则是把主观上的过错作为主要的考量因素来认定行为人是否承担责任的准则和标准。过错责任原则包含以下含义：一是以行为人的过错作为责任的构成要件，行为人具有故意或者过失才可能承担侵权责任；二是“过错”程度作为确定责任形式、责任范围的依据。过错责任原则的适用场合是普适的，可应用于一般性的侵权行为。过错责任原则作为民法归责原则体系的基础，占据着核心地位，同时也是贯穿其他原则的逻辑起点。

---

① 王泽鉴．侵权责任法[M]．北京：中国政法大学出版社，2001：12.

② 张新宝．中国侵权责任法(修订版)[M]．北京：中国社会科学出版社，1998：42.

③ 王晓娟．商标侵权归责原则研究[D]．石家庄：河北经贸大学，2013.

④ 李楠．商标侵权归责原则研究[D]．大连：大连理工大学，2013.

⑤ 冯晓青．知识产权侵权归责原则之探讨[J]．江淮论坛，2011(2)：87－94.

第二，无过错责任归责原则。我国的民法典第一千一百六十六条规定："行为人造成他人民事权益损害，不论行为人有无过错，法律规定应当承担侵权责任的，依照其规定。"无过错责任基于对过失责任的某些缺陷的批判和否定而产生①。无过错责任之前的过错责任是建立在19世纪个人主义哲学的基础之上，这一哲学观念主张个人处于某种自然状态中，自由地享有权利，自由地决定行为，并承担这种自由带来的责任②。无过错责任原则又称为没有过失原则，不以加害人的过错作为考量因素，而是关注法律的特别规定，法律规定承担责任就应承担责任。这种归责原则主要考察侵权行为与损害结果，以及损害结果与侵权事实的因果关系。通过以上的考量来判断侵权人是否承担责任③。

第三，公平责任原则。公平责任原则是指双方当事人主观上对损害结果都没有过错，然而依照法律又要承担责任，这里的责任既不是因为过错产生也不是因为无过错产生，而是依据社会的公平理念产生。这里的公平不仅考虑了被害人的相关情况，又考虑了双方当事人的经济状况，依据公平理念进行的利益再分配。适用公平责任原则，能够对被害人的损失进行必要的填补。《民法典》明确规定了公平原则，并列明了紧急避险、见义勇为等公平责任。公平原则的出现填补了过错责任和无过错责任二元归责原则体系的漏洞和空白④。

（二）著作权侵权归责原则

文化是城市之魂，建筑作品作为环境艺术中最主要的表达方式之一，以浓厚的文化气息成为现代化城市必不可少的风景。然而，侵犯建筑设计著作权的行为也呈现出逐渐增多的趋势⑤。

建筑设计的著作权侵权行为，主要指侵害建筑设计著作权人享有的排他性权利而给著作权人的利益造成损害的行为。在建筑设计行业中，侵犯建筑设计著作权行为的情形多种多样，可以归纳为以下几类。第一，业主以招标为借口，公开骗取建筑设计投标方案，提供给内定的中标企业。以杭州某某公司案为例，原告加拿大某某建筑师事务所经过精心设计，提供了一套独具匠心的建筑设计方案，经过投标评标程序之后，被告杭州某某公司通知原告其设计方案未能中标。然而，原告于2003年发现正在进行施工的"某某天地"楼盘设计方案完全照搬了原告的投标方案，设计单位署名却是某省建筑设计研究院，原告以被告恶意

---

① 王利明. 侵权行为法归责原则研究[M]. 北京：中国政法大学出版社，2003：144－170.

② 刘宁. 对我国知识产权侵权归责原则的理论探讨[J]. 同济大学学报（社会科学版），2008，19(6)：108－115.

③ 王晓娟. 商标侵权归责原则研究[D]. 石家庄：河北经贸大学，2013.

④ 王晓娟. 商标侵权归责原则研究[D]. 石家庄：河北经贸大学，2013.

⑤ 宋美娜. 建筑作品的著作权及其保护[D]. 北京：中国政法大学，2007.

抄袭其建筑设计的著作权为由提起诉讼。第二，直接以抄袭、剽窃的方式侵权的行为。以“枫丹某舍”诉“森林某第”案为例，原告诉称“森林某第”的建筑外观与“枫丹某舍”几乎完全一致，工程图纸也抄袭了“枫丹某舍”的工程设计图，已使房地产市场的消费者对原被告各自的房地产项目产生了混同，因此原告起诉被告要求停止侵权、书面赔礼道歉并赔偿经济损失。第三，中标企业或业主不征得未中标企业的同意，全部或部分使用未中标企业的投标设计方案。第四，未经原企业同意，擅自修改勘察设计咨询文件或将其用于合同以外的建设项目。第五，中途变更建筑设计单位，未经原企业许可，大量采用原企业的建筑设计图样，剽窃、抄袭、非法出售或转让勘察设计咨询文件。第六，在建设过程中或使用寿命期内，对建设项目进行改建、扩建及其他变化时，未通知原设计单位等等。建筑作品频繁被侵权的现状，原因之一在于建筑设计作品知识产权交易的特殊性。有形产品交易基本上都是当场钱货两清交易[①]，然而在建筑作品交易中，由于其无形财产的特殊性，存在客户在先支付少量报酬的情况下，就能获得建筑作品，建筑师无法做到钱货两清而容易处于被动处境。原因之二在于部分公司任意践踏诚信公德，假借公开招标活动骗取建筑设计方案后，或暗箱操作，或不了了之，或抄袭剽窃据为己有，或未经许可任意使用[②]。

侵犯建筑设计著作权的行为作为一般侵权行为，在我国著作权法没有明确规定其有特殊的归责原则的情况下，大部分学者主张著作权损害赔偿责任的归责原则应该适用过错责任原则。TRIPs 第 45 条规定，司法部门有权责令侵权者向权利所有人支付适当的损害赔偿费，以便弥补由于侵害知识产权而给权利所有者造成的损害，其条件是侵权者知道或应当知道其从事侵权活动。我国是 WTO 的成员国，应当遵守国际公约的约定。我国知识产权保护的执法水平要逐步接近 TRIPs 规定的“最低保护”水平，而不是超过其保护水平[③]。然而，以郑成思教授为代表的少部分学者则主张，对侵犯著作权的损害赔偿责任的归责原则应该适用无过错归责原则，这种主张的主要理由是，著作权本身具有的无形性、地域性、受法定时间限制性等其他民事权利所不具有的特点，使得侵权人因为无过错而给著作权人造成损害的现象具有普遍性，再加上在侵权纠纷中，侵权人很容易证明自己没有过错，并且在侵权复制中，著作权人无法确认谁是抄袭者从而使其权利难以得到救济[④]。

① 宋美娜.建筑作品的著作权及其保护[D].北京：中国政法大学，2007.

② 鲁冲.建筑作品著作权侵权行为和侵权责任研究[D].广州：华南理工大学，2011.

③ 杨志祥.著作权侵权行为的归责原则[J].理论学刊，2009(3)：98－100.

④ 宋美娜.建筑作品的著作权及其保护[D].北京：中国政法大学，2007.

过错责任归责原则注重的是教育、惩戒功能，而无过错原则主要作用在于分担、补偿受害者的损失。无过错责任原则是法律有特别规定下的严格责任，其适用需要有法律的明确规定，而我国民法典未规定建筑设计著作权侵权应当适用无过错原则。那么，建筑设计著作权侵权作为一般侵权行为，应当适用过错责任原则。过错推定是过错责任原则的一种，是指若原告能证明其所受的损害是由被告所致，而被告不能证明自己没有过错，法律就应推定被告有过错并负民事责任①。该原则与过错责任的根本区别在于举证责任倒置，即在过错责任原则下，由受害人证明加害人的过错，即"谁主张，谁举证"；而在过错推定责任原则下，则由加害人证明自己无过错。由于著作权侵权具有地域广泛性等特点，这就导致著作权人在证明损害事实、侵权人的主观是否存在过错等方面更加困难。适用过错推定原则，有利于保护建筑设计著作权人的合法利益，有效制止侵犯建筑设计著作权的行为。举证责任倒置只有在法律明文规定时才适用，我国著作权法第五十九条明确规定："复制品的出版者、制作者不能证明其出版、制作有合法授权的，复制品的发行者或者视听作品、计算机软件、录音录像制品的复制品的出租者不能证明其发行、出租的复制品有合法来源的，应当承担法律责任。"②

建筑物建成以后便具有公开性，采取过错责任原则可以有效地平衡著作权人专有权和社会公众合理利用的权益，同时发挥惩罚功能，有效遏制建筑设计著作权侵权行为。侵犯建筑设计著作权的行为是指未经建筑设计著作权人的同意，又无法律上的根据，又不属于合理使用和法定许可，擅自对享有著作权的建筑设计进行利用，或者以其他非法手段行使著作权人专有权利的行为。《著作权法》中详细列举的具体侵权行为中，并没有包括侵犯建筑设计的具体形式。侵犯建筑设计著作权的行为属于一般侵权行为，建筑设计侵权要满足一般侵权的四个构成要件：第一，行为人实施了不法行为；第二，行为人主观上有过错；第三，客观存在损害事实；第四，行为人的侵权行为与建筑设计著作权人的损害事实之间存在因果关系。

二、侵权责任方式

侵犯建筑设计著作权依法应承担相应的法律责任。一般情况下，侵权人应承担停止侵权、赔礼道歉或支付损害赔偿等民事责任，但如果侵犯建筑设计著作权的行为同时损害了公共利益，还可能承担行政责任，严重损害公共利益的侵权

① 鲁冲.建筑作品著作权侵权行为和侵权责任研究[D].广州：华南理工大学，2011.

② 宋美娜.建筑作品的著作权及其保护[D].北京：中国政法大学，2007.

行为还可能导致刑事责任[①]。

（一）民事责任

侵犯建筑设计著作权要承担民事责任，《著作权法》第五十二条规定："有下列侵权行为的，应当根据情况，承担停止侵害、消除影响、赔礼道歉、赔偿损失等民事责任。"《著作权法》第五十四条规定："侵犯著作权或者与著作权有关的权利的，侵权人应当按照权利人因此受到的实际损失或者侵权人的违法所得给予赔偿；权利人的实际损失或者侵权人的违法所得难以计算的，可以参照该权利使用费给予赔偿。对故意侵犯著作权或者与著作权有关的权利，情节严重的，可以在按照上述方法确定数额的一倍以上五倍以下给予赔偿。"《民法典》第一百七十九条规定："承担民事责任的方式主要有：（一）停止侵害；（二）排除妨碍；（三）消除危险；（四）返还财产；（五）恢复原状；（六）修理、重作、更换；（七）继续履行；（八）赔偿损失；（九）支付违约金；（十）消除影响、恢复名誉；（十一）赔礼道歉。"《民法典》第一千一百六十七条规定："侵权行为危及他人人身、财产安全的，被侵权人有权请求侵权人承担停止侵害、排除妨碍、消除危险等侵权责任。"《民法典》第一千一百八十五条规定："故意侵害他人知识产权，情节严重的，被侵权人有权请求相应的惩罚性赔偿。"建筑设计是作者的智力劳动成果，享有著作权，对侵权行为可以采取民事救济方式。

针对建筑设计著作权侵权行为，法院对侵权者施加的民事责任应当达到三个基本目的：一是使侵权者停止侵权行为，防止损害后果进一步扩大；二是使著作权人所蒙受的损失获得充分补偿；三是防止侵权者今后继续从事侵权行为。围绕这三个目标，各国著作权法规定了基本相似的民事救济措施。

1. 停止侵害

建筑设计著作权的侵权行为同其他侵权行为一样具有持续性的特点，因此在判定建筑设计的权利人遭受不法侵害后，需要法院作出制止侵权人继续实施侵权行为的判定。

《著作权法》第五十二条规定对侵权行为可以采取"停止侵害"措施[②]。本质上说，停止侵害的规定相当于英美国家的"永久禁令"，该禁令的目的是为了防止尚未发生的损害或正在发生的损害，或是损害再次发生[③]。不同的是，英美国家的"永久禁令"不仅可以针对诉讼中的版权，也针对原告的其他版权。美国的法

① 王洪友. 知识产权理论与实务[M]. 北京：知识产权出版社，2016：469.

② 王洪友. 知识产权理论与实务[M]. 北京：知识产权出版社，2016：470.

③ 鲁冲. 建筑作品著作权侵权行为和侵权责任研究[D]. 广州：华南理工大学，2011.

院就曾经有这样的判例："如果被告有侵权前科，有明显的未来侵权的威胁，就有必要永久性地禁止他在将来侵犯原告的一切版权，而不仅仅是诉讼中的版权。"[①]而我国著作权法中规定"停止侵害"仅仅针对诉讼中的侵权行为。美国规定"停止侵害"确实对现实起到一定的积极意义，可以节省大量的人力物力，防止将来其他作品再被侵权。然而，西方法院适用停止侵权的判例一般会权衡被侵权人的物权和社会公众利益。当侵权建筑物处于施工过程中时，若原告请求法院判令停止侵权，德国法院和美国法院一般会阻止侵权行为继续。当建筑物所有人与侵权人不是同一个人，例如当建筑物已经卖出，此时若禁止建筑物继续施工，将会影响认购者的正常生活。此时，法院在充分平衡建筑物所有人利益与社会公共利益后，可能不使用禁止侵权的措施，转而采用其他救济方式。停止侵害的目的在于使侵权人终止其正在进行或延续的损害他人合法权益的行为，及时制止侵权行为，防止损害扩大。适用停止侵害的救济方式需要平衡当事人之间的利益，在考虑到停止侵权会造成项目资金、施工人员的闲置，甚至影响房屋欲购者的利益，此时，法院会判令侵权人改建建筑物或赔偿损失。即对已建成的建筑物，如有改建的可能则可以要求侵权人改建，如果没有改建的可能则可以要求侵权人将侵权建筑物以合理的价格转让给被侵权人，或采用损害赔偿的救济方式。在"某赫雅特中心"抄袭"某时捷中心"建筑设计著作权侵权纠纷案中，法院判决侵权人对涉案建筑物进行改建，使之不具有与原建筑物享有相同或相似特征，既考虑到建筑物的特殊性质，又体现司法适用的灵活性，为建筑作品侵权责任承担方式提供一个很好的借鉴。

停止侵害是《民法典》第一千一百六十七条所规定的一种民事责任方式，依据著作权法的规定，如果法院判定侵权成立，侵权人应当承担停止侵害的责任。因此在侵犯建筑设计著作权时，建筑设计权利人有权要求侵权人停止其侵害行为。应该说，著作权人或邻接权人在诉前、诉中和诉后申请的责令停止侵权的临时措施，也属于停止侵权的一种。事实上，法院应建筑设计权利人的申请而裁定责令停止侵权的临时措施，是基于案件的基本事实清楚以及被告具有极大侵权可能性的前提。否则，法院不会裁定责令停止侵权的临时措施。当然，这种侵权可能性有怎样的结论还需要经过进一步审理而得到证实[②]。

停止侵权责任的适用，应具备以下条件：一是要有原告的请求。原告的请求，是指原告在起诉时或在诉讼过程中，请求法院判令被告承担某种形式的民事

① 李明德.美国知识产权法[M].北京：法律出版社，2003：230.

② 王洪友.知识产权理论与实务[M].北京：知识产权出版社，2016：470－473.

责任。在具体案件中，建筑设计著作权人要提出自己的诉讼请求，在我国，被告民事责任的承担采取原告请求的原则，即只有原告请求法院判令被告承担某种形式的民事责任，而法院经审理认为被告应该承担该种民事责任时，才会判令被告承担该责任。二是对于建筑设计的侵害正在进行或者有再次发生之虞。如果法院在进行判决时，认定被告的行为构成侵权，而且侵害建筑设计行为仍在继续，或者是建筑设计权利人已经获得了诉前停止侵权行为或诉中停止侵权行为的裁定，法院一般应予以支持。而对于已经停止的侵害建筑设计著作权的行为，只要该行为有再次发生或继续的可能，经建筑设计权利人即原告请求，法院就会判令侵权人即被告停止侵害①。

2. **赔偿损失**

建筑设计著作权人的权利受到侵害时，给予其金钱上的赔偿无疑是最有效、最直接、最现实的一种救济方式，这已经成为各国著作权法对建筑设计著作权救济的一种普遍方式②。赔偿损失的基本含义是指，让建筑设计权利人从侵权人那里得到足够的赔偿，以弥补建筑设计权利人因为他人侵权而造成的损失，使权利人处在一个侵权似乎没有发生过的地位上。这就是一般所说的“填平原则”。赔偿的范围，从赔偿建筑设计权利人角度看，是指加害行为给其造成的损害有多大，亦即赔偿义务人须对赔偿权利受到的何种损害负赔偿责任。根据《著作权法》的规定，侵权人应按照建筑设计权利人的实际损失予以赔偿。因此，侵害建筑设计著作权应该给予赔偿，实际财产损失包括直接损失及间接损失。依照通说，直接财产损失为侵害行为造成的建筑设计权利人现有财产的减少；间接财产损失为侵害行为造成权利可得利益的丧失③。然而，现代的损害赔偿制度已经有了进一步的发展。例如，侵权人不仅要“填平”建筑设计权利人因为自己的侵权行为而遭受的损失，而且要“填平”建筑设计权利人因为追究侵权行为而付出的合理费用，包括律师费和诉讼费等等。在建筑设计著作权的侵权诉讼中，律师费的支出是相当可观的。

关于赔偿建筑设计权利人的损失是否要求行为人主观有过错的问题，一些学者认为，赔偿损失是具有过错的侵权人侵犯了建筑设计著作权，导致建筑设计著作权人蒙受损失时，侵权人应承担的民事责任，显然行为人主观过错是其承担民事赔偿责任的前提。没有过错的侵权人虽然也会给建筑设计著作权人造成损

① 张广良. 知识产权侵权民事救济[M]. 北京：法律出版社，2003：101－103.

② 吴汉东. 知识产权法学[M]. 5版. 北京：北京大学出版社，2011：345.

③ 张广良. 知识产权侵权民事救济[M]. 北京：法律出版社，2003：138.

害，但这种侵权行为毕竟缺乏道德上的可责备性，规定侵权人承担全部赔偿责任显得不公[①]。我国著作权法虽然没有明确将侵权人的过错，即故意或过失规定为侵权人承担赔偿损失这一民事责任的前提条件，但《最高人民法院关于审理著作权民事纠纷案件适用法律若干问题的解释》第十九条规定："出版者、制作者应当对其出版、制作有合法授权承担举证责任，发行者、出租者应当对其发行或者出租的复制品有合法来源承担举证责任。举证不能的，依据著作权法相应规定承担法律责任。"这里的"法律责任"指的是赔偿损失的民事责任。《最高人民法院关于审理著作权民事纠纷案件适用法律若干问题的解释》第二十条更明确规定："出版者对其出版行为的授权、稿件来源和署名、所编辑出版物的内容等未尽到合理注意义务的，依据著作权法的规定，承担赔偿责任。"这其实是将具有过错作为侵权人承担赔偿损失责任的前提条件。需要强调的是，无过错的侵权人虽然无须承担赔偿责任，但如果从侵权行为中获利，仍然应当承担将其获利返还给著作权人的责任。否则无过错的侵权人就会从侵权行为中牟取利益，使得受到损失的著作权人得不到任何补偿，这与民法的公平原则和著作权法的利益平衡理念相违背[②]。对于侵害建筑设计著作权所造成的赔偿损失主要有三种计算方式。

一是实际损失计算法，这是以建筑设计权利人的实际损失作为计算赔偿额的标准。建筑设计权利人的实际损失即著作权人或邻接权人因为被告的侵权行为而遭受的损失，或者说如果没有侵权行为，建筑设计权利人可以获得的收益，主要有两种计算方式。第一，销售损失，适用于原告与侵权人是市场上的直接竞争者的情形。在这种情况下，可以假定侵权人每销售一件侵权物品，建筑设计权利人就会有一个相应的损失。如果被告是以报刊、图书出版或类似方式侵权的，可参照国家有关稿酬的规定，综合考虑作品创造性程度、侵权情节等因素，按照一定倍数计算损失。另如因被告侵权导致原告许可使用合同不能履行或难以正常履行产生的预期利润损失，也可算作实际损失。第二，许可使用费，适用于原告与侵权人不是市场上的直接竞争对手。在这种情况下，建筑设计权利人丧失发放许可证和获得许可使用费的机会，或者说侵权人未经建筑设计权利人许可而使用了相关的作品或受保护客体，使得建筑设计权利人不能获得相应的许可使用费。如果建筑设计权利人曾经向第三者发放过许可证，则可以用市场价值的方法来计算他的实际损失。即根据市场惯例和合理条件，建筑设计权利人会

① 王迁．著作权法学[M]．北京：北京大学出版社，2007：283．

② 王洪友．知识产权理论与实务[M]．北京：知识产权出版社，2016：475－479．

要求多少使用费或者说一般的被许可人愿意出多少使用费[①]。

二是非法所得计算法。非法所得，是指侵权人因为侵权而获得的收益。此种计算方法是以侵权人从侵权行为中获得的利润作为计算赔偿的标准，要求侵权人将因非法行为所获利润全部赔偿给建筑设计的权利人。此处的利润，包括产品销售利润、营业利润和净利润。一般情况下以被告营业利润作为赔偿数额；被告侵权情节或者后果严重的，可以产品销售利润作为赔偿数额；侵权情节轻微，且诉讼期间已经主动停止侵权的，可以净利润作为赔偿数额。由于建筑设计权利人在复制、销售著作权产品时，同样必须付出生产成本、销售成本、管理费用以及税收，因此非法所得以净利润计算比较合理。其计算方法为：净利润＝销售金额－生产成本（原材料费用＋员工工资＋机器磨损费用）或者进货成本（购买费用＋员工工资＋房屋租赁成本等）－销售成本－管理费用－税收。在要求按违法所得进行赔偿时，应当由原告初步举证证明被告侵权所得，或者阐述合理理由后，由被告举证反驳；被告没有证据，或者证据不足以证明其主张的，将可能不会得到司法支持。

三是法定赔偿法。法定赔偿法即由法律规定一个赔偿额度，由人民法院根据侵权行为的情节，在一定额度内确定一个合理的赔偿数额[②]。建筑设计的著作权人或邻接权人在其实际损失和侵权者的非法所得难以证明或者不能证明时，或者认为要求实际损失和利润赔偿对自己不利时，就可以选择法定赔偿。适用法定赔偿，法官不能根据个人偏好而随意为之，通常仍然要考虑原告可能的损失或被告可能的获利，作品的类型、作品的独创性程度、合理许可使用费、作品的知名度和市场价值、建筑设计权利人的知名度、作品使用时间的长短等，以及侵权人的主观过错、侵权方式、时间、范围、后果等。在坚持司法公正公平的原则下，考虑法定赔偿的额度对建筑设计权利人的补偿功能及对侵权人的惩罚和教育功能。

以上三种计算方法依顺序适用。此外，所有的赔偿数额均应当包括建筑设计权利人为制止侵权行为所支付的合理开支，如进行调查、取证的合理费用及符合国家有关部门规定的律师费用。

3. 赔礼道歉、消除影响

赔礼道歉，作为民事责任方式的一种，为我国法律所独有。作为民事责任方式之一的赔礼道歉，与一般道义上的赔礼道歉是不同的，是将道义上的责任上升

① 李洋. 知识产权法基本原理（Ⅱ）——著作权法[M]. 北京：中国社会科学出版社，2013：414.

② 王洪友. 知识产权理论与实务[M]. 北京：知识产权出版社，2016：483－487.

为法律上的责任，由国家强制力保障实施。消除影响是指侵权行为给建筑设计权利人造成不良影响的，法院判令侵权人承担的以一定方式消除该不良影响的民事责任方式。赔礼道歉、消除影响不是TRIPs所要求的民事救济方式①。建筑设计著作权人享有的专有权利中包含了人身权利。当侵权行为侵犯了著作权人的人身权利，导致作者的声誉受到损害时，就无法单纯通过经济赔偿挽回对著作权人造成的损害。因此，要求侵权人以适当的方式公开或不公开地向建筑设计权利人表示歉意，例如在报刊媒体上发布致歉声明，或者在私下向建筑设计权利人表示歉意。因侵权行为而对建筑设计权利人造成不良影响，侵权人应当采取某些必要措施，以消除有关的不良影响②。如果侵权行为只侵犯了建筑设计著作权人的财产权利，而没有侵犯人身权利，那么侵权人是否应当承担赔礼道歉的民事责任？一般认为，纯粹侵犯财产权利的行为只会造成著作权人经济上的损失，通过判决侵权人承担支付相应损害赔偿金就可以使著作权人获得充分救济，因此不宜要求侵权人承担赔礼道歉的民事责任③。

消除影响适用于侵权行为造成不良影响的情形。实践中，一旦认定建筑设计著作权侵权，可以要求侵权人消除影响。消除影响主要有两种方式，一是恢复原状，二是完全拆除建筑物。建筑设计著作权人有权对两种方式进行选择，这体现了建筑设计权利人对自己权利的自由支配和处分。实践中，适用强制拆除建筑物的救济方法十分谨慎。例如，瑞士著作权法就规定，一般著作权侵权纠纷中所采用的清除或销毁违法复制品的救济方法不适用于已经建成的建筑物。建造建筑物往往投资巨大，而建筑设计费一般只占到工程造价的5%左右。如果要求侵权人完全拆除建筑物，不仅会给建筑物所有人造成巨大浪费，也会造成社会资源的严重浪费。因此，实践中处理建筑物侵权纠纷时，应当禁用一般著作权侵权所采用的销毁违法复制品的救济方式，即禁用拆除违法建筑物的救济方法。许多国家在司法实践中便是如此，当建筑作品的著作权与物权相矛盾时，物权在通常情况下都优先于著作权。

在具体案件中，赔礼道歉和消除影响往往合并适用。一般说来，责令侵权人承担消除影响、赔礼道歉的责任，大多是在侵犯建筑设计著作人身权的案件中。合并适用的前提是著作权侵权行为侵害了原告的人身权，或者该行为侵害了原告的财产权或造成了不良影响。

---

① 张光良. 知识产权侵权民事救济[M]. 北京：法律出版社，2003：206.

② 王洪友. 知识产权理论与实务[M]. 北京：知识产权出版社，2016：488－490.

③ 王迁. 著作权法学[M]. 北京：北京大学出版社，2007：282.

（二）行政责任

如果侵权行为损害了公共利益，那么著作权行政管理部门还可以根据法律规定，责令侵权行为人停止侵权行为，没收违法所得，没收、销毁侵权复制件，并可处以罚款①。建筑设计侵权行为损害了公共利益，还可能承担行政责任。行政责任是指著作权行政管理部门在查处侵权的活动中，依法对侵权人所给予的行政性处罚②。对于侵犯建筑设计著作权和邻接权的行为者给予行政处罚，也是我国著作权法的一个独特规定。世界上大多数国家的著作权法或版权法中都没有对侵权者给予行政处罚的规定③。

1. 我国的著作权行政管理体制

根据我国著作权法第七条的规定，国家著作权主管部门负责全国的著作权管理工作，县级以上地方主管著作权的部门负责本行政区域的著作权管理工作。1985 年，国务院设立了国家版权局，主管全国的著作权行政管理工作。国家版权局主要职责为：贯彻实施著作权法律、法规，制定与著作权行政管理有关的办法；查处在全国有重大影响的著作权侵权案件；批准设立著作权集体管理机构、涉外代理机构和合同纠纷仲裁机构，并监督、指导其工作；负责著作权涉外管理工作；负责国家享有的著作权管理工作；指导地方著作权行政管理部门的工作；承担国务院交办的其他著作权管理工作。各地方著作权行政管理机关主要设在各省会城市或直辖市，也有少量省会城市之外的国务院确定的较大的市也设有著作权行政管理机关。著作权行政案件主要由地方政府著作权行政管理部门负责查处，国务院著作权行政管理部门可以查处在全国有重大影响的侵权行为。

2. 行政处罚的侵权行为

建筑设计著作权人对侵权行为，还可以向国家著作权行政管理部门举报，要求依法对侵权者给予行政制裁④。有法律规定的侵权行为，同时损害公共利益的，可以由著作权行政管理部门对侵权人处以行政处罚。由此可见对建筑设计著作权侵权行为进行行政处罚，需要具备两个条件：一是法律明确规定的侵权行为；二是该侵权行为同时损害公共利益。如果该侵权行为仅为一般的侵权行为，不损害公共利益者，则只承担民事责任，不承担行政责任。

① 吴汉东. 知识产权法学[M]. 5 版. 北京：北京大学出版社，2011：499.

② 李明德. 许超. 著作权法[M]. 北京：法律出版社，2003：253.

③ 王洪友. 知识产权理论与实务[M]. 北京：知识产权出版社，2016：492－494.

④ 董燕石. 浅谈建筑作品的著作权保护[J]. 知识产权，2005(4)：50－51.

我国著作权法规定可进行行政处罚的侵权行为包括：未经著作权人许可，复制、发行、表演、放映、广播、汇编、通过信息网络向公众传播其作品；出版他人享有专有出版权的图书；未经表演者许可，复制、发行录有其表演的录音录像制品，或者通过信息网络向公众传播其表演；未经录音录像制作者许可，复制、发行、通过信息网络向公众传播其制作的录音录像制品；未经许可，播放或者复制广播、电视；未经著作权人或者与著作权有关的权利人许可，故意避开或者破坏权利人为其作品、录音录像制品等采取的保护著作权或者与著作权有关的权利的技术措施；未经著作权人或者与著作权有关的权利人许可，故意删除或者改变作品、录音录像制品等的权利管理电子信息；制作、出售假冒他人署名的作品①。

若侵犯建筑设计著作权的侵权行为损害了公共利益，需承担一定的行政责任。法律规定的行政责任包括：由主管著作权的部门责令停止侵权行为，予以警告，没收违法所得，没收、无害化销毁处理侵权复制品以及主要用于制作侵权复制品的材料、工具、设备等，违法经营额五万元以上的，可以并处违法经营额一倍以上五倍以下的罚款；没有违法经营额、违法经营额难以计算或者不足五万元的，可以并处二十五万元以下的罚款。以上行政处罚方式，既可以单独适用也可以合并适用。当事人对行政处罚不服的，可以自收到行政处罚决定书之日起三个月内向人民法院起诉，期满不起诉又不履行的，著作权行政管理部门可以申请人民法院执行。

（三）刑事责任

对于严重侵犯建筑设计著作权，同时又对社会公共利益造成了严重损害的，或者对社会经济秩序造成了严重危害的，可以追究侵权人的刑事责任②。《中华人民共和国刑法》（以下简称《刑法》）规定了著作权犯罪和相应的刑事制裁措施，具体的刑事处罚规定体现在《刑法》第二百一十七条（“侵犯著作权罪”）、第二百一十八条（“销售侵权复制品罪”）以及第二百二十条（单位犯侵犯知识产权罪的处罚规定）等条文中。

根据《刑法》第二百一十七条的规定：“以营利为目的，有下列侵犯著作权或者与著作权有关的权利的情形之一，违法所得数额较大或者有其他严重情节的，处三年以下有期徒刑，并处或者单处罚金；违法所得数额巨大或者有其他特别严重情节的，处三年以上十年以下有期徒刑，并处罚金：（一）未经著作权人许可，复制发行、通过信息网络向公众传播其文字作品、音乐、美术、视听作品、计算机软

① 王洪友．知识产权理论与实务[M]．北京：知识产权出版社，2016．494－497．

② 吴汉东．知识产权法学[M]．5版．北京：北京大学出版社，2011：345，500．

件及法律、行政法规规定的其他作品的;(二)出版他人享有专有出版权的图书的;(三)未经录音录像制作者许可,复制发行、通过信息网络向公众传播其制作的录音录像的;(四)未经表演者许可,复制发行录有其表演的录音录像制品,或者通过信息网络向公众传播其表演的;(五)制作、出售假冒他人署名的美术作品的;(六)未经著作权人或者与著作权有关的权利人许可,故意避开或者破坏权利人为其作品、录音录像制品等采取的保护著作权或者与著作权有关的权利的技术措施的。"《刑法》第二百一十八条规定:"以营利为目的,销售明知是本法第二百一十七条规定的侵权复制品,违法所得数额巨大或者有其他严重情节的,处五年以下有期徒刑,并处或者单处罚金。"《刑法》第二百二十条针对单位侵犯著作权犯罪的情形做了具体的规定。根据《刑法》规定,单位犯第二百一十三条至第二百一十九条之一规定之罪的,对单位判处罚金,并对其直接负责的主管人员和其他直接责任人员,依照各该条的规定处罚[①]。

2004 年 11 月和 2007 年 4 月,为了适应加强知识产权保护的现实需要,最高人民法院和最高人民检察院先后颁布了《最高人民法院、最高人民检察院关于办理侵犯知识产权刑事案件具体应用法律若干问题的解释》(以下简称《2004 年刑事司法解释》)和《最高人民法院、最高人民检察院关于办理侵犯知识产权刑事案件具体应用法律若干问题的解释(二)》(以下简称《2007 年刑事司法解释》),明确了刑法相关规定的适用问题。

首先,《2004 年刑事司法解释》第五条规定:"以营利为目的,实施刑法第二百一十七条所列侵犯著作权行为之一,违法所得数额在三万元以上的,属于'违法所得数额较大';具有下列情形之一的,属于'有其他严重情节',应当以侵犯著作权罪判处三年以下有期徒刑或者拘役,并处或者单处罚金:(一)非法经营数额在五万元以上的;(二)未经著作权人许可,复制发行其文字作品、音乐、电影、电视、录像作品、计算机软件及其他作品,复制品数量合计在一千张(份)以上的;(三)其他严重情节的情形。"

其次,《2007 年刑事司法解释》第一条规定:"以营利为目的,未经著作权人许可,复制发行其文字作品、音乐、电影、电视、录像作品、计算机软件及其他作品,复制品数量合计在五百张(份)以上的,属于刑法第二百一十七条规定的'有其他严重情节';复制品数量在二千五百张(份)以上的,属于刑法第二百一十七条规定的'有其他特别严重情节'。"可见侵犯建筑设计著作权的行为根据不同情况将会承担不同的刑事责任。

---

① 王洪友. 知识产权理论与实务[M]. 北京:知识产权出版社,2016:499-500.

第二节　侵犯建筑设计专利权的法律后果

我国民事法律立法有大陆法系的传统，从《中华人民共和国民法通则》《中华人民共和国侵权责任法》到《中华人民共和国民法总则》的制定，再到统一的《民法典》的制定，建筑设计知识产权侵权责任的归责原则问题都是一个重要的问题，本节主要讲述侵犯建筑设计专利权的归责原则以及要承担的法律后果。

一、专利权侵权归责原则

无过错责任原则不适用于专利侵权行为[①]。无过错责任制度，也称为危险责任制度，这项制度的设立主要是考虑到，工业化和技术的发展同时会带来各种各样的危险，并由此产生损害，这种损害即使尽最大的努力加以防范仍然是无法避免的。法律在允许行为人从事高危行业的同时，建立了与之相应的损失补偿机制，当今危险责任的事实要件完全着眼于对风险的控制，目的在于减轻损害后果[②]。创设危险责任的主要原因，是新的设施、技术、物质和材料是未知和无法预见的风险来源。这种风险是对于行为人和受害人双方来说的，行为人无法预见并无法避免，受害人无法预见并无法避免，对于社会一般成员都是无法预见并无法避免的。某类行为的损害后果是人们的意识所能预料并能够通过合理的措施控制的，只要行为人尽到足够谨慎勤勉的注意义务就可以避免损害的发生，就不应该适用无过错责任原则。实施建筑设计专利的侵权行为是可以预见并可以避免的。专利制度是“以公开换保护”的制度，专利保护的技术方案是公开的。侵权行为人实施某一技术方案时，可以知道该技术是否进入某专利权的保护范围。建筑设计专利侵权行为可以预见，行为人通过善尽注意义务可以避免损害的发生。建筑设计相关的专利侵权案件中，行为人不是因无法预见而侵权，相反，绝大部分专利侵权案件都是行为人故意或者过失侵权。对建筑设计的专利权人而言，专利技术是否被别人实施是可以预见、可以发现、可以避免的。建筑设计相关的专利侵权行为不是不能预见并不能避免的危险，不符合适用危险责任的基本前提[③]。建筑设计相关的专利侵权行为并未被民法确定为“危险行为”。基于危险责任的严格性，各国法律均对危险责任的各个情况进行了封闭式规定，即除了明文规定适用“危险责任”的情况以外，不允许再扩展。纵观各国民

① 姚维红.我国专利侵权责任归责原则立法研究[J].电子知识产权，2017(10):12-21.

② 福克斯.侵权行为法[M].齐晓琨，译.北京:法律出版社，2006:6-7.

③ 姚维红.我国专利侵权责任归责原则立法研究[J].电子知识产权，2017(10):12-21.

事法律，未有一例把专利侵权列为“危险责任范围”。我国民法典没有规定建筑设计相关的专利侵权行为适用无过错责任原则，因此侵犯建筑设计专利权的行为不适用于无过错原则。

建筑设计专利侵权行为具有反社会性，王泽鉴教授认为，无过错责任的基本思想“不在于对具有反社会性行为之制裁”，“乃是在于对不幸损害之合理分配”①。从事危险行业的企业的经营，高速交通工具的使用，不合格商品的产销以及核能装置的持有，是现代社会必需的经济活动，其物品或者行为为社会生活所需要，本身不具有“反社会性”。但是由于人类对自然的控制能力与技术发展水平的限制，常常导致不幸损害的发生，这种损害的发生是行为人所不希望并尽量避免的。未经许可实施专利技术的行为本身却不是社会所必要的，行为人完全可以通过合法途径获得实施权。由于实施专利对建筑设计权利人造成损失也是行为人希望或者放任其发生的，行为人实施他人专利技术就是希望通过该侵权行为分享专利权人的市场份额，获得不当收益。专利侵权行为是反社会性的行为，这种行为被认定为侵权不是对不幸损害之分配，而是一种法律上的否定性评价，是对不法行为的制裁。

TRIPs 第 45 条第 1 款规定：“对已知或有充分理由应知其从事之活动是侵权的侵权人，司法部门应有权责令其向权利人支付足以弥补因侵犯知识产权而给权利持有人造成之损失的损害赔偿费。”该款被认为是规定了成员国国内法对专利权侵权责任的要求——“已知或有充分理由应知”，这是典型的过错责任原则。也就是说，构成专利权侵权赔偿责任的条件之一，在于侵权人“存在着希望、放任侵权后果的故意、疏忽或过失的主观过错”②。这一条款从国际法上奠定了过错责任原则作为专利权侵权赔偿责任的基本原则的地位，学者们对此没有异议。该条第 2 款规定：“司法部门应有权责令侵权者向权利所有人支付费用，其中可以包括合理的律师费。在适当的情况下，即使侵权者不知道或没有正当理由应该知道他从事了侵权活动，缔约方也可以授权司法部门，责令其返还所得利润或支付预先确定的损害赔偿费，或二者并处。”③引起争论的是该条第 2 款的后一句话，即“在适当场合即使侵权人不知或无充分理由应知其从事之活动系侵权，成员仍可以授权司法部门责令其返还所得利润或令其支付法定赔偿额或二者并处。”对此条款的规定，郑成思教授认为这是 TRIPs 采用无过错责任原则的

① 王泽鉴. 民法学说与判例研究：第 2 册[M]. 北京：中国政法大学出版社，1998：162.

② 蒋志培. TRIPs 肯定的知识产权侵权赔偿的归责原则和赔偿原则[J]. 法律适用，2000(10)：7－9.

③ 姚维红. 我国专利侵权责任归责原则立法研究[J]. 电子知识产权，2017(10)：12－21.

证明[①]。蒋志培法官则认为，这里规定的是不当得利返还[②]。汤宗舜教授认为，该条款是一个弹性条款，缔约方不采取这一归责原则，也不能认为违反协议[③]。吴汉东教授认为，该条款所规定的返还所得利润，不宜认定为侵权赔偿责任，而所谓无过错责任原则的规定，不应作为国内相关立法的当然选择[④]。张玉敏教授认为，TRIPs 并没有将第 45 条第 2 款作为成员必须遵守的最低保护标准，而只是说“可以”这样规定[⑤]。可见，TRIPs 第 45 条 2 款是选择性条款，但第 45 条第 1 款作为一个必需的条款，是最低保护标准，是国内法必需执行的。从 TRIPs 整个第 45 条看来，国内法至少保证知识产权损害赔偿责任采用过错责任原则，但“在适当场合”，国内法有权根据本国情况提高保护水平，这是一个选择性条款，成员国没有义务必须满足该条件。

专利侵权的过错责任归责原则是国际上的通行做法，德国、日本、韩国、印度、澳大利亚以及加拿大等国家的专利法均明文规定了专利侵权责任的过错责任原则。法国知识产权法的规定中区分制造商的民事责任和其他侵权主体的民事责任，制造商的包括损害赔偿在内的民事责任不要求有过错，其他侵权主体包括销售商、许诺销售商、使用者、占有者，其包括损害赔偿在内的民事责任要求主观上“故意”。我国专利法的制定过程中，大量借鉴了德国专利法和美国专利法的做法。学界普遍认为，专利权保护水平应与一国的经济发展水平相适应。一般来说，经济发展程度较高的国家采用较高的保护水平，经济发展程度较低的国家采用较低的保护水平。我国经济虽然处于高速发展期，但经济发展程度、科技水平均未超过发达国家，因此我国没有必要采用比这些国家保护水平更高的立法[⑥]。

综上所述，侵犯建筑设计相关的专利权应当采用过错责任归责原则，这不仅在民法理论上具有充分的合理性，而且具有知识产权国际公约与国内外知识产权立法的明确依据。因此在我国专利权侵权损害赔偿司法实践中，应贯彻过错责任原则[⑦]。

---

① 郑成思. 侵害知识产权的无过错责任[J]. 中国法学，1998(1)：81－90.

② 蒋志培. TRIPs 肯定的知识产权侵权赔偿的归责原则和赔偿原则[J]. 法律适用，2000(10)：7－9.

③ 汤宗舜. 知识产权的国际保护[M]. 北京：人民法院出版社，1999：222.

④ 吴汉东. 试论知识产权的“物上请求权”与侵权赔偿请求权：兼论《知识产权协议》第 45 条规定之实质精神[J]. 法商研究（中南政法学院学报），2001(5)：3－11.

⑤ 张玉敏. 侵害知识产权民事责任归责原则研究[J]. 法学论坛，2003(3)：20－28.

⑥ 姚维红. 我国专利侵权责任归责原则立法研究[J]. 电子知识产权，2017(10)：12－21.

⑦ 冯晓青. 知识产权侵权归责原则之探讨[J]. 江淮论坛，2011(2)：87－94，193.

二、侵权责任方式

侵犯建筑设计相关的专利权依法应承担相应的法律责任①。一般情况下，侵权人应承担停止侵权、损害赔偿等民事责任。但如果侵权行为严重，还可能导致行政及刑事责任。

（一）民事责任

建筑设计相关的专利权是一种民事权利，侵害建筑设计专利权的行为所引起的法律效果，也主要体现为民事责任的承担上。我国专利法没有专门规定侵犯建筑设计专利权的行为人应当承担的民事责任，而是结合侵犯建筑设计专利权纠纷的解决途径以及执法机关为专利权人提供的救济措施一并予以规定的②。根据《专利法》第六十五条的规定："未经专利权人许可，实施其专利，即侵犯其专利权，引起纠纷的，由当事人协商解决；不愿协商或者协商不成的，专利权人或者利害关系人可以向人民法院起诉，也可以请求管理专利工作的部门处理。管理专利工作的部门处理时，认定侵权行为成立的，可以责令侵权人立即停止侵权行为，当事人不服的，可以自收到处理通知之日起十五日内依照《中华人民共和国行政诉讼法》向人民法院起诉；侵权人期满不起诉又不停止侵权行为的，管理专利工作的部门可以申请人民法院强制执行。进行处理的管理专利工作的部门应当事人的请求，可以就侵犯专利权的赔偿数额进行调解；调解不成的，当事人可以依照《中华人民共和国民事诉讼法》向人民法院起诉。"

可见，我国专利法规定的专利侵权民事责任形式主要是停止侵权和损害赔偿两种③。其中，停止侵权是防止对建筑设计相关专利的侵害继续发生的最直接、最有效的方式，而损害赔偿则是填补权利人因侵权行为所受损失的主要方式。但是，对于这两种责任形式的适用条件，我国专利法没有做出明确的规定，那么只能适用民法的有关规定。同时，专利权还是一种具有排他性的支配权，所以也可以适用绝对权请求权理论。此外，不法行为人从侵害他人的知识产品中常常获取一定的经济利益，而此种利益的获得没有法律根据，行为人亦应负返还不当得利的责任④，这也是侵权责任与不当得利责任的竞合⑤。

因此，基于上述几方面权利特殊性的分析以及下文的具体论述，针对建筑设

① 王洪友. 知识产权理论与实务[M]. 北京：知识产权出版社，2016：774.

② 胡开忠. 知识产权比较研究[M]. 北京：中国人民公安大学出版社，2004：319.

③ 韩光. 专利侵权问题研究[D]. 济南：山东大学，2012.

④ 王利明. 论返还不当得利责任与侵权责任的竞合[J]. 中国法学，1994(5)：74－80.

⑤ 李燕. 论专利侵权的民事责任[D]. 北京：中国政法大学，2010.

计相关的专利侵权行为的民事责任，应不限于停止侵权和损害赔偿两种，而应包括停止侵权、损害赔偿、消除影响等多种形式。

1. 停止侵权

停止侵权是指行为人停止实施侵犯建筑设计相关专利权的行为，停止侵权是专利权的权利效力中禁止权能的直接体现。通过让侵权行为人承担停止侵权责任，实现禁止他人未经许可实施建筑设计相关的专利，从而保护专利权人的合法权利。在大多数案件中，法院都会要求当事人停止实施侵权行为。

如果停止有关行为会造成当事人之间的重大利益失衡，或者有悖社会公共利益，或者实际上无法执行，可以根据案件具体情况进行利益衡量，不判决停止侵权行为，而采取更充分的赔偿或者经济补偿等替代性措施解决纠纷。《最高人民法院关于审理侵犯专利权纠纷案件应用法律若干问题的解释（二）》第二十六条规定，被告构成对专利权的侵犯，权利人请求判令其停止侵权行为的，人民法院应予支持，但基于国家利益、公共利益的考量，人民法院可以不判令被告停止被诉行为，而判令其支付相应的合理费用。人民法院根据当事人的诉讼请求、案件的具体情况和停止侵害的实际需要，可以明确责令当事人销毁制造侵权产品的专用材料、工具等，但采取销毁措施应当以确有必要为前提，与侵权行为的严重程度相当，且不能造成不必要的损失。权利人长期放任侵权、怠于维权，在其请求停止侵害时，倘若责令停止有关行为会在当事人之间造成较大的利益不平衡，可以审慎地考虑不再责令停止侵权行为，但不影响依法给予合理的赔偿[①]。

在明确了涉案各方所应承担的法律责任之后，接下来面对的就是如何确定具体的责任形式的问题。其中首先考虑的应当是停止侵权，即不再继续使用享有专利的建筑设计相关成果。这种责任形式对于那些处于建设过程中的建筑物尚存在履行的可能性，但在实践中，诉讼往往在工程竣工之后，至少是包含了专利技术的那部分完成之后提出的，再加上诉讼程序所需要的时间，在进行判决时，被控侵权涉及的专利技术已置于整体的建筑物之内，停止侵权的方式即将涉案部分销毁，即便是能够寻求替代技术，因拆毁、重新安装，建筑物的正常生产运营也会受到很大的影响。《民法典》第八条规定："民事主体从事民事活动，不得违反法律，不得违背公序良俗。"如果判令停止侵权会造成已有资产的巨大浪费，伤及社会公共利益，则这种责任判定显然是不合理的。在某郦开发公司与某润泉专利侵权纠纷案一中，法院认为"因某项目已经竣工，涉案变压式排风道结构已实际安装并已交付使用，予以销毁不利于保护社会公共利益，因此对其销毁侵

---

① 曹阳．专利实务指南与司法审查[M]．北京：法律出版社，2019：2182－2183．

权产品的诉讼请求不予支持”[①]。在某云机场幕墙专利权纠纷一案中，法院也认为“被告某云机场股份公司本应停止使用被控侵权产品，但考虑到机场的特殊性，判令停止使用被控侵权产品并不符合社会公共利益”[②]。在这种情况下，法院没有强行判令停止使用侵权建筑，而是采用了支付一定费用的方式：广州市中级人民法院判令被告某云国际机场股份有限公司可继续使用被控侵权产品，但应当适当支付技术使用费；南京市中级人民法院也认为应在确定赔偿数额时将上述情况予以综合考虑[③]。

虽然我国专利法及相关法规中，并没有用支付使用费的方法替代停止侵权的直接规定，但《计算机软件保护条例》第三十条却规定：“软件的复制品持有人不知道也没有合理理由应当知道该软件是侵权复制品的，不承担赔偿责任；但是，应当停止使用、销毁该侵权复制品。如果停止使用并销毁该侵权复制品将给复制品使用人造成重大损失的，复制品使用人可以在向软件著作权人支付合理费用后继续使用。”相当于通过专利权许可的方式使得对于专利技术的使用具有了合法性。这是一种平衡权利人利益与社会公众利益的选择，但毕竟专利权许可协议属于民法上的自治行为，公权力不宜进行干涉，故法院在审理类似案件时，可以在征得双方当事人同意的基础上进行判决，或是通过非判决的形式让双方达成合意，在某云机场幕墙专利纠纷案的二审当中，双方就是通过法院主持的调解达成了许可协议，由被告向原告支付一定的技术费用，换取专利技术的继续使用[④]。

停止侵权责任的构成要件包括以下两个方面。一是侵害建筑设计相关专利权的行为正在进行或者有再次发生之虞，有侵权行为才有责任。要停止侵权，首先必须存在侵权行为。而对于侵权行为是否存在以及是否成立，则由法院或者专利行政管理部门根据当事人的申请进行认定，如果认定侵权成立，则责令侵权人立即停止侵权，以制止当前的侵害和防止进一步的侵害。但是，如果在专利侵权诉讼进行过程中，或者在建筑设计权利人向专利行政管理部门提出责令停止侵权的请求后，侵权人即主动停止或者至少是中止了其侵权行为，那么被告无论是在原告起诉前还是在诉讼过程中虽然主动停止了被控侵权行为，但只要该行

① 参见南京市中级人民法院(2005)宁民三初字第 32 号判决。

② 参见广州市中级人民法院(2004)穗中法民三知初字第 581 号判决。

③ 田晶鑫.专利侵权案件中的侵权责任问题探讨：以建筑领域专利侵权案件为视角[J].北京政法职业学院学报，2014(4)：40－46.

④ 田晶鑫.专利侵权案件中的侵权责任问题探讨：以建筑领域专利侵权案件为视角[J].北京政法职业学院学报，2014(4)：40－46.

为有再次发生或继续之虞的，经原告请求，法院便应判令被告停止侵害[①]。即全面考虑侵权人在侵权认定结果之前停止侵权行为的性质，是完全停止还是暂时中止。如果结合实际情况认为专利侵权行为还有可能再次发生，即使侵权人当时停止了侵权，法院或专利行政管理部门仍应当责令侵权人承担停止侵权的责任，以保障专利权。二是该行为侵害他人专利独占实施权。专利独占实施权是专利法赋予专利权人最重要的权利内容，如果某种行为的发生侵害了专利独占实施权的行使和实现，那么专利权人或利害关系人就有权依法请求行为人停止其侵害行为，此即排除妨害之知识产权请求权在专利侵权民事责任中的体现。值得注意的是，这里的"害"是指对专利权人行使独占实施权的妨害，不一定是对专利权造成的损害事实，也可以只是一种损害可能性[②]。此外，凡是被认定为侵害专利权的行为，要么是对专利权不作为义务的违反，要么是直接违反专利法的强制性或禁止性规范，其行为必然具有违法性。因此，行为违法性包含在专利侵权行为概念之中，而停止侵权是专利侵权行为的一种民事责任，只有先存在专利侵权行为，才能谈到民事责任的承担。所以，违法性并非停止侵权责任承担的要件。

2. 赔偿损失

在目前的建筑设计相关的专利诉讼中，法院所奉行的是"填平原则"，即建筑设计的专利权人获得的赔偿数额是用来补偿其实际损失的，不应当超出其实际损失。在确定损害赔偿时要善用证据规则，全面、客观地审核计算赔偿数额的证据，充分运用逻辑推理和日常生活经验，对有关证据的真实性、合法性和证明力进行综合审查判断，采取优势证据标准认定损害赔偿事实。

《专利法》第七十一条规定，"侵犯专利权的赔偿数额按照权利人因被侵权所受到的实际损失或者侵权人因侵权所获得的利益确定；权利人的损失或者侵权人获得的利益难以确定的，参照该专利许可使用费的倍数合理确定。"依据《专利法》的规定，专利侵权损失赔偿的计算标准按以下顺序依次适用：权利人因被侵权所受到的实际损失；侵权人因侵权所获得的利益；合理的许可使用费的倍数；法定赔偿[③]。从条文的表述来看，上述四种确定赔偿数额的方法有先后顺序，当根据前一方法无法确定赔偿数额的，才适用后一计算方法，以此类推。确定赔偿数额的顺序符合我国侵权损害赔偿制度的基本功能。我国属于大陆民法体系，侵权损害赔偿制度的基本功能是填补权利人因侵权行为所遭受的损害，赔偿的

① 张广良. 知识产权侵权民事救济[M]. 北京：法律出版社，2003：103.
② 李燕. 论专利侵权的民事责任[D]. 北京：中国政法大学，2010.
③ 曹阳. 专利实务指南与司法审查[M]. 北京：法律出版社，2019：2193－2194.

基本原则是"填平原则"。《专利法》第七十一条规定，侵犯专利权的赔偿数额首先按照权利人因被侵权所受到的实际损失确定，符合"填平原则"。只有实际损失无法确定的情况下，才将侵权人因侵权所获得的利益视为权利人的实际损失，赔偿给权利人。因此，当建筑设计的专利权人实际损失和侵权人因侵权所获得的利益均无法确定时，才将专利许可费的合理倍数视为建筑设计专利权人的损失。当这三种方法均无法确定时，才在《专利法》规定的幅度内酌情确定建筑设计专利权人的损失。

建筑设计的专利权人遭受的损失作为确定侵权人应予赔偿专利权人的数额，这实际上体现的是全面赔偿原则。2015 年的《最高人民法院关于修改〈最高人民法院关于审理专利纠纷案件适用法律问题的若干规定〉的决定》提供了权利人遭受全部损失的计算方法，第二十条第一款规定："专利法规定的权利人因被侵权所受到的实际损失可以根据专利权人的专利产品因侵权所造成销售量减少的总数乘以每件专利产品的合理利润所得之积计算。权利人销售量减少的总数难以确定的，侵权产品在市场上销售的总数乘以每件专利产品的合理利润所得之积可以视为权利人因被侵权所受到的实际损失。"全面损失虽然包括财产损失和精神损失或者包括有形财产损失和无形财产损失，但是由于举证难度、计量标准等相关因素的复杂性，在司法实践中专利权人为自然人的精神损失及专利权人为法人的无形财产损失一般都未纳入权利人实际损失的计算之中①。

关于侵权获益，体现的是不让侵权人获利的原则②。若难以证实建筑设计专利权人的损失，则应推定侵权人的侵权利润作为专利损失赔偿额。《专利法》第七十一条规定："侵犯专利权的赔偿数额依照实际损失难以确定的，可以按照侵权人因侵权所获得利益确定。"2015 年《最高人民法院关于修改〈最高人民法院关于审理专利纠纷案件适用法律问题的若干规定〉的决定》对其做出了更为具体的说明，其中第二十条第二款规定："专利法规定的侵权人因侵权所获得的利益可根据该侵权产品在市场上销售的总数乘以每件侵权产品的合理利润所得之积计算。"侵权人因侵权所获得的利益一般按照侵权人的营业利润计算，对于完全以侵权为业的侵权人，可以按照销售利润计算。确定侵权人因侵权所获得的利益，应当限于侵权人因侵犯专利权行为所获得的利益；因其他权利所产生的利益，应当合理扣除。确定侵权人因侵权所获得的利益，应当限于侵权人因侵犯专利权行为所获得的利益。亦即以侵权人的获利计算损害赔偿额时，应当考虑侵权人的获利与侵犯专利权行为之间的因果关系，只有存在因果关系的获利才纳

① 刘庆辉.中国专利侵权诉讼指引[M].北京：中国法制出版社，2019：822－823.

② 高成龙.中国、新加坡专利侵权问题比较研究[D].昆明：昆明理工大学，2015.

入赔偿额，这是由侵权损害赔偿的填平原则决定的。侵权人的获利可能有多种原因，既可能有侵犯他人专利权的因素，也可能有侵犯他人商业秘密、商标权的因素，在计算时应当对侵权人的获利原因做出区分①。

关于合理的许可使用费的倍数，《最高人民法院关于修改〈最高人民法院关于审理专利纠纷案件适用法律问题的若干规定〉的决定》第二十一条规定："权利人的损失或者侵权人获得的利益难以确定，有专利许可使用费可以参照的，人民法院可以根据专利权的类型、侵权行为的性质和情节、专利许可的性质、范围、时间等因素，参照该专利许可使用费的倍数合理确定赔偿数额；没有专利许可使用费可以参照或者专利许可使用费明显不合理的，人民法院可以根据专利权的类型、侵权行为的性质和情节等因素，依照专利法的规定确定赔偿数额。"②如果建筑设计专利权人仅提供了专利许可的合同，而合同并没有在国家管理机构备案，也没有证据予以佐证，则要对专利许可合同的真实性及其中专利许可使用费的合理性进行审慎的审查。

关于法定赔偿建筑设计权利人的损失，侵权人获得的利益和专利许可使用费均难以确定的，人民法院可以根据专利权的类型、侵犯建筑设计专利权行为的性质和情节等因素，确定给予三万元以上五百万元以下的赔偿③。法定赔偿，又称酌定赔偿或定额赔偿，是指在法定条件下，法官在预先规定的额度内综合法定参考因素合理确定赔偿数额的损害赔偿计算方式④。法定赔偿的目标应定位于对专利权人的"消极损失"提供具有"保底性"的利益救济。而在具体适用过程中，法定赔偿的重心应在于如何结合专利的商业价值和侵权情节为建筑设计权利人确定公允、合理的使用对价。法定赔偿是现今我国专利侵权赔偿的主要方式。确定赔偿额要考虑专利权的类型，对专利的保护强度应当与专利的创新程度相适应⑤。专利的创造性越高，保护强度应越大，确定的赔偿额度也应越高。例如对于发明专利、核心专利和开拓性专利，就应当给予较高的赔偿额。专利的创造性低的，保护强度要相对低一些，确定的赔偿额也应当低一些。例如对于实用新型专利、外观设计专利，给予的赔偿额应当低于发明专利。确定赔偿额也要考虑侵权行为的性质和情节。侵权人不知道其侵权行为性质的，首次实施侵权行为的，过错不大的，积极停止侵权行为的，可以考虑少赔。侵权人故意侵权的，反复侵权的，拒不停止侵权行为的，过错很大的，应当多赔。

---

① 刘庆辉.中国专利侵权诉讼指引[M].北京：中国法制出版社，2019：833－834.

② 曹阳.专利实务指南与司法审查[M].昆明：法律出版社，2019：2226.

③ 王洪友.知识产权理论与实务[M].北京：知识产权出版社，2016：775.

④ 曹阳.专利实务指南与司法审查[M].北京：法律出版社，2019：2231－2232.

⑤ 刘庆辉.中国专利侵权诉讼指引[M].北京：中国法制出版社，2019：872－873.

关于惩罚性赔偿，我国民法典与专利法均有惩罚性赔偿的规定。《民法典》第一千一百八十五条规定："故意侵害他人知识产权，情节严重的，被侵权人有权请求相应的惩罚性赔偿"。《专利法》第七十一条规定："对故意侵犯专利权，情节严重的，可以在按照上述方法确定数额的一倍以上五倍以下确定赔偿数额。权利人的损失、侵权人获得的利益和专利许可使用费均难以确定的，人民法院可以根据专利权的类型、侵权行为的性质和情节等因素，确定给予三万元以上五百万元以下的赔偿。赔偿数额还应当包括权利人为制止侵权行为所支付的合理开支。"专利侵权惩罚性赔偿的主要目的在于惩罚建筑设计相关专利的侵权人，在按照补偿性赔偿计算出来的赔偿数额的基础上，由法院根据案件具体情况提高赔偿数额，因此在具体侵犯建筑设计相关的专利权案件中，会根据法官自由裁量确定赔偿数额。

我国专利制度中对专利侵权的损害赔偿计算方法做出了细致而全面的规定，这与我国专利制度建立以来层出不穷的专利侵权案件不无关系。专利侵权案件数量的增多，更要维护好每一起案件双方当事人的权益.在处理侵权案件的过程中必然涉及公权与私权的碰撞，所以为了充分维护双方之间的权利平衡，我国专利法及其实施细则、最高院的司法解释等对专利侵权案件的损害赔偿问题做出了非常细致和全面的规定[①]。

(二)行政责任

我国的专利运行机制是比较有中国特色的"双轨制"，即司法与行政同时参与管理的特殊机制。我国在专利领域制定的行政责任大部分是为了更好地维护行政秩序，如假冒他人专利、泄露国家机密、徇私舞弊等行为；但也有一部分就是类似于法律拟制的法律直接规定，如侵犯发明人或建筑设计权利人合法权益的行为。《专利法》第六十五条规定，专利权人或者利害关系人可以向人民法院起诉，也可以请求管理专利工作的部门处理[②]。管理专利工作的部门处理时，认定侵权行为成立的，可以责令侵权人立即停止侵权行为，这实质上也是侵权人承担责任的一种。但是最具有代表性的规定是《专利权》第六十八条，"假冒专利的，除依法承担民事责任外，由负责专利执法的部门责令改正并予公告，没收违法所得，可以处违法所得五倍以下的罚款；没有违法所得或者违法所得在五万元以下的，可以处二十五万元以下的罚款；构成犯罪的，依法追究刑事责任[③]。"从我国专利法的规定看，侵犯建筑设计专利权的行政责任包括责令改正、没收违法所

---

① 高成龙.中国、新加坡专利侵权问题比较研究[D].昆明:昆明理工大学,2015.

② 高成龙.中国、新加坡专利侵权问题比较研究[D].昆明:昆明理工大学,2015.

③ 吴汉东.知识产权法学[M].5版.北京:北京大学出版社,2011:835.

得、罚款等[①]。

管理专利工作的部门有权处理专利侵权纠纷、调解专利纠纷以及查处假冒专利行为，专利权可以通过行政法律程序获得保护。专利管理机关在处理侵权纠纷时，有权责令停止侵权行为，并赔偿损失[②]。《专利法》第六十五条规定："未经专利权人许可，实施其专利，即侵犯其专利权，引起纠纷的，由当事人协商解决；不愿协商或者协商不成的，专利权人或者利害关系人可以向人民法院起诉，也可以请求管理专利工作的部门处理。管理专利工作的部门处理时，认定侵权行为成立的，可以责令侵权人立即停止侵权行为，当事人不服的，可以自收到处理通知之日起十五日内依照《中华人民共和国行政诉讼法》向人民法院起诉；侵权人期满不起诉又不停止侵权行为的，管理专利工作的部门可以申请人民法院强制执行。进行处理的管理专利工作的部门应当事人的请求，可以就侵犯专利权的赔偿数额进行调解；调解不成的，当事人可以依照《中华人民共和国民事诉讼法》向人民法院起诉。"

对专利侵权行为处以行政处罚，能够更加快捷地保护专利权人的合法权益，同时也为专利权人在其权利受到侵犯时增添了可选择的救济途径。但是由于我国的行政决定不具有最终效力，法院有可能会推翻行政决定，给建筑设计权利人造成不必要的二次伤害，加之部分行政人员的素质有待提高，因此现阶段我国的行政处罚仍然需要最终的司法手段予以救济[③]。

（三）刑事责任

侵犯建筑设计专利权除了行政责任之外，为了更好地保护建筑设计专利权人的合法权益以及公共利益不受侵犯，我国专利法还对专利侵权行为做出了刑事方面的制裁。根据《专利法》的规定，假冒专利的行为若构成犯罪，应当追究刑事责任。关于假冒他人专利的行为认定，我国法律规定非专利权人在没有获得专利权人许可的情况下，为了追求经济利益，在其产品或者产品包装上使用专利标志或者专利号，企图冒充专利权人的专利产品，以次充好，以假乱真，以劣充优在市场上销售等行为[④]。

《刑法》第二百一十六条规定："假冒他人专利，情节严重的，处三年以下有期徒刑或者拘役，并处或者单处罚金。"[⑤]这条规定了假冒专利罪，假冒专利罪是指

① 季节．论专利权的法律保护[D]．北京：中国政法大学，2010．

② 曹阳．专利实务指南与司法审查[M]．北京：法律出版社，2019：2336．

③ 高成龙．中国、新加坡专利侵权问题比较研究[D]．昆明：昆明理工大学，2015．

④ 韩光．专利侵权问题研究[D]．济南：山东大学，2012．

⑤ 吴汉东．知识产权法学[M]．5版．北京：北京大学出版社，2011：835．

未经专利权人许可，假冒他人专利，这和民事上的专利侵权是有区别的。民事上的专利侵权是指未经专利权人许可，实施了他人的专利技术；而在产品上使用他人的专利号，情节严重的就要构成假冒专利罪。需要注意的是，专利侵权仅需要承担民事责任或行政责任，不承担刑事责任。而假冒专利，情节严重的，需要承担刑事责任。这是因为专利侵权主要涉及专利权人和侵权人之间的利益纠纷，对于公共利益并无损害。而假冒专利将损害公众的知情权，损害公共利益[①]。

根据《最高人民法院、最高人民检察院关于办理侵犯知识产权刑事案件具体应用法律若干问题的解释》第十条的规定："实施下列行为之一的，属于刑法第二百一十六条规定的'假冒他人专利'的行为：(一)未经许可，在其制造或者销售的产品、产品的包装上标注他人专利号的；(二)未经许可，在广告或者其他宣传材料中使用他人的专利号，使人将所涉及的技术误认为是他人专利技术的；(三)未经许可，在合同中使用他人的专利号，使人将合同涉及的技术误认为是他人专利技术的；(四)伪造或者变造他人的专利证书、专利文件或者专利申请文件的。"

该司法解释的第四条规定，假冒他人专利，具有下列情形之一的，属于《刑法》第二百一十六条规定的"情节严重"：①非法经营数额在20万元以上或者违法所得数额在10万元以上的。②给专利权人造成直接经济损失50万元以上的。③假冒两项以上他人专利，非法经营数额在10万元以上或者违法所得数额在5万元以上的。④其他情节严重的情形。假冒专利罪的量刑是3年以下的有期徒刑或者拘役，并处或单处罚金[②]。

"非法经营数额在20万元以上或者违法所得数额在10万元以上的"，这是从侵权人的角度来考量侵权行为的社会危害性，非法经营、违法所得是衡量经济型犯罪严重程度的主要指标，可以比较客观地反映出侵权行为的危害程度[③]。具体的计算，"非法经营数额"可以依据《最高人民法院、最高人民检察院关于办理侵犯知识产权刑事案件具体应用法律若干问题的解释》第十二条规定[④]。从有关司法解释的规定看，"非法经营数额"，是指行为人在实施侵犯知识产权行为的过程中，制造、储存、运输、销售侵权产品的价值。已销售的侵权产品的价值，按照实际销售的价格计算。制造、储存、运输和未销售的侵权产品的价值，按照标价或者已经查清的侵权产品的实际销售平均价格计算。侵权产品没有标价或者无法查清其实际销售价格的，按照被侵权产品的市场中间价格计算。"给专利

① 王洪友．知识产权理论与实务[M]．北京：知识产权出版社，2016：780．

② 曹阳．专利实务指南与司法审查[M]．北京：法律出版社，2019：2238．

③ 冯玉辉．论专利侵权行为的刑事责任[D]．北京：中国海洋大学，2011．

④ 白新潮．侵犯知识产权犯罪法律适用问题研究[J]．中国检察官，2006(10)：26－29．

权人造成直接经济损失在50万元以上的”，这是从建筑设计权利人角度考量侵权行为社会危害性的，建筑设计权利人直接经济损失正是由于侵权人的违法行为所致，经济损失多寡也就反映了侵权行为危害性的轻重[①]。因此，“直接经济损失”应包括因侵权而造成的销售额以及相应的利润的损失。在无法直接计算建筑设计权利人利润减损的情形下，可以把行为人的侵权获利推定为建筑设计权利人的“直接经济损失”。侵权人为了获得更多非法利益，一般不会仅仅假冒某一种专利，而是尽可能寻求更有利可图的专利来进行假冒，这也更严重扰乱国家专利管理制度、侵害专利权人的专利权。故而，法律对假冒两项以上的专利的行为比侵害单一专利在数额上有所降低。其他情节严重的情形，这是一条兜底的条款，是指其他一切危害程度与以上各项相当的假冒专利行为[②]。

第三节 侵犯建筑设计商标权的法律后果

本节从《民法典》上的侵权归责原则以及《商标法》上的侵权归责原则，得出侵犯建筑设计商标权适用过错责任归责的结论。着重探讨侵犯建筑设计商标权将要承担的民事、行政和刑事责任。

一、商标权侵权归责原则

《民法典》第一千一百六十五条第一款和第二款分别规定了过错责任归责原则和过错推定归责原则，过错推定包含在过错责任归责原则中。《民法典》第一千一百六十六条规定了无过错责任归责原则，然而在审判实践中，适用无过错责任归责原则的大部分案件中的行为人均是有过错的。《民法典》或其他法律未明文规定适用无过错归责原则的案件，均属于过错责任归责原则的适用范围，故过错责任归责原则是一般性的侵权归责原则[③]。通过对《民法典》中有关无过错归责责任以及推定过错归责责任和公平责任适用的侵权行为的列举可知，《民法典》没有关于侵犯商标权应当使用何种归责原则的具体条款。既然《民法典》没有列明，那么可以推知商标侵权归责原则既不采用无过错归责原则也不采用过错推定归责原则，而应适用一般性侵权归责原则，即过错责任归责原则[④]。

---

① 冯玉辉. 论专利侵权行为的刑事责任[D]. 北京：中国海洋大学，2011.

② 白新潮. 侵犯知识产权犯罪法律适用问题研究[J]. 中国检察官，2006(10)：26－29.

③ 黄薇. 中华人民共和国民法典释义（下）[M]. 北京：法律出版社，2020：2240.

④ 王晓娟. 商标侵权归责原则研究[D]. 石家庄：河北经贸大学，2013.

商业标记包括商标、商号(字号、厂商名称)、地理标志、域名、产地标记、知名商品特有标识(名称、包装、装潢)及商业广告短语、企业徽标等。商业标记权是其所有人基于商业标记而拥有的各种法定权益的统称,是知识产权类无形财产权的重要组成部分之一。我国商标法没有列明商标侵权责任应采用何种原则,而是罗列了有关商业标记的侵权行为,如我国商标法列明了几种危害商业标记权的行为,即使用商标侵权、销售商标侵权、商标标识侵权、反向假冒侵权。而且在《中华人民共和国商标法实施条例》中列明了两种侵权类型,即商品外观侵权和帮助侵权。《最高人民法院关于审理商标民事纠纷案件适用法律若干问题的解释》里列明了三种侵权,即影射商业标记侵权和驰名商标侵权以及网络中的域名侵权。通过这些法条可知,构成商标侵权只要和《商标法》及其实施条例还有关联的法律解答罗列的侵权相符,就成立了侵犯建筑设计相关的商标权。

综上所述,无论是从《民法典》的适用角度,还是《商标法》的相关规定,我国的商标侵权行为的归责原则应当采用过错责任归责原则。需要指出的是,实际上,无论采取无过错责任归责原则,还是过错责任归责原则,在实务中的处理都是一样的,即只有在损害赔偿责任承担方式下才需要考虑过错的问题。至于其他民事责任方式的承担,则不需要考虑侵权人的过错问题①。

二、侵权责任方式

侵犯建筑设计商标权的法律后果是承担多重法律责任,其中民事责任主要体现在消除影响、停止侵害等,造成更严重后果时要承担行政责任和刑事责任②。

(一)民事责任

对于建筑设计商标权的权利救济,除了确定特定的行为是否构成侵权外,最为重要的是侵权行为应当承担何种责任。根据《商标法》《民法典》和《刑法》等相关法律的规定,侵犯建筑设计商标权的行为人,根据具体情况,可能承担相应的民事责任、行政责任和刑事责任③。在整个责任体系中,民事责任最为重要,因为商标权在本质上是一项私权,是一种市场竞争工具。一般而言,只有严重侵犯私权以至于威胁市场竞争秩序等公共利益时,才有必要启动行政程序和刑事程序④。

---

① 史剑飞.商标侵权及其民事责任研究[D].上海:华东政法学院,2007.

② 杜颖.商标法[M].3版.北京:北京大学出版社,2016:899.

③ 杜颖.商标法[M].3版.北京:北京大学出版社,2016:899.

④ 史剑飞.商标侵权及其民事责任研究[D].上海:华东政法学院,2007.

在商标侵权责任上,《民法典》与《商标法》是一般法与特别法的关系。《民法典》的有些规定与《商标法》的相应规定是一致的。如在责任方式上,《民法典》规定的承担民事责任或者侵权责任的方式,可以单独适用,也可以合并适用。其中停止侵害、赔偿损失,与《商标法》规定的责令停止侵权、赔偿经济损失一致;在赔偿的计算方式和标准上,《商标法》第六十三条规定:“侵犯商标专用权的赔偿数额,按照权利人因被侵权所受到的实际损失确定;实际损失难以确定的,可以按照侵权人因侵权所获得的利益确定;权利人的损失或者侵权人获得的利益难以确定的,参照该商标许可使用费的倍数合理确定。对恶意侵犯商标专用权,情节严重的,可以在按照上述方法确定数额的一倍以上五倍以下确定赔偿数额。赔偿数额应当包括权利人为制止侵权行为所支付的合理开支。”《民法典》第一千一百八十二条规定:“侵害他人人身权益造成财产损失的,按照被侵权人因此受到的损失或者侵权人因此获得的利益赔偿;被侵权人因此受到的损失以及侵权人因此获得的利益难以确定,被侵权人和侵权人就赔偿数额协商不一致,向人民法院提起诉讼的,由人民法院根据实际情况确定赔偿数额。”由此可见《商标法》第六十三条与《民法典》第一千一百八十二条的规定没有本质区别。

《民法典》的有些规定是《商标法》没有的,这些规定应适用于商标侵权责任追究上,如共同侵权责任、辅助侵权责任、特殊主体侵权责任、网络侵权责任的认定与分配以及不承担侵权责任和减轻侵权责任的情形等。虽然《商标法》没有明文规定,但在运用《商标法》追究商标侵权责任时也应遵守上述规定。《民法典》的有些规定与《商标法》相关规定不同,应适用《商标法》追究商标侵权责任。《民法典》关于侵权责任构成仅适用于一般侵权责任,而商标权的侵权行为的构成,有其特殊之处。

侵犯建筑设计相关的商标的民事责任,是指侵犯建筑设计相关商标权一方应当承担的民事责任。《商标法》未明确规定有哪些责任形式。根据《民法典》第一百七十九条、第一千一百六十七条应承担民事责任或侵权责任的方式的规定,侵权人在侵犯注册商标权案件中可能承担停止侵害、排除妨碍、消除危险、赔偿损失、消除影响等民事责任。如果企业名称侵犯注册商标权,被告可能承担停止使用、规范使用等民事责任。最高人民法院在判决中认为,停止使用企业名称和规范使用企业名称是两种不同的责任方式。另外,有些法院曾认为,因侵犯建筑设计商标权导致建筑设计权利人商誉受到损害,可以要求赔礼道歉。赔礼道歉,是指加害人向受害人道歉,以取得其谅解的侵权责任形式[①]。一般认为,赔礼道歉,具有极为浓厚的人身性色彩,只能适用于人身权利受到侵害的情形,且权利

① 黄忠.赔礼道歉的法律化:何以可能及如何实践[J].法制与社会发展,2009(2):118-128.

主体只能是自然人。侵犯建筑设计相关商标权的行为并不涉及人格利益，应当不适用赔礼道歉。

1. **消除影响与消除危险**

消除影响是指侵权行为给建筑设计相关商标权利人造成不利影响的，法院判令侵权人承担消除该不良影响的民事责任。其适用条件是侵犯建筑设计领域商标权的行为造成了不良影响，不论是对原告的商誉造成的不良影响，还是蒙蔽、误导了消费者而形成的不良影响①。当然，任何侵犯建筑设计商标权的行为都可能产生一定的不良影响，如果这种不良影响未达到一定的程度，根据"法律不管琐事"的原则，不应当判定消除影响，否则就是对消除影响的滥用。消除影响，原则上被告在多大范围内造成了不良影响，其便负有在该范围内消除该不良影响的责任。消除影响，应当采取公开方式，如在报纸、网站、电视等媒体上刊登或发布声明的方式来消除不良影响。如果侵权人拒不执行，法院可采取将判决主要内容和有关情况公之于众的方式，费用由侵权人承担。

消除危险是指行为人的行为或其管理下的物件对他人造成现实或潜在的威胁，建筑设计权利人要求行为人采取有效措施，将具有危险因素的行为或者物件予以消除。消除危险与停止侵害相比较而言，消除危险是针对尚未发生的行为，而停止侵害是针对已经实施或者正在实施的行为。在实践中，很可能存在侵犯建筑设计商标权的行为。例如，将与某建筑设计单位所拥有的商标相同或者近似的标志申请外观设计专利，由于这种申请行为不属于面向市场消费者的非法使用商标的行为，该申请行为本身不属于侵犯建筑设计商标权的行为，但申请专利的主要目的在于实施，如果在与注册商标核定使用的商品相同或类似的商品上，使用与该注册商标相同或近似的外观设计，公众可能将该外观设计专利产品误认为是注册商标权人的商品，从而损害商标权人的注册商标权。为此，人民法院可以判决不得实施在后申请的外观设计专利。

2. **停止侵害**

建筑设计商标权的客体是信息，信息具有无限可复制性，且侵犯商标权的行为一般具有延续性，因此，停止侵害成为建筑设计权利人最为重视的权利救济措施。承担停止侵害的民事责任，并不要求侵权人主观上具有过错②。商标权人行使停止侵害请求权的方式主要有两种：一种是司法救济中的停止侵害，即请求法院判定停止侵害；二是私力救济中的停止侵害，即以侵权警告函的方式要求停

① 张广良. 知识产权侵权民事救济[M]. 北京：法律出版社，2003：216.

② 杜颖. 商标法[M]. 3 版. 北京：北京大学出版社，2016：899.

止侵害。直接要求侵权人停止侵害，通常是采用当面递交或邮寄侵权警告函的形式进行，但是建筑设计权利人不得滥用商标权，滥发侵权警告函。通过法院请求侵权人停止侵害，是商标权人在起诉侵权人前或诉讼过程中，请求法院裁定或判令被告停止侵害，法院做出的决定具有司法强制性①。

对于司法救济中的停止侵害，为及时制止正在实施或即将实施的可能侵害商标权的行为，建筑设计权利人可以在起诉前或诉讼过程中，请求法院判令对方当事人停止侵害②。根据相关的法律和司法解释，当事人向人民法院请求停止侵害应当满足以下三个要件：一是形式要件，申请人应以书面形式向人民法院提出申请；二是实质要件，申请人应当提供商标权权利的有效性等证据；三是附加要件，在诉前停止侵害和诉中停止侵害中，应当提供合理、有效的担保。最高人民法院在《关于当前经济形势下知识产权审判服务大局若干问题的意见》中提到，采取诉前停止侵权措施既要积极又要慎重，既要合理又要有效，要妥善处理有效制止侵权与维护企业正常经营的关系。诉前停止侵权主要适用于事实比较清楚、侵权易于判断的案件，适度从严掌握认定侵权可能性的标准，应当达到基本确信的程度。在认定是否会对申请人造成难以弥补的损害时，应当重点考虑有关损害是否可以通过金钱赔偿予以弥补以及是否有可执行的合理预期。担保金额的确定既要合理又要有效，主要考虑禁令实施后对被申请人可能造成的损失，也可以参考申请人的索赔数额。诉前停止侵权涉及当事人的重大经济利益和市场前景，要注意防止和规制当事人滥用有关权利。应考虑被诉企业的生存状态，防止采取措施不当使被诉企业生产经营陷入困境③。人民法院判令侵权人停止侵害，如果行为人不履行该义务，继续其原侵权行为的，建筑设计权利人可以依法请求有关机关追究其拒不执行判决、裁定的法律责任外，也可以起诉追究其继续侵权行为的民事责任④。人民法院判决停止使用而当事人拒不执行的，应加大强制执行和相应的损害赔偿救济力度⑤。

关于私力救济中的停止侵害，对建筑设计商标权人来说，以侵权警告函等方式要求相对人停止侵害，是主动行使权利的表现。然而，是否构成侵权往往模棱两可，建筑设计权利人可能据此对不构成侵权的竞争者以及竞争者的客户滥发侵权警告函，从而达到不正当的获取市场竞争优势的目的。因此，如何区分侵权

① 王洪友. 知识产权理论与实务[M]. 北京：知识产权出版社，2016：1090.

② 王太平. 邓宏光. 商标法[M]. 北京：北京大学出版社，2017：569.

③ 最高人民法院《关于当前经济形势下知识产权审判服务大局若干问题的意见》第 14 段。

④ 最高人民法院《对四川高院关于隆盛公司与杰明研究所确认不侵犯专利权纠纷请示案批复》〔(2009)民三他字第 6 号〕。

⑤ 最高人民法院《关于当前经济形势下知识产权审判服务大局若干问题的意见》第 10 段。

警告函是正当行使权利还是滥用权利，以及如何规制建筑设计权利人滥用侵权警告函值得深入研究。停止侵权警告函是否构成滥用权利以及滥用权利有何法律责任，是两个相关联的问题。目前，侵权警告函的相对方或利害关系人在特定的条件下可提起不侵权确认之诉。相对方可以在催告警告函发送后提起诉讼，后者不提起侵权诉讼则可以提起不侵权确认之诉，以消除是否构成侵权不明确的状态。另外，正在实施或者准备实施投资建厂等经营活动的当事人，受到知识产权权利人以其他方式实施的有关侵犯建筑设计专利权等的警告或威胁，主动请求该权利人确认其行为不构成侵权，且以合理的方式提供了确认所需的资料和信息，该权利人在合理期限内未做答复或者拒绝确认的，也可以提起确认不侵权诉讼①。

除通过不侵权确认之诉消除是否侵权的不确定状态外，还可以对滥发侵权警告函者提起不正当竞争之诉。知识产权侵权警告函需满足以下条件，才构成不正当竞争行为：一是有捏造侵犯其知识产权之事实；二是以警告函的方式散布该不实事实；三是行为人主观上存在故意②。根据最高人民法院《关于当前经济形势下知识产权审判服务大局若干问题的意见》的规定，对滥发警告函者，可以提起侵权损害赔偿。如果诉前停止侵权申请人未在法定期限内起诉或者已经实际构成申请错误，受害人提起损害赔偿诉讼的，应给予受害人应有的赔偿。在日本，在知识产权权利未受到实际侵害时，应承担因警告而造成的损害的赔偿责任，除非这种告知和警告不存在过失。③

3. 赔偿损失

赔偿损失是指行为人应赔偿因其违约行为或侵权行为导致的他人损失，这是侵权人承担民事责任的主要方式④。故意或过失侵犯注册商标专用权给建筑设计商标权人造成财产损失的，建筑设计商标权人可以请求赔偿损失。损害赔偿请求权行使之目的是对侵权行为造成的损害获得经济补偿。侵权损害赔偿的构成要件包括四个方面：损害事实；损害与行为之间的因果关系；行为的违法性；行为人的主观过错。传统民法理论认为，损害赔偿应以恢复原状为原则，金钱赔偿为例外⑤。但建筑设计相关的商标权被侵害后，原则上不会耗损商标权客体本身，因此金钱赔偿成为商标权损害赔偿的基本责任形式。对商标权的赔偿损

① 最高人民法院《关于当前经济形势下知识产权审判服务大局若干问题的意见》第13段。

② 王太平．邓宏光．商标法[M]．北京：北京大学出版社，2017：581．

③ 田村善之．日本现代知识产权法理论[M]．北京：法律出版社，2010：78．

④ 吴汉东．知识产权法学[M]．5版．北京：北京大学出版社，2011：1245－1246．

⑤ 曾世雄．损害赔偿法原理[M]．北京：中国政法大学出版社，2001：146．

失，我国的基本司法政策是增强损害赔偿的补偿、惩罚和威慑效果，降低维权成本，提高侵权代价。在侵犯建筑设计商标权的损害赔偿方面，《商标法》规定了损害赔偿数额的计算方式、确定损害赔偿数额的证据规则、惩罚性赔偿和免除赔偿等内容。

对于侵犯建筑设计商标权赔偿数额应该如何确定的问题，根据《商标法》第六十三条的规定，结合我国司法实践，侵犯建筑设计领域商标权的赔偿数额计算方式包括四种：一是按照权利人因被侵权所受到的实际损失确定，建筑设计权利人实际损失的确定，可以根据因侵权所造成商品销售减少量或者侵权商品销售量与该商品的单位利润乘积计算①；二是实际损失难以确定的，可以按照侵权人因侵权所获得的利益确定，侵权所获得的利益可以根据侵权商品销售量与该商品单位利润乘积计算；三是建筑设计权利人的损失或者侵权人获得的利益难以确定的，参照该商标许可使用费的倍数合理确定；四是法定赔偿，即建筑设计权利人因被侵权所受到的实际损失、侵权人因侵权所获得的利益、注册商标许可使用费难以确定的，由人民法院根据侵权行为的情节判决给予500万元以下的赔偿。赔偿数额应当包括建筑设计权利人为制止侵权行为所支付的合理开支。制止侵权行为所支付的合理开支，包括建筑设计权利人或者委托代理人对侵权行为进行调查、取证的合理费用，律师费应当符合国家有关部门规定。

损害赔偿是制裁侵权和救济权利的重要措施，然而商标在本质上是一种无形的信息，再加上侵犯建筑设计商标权的取证难，商标权权利评估体系不够健全，因此如何确定侵犯建筑设计商标权的损害赔偿责任是商标司法实践中的难点问题，以至于司法实践中普遍以法定赔偿数额的方式确定侵害商标权的赔偿数额②。《商标法》第六十三条从证据规则的角度来破解侵犯建筑设计商标权的赔偿难问题，该款规定："人民法院为确定赔偿数额，在权利人已经尽力举证，而与侵权行为相关的账簿、资料主要由侵权人掌握的情况下，可以责令侵权人提供与侵权行为相关的账簿、资料；侵权人不提供或者提供虚假的账簿、资料的，人民法院可以参考权利人的主张和提供的证据判定赔偿数额"。根据该款的规定，权利人负有举证责任。举证责任包括两部分：一是行为意义上的举证责任，即向法院提供证据的责任；二是结果意义上的举证责任，即在待证事实真伪不明的情形下承担不利风险的责任③。对于行为意义上的举证责任而言，虽然建筑设计权利人在侵权损害赔偿中负有主要的责任，但是若对方当事人持有证据，无正当理

① 王太平．邓宏光．商标法[M]．北京：北京大学出版社，2017：582－583.

② 王太平．邓宏光．商标法[M]．北京：北京大学出版社，2017：585－589.

③ 孔祥俊．反不正当竞争法新论[M]．北京：人民法院出版社，2001：841.

由拒不提供，应当承担证据妨碍的相关责任。最高人民法院《关于民事诉讼证据的若干规定》第九十五条规定："一方当事人控制证据无正当理由拒不提交，对待证事实负有举证责任的当事人主张该证据的内容不利于控制人的，人民法院可以认定该主张成立。"

4.**惩罚性赔偿与免除赔偿**

《商标法》在2019年修改时增加了惩罚性赔偿，第六十三条规定："对于恶意侵犯商标权，情节严重的，可以在按照上述方法确定数额的一倍以上五倍以下来确定赔偿数额。"惩罚性赔偿是指当被告以恶意、故意、欺诈或放任之方式实施行为而致原告受损时，法庭判定被告承担的除了实际损害数额以外的赔偿[①]。惩罚性赔偿是源于英美法系的一项法律制度。侵害商标权的惩罚性赔偿应当满足两个要件：一是侵权人主观上是恶意，即明知故犯等；二是情节严重，例如屡次故意侵权、侵权规模较大、持续时间较长、社会影响恶劣等。

《商标法》第六十四条规定了免除侵权人赔偿责任的两大事由。第一项免赔事由是被侵犯的商标连续三年未实际使用。该条第一款规定："注册商标专用权人请求赔偿，被控侵权人以注册商标专用权人未使用注册商标提出抗辩的，人民法院可以要求注册商标专用权人提供此前三年内实际使用该注册商标的证据。注册商标专用权人不能证明此前三年内实际使用过该注册商标，也不能证明因侵权行为受到其他损失的，被控侵权人不承担赔偿责任。"根据该规定，对于任何被控侵权的行为人而言，都可以以商标权人前三年未实际使用该注册商标作为承担赔偿责任的抗辩事由。商标权人对此前三年内实际使用该注册商标，承担举证责任。第二项免赔事由是无过错的销售者免除赔偿责任。该条第二款规定："销售不知道是侵犯注册商标专用权的商品，能证明该商品是自己合法取得并说明提供者的，不承担赔偿责任。"这种免赔事由有诸多限制条件：一是主体上只能限于销售者；二是主观上是善意的，即不知道销售的产品侵犯他人商标权；三是证明该商品是自己合法取得并说明提供者。

综上，在司法实践中，对于侵犯商标权的行为，人民法院可以根据情况判决侵权人承担停止侵害、排除妨碍、消除危险、赔偿损失、消除影响、停止使用企业名称和规范使用企业名称等民事责任。由于商标在本质上是一种信息，侵权行为使建筑设计权利人无法行使或者不能正常行使其商标权的可能性微乎其微，因此，排除妨碍这种责任形式很少使用[②]。停止使用企业名称是停止使用侵害他人商标权的企业名称，这是停止侵害在具体案件中的体现。规范使用企业名

---

① BRYAN A.GARNER. Black's Law Dictionary(Seventh Edition), West Group, 1999:396.

② 王太平.邓宏光.商标法[M].北京:北京大学出版社,2017:590.

称要求行为人的企业名称使用行为应当规范，而不能突出使用与他人商标相同的字号，从而导致相关公众产生混淆误认，这种责任形式是停止侵害和消除危险的体现。因此，侵犯建筑设计商标权的民事责任形式，主要是停止侵害、赔偿损失、消除影响和消除危险。

（二）行政责任

侵犯建筑设计商标权的行为，将导致相关公众对商品来源产生混淆误认，冲击正常的市场秩序，涉及社会公共利益。因此，侵犯建筑设计领域商标权的行为可能承担相应的行政责任。根据我国相关法律的规定，商标权人可以通过工商行政管理部门这个途径对商标权进行行政保护。

商标权行政保护是我国特色的救济模式，工商行政管理部门既可以依职权主动对侵犯商标权的行为进行执法，也可以根据举报或建筑设计权利人的请求对侵犯建筑设计商标权的行为进行查处①。工商行政管理部门根据已经取得的违法证据或者举报，对涉嫌侵犯他人商标权的行为进行查处时，可以行使下列职权：询问有关当事人，调查与侵犯他人注册商标专用权有关的情况；查阅、复制当事人与侵权活动有关的合同、发票、账簿以及其他有关资料；对当事人涉嫌从事侵犯他人注册商标专用权活动的场所实施现场检查；检查与侵权活动有关的物品；对有证据证明是侵犯他人注册商标专用权的物品，可以查封或者扣押。工商行政管理部门依法行使职权时，当事人应当予以协助、配合，不得拒绝、阻挠②。

工商行政管理部门若认定侵犯建筑设计商标权的行为成立，有权责令侵权行为人承担下列行政责任：立即停止侵权行为；没收、销毁侵权商品和主要用于制造侵权商品、伪造注册商标标识的工具；行政处罚。违法经营额 5 万元以上的，可以处违法经营额 5 倍以下的罚款，没有违法经营额或者违法经营额不足 5 万元的，可以处 25 万元以下的罚款。对 5 年内实施两次以上侵犯商标权行为或者有其他严重情节的，应当从重处罚。销售不知道是侵犯注册商标专用权的商品，能证明该商品是自己合法取得并说明提供者的，由工商行政管理部门责令停止销售。工商行政管理部门责令立即停止侵权行为，没收、销毁侵权商品和主要用于制造侵权商品、伪造注册商标标识的工具、行政罚款等属于商标行政执法中侵权人承担的责任③。工商行政管理部门对侵犯商标专用权的赔偿数额，可以进行调解。经工商行政管理部门调解，当事人未达成协议或者调解书生效后不履行的，当事人可以向人民法院提起民事诉讼。

---

① 吴汉东. 知识产权法学[M]. 5 版. 北京：北京大学出版社，2011：1247.

② 王太平. 邓宏光. 商标法[M]. 北京：北京大学出版社，2017：601 - 602.

③ 杜颖. 商标法[M]. 3 版. 北京：北京大学出版社，2016：896 - 897.

（三）刑事责任

为了加强打击侵害商标权行为的力度，保护建筑设计权利人的合法利益，我国商标法和刑法中都规定了侵权行为人应当承担的刑事责任，形成了民事责任与刑事处罚相辅相成的救济制度①。

《商标法》第六十七条规定："未经商标注册人许可，在同一种商品上使用与其注册商标相同的商标，构成犯罪的，除赔偿被侵权人的损失外，依法追究刑事责任。伪造、擅自制造他人注册商标标识或者销售伪造、擅自制造的注册商标标识，构成犯罪的，除赔偿被侵权人的损失外，依法追究刑事责任。销售明知是假冒注册商标的商品，构成犯罪的，除赔偿被侵权人的损失外，依法追究刑事责任。"该条明确了侵犯商标权构成犯罪的类型②。

刑事责任是最严厉的责任形式，我国侵犯商标权犯罪集中规定在《刑法》"侵犯知识产权罪"中，共三个罪名，即《刑法》第二百一十三条规定的假冒注册商标罪、第二百一十四条规定的销售假冒注册商标的商品罪、第二百一十五条规定的非法制造、销售非法制造的注册商标标识罪。它们分别围绕产销注册商标标识、制造假冒注册商标的商品和销售假冒商标的商品三个不同的环节和阶段，成为一个动态的罪名体系。这三种罪名的刑罚较轻，一般处 3 年以下有期徒刑或者拘役，并处或者单处罚金。如果情节特别严重，处 3 年以上 7 年以下有期徒刑，并处罚金。单位犯罪的，对单位处罚金，并对其直接负责的主管人员和其他直接责任人员依照上述规定处以刑罚。根据最高人民法院、最高人民检察院《关于办理侵犯知识产权刑事案件具体应用法律若干问题的解释》第十五条的规定，"单位实施刑法第二百一十三条至第二百一十九条规定的行为，按照本解释规定的相应个人犯罪的定罪量刑标准的三倍定罪量刑。

1. 假冒注册商标罪

根据《刑法》第二百一十三条的规定，假冒注册商标罪是指未经注册商标所有人许可，在同一种商品、服务上使用与其注册商标相同的商标的行为。例如，因假冒他人注册商标，被工商行政管理机关给予两次行政处罚又假冒他人注册商标的；利用贿赂等非法手段推销假冒商标商品的；假冒他人注册商标造成恶劣社会影响、国际影响的，均属于情节严重，可构成假冒注册商标罪③。假冒注册商标罪的犯罪客体，理论上存在不同的观点，有学者认为该罪侵害了他人的注册商标专用权，有人认为侵害的是国家的商标管理制度和他人的注册商标专用权，

① 王洪友. 知识产权理论与实务[M]. 北京：知识产权出版社，2016：1097.

② 王太平. 邓宏光. 商标法[M]. 北京：北京大学出版社，2017：635－636.

③ 吴汉东. 知识产权法学[M]. 5 版. 北京：北京大学出版社，2011：1248.

有观点认为除了侵害这两种之外，还侵犯了注册商标商品的生产者、经营者和消费者的合法权益。假冒注册商标罪在客观方面表现为未经注册商标所有人许可，在同一种商品上使用与其注册商标相同的商标，情节严重的行为[①]。这里所谓的“同一种商品”，是指名称相同的商品以及名称不同但是属于相同事物的商品。“名称”是指国家知识产权局商标局在商标注册工作中对商品使用的名称，通常即《商标注册用商品和服务国际分类》中规定的商品名称。“名称不同但是属于相同事物的商品”是指在功能、用途、主要原料、消费对象、销售渠道等方面相同或者基本相同，相关公众一般认为是同一种事物的商品。“相同的商标”，是指与被假冒的注册商标完全相同，或者与被假冒的注册商标在视觉上基本无差别、足以对公众产生误导的商标。具有下列情形之一，可以认定为“与其注册商标相同的商标”：①改变注册商标的字体、字母大小写或者文字横竖排列，与注册商标之间仅有细微差别的；②改变注册商标的文字、字母、数字等之间的间距，不影响体现注册商标显著特征的；③改变注册商标颜色的；④其他与注册商标在视觉上基本无差别、足以对公众产生误导的商标[②]。这里所谓的“使用”，是指将注册商标或者假冒的注册商标用于商品、商品包装或者容器以及产品说明书、商品交易文书，或者将注册商标或者假冒的注册商标用于广告宣传、展览以及其他商业活动等行为。

对于假冒注册商标罪，情节严重的处以三年以下有期徒刑，并处或者单处罚金[③]；情节特别严重的，处三年以上七年以下有期徒刑，并处罚金。下列情形视为“情节严重”：①非法经营数额在五万元以上或者违法所得数额在三万元以上；②假冒两种以上注册商标，非法经营数额在三万元以上或者违法所得数额在二万元以上；③其他情节严重的情形。下列情形视为“情节特别严重”：①非法经营数额在二十五万元以上或者违法所得数额在十五万元以上的；②假冒两种以上注册商标，非法经营数额在十五万元以上或者违法所得数额在十万元以上的；③其他情节特别严重的情形。这里所谓的“非法经营数额”，是指行为人在实施侵犯商标权行为的过程中，制造、储存、运输、销售侵权产品的价值。已销售的侵权产品的价值，按照实际销售的价格计算。制造、储存、运输和未销售的侵权产品的价值，按照标价或者已经查清的侵权产品的实际销售平均价格计算。侵权产品没有标价或者无法查清其实际销售价格的，按照被侵权产品的市场中间价

---

① 王太平．邓宏光．商标法[M]．北京：北京大学出版社，2017：638－639．

② 最高人民法院．最高人民检察院．公安部《关于办理侵犯知识产权刑事案件适用法律若干问题的意见》（法发〔2011〕3号）。

③ 吴汉东．知识产权法学[M]．5版．北京：北京大学出版社，2011：1249．

格计算[①]。在计算制造、储存、运输和未销售的假冒注册商标权产品价值时，对于已经制作完成但尚未附着（含加贴）或者尚未全部附着（含加贴）假冒注册商标标识的产品，如果有确实、充分证据证明该产品假冒他人注册商标，其价值计入非法经营数额[②]。

在现实生活中，假冒注册商标罪可能与生产、销售伪劣产品罪交织在一起。《刑法》第一百四十条规定，生产者、销售者在产品中掺杂、掺假，以假充真，以次充好或者以不合格产品冒充合格产品，销售金额五万元以上的行为，可构成生产、销售伪劣产品罪。生产、销售伪劣产品的行为与假冒注册商标的行为之间存在目的与手段的关系，属于牵连犯，从一重处断。行为人实施假冒注册商标罪，同时构成生产、销售伪劣商品犯罪的，依照假冒注册商标罪与生产、销售伪劣商品犯罪中处罚较重的规定定罪处罚。

2. 销售假冒注册商标的商品罪

根据《刑法》第二百一十四条的规定，销售假冒注册商标的商品罪是指销售明知是假冒注册商标的商品，销售金额数额较大的行为[③]。

销售假冒注册商标的商品罪，主观上是直接故意，即要求行为人主观上“明知”而为之。具有下列情形之一的，应当认定为“明知”：①知道自己销售的商品上的注册商标被涂改、调换或者覆盖的；②因销售假冒注册商标的商品受到过行政处罚或者承担过民事责任，又销售同一种假冒注册商标的商品的；③伪造、涂改商标注册人授权文件或者知道该文件被伪造、涂改的；④其他知道或者应当知道是假冒注册商标的商品的情形。

销售假冒注册商标的商品罪在客观上必须实施了销售假冒注册商标的商品。这里所谓的“销售”应当作广义上的理解，一切将商品有偿卖出的行为，如批发、零售、代销、经销、贩卖等，都属于销售行为。但如果只是购买假冒注册商标的商品而不是为了再出售，如为了无偿赠送他人，或者为了自己消费而购买，不构成本罪。如果为了销售而购买，但尚未卖出，该行为可构成本罪的未遂。本罪的目的在于惩处那些单纯从事销售假货而不制造假货的犯罪分子，以切断假冒注册商标商品的流通途径。如果犯罪分子自己从事假冒注册商标行为的同时又进行销售的，根据吸收犯的理论，作为从行为的销售行为被作为主行为的假冒行为吸收，因此只构成假冒注册商标罪一个罪。另外，根据共同犯罪的理论，销售

---

① 最高人民法院、最高人民检察院《关于办理侵犯知识产权刑事案件具体应用法律若干问题的解释》（法释〔2004〕19号）。

② 王太平，邓宏光．商标法［M］．北京：北京大学出版社，2017：643．

③ 吴汉东．知识产权法学［M］．5版．北京：北京大学出版社，2011：1249．

假冒注册商标商品的行为人与假冒他人注册商标的犯罪分子事前通谋，帮助其销售假冒注册商标的商品，则成为假冒注册商标罪的共犯，构成假冒注册商标罪，而不宜再认定为销售假冒注册商标的商品罪。

销售假冒注册商标的商品罪，行为人销售金额应当达到数额较大的标准[①]。销售明知是假冒注册商标的商品，销售金额在五万元以上的，属于《刑法》第二百一十四条规定的"数额较大"，应当以销售假冒注册商标的商品罪判处三年以下有期徒刑，并处或者单处罚金。销售金额在二十五万元以上的，属于《刑法》第二百一十四条规定的"数额巨大"，应当以销售假冒注册商标的商品罪判处三年以上七年以下有期徒刑，并处罚金。这里所谓的"销售金额"，是指销售假冒注册商标的商品后所得和应得的全部违法收入[②]。

销售明知是假冒注册商标的商品，具有下列情形之一的，依照《刑法》第二百一十四条的规定，以销售假冒注册商标的商品罪（未遂）定罪处罚：①假冒注册商标的商品尚未销售，货值金额在十五万元以上的；②假冒注册商标的商品部分销售，已销售金额不满五万元，但与尚未销售的假冒注册商标的商品的货值金额合计在十五万元以上的。假冒注册商标的商品尚未销售，货值金额分别达到十五万元以上不满二十五万元、二十五万元以上的，分别依照《刑法》第二百一十四条规定的各法定刑幅度定罪处罚[③]。销售金额和未销售货值金额分别达到不同的法定刑幅度或者均达到同一法定刑幅度的，在处罚较重的法定刑或者同一法定刑幅度内酌情从重处罚。

3. 非法制造、销售非法制造的注册商标标识罪

根据《刑法》第二百一十五条的规定，非法制造、销售非法制造的注册商标标识罪，是指伪造、擅自制造他人注册商标标识或者销售伪造、擅自制造的注册商标标识的行为[④]。

非法制造、销售非法制造的注册商标标识罪并未明确规定注册商标标识是商品商标还是服务商标，因此，有观点认为非法制造、销售非法制造的注册服务商标标识的行为，情节严重者构成本罪。这种观点值得商榷，因为非法制造、销售非法制造的注册商标标识的行为，通常是假冒他人注册商标的前提和物质准备，《刑法》将这种行为规定为独立的罪名予以严惩，是为了从源头上重拳打击假冒注册商标的行为。然而，《刑法》规定假冒注册商标罪都仅仅限于商品商标，对

---

① 王洪友．知识产权理论与实务[M]．北京：知识产权出版社，2016：1099.

② 王太平．邓宏光．商标法[M]．北京：北京大学出版社，2017：647－648.

③ 吴汉东．知识产权法学[M]．5版．北京：北京大学出版社，2011：1250.

④ 王洪友．知识产权理论与实务[M]．北京：知识产权出版社，2016：1099.

于非法制造、销售非法制造的注册商标标识这种假冒注册商标行为的辅助性行为，当然也应当限定为商品商标。

非法制造、销售非法制造的注册商标标识罪是一个选择性罪名，它包括了非法制造注册商标标识罪和销售非法制造的注册商标标识罪两个罪名。如果行为只是符合其中的一个罪名，应根据该行为确定相应的罪名。因此，如果仅仅实施了伪造注册商标标识或者擅自制造注册商标标识，应当定为非法制造注册商标标识罪。如果仅仅实施了销售伪造注册的商标标识或者销售擅自制造注册的商标标识，则定为非法销售注册商标标识罪。如果既实施了伪造、擅自制造行为又实施了销售行为，应当直接将罪名确定为非法制造、销售非法制造的注册商标标识罪[①]。

非法制造、销售非法制造的注册商标标识罪要求行为的情节必须达到严重的程度[②]。具有下列情形之一的，属于《刑法》第二百一十五条规定的"情节严重"，应当以非法制造、销售非法制造的注册商标标识罪判处三年以下有期徒刑，并处或者单处罚金：①伪造、擅自制造或者销售伪造、擅自制造的注册商标标识数量在二万件以上，或者非法经营数额在五万元以上，或者违法所得数额在三万元以上的；②伪造、擅自制造或者销售伪造、擅自制造两种以上注册商标标识数量在一万件以上，或者非法经营数额在三万元以上，或者违法所得数额在二万元以上的；③其他情节严重的情形。具有下列情形之一的，属于《刑法》第二百一十五条规定的"情节特别严重"，应当以非法制造、销售非法制造的注册商标标识罪判处三年以上七年以下有期徒刑，并处罚金：①伪造、擅自制造或者销售伪造、擅自制造的注册商标标识数量在十万件以上，或者非法经营数额在二十五万元以上，或者违法所得数额在十五万元以上的；②伪造、擅自制造或者销售伪造、擅自制造两种以上注册商标标识数量在五万件以上，或者非法经营数额在十五万元以上，或者违法所得数额在十万元以上的；③其他情节特别严重的情形。

销售他人伪造、擅自制造的注册商标标识，具有下列情形之一的，以销售非法制造的注册商标标识罪（未遂）定罪处罚：①尚未销售他人伪造、擅自制造的注册商标标识数量在六万件以上的；②尚未销售他人伪造、擅自制造的两种以上注册商标标识数量在三万件以上的；③部分销售他人伪造、擅自制造的注册商标标识，已销售标识数量不满二万件，但与尚未销售标识数量合计在六万件以上的；④部分销售他人伪造、擅自制造的两种以上注册商标标识，已销售标识数量不满一万件，但与尚未销售标识数量合计在三万件以上的。此种犯罪行为包括销售

---

① 王太平，邓宏光．商标法[M]．北京：北京大学出版社，2017：650－652.

② 吴汉东．知识产权法学[M]．5版．北京：北京大学出版社，2011：1250.

非法制造的商标标识。情节严重,构成犯罪的,对行为人处以三年以下有期徒刑,并处或单处罚金;情节特别严重的,处三年以上七年以下有期徒刑,并处罚金。

可见我国对于商标侵权规定了很多民事、行政和刑事责任,在侵犯建筑设计相关的商标权时,满足了上述情形,要承担一定的法律责任。随着世界范围内侵犯建筑设计知识产权行为的日益凸显,各个国家对建筑设计知识产权的保护力度也日益加强,建筑设计知识产权的救济途径也从最初的民事、行政途径越来越多的转到采取刑事法律保护,加强打击侵犯知识产权的犯罪行为,完善建筑设计知识产权的刑事保护,是当今社会国际性保护的发展趋势①。

① 毛金生.谢小勇.刘淑华.海外专利侵权诉讼[M].北京:知识产权出版社,2012:311.

第五章　建筑设计企业知识产权的管理

知识产权法律制度的主要目的是在保护公众利益的同时，最大限度地激励人们进行发明创造、智力创作或者合法经营。我国知识产权发展经历“从无到有”“从有到大”“从大到强”三大战略转换，在以政府主导的推进中，中国特色的“大保护”工作体系逐步成型，并发展出“利益平衡”“构建人类命运共同体”的保护理念，形成了独具特色的中国知识产权发展道路。同时，建筑设计企业对知识产权管理也进行探索。本章从建筑设计企业知识产权的战略管理、组织管理、人力资源管理、市场营销管理、设计管理、财务管理以及建筑设计企业知识产权的有效利用等方面展开，详细阐述建筑设计企业知识产权管理的方方面面。

第一节　建筑设计企业知识产权的战略管理

随着我国社会经济的发展，很多建筑设计类企业也在逐步参与到激烈的国际竞争中，这些企业因为管理经验的丰富和增长，越来越意识到战略管理的重要性，认可企业经营战略在企业发展过程中的行动纲领作用。制定知识产权保护战略可以帮助建筑设计企业更好地将知识产权工作与总体经营目标进行融合，清晰规划知识产权工作任务，更好地管理和保护企业无形资产，形成企业经营和发展的优势资源。

一、制定企业知识产权保护战略的原因

2020 年 11 月 30 日，中共中央政治局就加强我国知识产权保护工作举行第二十五次集体学习。习近平总书记在主持学习时指出，我国知识产权保护工作始于新中国成立之初，十八大以来尤为突出。“总的看，我国知识产权事业不断发展，走出了一条中国特色知识产权发展之路，知识产权保护工作取得了历史性成就，知识产权法规制度体系和保护体系不断健全、保护力度不断加强，全社会尊重和保护知识产权意识明显提升，对激励创新、打造品牌、规范市场秩序、扩大对外开放发挥了重要作用。”①

知识产权是重要的无形资产，在企业价值中所占比重越来越大。根据智力

① 习近平. 全面加强知识产权保护工作激发创新活力推动构建新发展格局[J]. 求是，2021(3)：5.

资本商业银行公司 OCEANTOMO 调查显示，1975 年标准普尔 500 企业的市值组成中，83％是有形资产（工厂、机器、房产等），而到了 2015 年，企业市值的 84％已是由无形资产决定，主要就是知识产权[①]。

企业战略规划具有重要的意义，它能够指明企业发展方向，决定企业经营活动是否正常进行；科学合理的战略规划是企业健康生存和可持续发展的基础，能够使企业保有充沛的活力和高度的竞争力；企业战略规划能够统一组织内部员工行动，使成员为了组织共同目标协作努力，使企业内部各项活动更加合理有序[②]。

建筑设计企业对知识产权的认知和实践往往是递进式和积累式的。无论规模大小、处于哪一个发展阶段，管理者都应立足企业自身发展阶段，面向更高层级的目标，制定和实施适合本企业的知识产权保护战略，推动企业更好地发展。

建筑设计企业经营战略包含各类型业务战略，比如生产战略、科技发展战略、营销战略、人才战略等，也应包含知识产权保护战略。知识产权战略管理包含企业知识产权战略的牵头制定、组织实施和修正、评价。企业应根据自身技术实力、所处行业、总体战略等制定适合于自身长远发展的知识产权战略，包括专利战略、商标战略、版权战略等。从某种意义上讲，知识产权战略不仅体现企业的知识产权方针政策，更体现企业各部门之间对知识产权管理达成的共识和努力的方向。同时，各相关部门都应对此战略的实施、修正与评价负管理职责。知识产权战略的实施应当建立在知识产权管理制度建设和其他职能充分发挥的基础之上。知识产权战略管理具有宏观性、长期性和动态性，在实施过程中，应当根据企业内外环境的变化做出必要调整。而是否调整、如何调整以及何时调整，都需要建立在定期（如每五年一次）进行战略实施评价的基础之上[③]。

知识产权保护战略是指企业充分运用知识产权制度，为保护自身合法权益、获得与保持竞争优势、遏制竞争对手、谋求最佳经济利益而进行的整体性筹划和采取的一系列策略和手段。建筑设计企业的知识产权保护战略往往包含战略目标、任务措施、组织保障。战略目标主要是企业的目标以及通过知识产权保护来实现什么；任务措施指的是怎么做的问题，通过哪些工作内容和手段来实现目

① 国家知识产权局知识产权保护司. 企业知识产权保护指南[M]. 北京：知识产权出版社，2022：3.

② 陈远翔. 建筑施工企业战略发展规划制定及实施过程要点探究[J]. 绿色环保建材，2021(12)：63-64.

③ 顾金焰. 企业知识产权管理部门设置[J]. 电子知识产权，2006(11)：56-57.

标；组织保障指的是谁来做的问题，如何保障任务的实施。

成功的知识产权保护战略既可以有力支撑企业自身的科技发展战略、营销战略等，也可以帮助企业在外部竞争中建立优势。

从内容类别来看，企业的知识产权保护战略可以分为专利保护战略、商标（品牌）保护战略、版权保护战略和商业秘密保护战略。以技术创新作为主要优势（尤其是依赖专利保护来发展）的企业，往往重点关注专利保护战略；以品牌塑造和经营为发展路线的企业，往往重点关注商标（品牌）战略；以版权经营和运营为主要商业模式的企业，往往重点关注版权保护战略；而以特有商业秘密为核心竞争优势的企业，会重点关注商业秘密保护战略。一个完整的知识产权保护战略很可能是包含上述多个战略。

从性质或目的来看，企业的知识产权保护战略可以分为进攻型战略和防守型战略等。进攻型战略主要关注能给企业带来竞争优势的知识产权获取和保护，一般包含基本诉讼战略、投资并购战略等。防守型战略主要关注避开或降低外部威胁带来的影响，一般包含交叉许可战略、规避战略、无效战略、文献公开战略等。理想情况下，企业知识产权保护战略需要兼顾这两个维度，并且做好平衡①。

二、制定企业知识产权保护战略的步骤

管理学家彼得·德鲁克说，战略不是预测未来，而是决定我们今天做什么才有未来。制定企业知识产权保护战略的核心，就是要厘清企业目前在哪里、准备去哪里、变化在哪里以及基于现状和能力设计一个方案指引企业怎么去那里。

“目标要更高一些，眼光要更远一些，步子要更大一些，方法要更先进一些，举措要更现代一些”，这是企业战略管理对战略制定者的共同要求，所以，制定者要与时俱进，提高自身能力，适应时代和环境的变化，能够从容应对各项风险挑战②。

日常管理工作更多的是职能性管理，将管理重点放在日常的事务性管理方面，虽然这是企业生存和发展过程中必不可少的管理工作，但是想要更好地协调企业的各项职能，就需要战略管理来进行统一指导，使企业不同部分通过统一主线形成一个有机整体，产生一加一大于二的效果，实现企业强大的竞争力③。

制定建筑设计企业知识产权保护战略的基本步骤主要包含以下环节。

---

① 国家知识产权局知识产权保护司. 企业知识产权保护指南[M]. 北京：知识产权出版社，2022：9.

② 管峰. 企业制定战略规划存在的问题及对策分析[J]. 山西科技，2020(4)：101－102，105.

③ 郑文丽. 企业制定战略规划存在的问题及对策分析[J]. 技术与市场，2021(1)：188－189.

（一）明确现状

梳理企业知识产权工作现状，找到企业目前知识产权保护工作与经营期望值之间的差距，并进行量化陈述。分析造成业务差距的原因是“该干的，没有干”，还是“干了，没干好”。例如，如果发现企业知识产权数量较少，要通过分析识别造成数量较少的根本原因是什么：是研发人员缺技能，还是缺意识；是企业流程出了问题，还是有流程但执行出了问题。

（二）明确目标

有效识别建筑设计企业的愿景，思考企业知识产权保护战略与愿景之间的逻辑关联性。

通常而言，建筑设计企业知识产权保护工作的定位有两类：基础性业务和辅助性业务。对于刚刚起步的企业而言，经验较少，知识产权实力和保护能力不足，一般会将知识产权保护定位为辅助性业务。但随着企业规模不断增大，企业在市场竞争中对于知识产权保护有更多诉求，则可以将知识产权逐步调整为基础性业务。

知识产权制度是科技、经济与法律集合的产物，其基本功能是：为创新活动进行产权界定并提供激励机制；为创新产业进行资源配置并提供市场交易；为创新成果进行产权保护并提供市场规范机制①。知识产权保护战略目标要以保障实现企业核心经营目标为原则，与企业经营战略相互咬合，并动态更新。常见的知识产权保护战略目标包括：保护企业创新成果；通过产权商业化产生利益；通过行使权利限制竞争产品；通过行使权利制止潜在侵权人；通过知识产权实力钳制竞争对手，管控风险；通过无形资产价值助力招商引资；通过无形资产积累提升企业经营业绩；通过无形资产积累提高企业市值或股价等②。

（三）明确变化点

对影响建筑设计企业知识产权保护工作开展的内外部因素进行综合考量。常见的外部因素主要包括：国家和社会的总体知识产权保护环境、行业环境、竞争者环境。对外部因素的考虑主要是识别外部机会和威胁。常见的内部因素可以细分为：企业的发展战略、技术实力、经营模式、财务状况等。对内部因素的分析主要是明晰优势和劣势。例如，实践中很多企业会对竞争对手进行知识产权情报分析，通过定期分析新公开的专利信息，跟踪竞争对手的技术发展趋势或者新产品研

① 吴汉东.科技、经济、法律协调机制中的知识产权法[J].法学研究，2001(6)：128－148.

② 国家知识产权局知识产权保护司.企业知识产权保护指南[M].北京：知识产权出版社，2022：11

发进度。这项工作就是为了扫描知识产权外部环境，为企业内部决策提供参考依据。

（四）明确办法

“目前在哪里”是战略起点，“准备去哪里”是战略终点，“变化在哪里”是影响因素。在明确上述三个要素后，就要解决从战略起点到战略终点之间的路径和实现节奏问题。常见的路径包括：

（1）知识产权布局与管理（主要包括专利、商标、著作权的申请确权）；

（2）知识产权风险管控与预警（主要包括研发、销售、售后等过程中的知识产权风险识别与控制）；

（3）知识产权流程制度建设（主要包括建设知识产权申报、保护、运用等流程制度）；

（4）知识产权专业人才培养（主要包括研发人员知识产权技能培养）；

（5）知识产权信息化工具建设（主要包括企业知识产权管理系统建设）。

知识产权保护战略制定的最终结果可以形成建筑设计企业的知识产权保护战略文件，该文件应明确建筑设计企业知识产权保护工作的方向和路线，经过企业高级管理层的审批并发布成为企业内部全体员工执行知识产权保护工作的核心指导，并且随着企业发展变化进行调整以适应企业新的发展状况。

另外，良好的企业氛围能够帮助企业更好地完成战略规划，实现战略目标，这是因为良好的企业氛围，能够凝聚企业内部成员的力量，使组织整体积极进取，奋发有为，促进企业的健康发展①。

三、知识产权保护的政策

近年来，我国出台了《知识产权强国建设纲要（2021—2035 年）》《“十四五”国家知识产权保护和运用规划》《关于强化知识产权保护的意见》等一系列重要政策文件，明确了知识产权保护工作的发展方向和措施。企业管理者应关注政策变化，在制定企业知识产权保护战略时予以充分考虑，既要懂得借用“政策红利”，让企业发展借势而为，也要懂得避入“政策红线”，防范风险。建筑设计企业应重点关注知识产权保护方面的如下政策。

（一）打击不以保护创新为目的的专利申请

2021 年 1 月，国家知识产权局印发《国家知识产权局关于进一步严格规范专利申请行为的通知》，在《关于规范专利申请行为的若干规定》第三条规定的 6

① 王苏菲. 论企业战略发展与内部控制管理的关系[J]. 现代国企研究，2019(10)：46.

种情形基础上，进一步增加了“单位或个人故意将相关联的专利申请分散提交”“单位或个人提交与其研发能力明显不符的专利申请”“单位或个人异常倒卖专利申请”等5种情形，从严打击、从严处置共11种不以保护创新为目的的非正常专利申请行为。同年3月，国家知识产权局公告发布《关于规范申请专利行为的办法》。知识产权管理部门持续组织开展打击非正常专利申请专项行动，对涉及的专利奖励政策和资格资质评定政策进行清理整治，严格对专利代理行业的监管。2022年1月，国家知识产权局进一步印发了《国家知识产权局关于持续严格规范专利申请行为的通知》，这一系列行动的根本目的是消除不以保护创新为目的的非正常专利申请行为，切实推动我国从知识产权引进大国向创造大国转变，从追求数量向提高质量转变。建筑设计企业应当关注这些政策，避免在知识产权布局中出现这些行为①。

（二）知识产权侵权惩罚性赔偿

我国持续提升知识产权法治化水平。2020年修正后的《专利法》《著作权法》《刑法》引入侵权惩罚性赔偿条款，加大对知识产权侵权违法行为的惩处力度，专利法修改重点包括加大对专利侵权的打击力度，提高赔偿额，加大惩罚性赔偿，明确了侵权人配合提供相关资料的义务。引入专利开放许可制度，鼓励专利的实施转化②；最高人民法院发布涉及专利授权确权、商业秘密保护、知识产权刑事保护等的多个司法解释，有关部门出台《关于加强侵权假冒商品销毁工作的意见》《药品专利纠纷早期解决机制实施办法（试行）》等文件。随着我国知识产权法治环境愈发完善，越来越多的国内外权利人有意识地利用行政、司法等各种途径解决知识产权纠纷。得益于知识产权侵权惩罚性赔偿制度落地，权利人遭受侵权的损失得到充分弥补。

（三）知识产权信用管理

2021年9月1日，《市场监督管理严重违法失信名单管理办法》施行，将实施“故意侵犯知识产权；提交非正常专利申请、恶意商标注册申请损害社会公共利益；从事严重违法专利、商标代理”等行为的当事人依法依规列入严重违法失信名单。2022年1月，《国家知识产权局知识产权信用管理规定》印发，立足建立健全信用管理工作机制，规范失信行为认定、归集、共享、公开、惩戒和信用修复等工作，通过对失信主体实施限制评优评先、纳入重点监管等不减损权益、不增加义务的行政管理措施，加大监管工作力度，发挥信用监管工作效能，在法治

① 国家知识产权局知识产权保护司. 企业知识产权保护指南[M]. 北京：知识产权出版社，2022：14.

② 叶珺君. 知识产权对创新创业的激励机制研究[J]. 继续教育研究，2021(5)：96－100.

轨道上推进信用体系建设工作。

每一个政策的出台都是为了出“实招”引导、改变行业的发展。建筑设计企业应积极关注国家知识产权保护政策，看清政策背后指引的方向、鼓励的举措、禁止的行为，从而在谋划企业自身发展时能够明确“哪些事应该做”“哪些事情不应该做”“哪些事情碰不得”，进而在企业知识产权保护战略制定中把准方向和路线，护航企业行稳致远。具体的知识产权保护相关政策可持续关注国家知识产权局、国家版权局等知识产权主管部门官方网站公布的有关信息①。

第二节　建筑设计企业知识产权的组织管理

企业的成长是保持我国经济活力的关键所在，因此保持我国企业高质量发展的重要性不言而喻。在建筑设计企业的成长与发展中，组织管理起到了基础性的决定作用。组织管理是企业构成的基本框架，企业能否高效有序运行，很大程度上取决于组织管理模式的选择。随着我国市场经济的不断发展，金融市场的不断完善，建筑设计企业也在市场上面临日趋激烈的竞争。

建筑设计企业的成长是一个从量变到质变的过程，是在内外多种因素的影响下企业内部系统组织功能不断分化，不断创新，与外部环境形成良性互动的过程。企业的成长具体表现为企业规模扩大和结构改善两个方面。规模扩大表现为销售额的增加、生产规模的扩张、人员的增加等；结构改善表现为企业组织管理模式的改善、所有权结构的重构等。规模扩大是企业成长的结果，而结构改善是企业成长的核心，因为结构的改善可以使企业保持良好的成长方向和持续的成长过程。

一、企业知识产权保护的组织架构

作为经济活动的主体，企业的知识产权保护能力对于企业保持稳定增长、提供就业岗位、进行自主创新和实现经济发展方式的转变具有至关重要的作用②。对企业成长起到关键性作用的组织管理模式，一直被众多学者所关注，是组织管理研究最重要的领域之一。伴随着经济的发展及科技尤其是互联网技术的进步，企业的组织管理模式也应发生相应的变化，进行组织结构、形态等方面的革新。这种创新呈现出国际化、柔性化、人本化和知识化的发展势头③。在很多刚

---

① 国家知识产权局知识产权保护司.企业知识产权保护指南[M].北京：知识产权出版社，2022：19.

② 盛斌，毛其淋.贸易自由化、企业成长和规模分布[J].世界经济，2015，38(2)：3－30.

③ 叶国灿.企业管理模式的创新趋势[J].管理世界，2003(12)：146－147.

刚开展知识产权保护工作的建筑设计企业里，往往没有设置专职人员从事知识产权保护工作，多是由项目管理人员或者行政人员兼职完成，或者委托外部知识产权服务机构管理或协助完成。这种由兼职人员或外包人员从事知识产权保护工作的方式只能在初期阶段采用。企业发展一旦出现复杂的知识产权业务形态，建议安排专职人员开展相应工作。

一般情况下，比较重视知识产权保护工作的企业会设置独立的、专业的知识产权保护工作机构(以下称“知识产权部门”)。

知识产权部门在企业内部组织体系设置上，业界一般有三种做法：

第一种是设置在技术部门之下。这种做法的初衷是考虑到专利来源于技术研发，将知识产权部门设置在技术部门之下，知识产权部门可以紧密跟踪研发动向，与研发人员及时沟通，做到知识产权保护工作与技术研发同步开展，有利于知识产权的产出。但在这种模式下，知识产权部门较低的管理位阶可能导致其无法直接参与建筑设计企业决策，难以从全局把握企业整体目标从而对知识产权进行综合管理，难以推动知识产权发挥最大经济效能。

第二种是设置在法务部门之下。这种做法是将知识产权保护工作作为一种法律业务看待，多存在于当前阶段面临较大诉讼风险的建筑设计企业中。知识产权部门隶属于法务部门，有利于知识产权法律事务的处理，如许可谈判、知识产权纠纷应对等。但是这种模式下，知识产权部门同研发、经营等部门相隔较远，如果缺少必要的跨部门协调机制，有可能会出现难以及时跟踪研发市场等部门工作动向的情况①。

第三种是设置独立的知识产权部门。设置独立的知识产权部门，综合管理企业的专利、商标、著作权(有的企业还包括信息安全)等事务，与企业的技术研发部门、市场运营部门、法务部门平级平行设置。在采取这种结构的企业中，知识产权专业人员往往数量比较多，专业能力配备比较齐全，能够独立开展全类型的知识产权业务。知识产权部门管理位阶高、可以直接参与企业高层决策，对企业知识产权保护战略实施落地比较有利。这种模式成本相对较高。

建筑设计企业应该根据自身发展阶段和需求、是否处于诉讼风险高发期、产业知识产权竞争激烈程度等因素综合考虑，选择合适的知识产权部门设置方式，也可以根据企业发展情况，在不同时期灵活调整知识产权部门的组织架构。

同时，建筑设计企业的知识产权保护绝不仅仅是知识产权部门或人员的任务，而是需要建筑设计企业的每个部门和员工都能够参与其中。知识产权保护

① 国家知识产权局知识产权保护司.企业知识产权保护指南[M].北京：知识产权出版社，2022:20.

工作较为出色的建筑设计企业，往往是由知识产权部门牵头，企业所有管理层和执行层的每名员工齐心协力、共同参与而实现的。

二、企业知识产权部门的内设配置

建筑设计企业可以结合自身实际情况以及对于知识产权保护工作的目标和定位，确定知识产权部门的内设配置。建筑设计企业的知识产权日常管理是基础性工作。从工作流程上可分为知识产权的鉴定、申请、登记、注册、评估、维护等。从知识产权的类别上可分为专利管理、商标管理、版权管理、商业秘密管理等。企业需要制定和完善相应的业务流程、规章制度等，加强日常管理工作[①]。从实践来看，知识产权部门内设配置的依据通常有以下几种：第一种是依据知识产权业务属性配置。依据业务属性，一些企业将知识产权部门划分为商标组、版权组、专利组、综合组。每个组又可以根据业务细分，赋予检索分析、申请、许可及纠纷解决等不同职能；第二种是依据产品所属技术领域配置。按照企业产品所属技术领域，一些企业将知识产权部门划分为不同产品对应的知识产权工作组。这种模式主要是面向业务部门比较友好，知识产权本身功能细分不明显，但产品技术领域切分清晰。这种模式主要适用于产品多元化并且不同产品领域间技术关联度较低的企业[②]。多数企业知识产权管理单纯由研发部门或法务部门负责，但由于知识产权一端连着创新、一端连着市场，涵盖研发、生产、销售等各个环节，相关部门参与度不够往往使得企业知识产权动态管理机制作用发挥不够明显。随着企业对知识产权保护意识的不断增强，企业迫切需要推进不同类型、不同环节和不同领域的知识产权协同保护[③]。

无论企业的知识产权部门如何设置，其内设机构的工作人员的角色总是相对固定的，主要包括以下四种角色：一是部门负责人，负责制定企业知识产权保护战略、政策，协调知识产权工作部门与企业其他部门的关系，统筹本部门工作；二是知识产权工程师，直接参与研发活动，提供知识产权技术信息，挖掘知识产权申请，为知识产权分析提供技术支撑，进行技术规避设计；三是流程事务人员，负责全程参与知识产权生命周期管理，完成各项知识产权流程工作；四是知识产权法务人员，负责处理涉及知识产权的各项法务工作，包括知识产权权属处理、知识产权许可和转让、知识产权纠纷解决等。

① 顾金焰. 企业知识产权管理部门设置[J]. 电子知识产权，2006(11)：56－57.

② 国家知识产权局知识产权保护司. 企业知识产权保护指南[M]. 北京：知识产权出版社，2022：22.

③ 高正宏，倪佳逸，陈琦. 强化企业知识产权协同保护的探索与实践[J]. 现代企业，2022(5)：90－92.

建筑设计企业需要根据规模大小、所处行业、知识产权事务多少和类型等因素综合配置内设机构的工作人员数量。企业发展初期，可能会通过兼职人员或外部服务机构承担知识产权工作职能，但是发展到一定阶段，则需要配置专业的知识产权岗位或团队。据了解，一些大型企业内部专职的知识产权工作人员可达到数百人。

三、企业知识产权专业人员的能力要求

建筑设计企业知识产权保护战略施行过程中，需要充分发挥知识产权部门的统筹协调作用，并最终体现在知识产权专业人员的执行能力。因此，建筑设计企业需要优秀的知识产权专业人员，才能最大程度保障工作成效。建筑设计企业知识产权专业人员通常需要具备以下几个方面的综合能力：一是技术能力，企业内部从事知识产权保护管理工作的专业人员与外部顾问有所不同，需要了解企业所处建筑设计行业的竞争格局和产业政策，熟悉行业有关基础技术，特别要关注对企业经营可能会产生实质性影响的替代性、竞争性技术；二是法律能力，知识产权兼具“技术性”和“法律性”，知识产权部门人员一般需要兼具法律和技术双背景，需要了解《专利法》《商标法》《著作权法》《反不正当竞争法》等。如果建筑设计企业有全球化经营需求，还需要了解企业主要贸易地或竞争对手所在地的知识产权、贸易、诉讼程序等法律规定；三是项目管理能力①，建筑设计企业内部资源运作一般以项目方式展开，因此，企业的知识产权专业人员需要具备系统思维、风险意识和项目管理（业务管控、成本效益测算等）能力，还需要与内部从事研发、生产、财务、人事、营销等事务的人员密切配合，具备与相关部门对话的“语言体系”，将知识产权业务“全嵌入”到企业运营管理流程并参与“全流程”管控。与对外部法律顾问的“专业性”优先有所区别，企业知识产权专业人员对“综合性”的要求更高，从能够进行专利挖掘、专利诉讼，到进行战略规划、重大知识产权并购，都需要由企业知识产权专业人员负责过程管理和质量把控；四是商业化能力。在现代商业社会，任何知识产权事件都不会是独立的事件，较为高阶的企业知识产权专业人员还需要具备一些综合运用法律、传播、促销、公关等手段的能力，促成商业化目的的实现。同时，培养一批兼具法律背景和理工专业能力的复合型、实务型人才，以高端的水平、专业的人才队伍支持建筑设计企业知识产权保护工作发展，为创新主体提供高质高效的服务②。

---

① 国家知识产权局知识产权保护司. 企业知识产权保护指南[M]. 北京：知识产权出版社，2022：24.

② 罗占新，刘凌峰. 知识产权保护中心管理机制的现状与思考[J]. 河南科技，2021，40(33)：133－137.

四、企业知识产权保护工作的外部资源协同

对于未设立内部专职知识产权工作人员或知识产权部门力量不足的企业而言，获得外部资源的支持是非常重要的。实践中，建筑设计企业即使是设立了专职知识产权工作部门，在一些业务方面也经常需要专业知识产权服务机构的参与和配合。

对于建筑设计企业而言，可利用的知识产权外部资源主要有以下几类：一是知识产权代理事务所，主要协助进行专利、商标、版权申请确权；二是知识产权律师事务所，主要解决诉讼争议；三是知识产权管理咨询机构，主要进行管理咨询或者战略咨询；四是知识产权评估机构，主要进行资产评估作价；五是知识产权公证、鉴定机构，主要进行知识产权相关公证、鉴定工作；六是知识产权调查机构，主要协助进行侵权调查取证；七是知识产权工具提供商，主要提供知识产权管理、检索工具服务、数据库等；八是知识产权媒体机构，主要是行业媒体，开展宣传或资源对接等工作。

建筑设计企业内外部两类人员在职能和效用上各有侧重：内部人员对于企业内部运作、企业文化、战略规划、管理嵌入、应急响应等业务比较有优势；而外部人员在专业应对、社会资源等方面更有优势。

建筑设计企业一般应该寻找熟悉企业所属行业实际情况、有服务优质客户经验的外部资源，建立起适应企业自身发展的外部资源“短名单”，从而对内部专业人员的专业能力进行有益补充，形成良好的内外部协作的资源配置模式。

专利代理机构是建筑设计企业最常需要和利用的知识产权专业外部资源。很多建筑设计企业建立了对专利代理机构的评估机制，对服务自身的专利代理机构的服务质量进行监控，并积极引入新的专利代理机构，促使专利代理机构重视自身质量。此外，建筑设计企业加大对知识产权的投入，进一步引导专利代理机构对自身服务质量的重视①。

五、如何建立有效的企业知识产权激励机制

市场竞争日益激烈的背景下，建筑设计企业做好人事管理工作至关重要，将激励机制应用于人事管理中，有助于激发员工潜能，提高工作积极主动性，避免人才流失，保障建筑设计企业良好发展②。根据 2020 年新修正的《专利法》，国家鼓

---

① 赵孔超，王亚许，李梦然. 关于专利代理机构现状与发展措施研究[J]. 河南科技，2020(3)：25-27.

② 肖世良. 激励机制在企业人力资源管理中的应用[J]. 人才资源开发，2022(7)：91-92.

励企业对于知识产权的产生和实施行为实行产权激励，采用股权、期权、分红等方式，使创新者、发明人或设计人合理分享创新收益。法律强化了对于职务发明创造的发明人、设计人的奖励要求，但对于企业来说，却是“花小钱，赚大钱”——花职务发明奖励的“小钱”，赚创新发明产业化价值的“大钱”，也具有积极意义。

建筑设计企业通过建立合理有效的激励机制，可以让企业员工中的创新者想创新、敢创新、能创新，并充分调动创新者实施知识产权创新成果的积极性和主动性，享受到创新所带来的成果和收益，让创新者得到收益，让企业实现商业价值和社会价值的最大化。企业人事管理中应用激励机制，能够达到更加理想的人事管理工作成效。因此，企业应重视对激励机制的构建，明确晋升途径、奖惩办法、鼓励方式等，保证激励机制的灵活性。现阶段，部分员工对激励机制存在不满状态，因此，企业人事管理部门应有意识地调整激励机制，秉承公平、公正的原则不断完善激励机制①。

有效的企业知识产权激励机制是要解决好“价值创造-价值增值-价值分配”这一循环链条的问题。

建筑设计企业在设计内部激励机制时，需要充分考虑以下四个因素：一是共识。企业需要与员工达成创新的共识，以及利益分享的共识。这样的共识不但是短期承诺，更重要的是长期坚持和文化传承；二是共担。知识产权创造从根本来说，是发端于企业，落实于员工。二者是共担的关系。企业内部需要建立制度层面有保障的、利益分享机制明确的规则；三是共创。高价值知识产权获取，需要调动各方资源，把每一个角色的优势都发挥出来，真正形成价值创造、价值增值和价值分配之间的良性循环。其中，最关键的就是建立共创的共识，让企业、发明人、利益相关者形成共创的机制；四是共享。不是简单的利益共享，其实是通过后端的“价值分配”，调动前端的“价值创造”和中端的“价值增值”，实现高价值知识产权生产的牵引②。

第三节 建筑设计企业知识产权的合同管理

建筑设计企业知识产权的合同管理是建筑设计企业知识产权的重要组成部分。企业大多数经营活动都要通过合同进行规定，以此保护企业的合法权益。建筑设计企业知识产权的保护很大程度上也依赖于企业合同管理。对合同管

① 贺燕萍，唐寅华.激励机制在人力资源管理中的应用[J].黑龙江人力资源和社会保障，2022(8)：74－76.

② 国家知识产权局知识产权保护司.企业知识产权保护指南[M].北京：知识产权出版社，2022：30.

理、合规风控、争议解决涉及的知识产权问题有明确的认知，既有助于和知识产权部门的跨部门合作，也有助于全面把控建筑设计企业的风险，妥善解决诉讼争议。

一、劳动合同

劳动合同是建筑设计企业与员工签订的劳动协议。劳动合同中应该对涉及企业知识产权的内容进行保护，通过保密义务、竞业限制等条款保护企业知识产权。

（一）保密义务约定

保密义务是指劳动者在与用人单位建立劳动关系时，对其接触或者可能接触到的用人单位的商业秘密负有保密义务。为了保护持有商业秘密企业的合法权益，根据目前我国现行的劳动方面各个层级的法律法规，企业与劳动者可以在劳动合同中增加保密条款，也可以单独签订保密协议，就保护企业的商业秘密和知识产权的情况进行详细的约定①。

保密义务是一种法定义务，用人单位没有义务定期向劳动者支付保密费用。保密义务的期限与商业秘密存续期限相同，即只要商业秘密一直存续，保密义务就可以始终附随。建筑设计企业在建立健全本企业的商业秘密保护制度时，应充分考虑企业的具体情况，以必须涉及为原则，对于不同的管理职位规定不同的管理权限，避免非必要人员接触到企业的商业秘密，尽量缩小涉密人员的范围，并对必须涉密的人员进行保密职责的架构设计，不同职位的人承担不同的保密职责。同时，对于不同工作内容的人员进行不同岗位职责的设置和划分，对于不同性质的商业秘密根据企业具体情况规定涉及和接触的岗位和人员，避免非必要的内容交叉和职责滥用导致企业商业秘密被众多人员接触，从而降低商业秘密被泄露的风险②。

企业与劳动者签订劳动合同时应约定需要保密的信息，包括：界定哪些技术信息和经营信息属于商业秘密；明确需保密的人员和保密的方式，以及保密的期限、违反保密义务的违约责任等；除列举一般性的保密信息范围外，可以专门列举与该员工岗位相关的、企业重视的保密信息，也可以约定如果员工不确定某信息是否为保密信息，则应按保密信息处理，除非企业或上级明确说明不属于保密信息。

---

① 李维真．企业商业秘密风险解析与制度建设[J]．商业经济研究，2021(15)：129－131．

② 张倩．竞业限制与竞业禁止对企业商业秘密的保护作用探讨[J]．企业改革与管理，2022(5)：40－42．

保密协议的签订只是用人单位保密体系中的一个环节，还可以考虑制定保密制度，进行保密培训等强化保密意识。对于重要的保密信息，应通过技术加密、控制信息知情人员范围等措施增加保密效果。

（二）竞业限制约定

现代概念中的竞业限制纠纷属于劳动争议案件审理范围，尽管劳动法及相关部门法从立法目的设置即具有保护劳动者功能，有适当倾斜保护意图，但基础法律关系主体的权利和义务仍符合对立且统一的基本属性，并非刻意偏向或弱化任何一方的权益，或进行价值判断的失衡确信。竞业限制，又称为竞业禁止，起源于西方国家的代理制度中，其目的是防止代理人行为。随着社会经济的发展，竞业限制制度是用人单位与掌握商业秘密的职工约定在劳动合同解除或者终止后的一定期限内，劳动者不得利用其掌握的信息与原用人单位进行竞争的制度①。具体来说，竞业限制是指用人单位与负有保密义务的劳动者约定在解除或者终止劳动合同后，劳动者不得到与本单位生产或者经营同类产品、从事同类业务、有竞争关系的其他用人单位，或者自己开业生产或者经营同类产品、从事同类业务。约定竞业限制条款是企业通过合同方式对劳动者就业权的一定限制，是企业保护自身商业秘密的手段。竞业限制与保密义务有关联，使用对象也有一致性，可以考虑一并约定在同一份协议中，对于重要人员也可以单独签订竞业限制协议。

竞业限制协议系用人单位和劳动者意思自治所达成的契约。在合法有效的竞业限制协议或条款中，协议双方当事人均有属于自己的权利和义务②。用人单位的权利表现在要求劳动者履行竞业限制义务，义务表现在支付竞业限制补偿金。劳动者的权利表现在获取竞业限制补偿金，义务表现在按照约定的范围、地域、期限，不到与本单位生产或经营同类产品、从事同类业务的有竞争关系的用人单位工作，或者不自己开业生产或经营同类产品、从事同类业务③。

竞业限制的约定具体而言包括：竞业限制人员一般限于企业高级管理人员、高级技术人员和其他负有保密义务的人员，例如掌握客户信息的销售人员，可以视为“负有保密义务的人员”。对于比较低层的、没有技术含量也不掌握客户信息或其他商业秘密的人员一般没必要实施竞业限制。对于不具备特定身份的一般聘用人，从事的职务具有一般性，不存在对其限制的基础，不应承担竞业限制

---

① 董保华. 十大热点事件透视劳动合同法[M]. 北京：法律出版社，2007：153.

② 王泽鉴. 民法学说与判例研究[M]. 修订版. 北京：中国政法大学出版社，2005：115.

③ 曾竞. 劳动者违反竞业限制义务的认定与责任竞合问题研究[J]. 法律适用，2020(4)：56－68.

义务[①]。换言之，竞业限制义务并非所有劳动者的基本义务。从竞业限制的设置目的思考，竞业限制应当以知晓商业秘密的存在为前提，但仍要对商业秘密的范围进行严格的限制[②]，商业秘密并非是关于用人单位的一切情况而仅限于重要的核心信息，所以对竞业限制的人员务必进行严格规范，避免由此产生的商业秘密保护对择业权的不当冲突；对具体的竞业限制范围需要明确，可以列举重点竞争对手，必要时也可以限制竞业限制地域；竞业限制的最长期限为2年。在解除或者终止劳动合同后，在竞业限制期限内企业按月给予劳动者经济补偿；如果是员工入职或劳动合同履行中签署的竞业限制协议，则还需要考虑对在职期间的竞业限制也要做出约定，明确在职竞业限制没有额外补偿，同时应该约定违约责任。违约金根据性质不同，可分为赔偿性违约金与惩罚性违约金。赔偿性违约金又称为损害赔偿，相当于替代履行，支付赔偿性违约金后即不能再请求继续履行合同。惩罚性违约金又称为违约罚金，债权人除可以请求债务人支付违约金外，还可以请求债务人继续履行合同。竞业限制义务的违约责任可以由当事人双方自由约定，目的是用人单位通过违约金限制来保护其合法权益[③]。

二、市场推广和广告合同

广告是市场推广中常见的宣传方式。近年来，由广告宣传带来的知识产权侵权案件和纠纷频发。建筑设计企业在选择广告代理公司时要选择信誉好、有实力的广告代理公司，特别是在签订广告代理合同时，一定要请专业人士进行审核，严格把关在纠纷发生后应找有关熟悉法律人士，商讨相应法律对策，维护好自己的合法权益[④]。为了避免企业的声誉受到影响，建筑设计企业在广告合同中应约定必要的知识产权条款，具体而言：

广告合同履行过程中产生的知识产权的归属问题应明确。广告合同一般会涉及广告制作、设计等方面的作品权利归属问题，应当明确约定上述权利的归属。通常情况下，广告主提供的广告内容、创意、设计等知识产权及收益应归广告主享有。建议在合同中明确约定：未经广告主书面同意，广告经营者、发布者不得擅自使用或者提供给任何第三方使用广告中涉及的内容。

应规定广告发布者在广告设计中不得使用未经授权的字体、图片及名称、商标等标识，广告中涉及专利产品或者专利方法的，应当标明专利号和专利种类。

---

① 单海玲.雇员离职后的竞业禁止[J].法学研究，2007(3)：71－79.

② 姚建军.竞业限制不正当竞争诉讼研究：以竞业限制与商业秘密的关系为视角[J].法律适用，2013(2)：81－86.

③ 陈艳.违反竞业限制义务的违约责任[J].中国人力资源社会保障，2022(3)：54.

④ 吴小娟，李统才，张少忠.广告合同不慎输钱又输官司[J].潮商，2008(1)：64－65.

广告发布者应承诺发布的广告中不存在侵犯第三方知识产权的情形，并在合同中明确如若发生知识产权侵权，应由广告发布者承担赔偿责任及补偿由此对广告主带来的损失。

广告主提供相关品牌、著作权等知识产权的使用授权后，应要求对方规范使用商标、标识等知识产权信息，不得改变商标、标识、作品的使用样式①。

三、销售合同

销售合同在建筑设计企业中越来越重要。企业销售合同管理有如下的主要特征：第一，企业销售合同管理是企业自我管理行为，是企业对自身签订的合同进行自我审查、自我监督、自我控制，以达到自我约束、自我保护、自我发展的目的。第二，企业销售合同管理是企业经营管理的重要组成部分，它贯穿于企业贸易交往等活动之中。第三，企业销售合同管理的内容具有广泛性，企业销售合同管理包括合同的订立、履行、变更、终止、解除、争议处理等各方面内容，与企业计划管理、原材料供应管理、质量管理、技术管理、成本核算管理相融合②。

在销售合同中需要嵌入必要的知识产权条款，约定各方当事人的权利和义务，避免合同履行过程中因知识产权引起纠纷。具体而言，在销售合同中通常应该约定如下知识产权条款：对于产品销售中的具体事项（包括商务、财务、技术、产品信息等）应详细约定保密条款，包括界定哪些技术信息和经营信息属于商业秘密，明确需保密的人员和保密的方式，以及保密的期限、违反保密义务的违约责任等；提供相关技术、品牌等知识产权的使用授权，并且要求对方不得超出授权范围使用，例如规定具体销售地域和销售产品，并要求对商标、名称、涉及专利号等标识信息规范使用；明确知识产权侵权责任承担条款；如若发生侵权诉讼，生产方或供货方和销售方通常都会被列为共同被告，此时由哪方来主导应对侵权诉讼、具体的赔偿责任如何分担均应在合同中予以明确；销售方有监控产品或服务是否被第三方侵权的义务；如若发现第三方侵权行为，应及时向生产方或供货方提供相关信息，看是否提起诉讼，并就诉讼所产生的费用以及获得的收益进行约定。

四、技术委托开发或合作开发合同

技术委托开发合同的签订及实现一般要经过以下过程：签约前的可行性分

---

① 国家知识产权局知识产权保护司. 企业知识产权保护指南[M]. 北京：知识产权出版社，2022：162.

② 张然. 加强企业销售合同管理的思考[J]. 现代商业，2009(5)：175.

析—对方资信调查—商务谈判—确定条款—签字盖章—履行等一系列过程。在这个过程中为了尽可能减少纠纷和提高企业的经济效益，应该通过合司管理机构与管理人员利用合同管理制度对合同签订前、签订、履行、履行后及合同纠纷等全过程实行管理，保证合同每一个环节规范、科学、有效。合同签订前管理的重心在于做好市场调查和对合同当事人身份和资格的审查；合同签订过程中的管理的核心是对合同条款的审查；合同履行过程的管理的要害在于除己方要按合同履行义务外，还要随时掌握对方情势的变化，防止自身债权落空[①]。知识产权条款对技术委托开发或合作开发合同来说必不可少。企业在合同签订时应对知识产权成果的归属及其保护进行明确约定，避免后续出现知识产权权属纠纷，造成知识产权成果的流失。

约定技术成果的权属。对于技术委托开发项目，如果未做约定，通常认为委托开发过程中所产生的专利、技术秘密等知识产权归受托方。实践中也有在合同中明确约定支付委托开发费用后，所对应的委托开发技术成具的知识产权归委托方所有的情形。为避免日后发生纠纷，建议委托方和受托方在合同中明确权利归属，具体以合同约定为准。对于合作开发项目，各方合作前需要对知识产权权属进行界定和约定，包括合作前各方分别有哪些背景技术和已有专利，在合作开发过程中如可能有改进形成的新技术、专利或源代码等，合同中需要对合作开发中取得成果的权属进行明确约定，约定各方按份共有的还应该规定具体比例。如果约定权利为（有贡献方）共有，则可以进一步约定任何一方未经共有方同意不得将权利转让、抵押或授权他人使用等。为了保证合作开发的顺利实施，合作各方通常会相互许可使用背景技术和已有专利。

为了保护当事人的合法权益，保护商业秘密、技术秘密不被公开和泄露，在技术合同的签订中，应当包含合适的保密条款。当合同中没有此类条款时，则应当签署单独的“保密协议”。在保密条款或协议中，应当详细约定保密信息的内容、所采取的保密方式持续时间、保密期限、保密责任等内容[②]。

（1）保密内容。

保密内容即当事人约定的保密范围，也就是在合同中明确规定保密信息的具体内容，以及权利拥有人享有哪些权利，受让人应当对哪些技术、信息、资料和商业秘密承担保密义务和责任。

---

① 王振华. 强化合同管理规范企业经营行为[J]. 中国总会计师，2005(11)：3.

② 国家知识产权局知识产权保护司. 企业知识产权保护指南[M]. 北京：知识产权出版社，2022：164.

(2)保密方式。

保密方式即受让人应采取的对标的技术进行保密的方式。保密方式的根本问题在于采取严密、有效的保密措施,一方面靠自身建立起有效的制度,另一方面靠法律的保障。在实践中,通常有两种保密方式:一是在技术合同中规定技术资料的使用方法和回收方式,用合同条款来限制接触技术秘密的参与方。二是要求与接触核心技术秘密的个人签订保密协议,或者要求信息接收方在签署保密协议后,提供其与内部员工签署的保密协议,这要求信息接受方内部需建立有效的保密制度。

(3)保密期限。

保密期限即受让人承担保密义务的截止期限,该期限应当根据转让的技术的实际寿命以及国家相关的法律法规来确定①。

明确知识产权担保条款。受托方或合作方应承诺交付的成果或开发过程中不存在侵犯第三方知识产权的情形,并在合同中明确如若发生知识产权侵权时的侵权责任承担。

明确后续知识产权的管理与维护事务及相关费用的承担。通常情况下,对于共有的知识产权,可以由知识产权管理制度较为完善、能力较强的一方承担后期管理与维护事务,但是可以要求另一方支付部分费用②。一般情况下,各方都负有监控是否被第三方侵权的义务,如若针对第三方侵权行为提起诉讼,所有共有权利人应达成一致,并就诉讼所产生的费用以及获得的收益进行约定。

五、采购合同

采购合同是采供双方在进行正式交易前为保证双方的利益,对采供双方均有法律约束力的正式协议。合同管理是指对合同的签订、履行、变更、解除、纠纷处理、资料保管、监督检查等全过程的管理③。

在采购过程中,几乎所有的产品——从材料到外形,从结构到使用,从软件到硬件,从生产到操作——方方面面均可能涉及知识产权。因此,在采购合同中要约定知识产权条款,在促成合作的同时,最大限度地降低日后因为知识产权纠纷而影响企业商业利益的风险。采购流程有以下步骤:了解需求;将需求转换成商业计划;寻找潜在的供应商;选择合适的资源;合同条款达成一致;运送产品或

① 宋福元.技术合同保密条款与管理对策研究[D].武汉:华中科技大学,2015.

② 国家知识产权局知识产权保护司.企业知识产权保护指南[M].北京:知识产权出版社,2022:164.

③ 张隽.浅析企业采购合同管理存在的问题与对策[J].中国集体经济,2022(2):34-35.

服务；向供应商付款。除此之外，供应链上的采购环节还应包括收货、验货、储存、货物处理、送货安排、进厂和出厂的运输以及废料处理[①]。按照这个流程分析，罗列出来的风险有：

(1)供应方选择不当的风险。建筑设计企业在采购之前没有对供应方进行详细的调查，供应方的信誉、履约能力等存在问题，为后续合同履行带来风险。

(2)被采购的物质资料侵权风险。因供应方对被采购的物资不享有专利权，对物资的标识不享有商标权、著作权，或权属存在瑕疵，或侵犯第三人的专利权、商标权、著作权，而可能给采购方企业带来知识产权风险。

(3)定制类采购中的知识产权资产流失风险。定制类采购，是指采购方提供物质资料的设计、开发方案，而供应方仅按采购方提供的设计进行生产的采购方式。在定制类采购中，可能出现供应方将本该由采购方获得的知识产权抢先申请、注册的行为，或者供应方未经采购方的许可，向采购方的竞争对手供应该定制类物质资料等问题，这些都会给采购方带来不良后果。

(4)合同管理不当的风险。有时，采购环节对知识产权风险作了充分的规避，但是由于合同管理不当或后期合同丢失等情况，而导致后期合同履行出现问题，前期的知识产权风险规避没有发挥应有的作用，也是应该考虑的风险之一。

(5)采购流程程序管理不当的风险。采购流程中除了几个大的环节存在知识产权风险外，还有一些小环节的风险容易被忽视。如收货环节可能会忽视验货而导致即使货物被调包，也毫不知情；验货时、货物运输过程中可能会忽视保存求证物资知识产权状态与合同约定是否相符的单据，同样可能导致出现货物被调包也毫不知情的情况；由于流程管理不当而导致该处理的废料没有处理，进而发生知识产权侵权纠纷等问题[②]。为此，采购合同中至少应该约定如下知识产权条款：

针对供应商提供的产品以及相关生产过程，应约定获得供应商的相关技术、品牌等知识产权的授权，包括合理使用、组装以及销售或许诺销售的权利。

明确知识产权担保条款。要求供应商提供所涉物料的知识产权不侵权责任担保。实践中，一些处于优势地位的供应商可能会拒绝提供担保，或者要求更高的对价。建议明确如若发生侵权诉讼的责任承担，明确由哪方来主导应对侵权诉讼，并可以要求一旦发生诉讼由供应商提供技术支持。

如供应商提供的产品或服务中包含第三方知识产权，应要求供应商提供有关详情和使用限制(包括使用范围、使用期限等)以及其与第三方的许可使用合

① 张杰. 采购与供应管理[M]. 13 版. 北京：北京机械工业出版社，2011：127.

② 石晨阳. 浅论采购环节的知识产权风险管控[J]. 现代商业，2020(16)：107－109.

同或其他证明其可以合法使用的证据。

对于采购具体事项(包括商务、财务、技术、产品信息等)应详细约定保密条款,包括界定哪些技术信息和经营信息属于商业秘密,明确需保密的人员和保密的方式,以及保密的期限、违反保密义务的违约责任等①。

六、知识产权转让合同

在符合法律规定的情况下,在建筑设计企业内部建立知识产权的转让合同制度,让知识产权转让行为规范,避免在知识产权的转让过程当中产生风险。在知识产权转让中,往往会出现一些纠纷,通常都是因为转让合同不完善,因而对于知识产权转让合同,建筑设计企业需注重其规范化管理,构建合同规范文本,从而为知识产权转让合同的签订提供有效指导,避免转让中出现问题②。知识产权作为一项权利或资产从一个权利人转移到另一个权利人,对转让方和受让方而言,签订一份权利义务关系约束明确、合同内容考虑周全的转让合同,是非常重要的一项工作。无论就知识产权人还是受让人而言,知识产权转让活动均需从法律角度进行通盘考虑,综合评估转让的方式、对象、价值、风险等问题③。

对于受让方而言,在转让前要做好尽职调查,确保被转让的知识产权真实有效。调查内容包括权利是否稳定(商标是否被申请撤销、异议或宣告无效,专利是否被申请宣告无效),是否存在质押等。如权利已被质押,则需要谨慎考虑。

转让方应披露全部与拟转让知识产权有关的许可情况,并在转让合同中列明被许可方名称、许可方式、许可期限、许可地域范围以及对被许可方权益的处理方式。

双方应明确拟转让知识产权的名称、专利/商标注册号、专用权期限等信息。尚未获得授权或注册的专利/商标申请也可以转让,但是应约定清楚如未获得授权或注册的情况下的处理方式。另外,还要确保在转让完成前维持知识产权权利有效。

约定转让费用及其支付方式。转让费可以是一次性付费,也可以分期付款。对商标转让费用建议分期支付,由于商标转让申请核准有一定周期,因此受让方一般分别以合同签订和知识产权管理部门对转让申请核准公告作为时间节点,

① 国家知识产权局知识产权保护司.企业知识产权保护指南[M].北京:知识产权出版社,2022:165.

② 王双陆.企业知识产权运营及其法律规制研究[J].中国市场,2019(24):97-107.

③ 冯晓青.企业知识产权运营及其法律规制研究[J].南京社会科学,2013(6):86-92.

向转让方分期支付转让费用。此外，还应约定转让方和受让方都应该按照知识产权管理部门的要求提交材料，确保转让手续办理顺利。

明确责任承担。可以约定如知识产权存在权利瑕疵（例如转让后被宣告无效等），转让方应承担违约责任；也可以约定如侵犯其他方的在先权利，转让方应承担赔偿责任。

对于商标转让，如转让方有相同或近似商标，应一并转让。如果因核准周期等原因导致受让方不能立即成为商标权人，则可以约定商标转让合同生效后至核准公告期间，受让方有权独占使用拟转让商标，并且建议明确约定在此期间内，受让方对拟转让商标享有独立且完整的诉权。

知识产权转让如果涉及某些特定领域的技术进出口问题，还应注意严格执行我国及涉及相关国家的进出口管制法律法规，核查相关技术是否属于限制出口技术的范畴。确定可以合法进出口后，再考虑具体的转让事宜。在技术出口活动中，出口技术为我国政府明确的禁止出口限制出口技术目录中限制出口的技术时，涉及专利权、集成电路布图设计专有权、计算机软件著作权等知识产权的，应按照我国《知识产权对外转让有关工作办法（试行）》有关规定，按程序报批审查。

总体来说，在企业知识产权转让合同的构建及完善方面，应当对以下方面内容加强注意：对转让内容及范围进行明确规定，以防止产生不必要的争议[①]；明确转让日期及佣金的支付方式；明确风险的责任承担者；办理转让手续的当事方；转让标的权属担保，以及发生权利瑕疵的责任分担（例如专利被宣告无效、注册商标被撤销）；违约金或者损失赔偿的计算方法；解决争议方式；其他必要条款[②]。通过对这几个方面的规定，使知识产权转让合同能够更加完善和具体。

七、知识产权许可合同

知识产权许可属于许可证贸易范畴，是知识产权人将其知识产权在一定时间内授权被许可人行使，并由被许可人向其支付许可使用费的法律形式。知识产权许可是企业技术扩散、技术交易、技术转移和技术贸易的重要方式，对于企业技术创新具有重要意义。知识产权许可并不转移所有权，只是让渡了部分知识产权的使用权。知识产权经营包含知识产权许可、知识产权保值增值，特别是技术转让、技术贸易等工作。知识产权管理是需要投入运行成本的，如申请费用、许可费用、管理费用等，但同时收益也是巨大的。不仅能够促使科研成果价

① 张亚雯．浅析新常态下中小企业的知识产权保护问题[J]．商场现代化，2018(16)：93－94．

② 冯晓青．企业知识产权运营及其法律规制研究[J]．南京社会科学，2013(6)：86－92．

值得到承认、市场竞争能力得到提升，技术实力雄厚时，还能直接通过对外许可、特许经营、技术转让等获取高额利润[①]。

无疑，建筑设计企业知识产权许可属于法律行为，促进我国企业知识产权许可活动，重点在于完善知识产权许可的法律机制。知识产权许可以许可使用合同作为基础，在合同中需要对被许可使用的知识产权的名称、许可使用的权利、许可使用的范围和期间、许可使用费以及其他必要内容加以约定。当建筑设计企业作为被许可方时，尤其应注意通过许可获得知识产权法律上的风险，保障以许可费为代价获得的知识产权的价值。

知识产权许可合同，尤其是专利许可合同是涉知识产权合同中条款内容最为复杂、专业性要求最高的一类合同。在签订合同时，通常需要考虑以下几点：

被许可方的尽职调查。对于被许可方而言，在许可前要做好尽职调查，确保被许可的知识产权真实有效，并且确定权利是否有不稳定风险。调查内容包括权利是否稳定（商标是否被申请撤销、异议或宣告无效，专利是否被申请宣告无效），是否存在质押等。如权利已被质押，则可能存在风险[②]。

明确关联企业。在合同最前面需要确定关联企业的定义。这决定了被许可方的哪些企业主体可以获得许可。

明确被许可的产品范围。对于专利许可而言，通常会要求被许可方提供其产品的品牌清单。对品牌持有人与产品生产商相分离的情形，专利许可合同应明确约定。对于商标许可而言，需要明确商标使用方式、使用规范以及使用的产品类别，不得超出范围擅自使用到新的产品或者不规范使用商标；还要约定产品的质量保证，避免因为授权许可影响品牌声誉。

明确许可方式。明确许可的类型是独占许可、排他许可还是普通许可，许可的地域范围以及约定许可的使用期限。一般而言，许可人更希望是较小范围的普通许可；而对于被许可人而言，更希望获得更大范围的独占许可或排他许可，以助其获得竞争优势，但是这种情况下往往也需要支付更高的许可费。

许可费用及其支付方式。许可费可以是一次性付费，也可以根据实际生产或销售情况分期付款。一次性付费对被许可人的资金支付能力要求比较高，通常用于小规模的许可项目。实践中更多采用的是分期付款，但是采用此种形式，被许可人需要向许可人报告生产或销售情况，而这会导致对一些大型的专利许可项目而言，许可人需入场审计，需考虑由此对生产经营带来的影响。

---

① 顾金焰．企业知识产权管理部门设置[J]．电子知识产权，2006(11)：56－57．

② 国家知识产权局知识产权保护司．企业知识产权保护指南[M]．北京：知识产权出版社，2022：169．

明确是否允许转授权。如果允许被许可方再转许可给其他人，那么权利人可能对之后获得转许可的主体缺乏直接合同约束。这在一定程度上会削弱权利人对其知识产权相关权利的控制。

明确侵权责任。应约定如侵犯其他方的在先权利，许可方应承担赔偿责任。

在知识产权战略实施中，我国企业整体上处于劣势，知识产权许可实施也更多地表现为我国企业作为被许可人，因此对我国企业知识产权许可的法律规制的研究，重点可以从被许可的视角加以探讨[①]。

其一，对拟获得的知识产权的权属、市场竞争力等要素进行评估。以专利技术许可为例，专利技术许可属于技术贸易行为，被许可方应仔细评判：在权属问题上，许可方是否为真正的专利权人，或者为共同专利权人，如果是共同专利权人，那么仅一个共有人许可还不足以产生合法许可的效力；在市场竞争力方面，该专利是否存在同类替代技术，是否具有较强的技术含量而具有较强的市场竞争力。另外，还应考虑该专利技术本身在技术上的成熟度，是否有可能被他人请求宣告无效等问题。就引进技术而言，更需要注意被引进技术的权属问题。

其二，获得该知识产权后，企业是否具有配套的适应能力。企业通过许可形式获取他人的知识产权，主要目的是投身于自身生产经营活动，因此应关注企业相应的配套适应能力。

其三，获得该知识产权后，是否能同时取得相关的隐性知识或技术秘密。在实践中，有些被许可人由于没有获得相应的隐性知识、技术秘密而直接影响了被许可使用的知识产权的使用效益，尤其在专利技术许可中表现明显。因此，应注意在获得许可使用权时，对配套的隐性知识和技术秘密的获取。

最后，还应注意知识产权许可合同是否存在有违我国禁止限制竞争等不公平竞争行为条款，以防止许可人利用许可合同阻碍我国企业后续利用和创新，妨害我国企业技术进步。

知识产权许可合同的签署专业性较强，复杂程度较高，对于特定情形的知识产权许可，建议企业咨询知识产权领域熟悉许可事务的专业机构或人员[②]。

八、知识产权转让许可备案

知识产权的转让并非签订合同即生效。对于专利或商标的转让，必须经知识产权管理部门批准。在我国，专利或商标转让，双方当事人必须订立书面合

① 冯晓青. 企业知识产权运营及其法律规制研究[J]. 南京社会科学，2013(6)：86－92.

② 国家知识产权局知识产权保护司. 企业知识产权保护指南[M]. 北京：知识产权出版社，2022：170.

同，经国家知识产权局登记或核准后生效。尤其是对于商标，如果类似商品上的近似商标没有一并转让，或者转让容易导致市场混淆或有其他不良影响，国家知识产权局可能对该转让不予核准。转让专利或商标可以通过官方网站的电子申请途径，也可以当面提交或委托代理机构办理。

对于著作权的转让，可以根据实际情况约定著作权转让合同备案事宜、计算机软件著作权转让登记事宜。若拟转让已登记的软件，为不影响受让方对软件的使用，双方可以约定受让方办理著作权登记时转让方的协助义务及费用承担主体。在中国版权保护中心办理转让时，受让方可以直接选择计算机软件著作权登记，权利取得方式选择“受让”，也可以选择计算机软件著作权转让合同登记，来获得著作权登记证书。对于其他著作权，并没有规定转让必须登记才能生效，但是受让方要辨别转让方是否享有著作权、著作权是否完整无瑕疵、是否有其他转让记录通常比较困难，也很难阻止著作权人和第三人再次签订转让合同。因此，建议受让方到中国版权保护中心办理合同备案，以获得最大限度的法律保护。

对于专利权的转让，专利实施许可合同备案制度，实际上具有两个主要功能，一是对许可合同审查式的备案登记，二是对合同引起的权利变更登记[①]。对于专利实施许可备案合同，我国当前采用的方式更偏重于审查式的备案登记。即行政管理机关依照国家知识产权局公布的《专利实施许可合同备案办法》对备案的合同进行审查，达到保护专利权、规范交易行为、促进专利实施和技术转化的目的。当前我国专利实施许可合同备案过程中，审查的主要内容包括：许可资格、专利的有效性、手续文件的形式要求三个方面。许可资格审查方面，审查的内容包括：许可方是否是当前专利权人；审查专利权人是否有权进行许可，许可是否受到限制，与已经存在的许可实施权是否存在冲突的情形；专利权人与其他共有权人的约定。按照《专利法》的规定，实施专利独占许可或排他许可，需要得到其他共有人的同意；是否属于分许可合同。对于分许可合同尤其需要关注专利权人对分许可权人的授权。专利有效性审查方面，专利实施许可合同中的专利应当处于有效状态。实践中常见的情形是，专利技术因未按期交纳年费导致专利权进入年费滞纳期，或被宣告专利权无效，或超过保护期限而失效。对以上情形，专利局将做出不予备案的决定，并指明缺陷。手续文件形式审查方面，在满足前述两方面实质性要求之后，专利实施许可合同备案还要依照《专利实施许可合同备案办法》的要求进行手续文件形式上的审查，主要包括手续文件齐全、签章审查等。此外，合同约定事项应当满足《专利实施许可合同备案办法》第九

① 杨玲.专利实施许可备案效力研究[J].知识产权,2016(11):77-83.

条的最低要求。通过以上三方面的审查，备案部门实现了对专利许可活动法律行为合法性的初步审核，维护了当事双方的基本利益以及专利技术许可交易的基本公平。

第四节　建筑设计企业知识产权的人力资源管理

人力资源，最广泛定义是指人力资源管理工作，包含六大模块：人力资源规划、招聘、培训、绩效、薪酬和劳动关系等。公司的人员招聘，培训，职员的考核，职员的薪酬，职员调动都和人事有关。随着现代企业管理理论的不断完善与创新，知识产权已经成为人力资源管理体系的一项新的课题。人力资源管理者如何处理涉及知识产权的各项工作，决定着建筑设计企业的核心竞争力，也是企业能否长远发展的关键。

一、甄选与招聘

人才招聘是企业发展的必要条件，在实际的招聘工作中，需要根据人力资源管理工作的落实细节和具体规划，列出企业发展的情况和目标，吸引有能力，同时也对该企业岗位产生兴趣的人才到企业当中担任与其能力相符合的岗位工作[①]。

招聘工作在含义上能够分为招募和甄选两个阶段，一方面是在招聘环节，人力资源管理人员需要确定企业招聘的实际条件，并面向高校或社会发出招聘信息。邀请发出后就要及时制定招聘计划，此项工作需要企业内的行政部门与需要用人的部门共同展开，具体包括招聘数量、时间、上岗时间和渠道等。当一切准备就绪之后，人力资源管理部门就可以着手组建招聘团队，该团队具体负责的是招聘工作的整体运转和细节优化等工作。此外需要注意的是，该团队的任务不仅是为企业吸引新鲜血液，还需要在招聘的过程中展现企业风貌，帮助企业在经济环境当中树立良好形象。

企业员工招聘和人才甄选的最终目的是实现人才与组织的最佳匹配，推动企业高质量发展。提升人才与组织的匹配度需要精细化的招聘方法与面试技巧，从不同的维度考察应聘者的素质与能力。应聘者并非一定要选最好的，但是一定要选最合适的，只有合适的才能发挥最优的效应[②]。

---

① 莫芳．员工的招聘和甄选体系及员工关系管理策略[J]．中小企业管理与科技(中旬刊)，2021(8)：170－171.

② 姚兵．企业员工招聘中的“三重匹配性”[J]．企业科技与发展，2021(8)：108－110.

科学的招聘流程构建需要从企业岗位的调查和人才需求分析工作开始①。简单讲就是通过分析企业的实际发展方向和目标，以及各部门对于招聘工作提出的具体要求和意见，确定出需要招聘的岗位和人才需求量，保障后续人员招聘工作落实的顺利程度。

其中包含三个方面的内容，首先是岗位和数量，这方面的内容基本上已经在构思招聘流程的阶段就得到了解决，在这个阶段工作人员只需要适当完善细节并进行数量上的调整即可。其次是岗位评价指标的设计，人力资源管理部门需要对参与招聘的岗位进行分类，并有针对性地分别制定评价指标，明确各部门岗位的需求之后，对人才年龄、学历和能力经验等内容进行细化，根据需求控制招聘的门槛高低。最后是时间的安排，人力资源管理部门有必要针对招聘计划将各个环节需要使用的时间进行合理安排，保障招聘工作的落实更加顺利。

此外一般建筑设计企业的招聘计划都需要1～3个月的时间进行审批，但在竞争环境日渐复杂的当下，这样的审批时间显得有些长，这就需要建筑设计企业根据自身实际的发展情况尽可能缩短审批流程，某些人才流动较大的企业也可以将招聘期限适当缩短，全面提高员工招聘工作的开展效率。

对人力资源招聘进行把控的最终目标是提高企业的经济效益，只有保障建筑设计企业的经济效益为正，才能实现企业的长远发展。而人力资源存在的意义是通过人为的创新技术或操作实现企业项目的良好实施，给企业带来更大的经济收益。在每个企业中都会有人力资源部门，但纵观发展较好的企业，其人力资源部门员工的专业水平都较高，整个部门可以完全按照流程开展工作，对招聘人员有明确的目标和判定标准，以保障招聘人员的价值。通常建筑设计企业在招聘时，会根据应聘者的个人能力和价值给予相应的薪资待遇，这个判定标准表面看是应聘者的能力，实际上是判断应聘者对企业的价值，又或是应聘者可能给企业带来的经济效益。人力资源部门是企业长久发展的保障性部门，对各岗位职责都要有一定的了解，善于发现企业工作人员身上的闪光点，善于对招聘人员进行筛选，提高企业人力资金投入的回报率，提高整个企业的经济效益②。

实际上大部分建筑设计企业的原有招聘渠道问题不大，工作人员只需要在原有基础上进行优化即可。同时也要注意与猎头密切联系，对于某些人才流动较大的特殊岗位，企业可以实行内部选拔制度，即从内部提拔已经熟悉工作环境的员工顶替，同时招聘其他岗位人才，保障企业始终处于相对稳定的经营状态。随着互联网环境和技术的发展，网络已经成为人们生活中不可或缺的一部分，建

① 谢永立. 深化国企改革进程中，员工关系管理如何升级[J]. 人力资源，2020(24)：114－115.

② 苏焕. 人力资源在人才招聘中的策略[J]. 中国商论，2022(9)：121－123.

筑设计企业人力资源管理部门可以将网络作为新的招聘渠道开发。当下常见的招聘方式是自媒体招聘，社会上的人才只需要点击链接或二维码就能够进入企业主页，看见招聘信息，再根据自身条件判断是否能够参加甄选。这种招聘方式的优势在于省时省力，不仅能够达到优质的招聘效果，还可以以网络环境作为载体，提高建筑设计企业的知名度和行业影响力。

想提高建筑设计企业招聘的效率，可以从两个方面入手展开工作①。一方面是提升人力资源管理人员的专业能力。具体的能力提升方式可以以某企业为例，该企业要求人力资源管理人员不断在工作过程中反思自己的问题，并及时改进，最终在实际工作中找到最适合企业发展的招聘方式。

另一方面是构建专业的人才招聘团队，实际上只要明确招聘目标和细节，就可以鼓励企业中的全体员工参与到招聘工作中来。但对急于寻求发展的建筑设计企业而言，组建自己的专业面试团队是很有必要的，这个团队中的工作人员在不需要招聘员工的日常工作中只需要负责岗位本身的内容，而一旦需要面试招聘，就要组成面试团队负责企业的人员招聘工作面试环节的内容。此种工作方式效率很高，且面试团队的工作人员来自企业内部的各个部门，对于岗位实际需要的能力也很熟悉，能够保障人才招聘工作的落实质量。

人才甄选体系的构建可以分为两个方面展开②。一方面是对建筑设计企业实际发展情况的调查，根据调查内容和结果，工作人员就能够为人才甄选工作的落实奠定平稳基础。另一方面是合理划分需要招聘的职位分类，具体工作内容是根据企业的人力资源规划以及管理部门的讨论结果，对于需要展开招聘的企业岗位进行科学划分。最终按照岗位的定位，决定使用何种甄选方式展开工作，保障人才招聘工作始终处于比较合理的位置。

（一）预防人才招聘带来侵权风险

对人才岗位的长远规划，也可以说是对招聘者的职业规划与岗位职责进行匹配，思考当下的匹配性，需要结合建筑设计企业的发展情况思考今后的发展规划。然而，目前我国大部分建筑设计企业缺乏对岗位人才的长远规划，依旧停留在基础的招聘目标上，缺乏自主审视能力，对人才的招聘没有严格把控③。很多企业在招聘人才时，往往优先选择竞争对手的核心员工，以求快速增强自己的团队能力，同时顺带了解竞争对手的内部情况。但这可能带来巨大风险，主要包括

① 王艺洁，牟莉莉．薪酬分配差异对员工关系管理的影响研究[J]．商讯，2020(33)：184－186．

② 徐锦华，金梅．加强员工关系管理促进大型水电设计企业转型发展[J]．中国经贸导刊（中），2020(4)：119－121．

③ 唐金芝．企业人力资源招聘存在的问题和改善对策分析[J]．商场现代化，2021(16)：139－141．

商业秘密风险、竞业限制风险、舆情风险。

通常来说，招聘员工时的法律风险可以从以下几方面来把控：首先，商业秘密风险。新招聘的员工可能在工作中使用到其在原单位获得的商业秘密，包括技术信息（例如产品配方、制作工艺、技术图纸等）和经营信息（例如客户名单、财务数据、采购价格等）。如果因此给原单位造成损失，那么用人单位需要与该员工一起承担损失赔偿。其次，竞业限制风险①。如果新招聘的员工事先与原单位之间签订有竞业限制协议，那么该员工的入职就属于违约行为，后续可能遭遇一系列麻烦，例如该员工要退回竞业补偿金、支付违约金、赔偿损失等。更加严重时，可能造成该员工入职意愿降低，耽误企业的正常用工。最后，舆情风险。用人单位从直接竞争对手招聘核心员工时，有可能会被冠上“挖墙脚”的恶名，容易被竞争对手抓住机会进行恶意夸大诋毁，可能会产生舆情风险。企业的名誉会受到很大的损失，进而影响建筑设计企业后续的人才招聘②。

对于这类风险的内部管理建议包括：面试前，签署面试协议或面试告知，避免面谈时涉及原单位的商业秘密；面试过程中，要向应聘人员核实是否存在竞业限制、保密协议等商业约束；发放入职通知前，做好背景调查工作，确保应聘人员没有受到竞业限制条款、保密协议条款或其他知识产权条款的限制；从竞争对手直接引入高级别人才时，注意防范舆情风险和被诉风险。

（二）招聘知识产权人才

如果建筑设计企业设置有专门的知识产权部门或岗位，应当招聘专门的企业知识产权人才。

建筑设计企业知识产权人才指的是具有较为全面的知识产权知识与实务操作经验，熟悉企业设计与业务发展规划，对于企业知识产权的创造、运用、保护、管理具有较强理解力与实践能力的人才。这类人才通常可以分为实务人才和管理人才。实务人才往往具备权利积累、风险管理或运营获利等实务工作经验，而管理人才则需要熟悉技术、法律、市场以及企业经营的各个方面，以协助企业制定知识产权保护战略，规划每个阶段工作目标，构建整个知识产权的管理体系。技术支撑上，进一步加大知识产权专业人才培养，着力打造企业知识产权保护高地。面向全国招揽建筑设计企业知识产权专业人才，探索柔性引进高层次人才，

---

① 国家知识产权局知识产权保护司.企业知识产权保护指南[M].北京：知识产权出版社，2022:40.

② 曹杰，华天雨.新时期企业人力资源管理中存在的问题与对策思考[J].中国商论，2021(15)：131-133.

优化人才引进和培养机制[①]。企业知识产权人才在推进企业知识产权工作中具有如下重要作用：一是按照企业整体战略构筑企业知识产权工作体系。企业知识产权工作以服务企业整体战略为指引，企业知识产权人才按照这一导向构筑企业知识产权组织、制度、流程，使得企业的知识产权工作能够落到实处，达到确保企业在实施业务经营中知识产权安全得到有效保障的目标。二是推进企业知识产权的布局与申请。企业知识产权人才围绕企业的主体业务进行专利、著作权、商标、商业秘密等的整体布局，为企业业务的自由开展构筑有力的知识产权保障。三是妥当处置企业面临的知识产权纠纷。一方面能够合理应用知识产权法规进行应对，另一方面能够充分应用企业现有的知识产权资源以及外部合作力量进行纠纷化解，多措并举将纠纷对企业业务经营的影响降至最低。四是对企业内部各板块进行知识产权宣贯与培训，使得各板块了解知识产权、理解知识产权，进而配合推进知识产权各项工作。五是以知识产权为纽带推进对外合作。知识产权涉及范围之广、领域之多，使得企业单打独斗很难有效应对潜在风险，需要企业以知识产权为纽带积极参加相关行业组织，在广泛的合作中获得更有效的知识产权安全保障[②]。

建筑设计企业知识产权人才的具体素质和能力类型应从企业发展知识产权工作实际需求出发。根据企业所处的不同阶段，知识产权人才的素质模型可以分为以下几种情况：第一，当建筑设计企业的知识产权工作主要以防御布局为主时，可以招聘具有知识产权挖掘能力、情报检索能力、纠纷处理能力等的实务人才，降低企业的涉诉风险或合理应对纠纷，减少企业损失；第二，当建筑设计企业的知识产权工作主要以管控成本为主时，除了更加专业化的实务人才之外，可以招聘具有内审评估能力、资源调度能力、价值识别能力的管理人才，降低企业成本；第三，当建筑设计企业的知识产权工作开始过渡到获取价值时，知识产权人才分工需要进一步精细化，对实务人才可以招聘具有诉讼策划能力、许可谈判能力、资产转化能力的人才，而对管理人才可以招聘具有丰富知识产权商品化、诉讼化、资产化、证券化经验的人才，以让知识产权产生更多附加价值；第四，当知识产权工作开始用于建筑设计企业的商业资源整合时，企业知识产权管理人员需要非常熟悉商业市场且具有经营眼光，能够借助知识产权来整合产业链，将知识产权作为商业谈判的工具、决定产品定价的工具、影响企业市值的工具等；第五，当知识产权工作更深层次融入企业经营时，特别是不仅瞄准当下，已放眼未

① 高正宏，倪佳逸，陈琦．强化企业知识产权协同保护的探索与实践[J]．现代企业，2022(5)：90－92.

② 熊小荣．企业知识产权人才培养与发展[J]．通信企业管理，2019(12)：46－48.

来时，应当招聘更高层次的知识产权管理人员，其应该有能力预测行业未来趋势、技术路线变更、顾客偏好转变等，并通过提前获取和发展能够保护企业未来盈利和市场份额的知识产权来积极延续建筑设计企业在行业中的领导位置。

根据自身企业的特色，明确出适合自身企业情况和当前发展阶段的知识产权工作人员的任职条件，并给予充分资源聘用相应人员，是企业管理者真正将知识产权作为竞争工具看待和使用所迈出的第一步。

从建筑设计企业的实际情况看，建筑设计企业需从以下几个方面推进知识产权人才培养与发展。一是从战略上充分重视企业知识产权工作，将企业知识产权人才的培养与发展作为整体人才战略的重要部分加以规划与实施。领导干部要带头讲知识产权、重视知识产权，在企业战略部署与实施中体现知识产权工作的影响力，将企业知识产权人才定位为维护企业知识产权安全的战略力量。二是从体制与机制上谋篇布局，为企业知识产权人才发挥作用搭建平台。企业要在组织体系中设置知识产权部门，在全企业实现知识产权的统一归口管理，并通过输出知识产权人才横向覆盖各产品线、纵向覆盖各职能管控点。对于知识产权人才的职业发展要根据其特色设置成长通道，鼓励知识产权人才通过规范、专业、系统的知识产权工作实现职业抱负。三是要重视知识产权人才的选拔与培养。从业务部门选拔那些技术功底扎实、对知识产权感兴趣的员工纳入知识产权人才队伍，与高等院校、知识产权研究机构、律师事务所等合作进行知识产权人才培训，同时通过具体的项目练兵提升实务操作能力。四是要鼓励建筑设计企业知识产权人才通过学习与实践获取职业资格认证，提升专业水准。在行业建立专业标签，诸如专利代理师、律师等职业资格认证。五是要通过扩大对外交流与合作，拓展知识产权人才的专业视野。目前很多行业协会、标准组织都设有知识产权小组，参加这些行业组织既有利于了解行业发展的最新趋势与知识产权分布，也有利于以知识产权为桥梁促成产业链合作。

通过多种举措，最终形成组织到位、能力到位、工作到位的知识产权人才队伍①。

（三）招聘信息中的知识产权风险

企业为了提高招聘吸引力，往往在招聘广告中对企业创立背景、产品销量、福利待遇等进行极力包装，又或直接列明待聘人员应当熟练使用某某办公软件。

这样做存在两点法律风险：第一，企业在介绍自身信息时，夸大宣传企业自身状况，可能违反《中华人民共和国广告法》《中华人民共和国反不正当竞争法》

① 熊小荣．企业知识产权人才培养与发展[J]．通信企业管理，2019(12)：46－48．

以及其他相关法律法规；第二，所涉及的软件如果没有购买正版，可能招来软件厂商维权。因此，建议企业在对自身进行宣传时，慎重使用“产品销量位居全国第一”等带有绝对化色彩的字眼；应当购买正版授权软件。

此外，在招聘信息对外发布之前，最好交由企业的知识产权团队或聘请外部专业法律人员对广告内容进行审定、复核，以确保合法合规①。

（四）发现核心技术人才

专利文献中包含着丰富的著录项目信息。善用知识产权检索工具，可以帮助企业简单、快捷地寻找到相关领域的优秀技术人才。一般来说，提出发明创造数量较多、质量较高的技术人才，有可能就是相关技术的核心研发人员，此类人员可以成为企业寻找高端研发人才的重要目标。此外，任职过多家企业的人员的行业视野可能更为广阔，对于职业发展的追求更加热切。对此，企业还可以进一步通过对专利文献中目标人选几年来在不同企业之间的流向进行分析，来判断其求职意向，为企业的人员招聘提供更多信息输入。

对我国建筑设计企业核心技术人才管理存在的问题进行深入分析，发现导致核心技术人才管理问题突出的主要原因包括以下几个方面：一是企业发展规模与前景的限制，导致对核心技术人才的吸引力降低；二是核心技术人才选聘流程与方式不科学，对核心技术人才的专业性、成熟度要求过低，对其考察的时间周期较短；三是培育机制不完善，培训次数较少，培训内容缺乏针对性，理论与实践脱节严重，核心技术人才对建筑设计企业培训的需求得不到满足，对企业的满意度会下降；四是使用机制的不健全，对核心技术人才的晋升缺少明确规划，各项措施不完善使晋升处于探索阶段，会极大降低核心人才对工作的积极性与企业的满意度；五是保留机制欠缺，薪酬与激励机制不完善与落实不到位是留不住核心技术人才的重要原因，这是目前我国大多数建筑设计企业面临的普遍问题，也是需要相当长时间才能解决的问题②。

通常来说，核心技术人才的招聘工作可以由研发、人力资源以及知识产权三个部门协同完成。大致流程如下：首先，研发部门向人力资源部门提出招聘需求；其次，人力资源部门根据自身需要引入知识产权部门，由知识产权部门会同研发部门明确待招职位最为关注的技术方向及其技术主题，据此设计出合理的检索方式，并通过检索发明人的方式，发现候选人员；最后知识产权部门将人员列表反馈到人力资源部门进行有针对性的联系。

① 国家知识产权局知识产权保护司. 企业知识产权保护指南[M]. 北京：知识产权出版社，2022：44.

② 赵冰. 我国中小企业核心人才管理问题研究[J]. 现代商业，2020(2)：109－110.

二、入职离职与管理制度

建筑设计企业应该不断完善企业的入职离职与管理制度，通过制度的完善来维护企业的知识产权。

（一）入职时应注意的知识产权问题

招聘启事的录用条件中，用人单位会设定一些任职资格方面的要求。“录用条件”对企业在试用期解约员工具有重要意义，如果对它没有进行设定或设定有瑕疵，势必导致“不符合录用条件”的试用期解约条款难以适用，加大解约难度，浪费用工成本。在设计“录用条件”时，建筑设计企业需特别注意以下两点：录用条件应合理、明确，对具体的学科专业、技术等级、学历水平、资格资质等也应有明确要求，切忌模糊、歧义。同时，录用条件也要有能力水平、综合素质、职业道德等方面的要求，以作为试用期考核的要素；录用条件在员工应聘时应由其亲自签收，以证明公司在聘用之初告知其应聘条件。从避免争议的角度看，不建议在试用期满签订劳动合同时再明确录用条件，因为应聘者与用人单位确立劳动关系后，应聘者一旦对录用条件存异而拒绝签署，后期的管理将无法跟进①。

员工入职是人力资源招聘工作中极为重要的环节，企业在用工过程中很多知识产权风险其实在员工入职开始就已埋下。

建筑设计企业人才来源一般分为外部招聘和内部调剂聘用两种。为防止品质不良人员或商业间谍进入企业，人力资源管理部门在进行外部招聘前应做好以下工作：一是分析招聘岗位涉及商业秘密的情况，根据岗位需求确定招聘条件和考察评价标准；二是对应聘者要重点进行背景调查和信誉考察，查验身份、证件、证书、履历表的完整性和真实性；三是对跳槽频率较高的人员，要进行必要的走访考察；四是了解应聘人员是否有泄密或非法携带商业秘密辞职的不良行为。对于在原单位负有保密义务或签订有竞业限制协议而擅自辞职、跳槽的人员，要审慎聘用，即便聘用也不要安排在商业秘密集中的岗位。

相对外部招聘来说，内部调剂聘用人员的泄密风险较小，但当员工转岗、职务晋升或在工作中需要接触核心商业秘密信息时，建筑设计企业同样需要对其进行信用考察和岗位培训。实践中，企业的技术、经营骨干集体离职，利用在原单位掌握的核心技术和客户资源“另起炉灶”，低价倾销同质产品，导致“老东家”市场急剧萎缩，甚至破产倒闭的司法判例时有发生，建筑设计企业招聘、聘用人员应引以为戒②。

---

① 袁洪君．入职管理中的风险控制[J]．人力资源，2014(9)：50－53．

② 张素英．降低员工泄露商业秘密的风险[J]．保密工作，2013(12)：53－54．

（二）对离职员工的知识产权访谈与定期监测

员工离职原因众多，比如劳动报酬不如意、工时执行不规范、工作岗位不称心、职业生涯受限制、职务晋升无希望等等，若建筑设计企业对员工离职没有预见或者预见不足，不能及时防范化解此类风险，容易导致工作被动，甚至产生法律风险。对于建筑设计企业来说，员工离职风险主要由以下四个方面引起：首先，劳动报酬约定不明确。用人单位与劳动者签订的劳动合同中，虽有劳动报酬条款，但没有填写具体金额，仅是笼统地表达“按用人单位内部工资管理制度执行”，这难免使得企业和员工对于工资的理解产生分歧，导致员工离职法律风险；其次，工时制度执行不规范。一般建筑设计企业在劳动合同订立过程中，忽视工时制度、员工休息、休假条款等的约定。在实际工作中，经常会出现调整员工工时、拖延员工休假时间的情形，往往又无法通过调休或者额外支付劳动报酬来解决，久而久之员工会产生抵触情绪，从而为员工离职法律风险埋下隐患，这不仅会给企业带来不必要的人力、物力、财力损失，更重要的是影响建筑设计企业形象；再次，保密义务设置不科学。《中华人民共和国劳动合同法》规定“竞业限制的人员限于用人单位的高级管理人员、高级技术人员和其他负有保密义务的人员”。在实际工作中，往往部分建筑设计企业在订立劳动合同过程中，扩大竞业限制人员范围，过分严格约定竞业限制范围、地域、期限，表面似乎更有利于维护企业利益，实际使得企业和员工在解除或者终止劳动合同后，因竞业限制的经济补偿等问题而增加建筑设计企业员工离职法律风险；最后，离职手续办理不及时①。多数建筑设计企业忽视员工离职管理，不能及时为员工办理离职手续。企业为员工办理离职手续的过程也是劳动者按照约定同企业办理工作交接的过程，而规范的离职手续有助于企业全面理清员工在近期业务中所发生的欠款、业务收款、内部借款等情况，及时收回员工掌握的企业资料，有效防范员工在离职后可能给企业带来的经济损失和法律风险。

大多数建筑设计企业一般都规定了员工离职的管理措施，包括离职面谈、核准离职申请、业务交接、办公用品及公司财产移交等。人力资源部门在为员工办理离职手续时，还要强化对知悉、掌握核心商业秘密员工离职的契约约束，重申保密义务。员工的保密义务不因劳动合同的解除而终止，保密期限直至商业秘密公开或消失为止。因此，在离职面谈时，人力资源部门要向员工重申保护商业秘密的义务，要求员工另行做出书面保密承诺。

---

① 王卓．浅谈企业如何防范员工离职风险[J]．中国电业，2020(8)：94－95．

针对核心离职员工，建议设置离职人员档案，并安排专人进行定期核查，及时跟进核心人员离职后的动向。如发现存在侵权或违约可能，应第一时间向建筑设计企业有关负责人汇报。

（三）企业知识产权类制度和规范

知识产权专门法律未来修改和完善应更好地适应市场经济发展和科技进步与创新的需要。从马克思主义基本原理来说，知识产权法律属于上层建筑的范畴，而上层建筑服务于经济基础。为此，我国知识产权法律的制定和完善应当适应社会主义市场经济发展的需要。不仅如此，由于市场经济是一种法治经济和竞争型经济，知识产权法律制度的运行只有借助于市场，才能使市场经济主体特别是企业凭借知识产权优势开展市场竞争，从而获取竞争优势。并且，知识产权保护需要尊重市场规律，充分利用市场机制有效地创造和运用知识产权。我国社会主义市场经济体制机制的建立和发展有一个产生、发展和不断完善的过程，相应地，我国知识产权专门法律的制定和完善也有一个与市场经济发展不断融合的过程。建筑设计企业中常见的知识产权类制度和规范可以包括：知识产权管理制度，用于定义本企业涉及的知识产权类型、企业有关负责人、归口责任部门、审批管理制度、职务成果归属、工作存档与备案制度等；知识产权奖惩制度，用于明确与知识产权申请、保护、成果转化方面的奖励与报酬的金额和方式以及违反法律法规行为的惩罚措施等；保密制度，用于定义企业的技术秘密和经营秘密、区分保密级别及其使用权限、商业秘密的加密和解密规则、涉密区域与外来人员管理等；办公软件管理制度，用于明确办公软件的购买、登记、安装、调试等规定，禁止员工在企业电脑上私自安装盗版软件等；信息安全制度，用于加强企业计算机存储、网络传输和密码技术的管理，保证企业网络环境稳定、信息内容安全等。

知识产权类制度和规范的制定可以由人力资源部门、知识产权部门等相关部门会同专业律师一起商讨制定。具体形式可以采用独立的规章制度，也可以选择其中的基本要求和原则（例如保密规范等）纳入员工手册，作为企业的基本行为规范①。

三、培训、激励与考核

建筑设计企业人力资源培训对企业的发展以及人才的储备具有重要的作用，同时，企业的激励机制有利于提高员工的工作积极性以及主动性，为建筑设

① 国家知识产权局知识产权保护司．企业知识产权保护指南[M]．北京：知识产权出版社，2022：50．

计企业知识产权的保护贡献力量。

（一）知识产权类培训

如果企业人力资源部门能够与大数据相结合，通过大数据对企业内部的所有员工进行评估，不仅能够提升对公司内部所有员工的了解程度，还有利于企业员工内部的培训。首先，通过大数据，企业可以更加了解员工的优点与缺点，可以有针对性地对员工做出培训，从而扬长避短，使得每一位员工都能在更适合自己的岗位工作，最大化地发挥自己的优点，提升工作效率，从而为企业获得更多的利润，有利于企业长久的发展。其次，企业通过大数据还可以了解到不同员工的深层次需求。企业在了解到这些信息之后便可以满足员工的深层需求，通过满足员工的不同需求来提升员工的获得感与满足感，同时提升了员工的公司归属感，有利于企业员工提升工作积极性，从而提高工作效率①。

为了将知识产权融入建筑设计企业经营管理和企业发展规划之中，提高建筑设计企业内部的知识产权保护意识，应在企业培训体系中引入知识产权课程内容。

知识产权类培训应该根据企业文化、战略规划、员工意识水平等，与企业内部的其他培训课程一起进行系统性规划，并通过企业制度加以保障。培训可以由人力资源部门的培训专员、受训部门的助理以及知识产权部门共同组织。培训讲师可以邀请企业知识产权部门人员、政府管理部门、外部顾问等一同参与，以增强培训效果。

（二）知识产权激励与创新文化建设

为使知识产权在企业经营过程中持续发挥作用、培育创新文化，可以依靠恰当的知识产权激励机制进行有效保证。知识产权激励机制具有重要的作用。首先，可以激发员工工作积极性，提升工作效率②。建筑设计企业发展过程中，绩效是衡量企业发展状态的关键因素。绩效水平的高度，在很大程度上是由员工所决定的，如员工工作积极性不高，工作效率差，那么无论是员工自身的绩效还是企业绩效均会不理想。企业通过强化人事管理工作，并引入激励机制，构建以人为本的激励机制，能够更好地激发出员工的工作积极性，提升工作效率，创造更高的绩效，提升企业整体效益；其次，激发员工发展潜力，提升工作质量。员工发展潜力、潜能的高低，事关企业发展，因此建筑设计企业在人事管理过程中，应重视对员工发展潜力的挖掘，通过应用激励机制，从物质激励、精神激励、权力激

① 邓秋香. 企业人力资源培训与开发的问题与解决对策[J]. 商业观察，2021(33)：36－38.

② 肖世良. 激励机制在企业人力资源管理中的应用[J]. 人才资源开发，2022(7)：91－92.

励、荣誉激励、薪酬激励、情感激励等多个层面入手，有助于激发出员工更高的潜力与潜能，充分发挥其创造力，达到更高的工作质量，提高企业核心竞争力；最后，可以形成强大凝聚力，保障建筑设计企业可持续发展。新时期，建筑设计企业彼此之间的竞争越来越激烈，企业稍有不慎极易在竞争中被淘汰。当前企业之间的竞争，逐渐由原本的质量竞争、效益竞争转变为对于优秀人才的竞争，企业应充分意识到人力资源管理工作的重要性，构建以员工为本的激励机制及企业文化，满足员工在精神、物质、文明等方面的需求，促使员工充分感受到来自企业的关怀和热情，进而提升员工的认同感、归属感，形成强大的凝聚力，保障企业可持续发展，避免在竞争中被淘汰①。建筑设计企业可以根据自身的经营状况、创新策略和文化基础等因素，考虑选择不同的激励方式，以实现当前的知识产权保护战略。

为了确保建筑设计企业知识产权战略的实施和具体业务有效开展，可以对知识产权部门进行绩效考核。要对知识产权部门的管理绩效下一个科学的定义很困难，这是因为企业的知识产权工作是一个循序渐进的过程，根据企业发展的水平和阶段、知识产权在企业的定位等的不同，可能会有不同的做法。绩效考核的作用在企业人力资源管理中被严重低估，想要它发挥正常的功效和应有的作用，就需要进行一些有针对性的改革②。建筑设计企业为了减少知识产权部门的绩效考核偏差、提高绩效考核的科学性和完整性，可以采取以下策略。

首先，建立健全绩效考核机制与环境③。完善的考核机制，是进行考核的前提条件。在企业内打造良好的考核环境，要让员工认可企业绩效考核的目的和意义，认同企业的考核机制，确保每一位员工在岗位中发挥自身优势，锚定工作任务，激发内在潜力，不断优化人力资源配置。企业要强调组织目标和个人目标的一致性，强调组织和个人同步成长是"双赢"局面。企业要为实施绩效考核建立良好的考核环境，打消个别部门和员工的消极想法，统一全员对于绩效考核的认识态度，积极营造良好的绩效考核氛围。人力资源管理部门根据每个岗位的职责以及岗位要求，设计一套比较完善的、有针对性的绩效考核机制以及相应的考核流程，保证考核过程有章可循、有据可查、有的放矢。

其次，将员工的培训开发与绩效考核深度融合。根据考核数据，进行员工岗位调整以及职业技能培训，实施配套的人力资源开发计划。在考核数据的基础上建立企业完整的人才选拔、培养、管理机制，要让员工明白人力资源的培训开

① 肖世良.激励机制在企业人力资源管理中的应用[J].人才资源开发，2022(7)：91－92.

② 唐苏娜.国企人力资源管理中创新绩效考核的问题探究[J].中国市场，2018(27)：185－186.

③ 尹宏.论国企人力资源管理绩效考核中的问题及对策[J].企业改革与管理，2014(12)：67.

发是贯穿于绩效考核的全过程，要让员工深刻理解企业的考核指标，对标先进找差距，检视自身补不足，积极与部门领导和人力资源管理部门沟通。通过参加各类培训和培养计划，主动提升自身的综合技能，同时，建筑设计企业也要主动为员工提供多层次、多元化和多角度的各项培训。不仅仅针对劳动技能培训，还要有行业法规、职业道德、企业文化、党建培训等活动，将员工的成长作为企业成长的支点，将员工的主动性和创新性作为企业发展的动力。建筑设计企业要将组织目标和员工岗位能力进行匹配，将企业愿景与员工诉求动态耦合，螺旋上升，同频共振，高效协同。只有如此，才能创造公平竞争的环境，才能提高企业的核心竞争力，才能让企业的人才不轻易流失①。

再次，科学、合理地运用绩效考核数据。绩效考核作为企业全流程管理的一种手段，不是只在季度末期、年中或者岁末进行一个例行公事的业绩考核，只有全过程、多维度的绩效考核才是完整的绩效考核，才可以提供比较完整的人力资源考核数据。绩效考核是动态的，其结果会随着企业发展、人员变动、人员发展、市场调整等多方因素波动。因此，其结果是有时效性的，需要及时将绩效考核数据反馈给公司管理层。公司管理层要根据绩效目标设定情况，客观地分析绩效考核数据，与员工真心交流，查找原因和差距，总结经验和不足，拟定改善工作计划；同时，要建立以结果为导向的价值分配体系，将考核结果与薪酬体系、职务晋升、荣誉奖励等挂钩，形成正向的激励机制。

另外，建立全方位的绩效考核体系②。我国很多建筑设计企业，存在着很多管理弊端，对下而不对上的管理是主要弊病，所有的绩效考核主要是针对基层员工，而非管理层，这种管理体系并不适合企业的长期发展。对于管理层，也应该有与之相匹配的绩效考核体系。建筑设计企业要根据企业自身的发展阶段，同行的先进经验，员工的不同岗位差异，实行绩效考核分层分类的科学管理，建立全方位的绩效考核体系，形成一个绩效考核计划、执行、检查、处理的 PDCA 循环，对每一次的绩效考核结果进行科学的分析，制定全新的绩效目标，注重过程管理，不断纠偏和改进提升，形成绩效考核各个要素的闭环管理。这种管理体系的制定，不仅有助于公司长足发展，也有利于创造一个公平的企业文化环境，只有这样，才能让绩效考核这一管理理念深入人心，让绩效考核这一管理方式有效地发挥作用。

最后，在绩效考核过程中重视对员工的人文关怀。实现建筑设计企业人本管理，切实保障法律赋予劳动者的合法权益。建筑设计企业不能把员工当作创

---

① 母海林. 企业绩效考核问题及其对策探讨[J]. 企业改革与管理，2022(3)：87－89.

② 韩旭. 国企人力资源管理中绩效考核存在的问题和策略[J]. 中国商论，2016(35)：99－100.

造企业财富的单纯工具人，也不能认为他们只是重视追求经济利益的劳动者，更不是随时可以替换的零部件。企业的良性发展要建立在员工身心和谐发展的基础上，绝大多数劳动者都具有实现自我价值的需求，都认同有人文关怀的企业文化，有人文关怀的考核体系是员工感受企业文化的最佳途径①。科学、全面的考核体系应该包含人文关怀内容，就是根据每一位员工的意愿与能力，与他们一同实现职业发展目标，让员工在工作中激发他们的价值实现感、成就感、归属感，让他们在工作中可以感受到自尊、自爱、自强，让他们将主动性、创造性自然发挥，不仅有物质上的报酬还要有精神上的认可，让他们从内心深处认同企业发展就是自身发展。绩效考核不仅可以从薪酬福利上体现人文关怀，还可以从目标激励、荣誉奖励、休息休假、安全卫生、培训发展、家庭关怀、心理健康等多个方面体现人文关怀，为员工创造有温度的工作条件和劳动环境。

（四）对其他部门的知识产权类考核

知识产权的产生、运用、风险控制及价值实现并非仅由企业知识产权部门单独完成，而是需要各个部门配合共同完成。因此，建立反映知识产权价值来源的综合考核体系对于企业的知识产权工作具有促进作用②。

人力资源部门作为企业的人才出入口，可将入职员工的保密协议签订率、对关键岗位的背景调查率、离职知识产权谈话覆盖率、离职员工是否出现泄密情况等作为考核内容。

财务部门作为知识产权的价值货币化窗口，可将利用知识产权进行财税管理、发明人奖励发放、知识产权资产化等作为考核内容。

市场销售部门作为知识产权的运用端，可将知识产权的规范使用、侵权风险的出现频次、品牌价值的打造、创新文化的外宣推广作为考核内容。

研发部门作为创新成果的灵感源地，可将知识产权的提案数量、技术创新质量、信息情报利用程度等作为考核内容。

生产和供应链部门作为产品交付的重要环节，可将采购过程中的供应商管理、采购发生侵权风险情况、生产过程中的商业秘密管控等作为考核内容。

当然，知识产权的考核也会涉及诸如信息化管理部门等其他部门，可以根据建筑设计企业的整体考核框架，本着“谁贡献，绩效加分；谁闯祸，绩效减分”的原则，将知识产权适度纳入利益相关部门的考核。此外，在具体实践中，可以根据企业发展阶段的具体需求，调整不同知识产权考核指标的权重，构建更为全面的知识产权考核体系。

---

① 潘阳红．新时代家庭文化建设的创新研究[J]．知与行，2019(5)：119－125．

② 国家知识产权局知识产权保护司．企业知识产权保护指南[M]．北京：知识产权出版社，2022：54．

第五节 建筑设计企业知识产权的市场营销管理

在经济全球化趋势下，市场竞争越发激烈。我国建筑设计企业要想在竞争中拥有一席之地，就要从开发、生产、销售和推广每一环节做起，提升自己的市场营销策略，注重消费者的消费感受，不断完善新产品的研发、销售和售后服务等工作，从而提升企业的竞争力，促进建筑设计企业更加稳定地发展。

一、建筑设计企业市场营销管理存在的问题

（一）管理人员观念落后

在很多建筑设计企业中，尤其是中小企业，管理人员受传统营销手段的影响，没有创新的意识，整体观念较为落后。在对产品进行营销时，不能提出创新的营销模式，思维局限，也没有结合当下互联网时代的需求，造成企业的营销手段和管理模式都很低效[①]。

（二）市场营销工作人员的综合素质低下

市场营销工作人员是实行营销手段的主要人员，是提升建筑设计企业营销水平的基础。建筑设计企业要想增强营销能力，就要选拔营销的专业人才。但是在很多建筑设计企业中，市场营销人员的工作能力低下，没有完备的综合素质，不能有效进行营销手段的改革和优化。尤其是随着市场经济的发展，建筑企业要想进一步扩大规模，就需要有专业人才提出改进策略。但是目前很多企业没有改变传统的观念，认为市场营销就是推销，没有加大相应人才的投入，造成建筑设计企业里的市场营销工作人员综合素质低下。

（三）建筑设计企业营销手段落后

随着大数据时代的到来，对于消费者的消费数据等进行深入分析可以有效帮助企业决定有关策略。但是很多建筑企业还在使用传统的营销手段，没有跟上信息化脚步和市场经济发展的需要，不能及时准确地获取有效信息，相应的营销手段和策略就显得落后。很多建筑企业自身没有创新的营销策略，盲目跟从其他企业其他产品的营销手段，这样很有可能给建筑企业带来经济损失。这就需要企业结合自身的实际情况和发展环境，提出优化有效的营销策略。

① 严瑞青.建筑企业市场营销管理创新路径探析[J].居舍，2019(17)：160.

二、建筑设计企业市场营销管理创新路径

树立正确的市场营销观念。建筑设计企业要想适应信息化时代市场经济快速发展的变化,就需要不断提升市场营销能力。这首先需要企业领导改变原来的市场营销观念,提高对于创新营销策略的重视程度,树立正确的销售观念。根据企业需要进行相关的市场调查工作,深入分析数据和现象,设计有效的营销策略。同时也要重视对新产品的研发工作,不断提升产品本身的效用,以满足市场需求为目的,从而提高企业的竞争力。除此之外,建筑设计企业还要注意对于自身品牌的宣传工作,提高企业的知名度,并通过优化售后服务等增强甲方业主的体验感,为建筑设计企业赢得更好的口碑①。

建立科学的市场营销网络。如果能够建立科学完善的市场营销网络,那么可以很好地推进市场营销工作的开展,并充分提升市场营销的效率和质量。市场营销网络的建立可以加强企业之间的合作,相互分享客户资源,实现资源的合理配置。完善的市场营销网络可以拓展产品的销售渠道,将线上与线下结合,为企业赢得更高的知名度和关注度,增加经济效益。企业还要加强工作人员的市场意识,积极探索创新市场营销手段,合理运用科学的市场营销网络,增加产品的销量。

建立以市场为导向的组织机构。在建筑设计企业的运营过程中,内部组织机构是推动企业发展的基础,只有拥有合理有效的管理机构,才能监督好各部门的工作,加强各部门之间的联系,确保营销工作的开展。科学的组织管理机构还可以有效提升企业的工作效率,加强每位工作人员的责任意识,促进营销工作的顺利开展。科学的组织机构除了包含对于内部的管理,还有与外部的联系,比如与甲方之间的沟通联系。这一环节是企业了解市场需求的重要途径,领导要重视相关工作,安排合适的人员负责管理②。

三、市场营销机会确定

(一)针对目标市场的知识产权环境扫描

企业在不同的发展阶段会制定不同的目标市场策略。当企业开始从单一市场策略向专业市场策略或复合市场策略转型时,将面临如何选择目标市场的问题。在评估遴选目标市场时,除了需要考虑企业自身的产品、资源和客户优势,

---

① 严瑞青.建筑企业市场营销管理创新路径探析[J].居舍,2019(17):160.

② 王俊文.论新形势下市场营销理念的创新与发展[J].科技经济市场,2016(3):79-80.

还有必要对目标市场的知识产权环境开展扫描[①]。

如果在选择目标市场阶段忽略了知识产权环境扫描，可能导致企业在投入大量市场费用后突然收到来自同领域竞争者、非专利实施实体甚至该国家（地区）政府以知识产权为由的阻挠，打乱市场营销节奏，大幅提升营销成本。

一般来讲，如果企业提供的产品或服务具有创新性，可以考虑司法体系相对完善的市场，利用知识产权提升竞争门槛。如果企业提供的产品或服务处于知识产权密集型行业，在进入司法体系成熟市场前，需要慎重评估知识产权方面存在的风险，并据此合理选择营销策略。

市场部门一般是扫描目标市场知识产权环境的责任部门，法务或知识产权部门可作为协同部门给予专业支持。知识产权环境扫描的内容包括但不限于目标市场所在地的知识产权法律法规；司法部门架构和裁判倾向；行政部门架构和执法环境；知识产权主流媒体；知识产权社会舆论环境；与企业所提供产品或服务相同或相近领域的知识产权纠纷；企业进入目标市场的品牌安全度（商标或域名抢注情况）；专利侵权可能性；潜在供应商知识产权侵权和风险担保能力；目标市场知识产权奖励政策；外部风险专利与本企业所提供产品或服务的对应关系；等等。

知识产权环境扫描通常可以通过文献或数据库检索、营销渠道寻访和书面反馈、客户资源寻访和书面反馈、熟悉行政或司法渠道、在目标市场采购专业咨询服务或报告等途径开展。在建筑设计企业的运营过程中，内部组织机构是推动企业发展的基础，只有拥有合理有效的管理机构，才能监督好各部门的工作，加强各部门之间的联系，确保营销工作的开展。

对开展此类工作的内部管理建议是市场部门应当明确知识产权环境扫描的职责；法务或知识产权部门提供专业支持；充分利用市场情报搜集渠道；在确定目标市场阶段将知识产权环境扫描作为决定指标之一。

（二）针对竞争对手的知识产权情况扫描

除了知识产权环境，建筑设计企业还应当关注竞争对手在目标市场的知识产权情况。通过扫描竞争对手在目标市场的知识产权情况，可以了解竞争对手的产品布局概况、业务策略概况、知识产权维权意愿和维权能力等。在掌握上述信息后，可以有针对性地制定本企业在目标市场中的市场营销策略。

针对目标市场开展竞争对手知识产权情况扫描，主要目的是评估进入目标市场后的竞争形势。事前功课如果准备不足，或缺少有效的应急预案，在市场营

① 国家知识产权局知识产权保护司．企业知识产权保护指南[M]．北京：知识产权出版社，2022：93．

销活动启动后，一旦遇到竞争对手运用知识产权有针对性地发起诉讼、索要许可费等，极易在竞争中处于劣势，甚至产生负面市场舆情，影响建筑设计企业的正常市场营销活动。另外，建筑设计企业欲实现自身可持续发展，就不应当长期困守思维死角①，而是应当注重拓宽营销渠道，利用一切可利用的资源，将营销渠道创新视为企业营销管理创新的重中之重，这样才能强化市场消费群体对产品的认知，达到市场营销管理的目的。

市场部门是扫描竞争对手知识产权情况的责任部门，法务或知识产权部门可作为协同部门给予专业支持。对目标市场中竞争对手知识产权情况扫描的主要内容包括竞争对手在目标市场的知识产权团队情况；在目标市场的法律供应商情况；在目标市场与本企业所提供产品或服务相关的知识产权布局情况；在目标市场过往进行知识产权维权的情况；产品清单；业务策略；已上市产品或服务的知识产权布局情况；过往发生知识产权侵权的情况；专利与本企业所提供产品或服务的对应关系②。

对竞争对手知识产权情况的扫描通常可以通过文献或数据库检索、参加行业会议和产品发布会、购买产品开展研究、营销渠道寻访和书面反馈、客户资源寻访和书面反馈、在目标市场采购专业咨询服务或报告等途径开展。

对开展此类工作的内部管理建议是市场部门应当明确竞争对手知识产权情况扫描的职责，法务或知识产权部门提供专业支持；除了评估产品差异化定位、产品竞争优势等，还应将竞争对手的知识产权情况作为制定市场营销策略的评估指标。

第六节　建筑设计企业知识产权的研发管理

建筑设计企业以设计研发为主营业务，企业研发管理中，优秀的研发设计者不一定需要具备知识产权实务能力，但是需要具备知识产权基础知识和意识，通过团队管理、研发合作管理、研发争议解决管理等将知识产权活动嵌入研发流程，有效保护企业研发成果，规避企业建筑设计研发侵权的风险。

一、团队管理

建筑设计企业团队管理的创新发展是提升企业活力，优化企业管理模式，提高管理效率，从而在不改变要素投入的情况下，提高企业利润，促进建筑设计企

① 安蕊，朱英洋．企业市场营销管理及创新策略[J]．中国市场，2021(6)：135－136.

② 国家知识产权局知识产权保护司．企业知识产权保护指南[M]．北京：知识产权出版社，2022：96.

业可持续发展的重要因素。

（一）研发团队中负责知识产权事务的人员设置

建筑设计企业可以在研发团队内部设置负责知识产权事务的人员。与企业负责知识产权管理事务的专职人员的职责有所不同，研发团队内部负责知识产权事务的人员主要负责协调研发过程中与知识产权相关工作的顺利开展，例如专利技术方案的输出、申请文件核稿、技术对比等①。

研发内部的知识产权角色通常有两种，第一种是知识产权事务对接人。主要负责配合建筑设计企业知识产权管理人员或部门进行专利相关绩效和预算管理，执行商业秘密和技术秘密保护制度，组织和协调研发专业技术人员进行新产品及新技术的查新检索、完成专利申请提案、对专利代理师撰写的专利申请文件进行核稿、进行无效和侵权诉讼技术比对、针对现有技术做规避设计等；第二种是知识产权评审人员，主要负责对产品和技术方案是否申请知识产权保护、保护类型、规避设计方案、知识产权奖励等进行评审②。

知识产权事务对接人主要承担研发团队的工作，同时也要配合建筑设计企业知识产权管理人员或部门工作。在人员选择时，应选择既有技术背景，又具备知识产权基础知识的研发人员。对知识产权评审人员的要求往往更高，还应对建筑设计行业发展较为熟悉，对技术趋势具有一定的判断能力。建议知识产权评审人员可以由建筑设计企业研发部门负责人或总工程师、技术专家或高级技术人员、项目部负责人或项目负责人等担任。

（二）培养研发人员的知识产权素养

随着经济全球一体化和高新技术的快速发展，建筑设计企业的知识产权保护能力比以往任何时候都更依赖于研发以及研发人员的知识产权素养。培养研发人员的知识产权素养，大力开发企业研发人员的创新能力，已经成为促进建筑设计企业提升知识产权保护能力的迫切要求③。建筑设计企业研发人员需要具备如下知识产权素养：能够充分认识知识产权的重要性以及其与研发的关系；有知识产权布局的概念以及专利挖掘的能力；具备基础知识产权实务能力，例如进行专利检索、阅读专利文献、进行侵权技术比对；等等。

---

① 曾莠咏．新形势下企业管理的创新战略研究[J]．商业文化，2021(35)：70－71．

② 国家知识产权局知识产权保护司．企业知识产权保护指南[M]．北京：知识产权出版社，2022：116．

③ 吴海燕，杨武．我国企业研发人员创新能力开发模式探析[J]．科技管理研究，2010，30(3)：17－19．

当企业研发团队中的人员具备这些素养时，就能够对建筑设计领域的市场及产品分布、用户群体分布及用户需求等市场信息进行收集，从而有助于进一步分析开发出符合用户和市场需求的产品。通过定期对（与企业技术研究、开发方向相关的）技术和专利信息进行收集、分析和跟踪，研发人员将更清楚本领域的现有技术情况，有助于进一步产出契合技术发展趋势的新技术方案并形成知识产权。追踪竞争对手的技术、专利、产品最新动态等，还有助于产出更优技术方案，或是开展规避设计避免侵权风险。

一般来说，建筑设计企业的研发人员最初可能并不具备这些知识产权基础素养，建筑设计企业可以通过一系列措施培养和提升研发人员的知识产权素养和能力：首先，对知识产权的正确认知、检索工具的使用、快速有效阅读文献内容的要求和注意事项等，可以通过研发人员入职培训和知识产权相关培训加以提升，培训后进行考试对培训效果更有巩固效果；其次，对知识产权的挖掘和布局、技术比对、规避设计以及知识产权案件的协助，可以通过对研发人员的工作考核来推动提升；最后，高价值知识产权的挖掘情况和有价值知识产权的输出情况等也可以作为研发人员任职资格和晋升因素之一，发挥"指挥棒"作用，进而促进研发人员知识产权素养的提升。

值得注意的是，很多时候建筑设计企业负责人、高级管理人员、研发部门负责人的知识产权意识会在较大程度上影响企业的知识产权管理水平，注重这些人员知识产权素养的提升也十分重要。

二、产品及研发管理中的知识产权保护

随着我国经济和科学技术的飞速发展，建筑设计企业所面临的市场竞争也越来越激烈。企业作为市场竞争的主体，要想在激烈的市场竞争中获取长期可持续的竞争优势，就必须不断生产出满足市场需求的新产品[①]。因此，对建筑设计企业来说，将大量人力和物力投入到新产品研发和技术创新中来具有重要的战略意义和经济意义。

新产品研发有利于巩固产品市场。随着科学技术的飞速发展和市场竞争的日趋激烈，产品的生命周期变得越来越短[②]，一种型号产品在市场上畅销多年的时代已不复存在。企业必须结合市场需求，不断进行优化和研发，并将其快速推向市场，才能在竞争激烈的市场中立于不败之地，进而扩大市场份额。

① 张爽．中小型企业技术创新对企业可持续发展的作用[J]．经济研究导刊，2010(22)：19-20．

② 李宇红，苏艳芳．中小企业面向市场的新产品开发[J]．商场现代化，2007(5)：104．

新产品研发有利于加快人才培养。通过新型产品的研发和技术创新，能够为企业培养出一批技术能手和业务骨干。面对新的技术领域，一个研发团队的所有人员必须吸取新知识，拓宽自身的知识面，提高自身业务素质，研发团队负责人必须充分了解市场需求和该项新技术在国内外的发展趋势①。只有这样，一个创新团队才可能研发出一种新的产品或新的生产工艺。

新产品研发有利于企业文化发展。新产品研发和技术创新会对整个企业的氛围产生较大的影响，无论任何企业要开展大规模的新产品研发和技术创新就离不开鼓励创新和容忍失败的企业氛围。在这种企业文化氛围之下，创新团队就不因失败而感到害怕，他们会克服种种困难，最终研发出企业所需要的新产品和新工艺。

同时，新产品研发和技术创新从研发、生产到投入市场使用的每一个环节都充满着个人冒险精神和团队协作精神，所以企业在新产品研发和技术创新过程中形成了以企业为中心、以团队协作为半径的企业文化圈，也形成了员工不怕困难和艰苦奋斗的企业精神。

三、研发合作中的知识产权保护

建筑设计企业的产品或技术开发也存在由外部资源完成或共同完成的情形，如委托开发、合作开发等。企业对外委托开发或合作开发管理不当，容易引起研发成果和知识产权流失，引发一系列的知识产权问题和风险。

企业进行合作研发的过程可以粗略分为合作对象的选择、研发开展以及成果收益分配三个阶段。每个阶段的工作重点不一样，出现的知识产权问题也会存在差异。

（一）研发合作中的知识产权管理

在合作对象选择阶段，应关注建筑设计企业知识产权、商业秘密泄漏。建筑设计企业选择合作研发对象时会优先选择合格的企业。在这过程中不可避免的会将企业的知识资源、技术规划及实施进行展示和交流。更有甚者，企业项目人员在交流的过程中将一些与项目无关的商业信息进行分享，造成不符合条件的合作对象获悉企业信息后无意之间泄漏给竞争对手，或者合作对象假意合作却有意窃取企业核心信息。也不排除建筑设计企业项目人员保密意识淡薄，在获取合作对象的技术信息、商业秘密后无意泄漏给合作对象的竞争对手，损害合作对象的权利。其次，合作对象知识产权背景评价不当。建筑设计企业在合作对

① 廖佚．我国高校创新团队管理问题及对策研究[D]．北京：国防科学技术大学，2012．

象选择阶段没有充分评估合作对象的知识产权背景情况，或者合作对象为了获得该项目而故意虚报或隐瞒其技术实力及知识产权情况，造成合作对象选择失误①。由于对合作对象的知识产权评价不当，或者合作对象的知识产权意识淡薄，可能出现合作对象提供的技术方案是其他企业已经申请知识产权保护的技术方案，造成其他企业进行维权而被迫终止整个研发活动，给企业带来巨大的经济损失。

在合作研发开展阶段，研发合作企业选定后即进入项目研发阶段，虽然我国知识产权意识较之前有所提高，也能够在项目过程中进行一些专利申请，但是从整体来说在研发项目的开展中还存在以下问题。首先，忽视知识产权信息作用。建筑设计企业在合作研发过程中更多地关注成本、技术、质量及研发结果而忽视了整个研发过程中的知识产权信息作用。在项目立项阶段通过知识产权信息的检索分析可以帮助确定合作对象，同时也能避免进行重复研发。在项目进行中通过知识产权信息的检索分析，有助于技术方案的修正与调整，在研发项目完成后检索知识产权信息有助于对他人侵权采取必要措施维护自身的权益。其次，项目缺乏知识产权布局及挖掘。由于研发人员缺乏足够的知识产权相关知识，在整个研发过程中没有进行知识产权布局及挖掘。缺乏对具有前瞻性和开拓性的技术、具有行业推广应用价值技术的知识产权布局及挖掘。未将项目的核心技术、配套支撑技术及时申请专利，或者专利申请类型不符，也未挖掘项目的替代技术进行知识产权申请。再次，对于专利申请权纠纷，知识产权意识不强的建筑设计企业，可能在研发项目的过程中不会进行专利的申请。知识产权意识较强的建筑设计企业则很注重专利的申请保护，但由于是合作研发，不易分辨哪些是独自创造的技术，哪些是合作开发的技术，在进行专利申请时极易发生申请权纠纷。最后，项目采用的知识产权侵权。在合作对象选择阶段知识产权评估不充分，以及在项目的开展过程中未实时分析知识产权信息，合作对象提供的技术方案侵犯其他企业权利、合作对象提供的知识产权被专利复审委员会宣告无效或者知识产权本身还处于与第三方的诉讼中，这些情况都会严重影响合作研发项目的开展，或者研发项目被迫终止，给企业造成巨大的经济损失。

在成果收益分配阶段，应关注研发成果被仿制侵权。研发项目完成后产生巨大的经济效益时，必然会吸引众多利益追求者的注意，一系列的技术方案复制、产品仿制接踵而至。在研发项目完成后，为了确保自身的利益不被其他人侵犯，此时需要密切监控市场，打击侵权行为，同时还要预防其他竞争对手对研发

---

① 刘丽娟，宋建远，刘琪. 企业合作研发中的知识产权问题及对策研究[J]. 印制电路信息，2020，28(6)：59－62.

项目的知识产权发起无效申请。还应关注知识产权利益分配纠纷。建筑设计企业在缔结合作研发合约时会就企业的投入、产出进行约定，以确保研发项目的成功，但是往往忽略了合作企业将该项成果进行推广或将研发活动中的知识产权许可给其他人所产生的利益分配问题，导致因利益分配问题产生纠纷[①]。

建筑设计企业与外部资源合作研发时，知识产权管理工作要点包括：

(1)合作前的准备。建筑设计企业通常在合作协议签订前就已经对合作项目、技术内容开始交流讨论，建议企业先与合作方签订保密协议，再与合作方进行合作项目交流。对于建筑设计企业事先已经产生的研发成果，要先申请专利或进行计算机软件著作权登记。

(2)协议内容洽谈。明确合作的具体内容，双方的权利、义务，委托开发、合作开发过程中以及完结后的成果交付内容(如样机、文档、代码等)、验收标准、交接方式等；明确双方提供的现有技术成果，必要时在合作协议中列明或附上资料清单；明确当委托、合作开发项目出现暂停或中止等情况时，对委托方提供的技术资料的处理方式；约定委托开发、合作开发的知识产权成果归属。

(3)协议签订。研发部门确定合作的主要内容后与法务部门协作完成协议的拟定，完善协议的各项条款要求。按企业协议管理规范完成协议的签署、备案及存档。

(4)执行协议。协议执行过程中要注意技术秘密的管理和双方的保密责任，并按照双方约定的知识产权成果归属及时进行申请、登记保护。

(二)研发合作中的知识产权争议解决

在委托开发或合作开发中，虽然双方通常在合作前会就合作内容做出约定或签署合同，但在实际过程中，还是会发生合同履行或研发成果归属等方面的争议[②]。

当发生争议时，首先应查看双方签署的合同是否就争议的问题有相关约定。如果有约定，按照约定协商处理；如果没有约定，且双方不能协商一致，可以找有关机构进行调解。合同当事人还可以请求合同管理机关、仲裁机构、法庭等进行调解。双方协商不成，不愿调解的，可根据合同中规定的仲裁条款或双方在纠纷发生后达成的仲裁协议向仲裁机构申请仲裁。如果合同中没有订立仲裁条款，事后也没有达成仲裁协议，合同当事人可以就合同纠纷起诉到法院，寻求司法解决。

---

① 刘丽娟，宋建远，刘琪，等.企业合作研发中的知识产权问题及对策研究[J].印制电路信息，2020，28(6)：59－62.

② 国家知识产权局知识产权保护司.企业知识产权保护指南[M].北京：知识产权出版社，2022：129.

此外，为避免发生争议，建议建筑设计企业在确定合作方时，提前做好背景调查，签署保密协议及合作协议，约定清楚合作双方的权利及义务、知识产权的归属及相关违约责任、争议的解决办法、诉讼的管辖法院等，以保证自身利益。

四、研发中的其他知识产权风险管理

建筑设计企业研发管理中，还存在其他知识产权风险。企业应重视潜在的风险，比如信息披露不当产生的风险、使用开源软件产生的风险等，有效对潜在的风险进行控制管理，更好地保护企业的知识产权。

（一）信息不当披露引起的知识产权风险

信息披露是建筑设计企业外部投资者和利益相关者了解企业内部投融资决策的重要渠道，高质量的信息披露是现代公司治理的基石，不但较好地缓解了企业内外部信息的不对称，还有利于优化企业资源配置①。建筑设计企业应高度重视企业信息环境在影响管理者经营决策和资源配置效率方面的作用，努力完善制度环境，不断激发企业积极进行创新升级以实现高质量发展②。但是，建筑设计企业研发信息的披露有很多需要注意的问题。研发信息的不当披露可能会引起企业的知识产权流失，常见的有以下两种情形：企业或合作的科研机构、高校等参与技术研究开发的人员对外发表了论文，在微博、微信朋友圈披露了含有技术或产品的内容或图片，造成专利技术方案被提前公开，破坏了技术方案的可专利性，导致企业自身无法获得专利授权；企业或合作的科研机构、高校等参与技术研究开发的人员在微博、微信朋友圈、专业领域论坛或其他公开刊物上披露了研发信息，被同行或竞争对手获悉企业的技术方案中的设计方向，直接使用或提前改进推出同类产品，抢占市场。

因此，建议建筑设计企业对内部研发人员和外部合作机构就信息披露事项进行管理和规范，主要包括对内制定相应的信息披露制度规范，研发信息必须经过审核后才能对外披露；对外完善合作协议，在委托开发、合作开发协议中增加对信息披露的限制内容或限定信息披露的必经程序；企业在技术引进、技术转让前要排查参与研发的人员是否有对外披露信息的情况，规避因被提前公开而降低专有技术的市场价值。

（二）使用开源软件的知识产权风险

开源软件由于其内在的源代码公开、组件丰富等属性，在软件开发过程中逐

---

① 林钟高，吴利娟. 公司治理与会计信息质量的相关性研究[J]. 会计研究，2004(8)：65－71.

② 蒋艺翅，姚树洁. 信息披露质量对企业创新的激励与治理效应研究[J]. 当代经济科学，2022，44(2)：117－128.

渐占据了重要的位置。《Veracode2017 年软件安全报告》曾提道,“如今一个软件中平均 75%的软件代码都来自开源组件”。根据 Synopsys 的研究,大约 99%的商业代码库属于开源代码,然而 75%的审计代码库包含至少具有一个已知漏洞的开源组件。这就导致许多使用开源技术和产品的企业组织面临巨大的安全风险,特别是使用开源社区不再维护的过时软件。

在建筑设计企业日常经营活动中,如果未重视开源软件合规管理,将面临以下五方面潜在风险。第一是商业声誉风险。基于开源许可证的不担保责任条款,开源组件提供者往往不承担源代码带来的任何责任,因此企业利用开源组件开发商业软件时,有可能无意中使用了权属不清的源代码。一旦事实被炒作,可能会对建筑设计企业商业声誉造成影响。第二是许可证违约风险。不同的开源许可证有不同的知识产权保护要求。开发人员容易忽略某些许可证的条款或者很难兼顾多个许可证竞合的要求,使得企业面临违约风险。第三是第三方专利风险。开源软件是具体的代码,代码背后的数据处理逻辑可能涉及独立第三方在先申请的专利。企业在利用开源软件开发时可能面临侵犯第三方专利权的风险。第四是专利申请成本风险。有的开源许可证会限制在开源代码修改过程产出专利,或者约定产出的专利视为免费提供给开源软件的所有使用者,因此建筑设计企业在申请专利时需要提前了解有关规则并予以统筹考虑,避免增加不必要的专利申请成本。第五是未获得商标授权风险。有的开源软件要求必须经过开源软件商标的认证,甚至要求开发者付费后才能使用。

对长期开展此类工作的建筑设计企业的内部管理建议之一是明确管理归口。在研发部门或知识产权部门设立专门的管理岗位统筹企业的开源软件管理工作,其工作职责包括代码审核、制定开源策略、拟定风控机制、内部使用备案;制订许可证使用指引。将开发中可能涉及的许可证进行分级管理,形成《开源许可证使用指引》,明确哪些属于严苛许可证,禁止使用;哪些属于慎用许可证,应谨慎使用;哪些属于宽松许可证,推荐使用。对于将作为商业软件使用的开发项目,应当对软件源代码进行扫描,目的是确保软件产品不包含风险较高许可证的源代码。如发现包含高风险源代码,应当退回开发人员修改或征求研发高管意见以确定处理措施。对经过扫描的源代码,对其开源许可证进行备案。

(三)使用未经授权的开发工具的知识产权风险

建筑设计企业研发涉及的开发工具很多,包括工业设计类、机械结构设计类、电子硬件设计类、软件开发类、包装设计类等。如果建筑设计企业研发人员的正版意识薄弱,或建筑设计企业没有规范开发工具的管理,则可能出现使用盗版软件的侵权风险。

建筑设计企业出现使用盗版软件的侵权风险有以下几种情形:技术人员给

研发人员的工作电脑安装了未经授权的开发工具供研发人员使用;研发人员自行在工作电脑上安装了未经授权的开发工具;开发工具的非必要使用者在工作电脑上安装了未经授权的开发工具,如项目经理或其他职能人员为了查看方便而安装;开发工具的使用超出了授权范围。

对建筑设计企业开发工具的管理建议包括:对研发必需的开发工具,通过购买获得正版授权,合法使用;制定和完善开发工具使用管理规范,对研发人员使用的开发工具进行登记,由专人统一管理,明确开发工具使用人、使用范围;提高研发员工的正版化意识。在内部发起培训,宣传并传播盗版的危害,让工作人员提高素质,认识到盗版传播的严重性,提升自己的政策水平,以此来更有效打击和遏制盗版现象①。

第七节 建筑设计企业知识产权的财务管理

企业的财务管理是企业生存发展的基础。建筑设计企业知识产权与财务的关系,绝非仅仅在于预算和诉讼成本的管理。优秀的财务管理者完全可以将财务管理融入知识产权的方方面面,使这一无形资产发挥更大的财务价值。

一、与知识产权保护相关的成本及费用管理

(一)申请各类知识产权所需的成本及费用

申请各类知识产权所需的成本通常包括官方收费及知识产权代理机构收取的服务费两部分。截至2022年9月,我国官方收费标准如下:专利中,发明专利的申请费一般为900元,[上年度企业应纳税所得额低于100万元的企业独自作为权利人申请专利的,可享受85%的申请费、实质审查费(仅发明专利申请需缴纳)费用减免;两个或以上满足上述条件的企业共同申请专利的,可享受70%的申请费、实质审查费(仅发明专利申请需缴纳)费用减免],公布费50元,实质审查费以2500元为标准,印花税5元,总计3455元;商标中,商标新申请,纸件申请为300元/类,电子申请270元/类,商标异议/撤销为500元;著作权中,美术作品著作权登记为300元,软件著作权登记免费。除上述官方收费外,申请和维持各类知识产权通常还会产生知识产权代理机构服务费(企业自行完成各类申请的,不会产生这部分费用),而且这部分费用往往远高于官方收费,是财务预算审核的重点。不同地域、不同规模、不同领域、不同资质的代理机构收费标准不

① 鞠欣余.软件盗版的成因与解决对策研究[J].科技资讯,2016,14(35):242-244.

一、差异较大。建筑设计企业应结合自身需求寻找合适的代理机构提供相关服务。

（二）维持各类知识产权所需的成本及费用

专利授权后，须每年缴纳年费，才能维持专利的效力，不缴纳年费的专利将自动失去效力。目前我国专利的年费标准如下：对于发明专利来说，1～3年，年费900元；4～6年，年费1200元；7～9年，年费2000元；对于实用新型专利和外观设计专利来说，1～3年，年费600元；4～5年，年费900元；6～8年，年费1200元。

商标授权后，在有效期内无须缴纳额外费用维持其效力，期满后可续展，续展费用为500元/类（纸件申请）或450元/类（电子申请）。

著作权产生后，在有效期内无须缴纳额外费用维持其效力。

（三）对知识产权申请及维持开销进行资本化处理的考量因素

根据我国目前的会计准则，知识产权的申请及维持费用既可以费用方式入账，也可以无形资产方式入账。作为费用入账的申请费和维持费是一次性支出，计入企业当期损益，会直接影响建筑设计企业当年的盈利，但之后不会再扣除；而作为无形资产入账的申请费和维持费则可计入固定资产成本，在之后相当长的时间内逐步折旧摊销，对于报表的影响是持续而相对平稳的。不同类型、不同发展阶段、不同商业模式的企业，可以根据自身需求，对知识产权申请和维持费用采取不同的入账方式，以实现不同的经营与管理目的。

目前的实践中，大部分建筑设计企业通常将商标、著作权、软件作为无形资产入账，而将专利则作为费用入账。专利的申请往往伴随着建筑设计企业的研发活动不断发生，专利申请到专利被授权有一定的时间间隔。如果以无形资产方式入账，建筑设计企业应随时跟踪专利的授权情况并将该信息通知财务部门，及时将费用转为无形资产入账。另外，专利在获得授权后仍有可能会被放弃、被宣告无效、对外转让或许可。如果将专利作为无形资产入账，财务部门需要根据这些情况，对专利资产报废的时点、摊销的时长、金额及时进行调整。还有一些建筑设计企业考虑到专利运营的专业性比较强，产生的价值也具有不确定性，财务部门往往出于简便操作、避免报表变动的考虑，不愿意对专利进行资本化处理。

事实上，对保持长期营收、现金流、利润、资产账面价值平稳有强烈需求的企业，可以考虑将专利相关费用资本化，发挥持续的积极作用。比如，需要一定资产账面价值和利润来支持融资或首次公开募股的企业，以及对持续稳定充足的现金流有强烈需求的科创企业，可以选择将知识产权相关费用资本化处理。

（四）对知识产权不再维持时的财务处理

知识产权大多具有一定的有效期（商业秘密除外）。在有效期内，建筑设计企业不再需要某些知识产权时，可以采取放弃、许可、转让、设立公司运营、委托运营等方法加以处置。各类处置方法的操作简便程度和财务影响有所不同：知识产权的放弃最为简单易行，但不会产生收益，反而可能造成亏损，尤其对作为无形资产入账的知识产权而言；知识产权的许可和转让的复杂程度不定。如果对象为关联企业，通常会相对简单（如果涉及上市公司、国有企业等特殊性质的主体，复杂程度则会增加）。如果对象为第三方企业，则需要寻找可能的目标、测算并设计许可费的标准、对交易价格进行谈判等，相对复杂。许可和转让会为企业带来持续或当期收益；知识产权的委托运营（也即委托他人许可、转让、出资入股等）比较简便，需找到具备知识产权运营能力的服务机构，签署委托协议，但运营的收益需要和服务机构分享；建筑设计企业还可以投入费用建立专业的团队对知识产权进行运营。独立运营对团队能力要求较高，操作较为繁琐，但是收益可以全部归属于建筑设计企业。

（五）知识产权诉讼费用的估算

知识产权诉讼主要的费用支出项目包括诉讼费、无效异议费、调查取证费、律师费等，其金额标准大致如下。

诉讼费，官方收费，全国统一标准，与诉讼标的额大小有关，可向管辖法院咨询，或网上搜索。通常法院会判决由败诉方最终承担所有诉讼费，或由双方当事人共同分担；无效异议费，知识产权诉讼往往会伴随着相关知识产权的无效、异议等程序。这一类程序的官方收费为全国统一标准，可向国家知识产权局咨询，或网上搜索（目前标准为：发明专利无效 3000 元、实用新型专利及外观设计专利无效 1500 元、商标无效 750 元、商标撤销 500 元）；而服务机构的服务费则没有统一标准，其金额与案件类型、案件影响、案件复杂程度、律师知名度及资源等有关；调查取证费，如果企业自行完成调查取证，则费用只涉及与购买产品、物流、委托公证相关的费用。如果委托外部机构完成调查取证，则会产生服务费或咨询费，这类费用并没有统一的标准，其金额与案件复杂程度、所需时间等有关；律师费，律师费是知识产权诉讼案件中占比最大的费用类别，其金额与案件标的金额、案件类型、案件影响、案件复杂程度、律师知名度及资源、行业惯例等有关。就国内诉讼而言，通常的律师费收取方式包括：①固定代理费用；②基础代理费用＋胜诉（或其他诉讼目标达成）奖励费用。后者一般对于控制成本和促进诉讼目的达成的作用更为明显。就国外诉讼而言，律师费并无统一标准。针对习惯按小时收费的国外律师，采用全部打包或部分打包与小时付费相结合的报价方式更有利于控制费用。同时，在委托合同中应当明确约定，律师在开展任何付费工作之前均应经过建筑设计企业书面确认，且应当定期提供详细的对账单，以便企业及时掌握费用进度和金额。

（六）作为被告在知识产权诉讼中败诉可能导致的财务损失

知识产权诉讼主要包括侵权纠纷诉讼、权属纠纷诉讼、（许可、转让）合同纠纷诉讼等类型。在任何一类知识产权诉讼中，作为被告败诉都有可能给企业带来巨大的直接或间接损失。

败诉判决直接带来的损失有很多。在知识产权诉讼中作为被告败诉，绝大多数情况下意味着建筑设计企业将无法继续使用涉案知识产权，或无法在可承担的成本下继续使用涉案知识产权。在知识产权诉讼中作为被告败诉，通常会被判决支付给权利人一定的经济赔偿。近年来，随着知识产权侵权惩罚性赔偿制度逐步落地，知识产权案件的判赔金额逐年提升，巨额赔偿案件屡见不鲜。涉外的知识产权诉讼赔偿金额则更是“天价”。根据统计，2020 年美国法院在 52 件专利诉讼案件中判决支付赔偿金总计 47 亿美元，单案最高赔偿金高达 19 亿美元。败诉判决间接带来的损失也有很多。首先是已投入资源的损失。一项产品或服务的开发、生产、销售、投入使用，往往需要耗费大量的人力、物力、财力。一旦被停产、停售、停用，往往会意味着已经投入的这部分资源被“浪费”掉了，不能为企业带来收入或利润。其次是给上下游的赔偿。当企业的产品或服务被法院认定为侵犯他人知识产权时，将构成对上下游合同的违约，上下游企业解除合同、取消订单、退货等情况往往会随之而来。一旦发生，则意味着企业可能要承担违约金、违约赔偿金等损失或丢失订单。再次，盈利能力减低。使用涉案知识产权的产品、服务、功能被停产、停售、停用，有时可能会导致建筑设计企业无法正常经营。另外，市场份额丢失。对于很多建筑设计企业而言，产品或服务的停产、停售、停用将带来市场份额的丢失。如果不能及时以新产品替代，会给竞争对手提供机会，需要事后花费大量时间和财力才能重新取得；在知识产权诉讼中败诉往往会影响企业的声誉，尤其是对上市公司、科技企业、新创企业等；对于等待风险投资的建筑设计企业而言，在知识产权案件中成为被告，往往已经意味着失去了一部分融资的可能，如果败诉，会让情况变得更为恶劣。

在知识产权诉讼中作为被告败诉可能带来的财务影响远不止上述列出的各点。建筑设计企业财务部门切忌把败诉损失简单等同于支付给权利人的经济赔偿金①。

① 国家知识产权局知识产权保护司. 企业知识产权保护指南[M]. 北京：知识产权出版社，2022：67.

（七）与知识产权诉讼相关的财务管理注意事项

知识产权诉讼是建筑设计企业发展过程中较为常见的一类纠纷。企业财务部门应当做好诉前、诉中、诉后的财务风险管控，避免企业和个人承担不必要的风险或损失。

在诉讼发生前，建筑设计企业应当在日常管理中建立健全企业财务制度，妥善保存财务数据、保管财务资料（包括产品成本、利润、费用、产成品库存、原材料库存、零配件库存、销售时间/数量/金额等），避免账外账，以便在诉讼发生后，能够迅速调取相关数据和资料，对内准确评估诉讼可能带来的经济损失大小，对外依法提供符合诉讼策略的数据。

同时，企业应当谨慎披露各类财务信息。企业可事先咨询律师事务所、财务审计公司或其他专业顾问单位，了解国内外知识产权诉讼中普遍需要提供又容易被第三方利用的财务数据和资料的内容与形式，并在日常管理及业务中作出相应的安排。

此外，为了防范可能的运营风险，企业也可以未雨绸缪，在未发生诉讼时即适当计提费用，或购买知识产权相关保险，用来支付未来可能发生的专利许可费或应对可能发生的纠纷，减少未来知识产权纠纷对建筑设计企业的影响。

在发生知识产权诉讼时，财务部门不应简单粗暴地拒绝向法庭提供数据。在境外（尤其是美国），不提供与涉案产品和行为相关的财务数据和信息，有可能被认定为藐视法庭，直接导致法院采用对方提供的对本公司不利的证据做出判决。在国内，类似的做法近年来也越来越多地被法院采用。因此，财务部门在诉讼中应当慎重与外部律师核实探讨具体提供的材料内容。同时，财务部门应当与业务部门共同评估诉讼可能给企业带来的损失，并采取一定措施减少损失及影响。例如适当计提可能发生的费用，减少诉讼对建筑设计企业的影响；在诉讼终结前及时处置或转用库存物料和零配件，避免最终败诉后因无法再使用或销售这些物资而遭受损失；对已经出售到下游的侵权产品，通过合同变更、费用补贴等方式减少支付违约金或违约赔偿。

在诉讼终结后，财务部门应当总结在诉讼中暴露出的财务管理或信息披露方面的瑕疵，并进行有针对性的改进。

二、与知识产权相关的预算管理

通常而言，企业内与知识产权相关的预算包含六个部分：获得和维持自有知识产权产生的费用，包括知识产权申请、审查、年度维持、到期续展、异议、无效、公告、复审、变更、检索等产生的官方收费和代理机构服务费；购买或使用他人知识产权产生的费用，例如，购买专利和商标的费用、专利和商标许可费、技术服务费等；与知识产权相关的员工激励费用，主要指对专利发明人的奖励和报酬；知识产权管理工具所需费用，例如，知识产权管理系统的建设及维护费用、商业数据库购买或使用费；知识产权维权和纠纷应对产生的费用，包括调查取证费、公证费、诉讼费、侵权赔偿等；其他费用，例如知识产权相关荣誉称号及资质的申报费用、培训费、差旅费、咨询费等。

其中，对获得和维持自有知识产权产生的费用，财务部门应当结合建筑设计企业发展战略，本着"以终为始"的思想，与知识产权、法务、采购、业务等部门共同从知识产权的种类、分布、数量、外部服务价格等方面评估费用的合理性，尤其应当考察：第一，预算中拟获取或维持的知识产权种类与企业业务开展和发展需求的一致性。例如，商标、著作权、外观设计专利的维持费用相对较低，能够对建筑设计企业的品牌、产品外观等产生保护作用。第二，预算中拟获取或维持的知识产权数量和分布与企业战略的一致性。例如，某个计划产出大量专利的产品是否是企业的重点产品，哪些知识产权没有必要再继续付费维持等。第三，企业获得及维持知识产权所需的外部知识产权服务机构价格和质量的合理性。例如，是否有公开合理的遴选过程、比价方式、质量评估标准、淘汰机制。

就购买或使用他人知识产权所产生的费用而言，财务部门需要考察：真实性，企业是否对拟购买或使用的第三方知识产权效力进行了评估，例如出售方或许可方是否有权出售或许可该知识产权，企业所购买或被许可的知识产权是否存在重大的权属争议或被宣告无效的隐患等；合理性，购买价款、许可费、服务费的计算方式及支付方式是否符合企业利益；优越性，企业是否可以通过保险等方式，选择最优路径保证企业的财务收益①。

就与知识产权相关的员工奖励及报酬而言，财务部门应当敦促相关部门制定内部规章制度，明确给予奖励和报酬的知识产权类型、金额、发放方式，并根据对相关知识产权数量的预测等方式来评估相关奖励和报酬预算的合理性。需要注意的是，根据目前的法律规定，向发明人发放薪酬以外的经济奖励是企业的法定义务，不能免除。

知识产权维权和纠纷应对产生的费用是最难准确预算的一类费用，需要业务部门结合当期可能发生的维权行为和纠纷数量、类型、规模来粗略估计。对于知识产权纠纷较多的企业而言，可以考虑建立外部知识产权及法律服务机构库，采用相对固定的计费标准控制预算。对于已经发生但尚未审结的纠纷而言，可以采用预计负债计提的方式对企业损益做出处理。

此外，财务部门还应当对各类知识产权费用的预算部门或主体做出合理安

① 国家知识产权局知识产权保护司．企业知识产权保护指南[M]．北京：知识产权出版社，2022：70．

排,“谁受益,谁预算;谁闯祸,谁预算”是企业较为常见的预算归结方式。但是企业也可以根据更为复杂的财税目的或管理需求,对预算部门或主体做出其他安排。例如,在企业集团内,如果知识产权全部由某个实体持有并统一管理,则可由该实体对知识产权相关费用统一进行预算。

三、税务管理中与知识产权相关的问题

税务管理是指在纳税行为发生之前,在不违反法律法规的前提下,通过对企业经营、投资等涉税事项做出安排和管理。知识产权除了产生费用和成本之外,还可以用来帮助企业进行税务管理,帮助企业节约成本。

以下是企业进行税务管理时,与知识产权相关的一些内容:利用知识产权基础,依法获得可以享受税收优惠的主体(例如高新技术企业、软件企业等)资质;利用知识产权特定行为的税收减免政策(例如允许将知识产权申请费作为研发费用加计扣除的政策、知识产权许可和转让收入的税收减免政策),对收入、利润等进行调节;利用知识产权资本化的财务处理,调节企业盈利。

税务管理对企业的影响深远,需要法律及财务专业人士来完成。在实际操作中,建议企业寻求外部专业顾问的协助。

同时,税务管理本身所涵盖的内容十分庞杂,不仅仅涉及知识产权,更是包含了生产、经营、投资、理财等各个业务环节以及不同税种、不同地域政策法规等多个因素,是一个系统性的工程。财务人员或知识产权管理者不能仅考虑知识产权等某个单一的因素来进行税务管理,而是要通盘考虑企业的经营和财务管理需求,兼顾当前与未来、效率与效果,在合法、可操作的基础上进行综合设计安排,才能实现企业的税收利益最大化。

需要注意的是,税收利益最大化不应被狭义地理解为税负最轻,企业价值最大化等才是税收利益最大化的体现。

四、对外投资管理中与知识产权相关的问题

建筑设计企业对外投资管理中,应该做好知识产权尽职调查,对目标企业的知识产权进行估值,完善处置目标企业相关的知识产权,保护自身及目标企业的知识产权。

(一)对外投资管理中的知识产权尽职调查

尽职调查,是指在企业投资并购时,对目标企业某一方面现状及潜在风险进行的一系列调查,是买方或投资方进行项目风险管理的重要手段。一旦在尽职调查中发现重大风险,买方或投资方可以决定是否继续并购该项目,也可以与卖方就风险的承担进行谈判,并将承担方案体现在交易合同条款或交易价格中。

知识产权尽职调查，是基于特定目的专门针对目标企业的知识产权状况所做的一类调查。近年来，在科技类企业、高新技术企业、医药企业以及以得到目标企业的品牌、技术及掌握这些技术和知识产权的研发人员为目的的并购项目中，知识产权尽职调查是至关重要的交易谈判前置工作。在其他类型的并购项目中，知识产权尽职调查也越来越多地被企业所采用。

知识产权尽职调查的主要内容有：第一，梳理目标企业的知识产权现状（包括知识产权类型、内容、法律状态、来源等），分析目标企业的知识产权与其主营业务的关联性是否足够支持目标企业当前以及被并购后的经营目的。例如，目标企业的核心技术是否有专利保护；目标企业是否拥有其经营必需的商标；目标企业的知识产权是否是从第三方许可而来；目标企业的知识产权是否被抵押、许可给了他人；目标企业的知识产权是否能和本企业有效融合或互补等。第二，分析是否存在知识产权法律风险。例如，目标企业的核心技术是否存在侵犯他人知识产权的风险，是否存在权属争议；目标企业的知识产权是否存在被宣告无效、异议或撤销等不稳定因素等。

知识产权尽职调查是一项专业性强、复杂程度高的工作，至少需要法律、知识产权、技术三方面专业人员共同完成。根据项目的复杂程度，还有可能需要行业专家、审计人员参与。同时，知识产权尽职调查也是一项非常耗时的工作，企业应当在并购谈判前，预留充分的时间完成知识产权尽职调查。

此外，知识产权尽职调查势必会导致调查方获知被调查方的某些重要信息及商业秘密。为此，双方应当事先签署保密协议，同时调查方应当在尽职调查过程中控制获取信息的人员范围、使用目的，并做好相关文件的保密管控，以免因侵犯对方商业秘密而产生纠纷。在调查和被调查双方有业务或产品重合的情况下，调查方则应当提前对自身相关知识产权进行申请和保护，以免在尽职调查完成后，因无法证明自身的知识产权与尽职调查无关，引发双方的知识产权权属争议或侵权纠纷。

（二）对外投资中对目标企业知识产权进行估值的方法

在投资并购项目中，对目标企业的知识产权进行估值非常重要，有可能直接影响整个交易的成败。因此，这个工作通常并不是由企业内部财务部门完成的，而是由专业的评估机构来进行。

知识产权的估值方法有很多，常用的有成本法、市场比较法、收益法、期权法等。其中，成本法通过计算自行设计、开发取得或从外部收购获得知识产权的成本来进行估值；市场比较法通过比较其他类似企业就合理的、类似的知识产权所支付的价格，来确定知识产权的价值；收益法则是通过计算目标知识产权在其生命周期中预期可产生的未来现金流的现时价值来进行估值。

每一种方法都有其优点和局限性，并可进一步细分为多种更具体的评估方法。企业应当充分与评估机构沟通，选择更为恰当的估值方法。当然，无论选择何种估值方法，都不可能做到百分之百的客观真实，最终都不可避免地加入很多主观评判因素。因此，最为审慎的估值方法是将多种方法计算出的估值结果进行比较、交叉核对，然后再给出综合结论。无论采用何种评估方法，企业都应当牢记：估值的基本原则是“产生高利润的能力越强，价值就越高”。

需要注意的是，知识产权的估值与最终的交易价格并不能画等号。交易价格还要受诸多因素的影响，例如目标企业所处的行业地位、资产的综合价值、对买方未来业务发展的影响、并购双方在并购中所处的地位、产权市场的供求关系等。尽管如此，对知识产权进行合理的估值，仍然是一个并购项目得以成功的必要前提①。

（三）对外投资中处置目标企业知识产权的方法

知识产权尽职调查或类似的摸排工作完成后，企业需要考虑如何处置目标企业的知识产权。以下是可供参考的大致思路：第一，对于存在重大法律风险的知识产权，可以考虑直接从并购资产包中剥离，降低交易价格，避免未来不必要的费用支出和风险，例如维持费、解决纠纷的费用等；第二，对于与并购后经营目标不相符或未来利用价值或可能性不高的知识产权，例如与企业未来业务不相关的技术专利、剩余有效期不长的专利等，既可以直接从并购资产包中剥离，降低交易价格及企业未来的费用与成本，也可以在打包价格合理的情况下纳入并购资产包，并在并购后对外转让、许可，实现资产增值；第三，对于符合并购后经营目标、有利用价值的知识产权，应当将其纳入并购资产包，并对其合理估值作价；第四，对于纳入并购资产包的知识产权，企业可以将其融入自身原有的知识产权池，一并实施（制造专利产品、利用品牌提供服务等）、运用（许可、转让、质押融资、作为参评申报项目或荣誉的基础等）和管理（布局、维护、延展、维权等），也可以独立出来，甚至是设立独立的企业加以运营。

---

① 国家知识产权局知识产权保护司. 企业知识产权保护指南[M]. 北京：知识产权出版社，2022：84.

第六章　建筑设计知识产权的争议解决与有效利用

在市场竞争日趋激烈的今天，随着知识产权成为建筑设计企业应对激烈竞争的必要手段，与知识产权有关的纠纷呈扩大化趋势，侵权诉讼案件日趋增多。建筑设计企业在生产、经营和管理活动中，面临着知识产权侵权与被侵权的双重风险，如果缺乏相关知识和经验，难免会在指控侵权或被控侵权时陷入不利局面，甚至造成不必要的损失。因此，企业需要正视现实，主动防范，积极采取合理措施应对。在实践中，建筑设计企业的知识产权争议涉及企业的商业秘密以及员工管理等各方面，所以需要一套行之有效的应对策略和建议。

第一节　建筑设计企业实践中的争议解决

建筑设计企业实践中的争议解决问题需要落实到每个环节遇到的争议，包括收到与图片字库等版权相关的律师函、企业员工违规使用盗版软件收到律师函、因产品侵权被投诉到行政管理部门、因产品侵权被起诉到法院、核心技术被抄袭或窃取、品牌被别人模仿或冒用、核心商标被人抢注、员工离职引发商业秘密侵权纠纷、展会知识产权纠纷以及合作研发中的专利权属纠纷等。在不同环节，建筑设计企业应对的纠纷类型也大有不同。因此，建筑设计企业在面对各种情形的知识产权争议时，需要采取与之相应的应对策略。

一、收到与图片字库等版权相关的律师函

建筑设计企业可能会收到《字体使用提示函》《图片使用提示函》《商洽函》《侵权函》《律师函》《法务函》等，被指责“在设计方案、设计图纸、企业网站、官方微信和户外广告等经营行为中使用了未授权的字体或图片进而构成侵权”。这些函可能是权利人或利益相关方发来的，理由是建筑设计企业及其建筑师未经其同意或授权，使用了其正版字库或原创图片。

建筑设计企业遇到此类事件时，内部处理有两个要点：一是自查摸清是否存在所述行为。市场、法务部门人员一起自查摸清是否存在使用、具体使用场景、使用次数等；二是摸清内情后，从专业角度判断是否侵犯其知识产权，侵权判定可以由内部知识产权管理人员进行，也可以邀请外部专业律师来进行。

根据初步排查和判定，如果确定有侵权风险，建议与对方法务或律师进行接触并争取和解，支付合理的知识产权使用费。如果双方对知识产权使用费的金额存在分歧，可以通过诉讼方式解决。

对这类事件处置不当的风险在于，一方面建筑设计企业可能会遭遇对方发起的诉讼。另一方面，如果被扩大宣传，会对建筑设计企业的商誉造成一定的影响。而如果在建筑设计企业关键节点上（如投融资、合并、上市进程中）遭遇，则有可能会对建筑设计企业经营造成重大影响。对于这类事件的内部管理建议：为需要使用图片或字库等开展的商业行为采取一些防御性策略，比如对使用的图片或字体及时联系版权方采购正版；使用免费授权的图片或字体；对商业活动的宣传资料及时排查，确保不使用著作权不明确的字体或图片；若字体或图片由第三方提供，需使第三方明确使用用途，并获得许可。

二、建筑师违规使用盗版软件收到律师函

建筑设计企业也可能收到软件商或者受委托律师发来的关于使用盗版软件的律师函。使用盗版软件有可能是建筑师正版意识薄弱而无意为之，也可能是建筑设计企业未能规范管理导致。

这样的律师函是一种常见的商业法律行为。市场上有一些积极维权的软件商（如 Microsoft、Adobe、Sketch、Abaqus 等）会频繁、大量地向建筑设计企业发此类律师函。有的律师函是对方海量发放的，也有的是在取得了一定证据之后定向发放的。建筑设计企业如果置之不理，可能会导致建筑设计企业被起诉或行政查处，不仅商誉受损，而且将承担经济赔偿责任。

建筑设计企业收到这类律师函后的一般的处理方式为：第一，需要确认律师函的真伪，了解该软件商的过往维权经历；第二，对建筑设计企业内部使用软件的情况组织全面自查；第三，在法律部门或者其他知识产权相关的专业人士的帮助下，要求对方提供证据，同时与对方积极沟通；第四，综合考虑该软件的可替代性、对方提供证据情况、企业发展对该软件的依赖性等因素，决定应对策略；第五，提高建筑师的正版意识，加强建筑设计企业的软件正版化管理工作。

三、因产品侵权被投诉到行政管理部门

行政保护是我国知识产权保护制度的一大特点。建筑设计企业可能会因专利侵权、商标侵权、侵犯商业秘密等被投诉到各地的行政管理部门。各地行政管理部门按照职能进行行政执法，依法对知识产权纠纷作出处理。行政保护的特点是效率高、专业性强。行政管理部门可以进场调查、作出责令停止侵权的决定等，针对商标侵权和专利假冒行为还可以处以罚款。存在重复侵权行为或者受

到行政处罚会影响企业的信用记录，建筑设计企业应特别予以重视。

建筑设计企业在收到行政管理部门的立案通知后，需要迅速组织专业团队进行侵权分析。如果分析结果是侵权风险不高，则可在收集证据的基础上积极答辩。如果分析结果是侵权风险高，对于商标侵权，建筑设计企业需要做好更换商标的准备，并且准备应对举措；对于专利侵权，建筑设计企业可尝试与投诉的专利权人协商，通过支付使用费或其他方式进行和解；如果无法达成一致，则应立即停止侵权行为，寻找替代方案。

相比于法院诉讼，行政保护的优点是速度快、程序简单、可以尽快地制止侵权行为，但是行政程序中并不能直接作出赔偿损失的决定，只能应双方请求就赔偿数额进行调解。如果希望进一步要求损失赔偿，权利人则需向法院提起诉讼。实践中，这两种情况经常同时出现。

四、因产品侵权被起诉到法院

产品侵权可能涉及的知识产权侵权类型较为广泛，包括专利侵权、商标侵权、著作权侵权、集成电路布图设计侵权、商业秘密侵权等。一般情况下，如果建筑设计企业直接收到了法院的应诉通知书，则说明起诉方在这之前已经做了诸多的诉前准备。这是市场竞争中一种比较常见的竞争方式，被诉企业应慎重对待。如果最终败诉，建筑设计企业可能面临产品被禁止销售、赔偿经济损失甚至企业负责人承担刑事责任等后果。

建筑设计企业在收到应诉通知书后，主要有以下几个应对要点：一是迅速成立应对诉讼的团队，内部团队的成员至少包括来自市场部门、技术部门、法务部门、知识产权部门、公共关系部门和企业决策部门等的相关人员；二是迅速寻找优质外部专业法律资源。如果临时寻找法律资源，通常效率较低。建议企业平日注意考察和储备一些外部专业法律资源，包括律师事务所、外部专家顾问、鉴定机构等；三是建立适合自身的内外部合作机制，储备必要的案件成本预算，因诉讼时限性要求严格，企业应迅速应对法院的通知；四是在自查分析是否侵权的同时，应该将视角上升到企业市场竞争的高度，尽快确定该诉讼背后的商业意图，以便准确决策。

而在实际处理案件时，不同的情况下企业应选择不同的应诉策略，具体包括：第一，如果初步判断不侵权，可以直接作不侵权抗辩；第二，打击对方的权利基础，例如提起专利、商标无效程序，一旦失去了权利基础，对方就只能撤诉或被法院驳回诉讼请求；第三，如果有证据表明起诉方的知识产权是恶意取得的，提供相应恶意证据，诉讼请求也可以被驳回；第四，如果不知道使用或者销售的是侵权产品，能证明该产品合法来源的，此种情况不需要承担赔偿责任，可以作合法来源抗辩；第五，对起诉方提起反诉，迫使对方和解或撤诉；第六，双方通过谈判达成和解，获得对方知识产权的授权或许可，在许可范围内使用。在具体案件中，可以选择一种或几种应对策略结合使用，并视案件进展情况进行调整。

五、核心技术被抄袭或窃取

核心技术是建筑设计企业赖以生存和发展的生命线，是建筑设计企业产品保持突出优势的竞争力，一旦被抄袭或窃取将产生重大影响。核心技术被抄袭通常有两个常见原因：一是技术以专利、论文、产品发布或其他方式被公开，竞争对手获得产品后通过反向工程破解；二是若建筑设计企业的核心技术已有对应的授权专利，则可以通过主张专利侵权的方式进行维权。

具体操作时，通过主张专利侵权方式维权的，既可以向法院提起诉讼，也可向市场监督管理部门提起行政投诉，或者两者相结合。实践中，需要先对可能侵权的产品进行公证购买，然后与建筑设计企业拥有的专利进行侵权比对分析，还要对建筑设计企业拥有的授权专利进行稳定性分析。如果认为专利稳定性较高，并且对方产品落入专利的保护范围，才可以考虑具体的维权举措。核心技术被窃取常见原因也有两个：一是核心技术作为技术秘密保护不当导致被合作方获得；二是掌握核心技术的人员离职带走了核心技术。

对于这样的情况，建筑设计企业可以通过主张侵犯商业秘密的方式来维权。通过主张侵犯商业秘密进行维权成功的，侵权人除承担民事赔偿责任外，情节严重的，还可能会承担刑事责任。这里的商业秘密主要是技术秘密，具体可能是设计方案、制造工艺、技术参数、源代码等。在商业秘密案件中，最重要的步骤是：首先，举证核心技术构成了商业秘密，即证明该核心技术是否确实构成技术秘密，建筑设计企业是否采取了充足的保护措施，该核心技术是否具有商业价值；其次，证明侵权人接触了技术秘密并以不正当手段获取或使用了该技术秘密。

具体实践中，技术秘密类案件存在取证难的特点，权利人通过自行调查的方式通常难以实现，可以通过向法院申请调查取证或证据保全、向市场监督管理部门投诉通过行政查处程序取证或向公安机关报案等方式获取证据。

需要指出的是，无论是针对专利侵权的维权方式，还是针对商业秘密侵权的维权方式，均涉及比较复杂的法律专业问题，建筑设计企业需要在得到专业意见后再进行决策。另外，这两种维权的方式需要建筑设计企业投入的资金成本、时间成本都比较高，且最后的维权结果具有不可控性。

因此，建议建筑设计企业以加强自身的核心技术的管理为重点，在专业意见的指导下，合理规划核心技术的具体保护形式是专利还是技术秘密。特别是对核心技术，应建立一套完善的技术秘密保护措施，防患未然。

六、品牌被别人模仿或冒用

品牌承载着商誉，是建筑设计企业重要的无形资产。随着建筑设计企业逐步发展，品牌价值持续升高，也会遇到品牌被模仿或冒用的情况。

建筑设计企业在进行品牌维权时可以采取的方式包括：向法院提起诉讼；向市场监督管理部门投诉；向电商平台投诉；与侵权方协商解决等。进行上述品牌维权有两个前提条件：已经获得了注册商标、已固定侵权证据。

建筑设计企业维权操作的具体建议如下：第一，在维权前，首先要评估模仿或冒用商家的规模和意图，并固定侵权证据；第二，结合侵权产品，根据其类别、相似度、本企业商标的注册时间选择合适的商标，根据不同的维权目的选择不同的维权方式（若是为了快速下架，批量处理，可以通过简单的电商平台投诉方式；若是为了整顿下游销售渠道，治理经销商串货、售假、乱价，可以通过协商解决或电商平台投诉的方式；若是为了追击制假、售假源头，可以向市场监督管理部门投诉，对侵权商品进行查封或扣押并给予侵权方行政处罚，也可以采取向法院提起诉讼的方式，除禁售侵权商品外，还可以主张经济赔偿）；第三，若建筑设计企业尚未取得注册商标，可以尝试通过主张构成不正当竞争的方式向法院起诉，但是这种情况需要建筑设计企业准备非常充足的使用证据，以证明该品牌已经达到了较高的知名度和影响力，才有可能得到法院的支持，然而建筑设计企业通常证明自身品牌知名度的举证责任较重；第四，建筑设计企业提前做好品牌布局，及时进行商标注册，包括主商标注册和防御性注册，并完整地保存品牌使用证据，以便高效维权。

七、核心商标被人抢注

在经营活动中，不注重品牌或商标保护的案例屡见不鲜，经营多年的商标被他人抢注的现象也不少见。有些抢注是竞争对手的商业行为，但更防不胜防的是某些专门的商标抢注机构有组织、有目标地进行大批量抢注。

我国商标注册采取的是先申请原则。在商标已被抢注的情况下，建筑设计企业只能在原有的产品范围内继续使用该商标，一旦扩大使用范围，比如扩大产品类型和类别，就可能产生侵权风险。

如果发现被抢注的商标尚未获得注册，比如还处于公告期，这是阻止其获得注册的最佳时期，可以通过向国家知识产权局提交异议的方式来维护建筑设计企业的在先权利。

如果该商标已经取得了注册，建筑设计企业可以通过“注册商标没有正当理由连续 3 年不使用的”这一理由，在商标注册 3 年后提出撤销该注册商标，也可以直接向国家知识产权局提起对该商标的无效宣告请求。当然，也可以考虑协商购买。

虽然法律上对商标抢注有一些事后的救济措施，但是其耗费的成本会是商标注册成本的几十倍甚至更高，耗费的时间也会更长，其结果也充满不可控性。因此，建议建筑设计企业及早注册并注意留存自身的商标使用证据，如最早的商标使用证据、宣传推广证据、所获荣誉等任何能够证明未注册商标知名度、经营范围的相关证据。

商标权具有地域性，目前出现了很多我国知名品牌的商标在海外被抢注的情况。建筑设计企业应在重要贸易目的地、竞争对手所在地或商标抢注较为高发的一些国家（地区）尽早注册商标，避免事后救济（程序长、成本高）。

八、建筑师离职引发商业秘密侵权纠纷

建筑设计企业与建筑师之间的纠纷占所有商业秘密纠纷案件的绝大多数，而其中多数是由建筑师离职引发的商业秘密纠纷案件。建筑师离职引发的商业秘密侵权纠纷通常有三类：一是离职建筑师窃取原单位商业秘密并在新单位使用；二是离职建筑师自己或与他人共同设立新公司仍使用原单位商业秘密；三是离职建筑师隐名在幕后操纵他人使用原单位商业秘密。

商业秘密是建筑设计企业的财产，包括技术信息和商业信息，例如设计、程序、制作工艺、制作方法、管理诀窍、客户名单、货源情报、产销策略、招投标中的标底及标书内容等。

建筑设计企业经常误认为内部认定是秘密的信息就是商业秘密，其实不然。法律上认定的商业秘密必须同时具备三个特征：不为公众所知悉；具有商业价值；经权利人采取保密措施。只有同时满足这些条件才能得到法律的保护。

建筑设计企业被侵权后，可以先进行商业秘密的鉴定，再进行商业秘密的立案诉讼。商业秘密诉讼立案需要有充足的证据，取证费、鉴定费、诉讼费和律师费是主要成本支出项目。

对于建筑设计企业而言，事先预防远比事后救济重要得多。虽然建筑设计企业可以通过民事诉讼途径主张并获得赔偿，但是由于商业秘密具有“丧失就永远丧失”的性质，其价值往往已严重受损。建筑设计企业内部构建商业秘密保护体系需要考虑以下因素：一是对建筑设计企业的技术信息及经营信息进行分级管理，划分不同的保密等级；二是建立健全建筑设计企业内部涉及商业秘密的接入控制制度，并采取相应的防范措施，如物理隔绝、加密加锁、设备接入限制和实时监控等；三是与建筑师等相关工作人员签订保密协议和竞业限制协议，提供相关培训；四是建立涉密人员离职脱密管理制度；五是注意留存、保管涉及商业秘

密形成、维护和使用的相关资料，如研发资料、成本核算、许可交易记录等；六是妥善处理涉密设备尤其是电子设备。

九、展会知识产权纠纷

组织产品到国内外参加各种展会已经成为企业展示产品、开拓市场、提高影响力和掌握最新市场信息的常规动作。但建筑设计企业展会被投诉知识产权侵权，甚至展品被当场查抄的事件也时有发生。一旦发生此类事件，往往对参展企业形象打击很大。

建筑设计企业应当具备防范国内外展会知识产权风险的意识。应对参展材料予以关注和审核，包括：产品、包装、宣传彩页、宣传视频音频资料、公司中英文网站等。所涉及的知识产权问题可能包括：专利、商标、著作权、产品认证等。

建议建筑设计企业在参展前了解参展国家（地区）相关的法律法规和行政及司法保护形式，借助专业意见评估展会的知识产权风险。建筑设计企业在参展前还需采取必要的预防手段，如请专业第三方出具不侵权证明、保护函以及预留出担保金，将自身要展出的产品涉及的相关权利及时在参展国家（地区）进行注册，以得到该国家（地区）的知识产权保护。

对于去知识产权高风险的国家（地区）参加展会，建筑设计企业可考虑聘请当地专业律师随团参展，在展前预防和事后救济方面给予支持和帮助。必要的情况下，建筑设计企业可以预先建立危机处理团队，负责及时处理展会中出现的知识产权风险问题，并在展会的费用中预留知识产权部分的开销。

建筑设计企业在去国外参展之前，可以寻求勘察设计行业管理组织的帮助，还可以联合勘察设计行业内其他参展企业，共同应对和解决可能遇到的知识产权问题。

十、职务发明创造知识产权流失

实践中，由于某些建筑设计企业知识产权意识不足、管理水平不高，会出现某些在职建筑师利用建筑设计企业的信息、资料、技术在外私自出具设计图纸、申请专利的情况，且建筑设计企业发现这种行为的时候可能相应的设计图纸已经被使用、专利申请已经得到授权。

《著作权法》第十八条规定："自然人为完成法人或者非法人组织工作任务所创作的作品是职务作品，除本条第二款的规定以外，著作权由作者享有，但法人或者非法人组织有权在其业务范围内优先使用。作品完成两年内，未经单位同意，作者不得许可第三人以与单位使用的相同方式使用该作品。有下列情形之一的职务作品，作者享有署名权，著作权的其他权利由法人或者非法人组织享有，法人或者非法人组织可以给予作者奖励：(一)主要是利用法人或者非法人组织的物质技术条件创作，并由法人或者非法人组织承担责任的工程设计图、产品设计图、地图、示意图、计算机软件等职务作品；(二)报社、期刊社、通讯社、广播电台、电视台的工作人员创作的职务作品；(三)法律、行政法规规定或者合同约定著作权由法人或者非法人组织享有的职务作品。”

《专利法》第六条规定：“执行本单位的任务或者主要是利用本单位的物质技术条件所完成的发明创造为职务发明创造。职务发明创造申请专利的权利属于该单位，申请被批准后，该单位为专利权人。该单位可以依法处置其职务发明创造申请专利的权利和专利权，促进相关发明创造的实施和运用。”下述情形均属于职务发明创造：(一)在本职工作中作出的发明创造；(二)履行本单位交付的本职工作之外的任务所作出的发明创造；(三)退休、调离原单位后或者劳动、人事关系终止后1年内作出的，与其在原单位承担的本职工作或者原单位分配的任务有关的发明创造。

如果建筑师确实将属于职务发明创造的技术原封不动申请了专利，建筑设计企业可以积极与建筑师协商，依据劳动合同以及《专利法》相关规定，规劝建筑师协助建筑设计企业完成专利权转让；如协商不成，可诉诸法律。如果是建筑师在原有职务发明创造基础上进行了新的改进又申请了专利，则需要综合双方提供的证据重新界定发明点，以判定发明创造的真正归属。

作为职务发明人的建筑师与建筑设计企业的关系是一种劳动合同关系。除了法律规定之外，建筑师也可以与建筑设计企业通过合同方式另行约定利用单位物质技术条件所完成的有关发明创造成果权的归属问题，且实践中“合同约定优于法律规定”。鉴于此，规范这个问题最简单的解决方式，是建筑设计企业在与建筑师签订劳动合同时，依法明确界定职务发明创造的权利归属，同时签署必要的保密协议。

需要提到的是，我国现行《专利法实施细则》中还规定了企业需要履行的义务：企业应当给予发明人的奖金中，一项发明专利的奖金最低不少于3000元，一项实用新型专利或者外观设计专利的奖金最低不少于1000元。

建筑设计企业在实践中，既要通过劳动合同和保密协议规范和预防建筑师私自出具设计图纸、申请专利的情况，也要履行法律规定的义务。同时，建筑设计企业还可以定期监控与本企业技术和产品密切相关的知识产权信息。

十一、合作设计中知识产权的权属纠纷

在现代企业经营活动中，委托设计和合作设计是一种常见情形。建筑设计企业或建筑师惯性思维地认为，设计成果由出资方享有，共同完成的设计成果则

由共同参与设计者共同享有。然而在实践中，却常常发生因证据不足而导致企业花费巨资但设计成果及专利权被他人占有的情况。

若合作方擅自申请了专利，企业应首先查看与合作方签署的协议，看是否就合作项目的知识产权归属有相关约定。如果有约定，按照约定协商处理；如果协议中没有相关约定，且合作方不愿意协商解决该权属纠纷，则可以向国家知识产权局提交因专利申请权属纠纷的中止审查请求（中止请求一般不超过1年），然后整理相关证明资料、相关技术资料等曾披露给合作方的证据，请求地方管理专利工作的部门进行调解；此外也可以向法院提起权属纠纷的诉讼索回专利申请权或专利权。为避免此类事件发生，建议建筑设计企业在确定合作方时，在未披露合作相关技术前，事先签署保密协议及合作协议，约定清楚对于合作产生的成果所涉及的知识产权的归属及相关违约责任等，以保障自身权益。

第二节　建筑设计知识产权的有效利用

建筑设计知识产权的有效利用是权利人利用或者授权他人利用其知识产权以获得相应报酬或者收益的法律行为。建筑设计知识产权的有效利用主要包括知识产权的转让和授权。建筑设计知识产权的有效利用，既能让权利人收回其投资或者成本，也能促进建筑设计知识产权的发展。

一、建筑设计知识产权的转让及争议解决

建筑设计知识产权的转让，是指权利人通过转让合同将其建筑设计相关知识产权的一部分或全部让渡给对方当事人的法律行为。在此法律关系中，权利人称为转让人，合同相对人称为受让人。建筑设计知识产权的转让主要包括建筑设计相关的著作权转让、专利权转让、商标权转让。

（一）著作权的转让

著作权转让，是指著作权作为一项财产权，包括复制权、发行权、出租权、展览权、表演权、改编权、翻译权、汇编权、放映权、广播权、信息网络传播权、摄制权等，其中的任何一项或几项权能或全部著作财产权，从一个民事主体合法地转移到另一个民事主体支配下的行为。其法律后果是，著作权一经转让，出让人便丧失了该权利。著作权的转让是指著作财产权的转让。

著作权转让具有如下特点：

第一，著作权的转让，是指著作权人将著作财产权的部分或全部转让给受让人，从而受让人成为该作品部分或全部著作财产权新的权利人的法律行为。如果著作权人将作品著作财产权全部转让，那么受让人就是全部著作财产权的主

体，对作品享有完整的财产所有权；如果是部分转让，则受让人是部分著作财产权的主体。如果转让是有期限的，则受让人在该期限内成为著作权的主体。如果作品的全部著作财产权在整个著作权保护期内转让，则受让人就是完整的著作权主体。

受让人一旦成为著作权的主体，就可以使用或许可他人使用该著作权，并获得相应的报酬。在受让人行使转让或许可使用该作品的权利时，无须取得原著作权人的同意，也无须向其支付报酬。而且，当该著作权受到侵犯时，受让人有独立的诉权，即以自己的名义起诉、应诉和做出处理决定的权利。著作权转让导致著作权主体的变更，这就是著作权转让的本质①。

第二，著作权的转让，并非作品原件物权的转让。如果转让行为涉及对作品原件的使用，在使用完毕后，受让人应将作品原件返还原著作权人或原件的合法所有人。因为作品的著作权与作品原件的所有权是性质不同的两种权利，作品原件的所有权是一种有形财产，而著作财产权是一种无形财产，它可以和作品的原件相分离。作品原件所有权发生变更，作品著作权人不一定发生变更；同样，作品著作权人发生变更，原件所有权不一定变更。为了避免这两种权利互相混淆，各国著作权法一般都规定，其中任何一种权利的转让均不表明另一种权利的必然转让。

第三，著作权的转让与著作权许可使用有严格的区别。著作权许可使用不改变著作权的主体，著作权转让则发生著作权主体的变更；在著作权许可关系中，著作权被许可人必须依赖于许可人权利的存在才能对抗第三人，著作权受让人则可以独立地以自己的著作权对抗第三人的侵犯。

第四，著作权转让的权利内容可以有多种选择。比如，就建筑作品而言，著作权人可以将不同表现形式的复制权转让给不同的人，也可以把在某一地区复制发行不同建筑作品类型的权利转让给不同的人。

第五，转让著作财产权的行为，应当视为著作人身权同时行使完毕。在实践中，作者以外的著作权人行使著作财产权时总是要遇到著作人身权问题的困扰。在这种情况下，应当认为在著作财产权被转让以后，与行使该项著作财产权有关的著作人身权，已经由原著作权人用尽②。

第六，著作权的转让是一种重要的民事行为，要涉及双方当事人多方面的权利和义务问题。转让合同应当以书面形式订立。

第七，著作财产权转让究竟是全部转让，还是部分转让，以及转让的地域范

① 常守风．论著作权转让的特点及界限[J]．出版发行研究，2002(5)：41－44．

② 刘春田．知识产权法[M]．北京：高等教育出版社，2015：127．

围，应当依照当事人之间的合同加以约定。如果著作财产权转让合同约定不明确，则应当根据事实和法律做出合理的推定。如果合同未明确约定权利，推定为未转让；如果合同未明确规定地域范围，则应推定为仅在受让人所在法域的范围之内有效，以避免争议。

（二）著作权的质押

质押，是指为担保债权的实现，债权人根据合同占有债务人或者第三人提供的财产，当债务人到期不履行债务时，能够以该财产折价或者以拍卖、变卖该财产的价款优先受偿的担保形式。知识产权质押融资是知识产权融资功能和资本价值的体现，反映了知识产权对企业发展的独特价值①。债权人对出质财产或者权利所享有的优先受偿权，称为质权；出质的财产或权利称为质物。质权有两种：一是动产质权，二是权利质权。权利质权，是指以所有权之外的可转让的财产权利为出质财产的质权。权利质权属于担保物权。我国法律规定，以依法可以转让的商标专用权、专利权、著作权中的财产权出质的，出质人与质权人应当订立书面合同，并向其主管部门办理登记。质押合同自登记之日起生效。因此，著作权中的财产权可以出质，著作权中的人身权不能作为质押标的。

我国著作权质权的设定应由双方当事人签订质押合同并向国务院著作权行政管理部门办理出质登记。

1. 著作权质押合同

著作权质押合同，是指著作权人作为出质人，以其享有的著作财产权之全部或部分作为质物，与主合同债权人订立的担保合同。著作权人与主合同债权人之间的质押关系，因质押合同的生效而生效。质押合同签订后，应当向国务院著作权行政管理部门办理出质登记。质押合同自登记之日起生效②。

2. 质权对著作权的限制

著作财产权出质后，非经质权人同意，著作财产权人不得许可他人以与出质之权利相同方式使用该作品，更不得转让该权利。经质权人同意，著作财产权人转让出质之权利或者许可他人使用其作品的，出质人所获得的转让费、许可费应当向质权人提前清偿所担保的债权，或者向与质权人约定的第三人提存。

3. 质权的实现

我国鼓励金融机构发展知识产权质押融资，并将其作为提升企业技术创新能力的重要措施。根据规定，著作权人所担保的债权到期未得到清偿的，质权人

① 冯晓青. 企业知识产权管理[M]. 北京：北京知识产权出版社，2015：318.

② 吴汉东. 知识产权法学[M]. 5 版. 北京：北京大学出版社，2011：156.

可以将作为质物的著作财产权折价或者拍卖、变卖，将其所得的价款优先受偿。其价款超过债权数额的部分归出质人所有，不足部分由债务人清偿。此前，若出质人经质权人同意许可他人使用其作品，将其所得的许可费向质权人作清偿或部分清偿的，在折价或者拍卖、变卖质物清偿债权时，应扣除该先付的款项。

4. **质押关系的终止**

被担保的债权，在债权清偿期届满时已得到清偿的，质押关系终止；经质权人同意，出质人许可他人利用其作品，将该许可费用于清偿被担保债权，且能够全部清偿的，质押关系终止；经质权人同意，出质人或者第三人以其他质物替代的，或者以其他担保形式替代的，原质押关系终止。

（三）著作权的其他利用

1. **担保**

著作财产权是可以移转的财产权，故可以用来作为债的担保。在担保关系中，可以用著作权设立质权。依法可以转让的著作权中的财产权可以作为权利设定质押。《著作权质押合同登记办法》规定，以著作权中的财产权出质的，出质人与质权人应当订立书面合同，并到登记机关进行登记。该办法还就著作权质押合同的内容、登记条件、登记程序、质押合同生效、变更及消灭的条件等做了规定。因此，凡是以著作财产权设立质权的，应当依该办法办理。

2. **信托**

信托是指委托人基于对受托人的信任，将其财产权利委托给受托人，由受托人基于委托人的意愿而以自己的名义，为受益人利益进行管理或处分的行为。信托以其灵活自由的管理权、管理专业性及信托义务约束，在民商事领域运用广泛。在明确私人自治原则的前提下，我国著作权集体管理行为属于信托行为，而非行纪行为、委托代理行为或基于著作权人的专有许可或著作权转让而发生的管理行为①。著作权信托，是指著作权人用转让或其他处分的方式将著作权托付给受托人，并约定获取报酬的标准和办法，让受托人以自己的名义按照一定的目的对著作权进行管理或做出其他处分的行为。在信托关系中，著作财产权属于受托人，受托人必须按照信托目的行使著作权，以保障在信托关系中向信托人承担的义务。著作权集体管理机构就是采用信托形式行使著作权的。

3. **破产财团**

债务人因资不抵债时，自己申请或法院依法宣告其破产，经过清算组织清算

① 张惠彬，王怀宾. 著作权集体管理制度的反思与回应：信托视角下[J]. 中国编辑，2022(5)：56－61.

以后，债权人能从债务人方面获得的清偿债务的全部财产就是破产财团。如果债务人手中有著作财产权，该项权利也可以成为破产财团的组成部分。

4. 强制执行的对象

强制执行，即用强制方法实现确定判决的内容。如果被执行人享有著作财产权，则该权利可以成为强制执行的对象。但是，基于对著作人身权的尊重和保护，未发表的作品的著作权不得作为强制执行的对象。因此，相应作品的原件物权也属于禁止抵押的财产。

(四)违反著作权合同的民事责任

所谓著作权合同，是指著作权人与他人就著作权的转让、许可使用以及以其他形式利用著作权或邻接权所签订的协议。著作权合同签订以后，通常能够得以履行，但在实践中也会因各种原因导致合同不履行。对此，有关法律专门规定了违反合同的民事责任制度。我国在民事责任方面的配套理论和判例规则并没有建立起来[①]。当事人不履行合同义务或者履行合同义务不符合约定条件的，应当依照民法等有关规定承担民事责任。

1. 违反著作权合同民事责任的概念

违反著作权合同，应当承担违约责任。违约责任，是指合同当事人一方因过错致使合同不能履行或者履行合同义务不适当时，由有过错方，按照法律或者合同的规定，向对方赔偿。如果属于双方的过错，则应按具体情况，由双方分别承担各自应负的民事责任。根据我国《民法典》的规定，当事人一方不履行合同义务或履行合同义务不符合约定的，应当承担继续履行、采取补救措施或者赔偿损失等违约责任。著作权合同一经签订，即具有法律效力。双方当事人都应当严格按照合同的约定，全面适当地履行自己的义务。违反合同的民事责任有以下法律特征：违反合同的民事责任是一种法律制裁。国家依照法律的规定，对违法行为实行的惩罚，就是法律制裁。违法行为触犯的法律规范不同，法律制裁的方法也有区别，其手段包括刑事的、行政的和民事的制裁。违反著作权合同的法律制裁属于民事制裁；违反合同的民事责任是一种财产责任，指以支付一定的金额或转移一定的动产或不动产，亦可以转移特定的权利，以补偿相对人的损失。补偿性是合同责任的基本特征。民事责任中的损害赔偿，一般不超过对方因不履行合同所遭受损失的数额。此外，在不违背法律、社会公共利益、国家和第三人利益的前提下，允许双方当事人协商解决合同争议，还可以进行调解。

---

① 李永军. 对我国《民法典》上“民事责任”的体系化考察[J]. 当代法学，2020(5)：3－16.

2. 承担违反著作权合同民事责任的条件

著作权合同当事人承担违约责任，除了有损害事实之外，还应当同时具备以下两个条件：一是当事人一方违反合同义务和他方受损害之间有因果关系。这是构成违约人承担民事责任的客观要件；二是行为人没有履行或不适当履行合同。当事人一方没有履行或不适当履行合同义务是违反著作权合同、承担违约责任的最重要的原因。在实际生活中，造成著作权合同不履行的原因可能归责于双方当事人。对这种情况，《民法典》规定，当事人双方都违反合同的，应当各自承担相应的责任。法律对因违反合同义务而受损害的一方当事人也规定了一定的义务。《民法典》规定，当事人一方因另一方违反合同受到损失的，应当及时采取措施防止损失的扩大；没有及时采取措施致使损失扩大的，无权就扩大的损失要求赔偿。这一规定，体现了我国民法的公平和诚实信用原则。根据民事责任中的过错责任原则，如果违反著作权合同义务是由第三人的过错造成的，那么首先应当由违约的一方向受损失的一方承担赔偿损失的责任，然后再由违约的一方向有过错的第三人追偿①。

3. 免除违反著作权合同民事责任的条件

并非在任何情况下没有履行合同义务的一方都要承担违约责任。如果是当事人以外的原因导致合同没能履行或没能适当履行，则该当事人得免除承担违约责任。根据《民法典》的规定，因不可抗力不能履行合同的，根据不可抗力的影响，部分或者全部免除责任，但法律另有规定的除外。当事人迟延履行后发生不可抗力的，不能免除责任。所谓不可抗力，是指不能预见、不能避免并不能克服的客观情况。比如，建筑师因突发重病，失去创作能力；或是由于自然灾害造成出版者丧失复制发行能力，均可以免负民事责任。

若违反合同的义务是由于另一方的故意或过失所造成的，应免除违约方的民事责任。同时，违约方还有权请求另一方赔偿自己的损失。例如，若委托设计方收到建筑设计企业的设计图纸后，无故拒绝签收，致使设计图纸毁损或丢失，建筑设计企业便不负未交或迟交设计图纸的责任。

在合同中约定免责条件的，当构成约定的条件时，当事人即使不履行合同中的义务，也可免予承担民事责任。

4. 违反著作权合同的民事责任方式

违反著作权合同，按照《民法典》的规定，主要有三种民事责任方式。

第一种是实际履行。继续履行是指合同当事人一方不履行非金钱债务或履

① 郭禾. 知识产权法[M]. 5 版. 北京：知识产权出版社，2014：95.

行非金钱债务不符合约定时，对方当事人可以要求其继续承担履行义务。对方当事人可以要求其继续承担履行义务的实际履行原则是合同法的一般原则。这种责任方式是通过法院或仲裁机关做出裁决后，强迫义务人在指定期限内履行合同义务，旨在实现当事人订立合同的目的。依《民法典》的规定，当事人一方不履行非金钱债务或者履行非金钱债务不符合约定的，对方可以要求履行。当义务不履行或不适当履行时，权利人可以要求义务人继续履行义务，并有权向仲裁机关或人民法院请求强制义务人实际履行义务，以实现订立合同的目的。但是，在实际生活中，如果作为合同标的特定物已经灭失，又无复制条件的，则实际履行合同义务已不可能，或者违约后再实际履行已无必要，则可以根据权利人的请求，不再实际履行，而以其他方式承担责任。

但实际履行也有例外。法律规定了免除实际履行义务的情形。这些情形包括：法律上或者事实上不能履行；债务的标的不适于强制履行或者履行费用过高；债权人在合理期限内未要求履行。

第二种支付违约金。法律要求著作权合同必须规定违约责任条款。依《民法典》的规定，当事人可以约定一方违约时应当根据违约情况向对方支付一定数额的违约金。按照违约金制度，只要当事人一方违反了合同义务，不论是否给对方造成实际损失，违约人均应按法律规定或合同约定向对方支付一定数额的违约金。

第三种赔偿损失。赔偿损失是指因合同一方当事人的违约行为而给对方造成损失时，违约方应向对方当事人支付的经济补偿[①]。其目的"在于补偿受害人所遭受的损失，通过赔偿使受害人恢复到合同订立前的状态，或恢复到合同如期履行的状态"。违反著作权合同义务的，另一方当事人有权要求违约方赔偿损失。依《民法典》的规定，当事人一方违反合同的赔偿责任，应相当于另一方因此所受到的损失；并规定，可以在合同中约定对于违反合同而产生的损失赔偿额的计算方法。赔偿损失是以违约方的财产补偿受害人的经济损失。这一特征使它与支付违约金的责任相区别，如果一方的违约并未造成另一方实际损失的，违约方只支付违约金。赔偿损失的责任范围，应以实际损失为限。实际损失通常包括直接损失和间接损失：直接损失是受害人财产的直接减少；间接损失是受害人因此而失去的利益，或者说是应得而未得到的利益。需要指出，对于间接损失的认定应当严格控制，不能作任意扩大的解释，只有建立在充分的事实根据的基础上，才能认定。

---

① 陈晓君.合同法学[M].北京：中国政法大学出版社，2007：182.

（五）著作权合同纠纷的调解、仲裁和诉讼

1.著作权合同纠纷的调解

调解制度，被认为是我国民事诉讼传统的法律体现，特别是在建设社会主义和谐社会的背景下，该项制度更被看成是消除矛盾，减少诉讼，促进社会和谐的有效手段①。著作权合同纠纷，可以通过调解方式解决。通常是纠纷双方约定一方或双方让步，消除双方存在的争议。调解一般是在第三人的参与下进行，在我国多为律师或著作权行政管理机关参与调解。这是一种诉讼外的调解，双方达成的调解协议不具有法律效力，而是靠当事人自觉履行。如果一方或双方当事人不履行调解协议，则无法请求强制执行。当事人对达成的调解协议反悔的，有权向人民法院提起诉讼。此外，调解也不是解决著作权合同纠纷的必经程序。

2.著作权合同纠纷的仲裁

仲裁，亦称"公断"，是双方将一项争议托付一个第三者居中做出有约束力的决定，即"裁决"，以作为解决争议的一种法律手段。仲裁的裁定有法律上的执行效力。仲裁与法院诉讼相比，其优点是：程序简约，审理环境相对宽松，解决争议较为迅速；由于仲裁员对特定行业的习俗惯例具有专业知识，可以省去一些查证的麻烦和费用；由于仲裁的程序和结果可以不公开，有助于维护当事人的声誉。

从仲裁裁决与法院审判的关系角度而言，我国仲裁制度大体经历了一个从法院审判的前置程序到与法院审判并行且独立的纠纷解决机制的转变。在《中华人民共和国仲裁法》（以下简称《仲裁法》）颁布之前，我国的仲裁制度实质上是一种行政性质的仲裁，行使仲裁权的是设立在行政管理部门内部的仲裁机构。既无独立的法律地位，又明显背离仲裁独立性、自愿性与快捷性的特点，与现代意义上的仲裁制度存在着一定的差距。《仲裁法》的颁布，将仲裁机构从国家行政机关的体制中独立出来，对仲裁机构的独立性予以了确认。

在我国，建筑设计的著作权合同纠纷可以向根据《仲裁法》设立的仲裁机构——仲裁委员会——申请仲裁。但必须在著作权合同中约定仲裁条款，或在纠纷发生后双方达成书面仲裁协议，向仲裁机构申请仲裁。

3.著作权合同纠纷的诉讼

诉讼沟通是包括法院和原被告在内的多元主体间沟通。法院作为诉讼主体于诉讼程序中同当事人等其他主体处于平等的地位，而这种程序本质上是沟通程序，因而需要明确法院的诉讼主体地位。虽然当事人遵循平等、处分、辩论原

① 任茂东.民事案件的调解力度应加大[J].中国人大，2007(2)：1.

则，但法院因其负有的保障职责而在更广阔的诉讼沟通领域中同样与当事人之间的关系是“平等、处分、辩论”的“沟通”关系。平等原则要求三体间形成平等的沟通地位，处分原则要求主体在沟通中意思自主、地位独立，此两者分别体现了民事性的平等和自由精神。辩论原则要求在民事性之平等自由精神的前提下进行主体间直接的言语再沟通，最终达到凝聚共识、化解分歧的目的。起点原则的根本在于促使多元主体间形成平等自由的沟通环境，为之后的规范性约束提供起点和前提[①]。我国民事诉讼法中的以事实为依据原则、以法律为准绳原则及人民法院依法独立行使审判权原则、诚实信用原则、诉讼语言文字原则，分别以原则的形式规定了诉讼主体之间进行自由平等沟通时所必须遵循的真实性、正当性、坦诚性以及可理解性，确立了民事诉讼基本原则的沟通规范。这四个维度的规范原则打破了既往对于客观性和主观性的二分法，转而以促进主体间沟通规范且充分地展开为角度，对相关原则加以整合，避免了对绝对客观的偏执和对主观性能动意义认识之不足。建制化的司法程序既要保证司法商谈能够在一个不受非理性因素干扰的商谈空间中持续进行，又不能干预司法过程内在的论辩逻辑[②]。

建筑设计的著作权合同属于民事合同，发生纠纷之后，如果合同中无仲裁条款，事后也未达成仲裁协议，当事人可以直接就纠纷向人民法院提起民事诉讼；对于人民法院不予执行的仲裁裁决，以及当事人对调解协议反悔的，也可以向人民法院提起诉讼。人民法院依法应当受理著作权合同纠纷。

（六）商标权转让

商标权人可以转让自己的商标权。转让商标权在各国商标法中都是允许的，但是有的国家对于商标权转让规定了一些附带条件。比如，美国、德国、意大利、瑞士等国家的商标法都曾要求商标的转让必须连同先前使用该商标的企业或者至少是企业的一部分一并转让。这种规定的目的是保护公众的利益，防止商标转让后使用同一商标的商品质量发生突变，以致造成公众的误购。另一方面，如果商标权人转让了其商标在某些商品上的使用权，但同时保留了在另一些商品上的使用权，且这些商品属于类似商品，这也可能造成出处混淆的后果。因此这种转让在法律上也是不允许的，《巴黎公约》对此有明确规定。不过《巴黎公约》的规定只是赋予了成员国有权对此种行为的法律效力予以否定。我国商标法律制度虽未对商标连同企业或商誉转让做出规定，但却明确规定在同种或者

① 陈文曲. 我国民事诉讼基本原则的内在沟通逻辑[J]. 法律科学（西北政法大学学报），2022(4)：182-191.

② 高鸿钧. 商谈法哲学与民主法治国[M]. 北京：清华大学出版社，2007：156-157.

类似商品上注册的相同或者近似商标必须一并转让。同时通过我国现行商标法在转让程序上的规定，也可以在一定程度上防止造成公众误认的后果①。

（七）专利权转让

专利权转让是指专利权人将其获得的专利权转让给他人的行为。我国专利法规定，专利权与专利申请权都可以转让。专利权的转让导致专利权的主体发生变更。专利权只能作为一个整体转让，根据我国专利申请中“一申请一发明”原则，每一项专利只应当涉及一项发明创造，其客体是单一的，因此专利权人不能将其专利权分割转让。专利作为一种无体财产是可以转让的，转让专利是专利所有权人对自己财产的处分，专利所有人转让专利的权利是专利权的重要内容之一。

我国单位或个人向外国人、外国企业或者外国其他组织转让专利申请权或者专利权的，应当依照有关法律、行政法规的规定办理手续。转让专利申请权或者专利权的，当事人必须订立书面合同，经国务院专利行政部门登记后生效。

如果专利申请权或者专利权是共有的，则涉及共有权的行使规则。根据《专利法》的规定，专利申请权或者专利权的共有人对权利的行使有约定的，从其约定。没有约定的，共有人可以单独实施或者以普通许可方式许可他人实施该专利；许可他人实施该专利的，收取的使用费应当在共有人之间分配。除单独实施及普通许可方式许可他人实施这两种情形以外，行使共有的专利申请权或者专利权，如转让、部分转让、独占许可方式许可他人实施等情形，应当取得全体共有人的同意。

二、建筑设计知识产权的授权

建筑设计知识产权的授权，是指在建筑设计企业作为权利主体不发生变更的前提下，允许他人在一定的条件下行使其部分知识产权。由于知识产权的授权既能够保持知识产权主体的不变，又可以借助社会的力量来开发、利用自己的知识产权，所以它是非常重要的知识产权的行使方式。

（一）著作权的许可使用

著作权的许可使用，是指建筑设计的著作权人通过许可使用合同授权他人在某个地域范围内以某种方式利用其作品的制度。在此法律关系中，建筑设计的著作权人称为许可人，对方当事人称为被许可人。许可使用的标的是建筑设计相关著作财产权的中一项或几项，但不能是著作人身权。

① 刘春田．知识产权法［M］．北京：高等教育出版社，2015：115．

与著作权转让相比，著作权许可使用并不改变著作权的归属，被许可人所获得的只是对作品的使用权。但被许可人如果获得的是专有许可使用权，在一定的意义上，相当于通过转让合同取得了该项权利，因为这种被许可人在合同约定的时间和地域范围内独享该项权利，包括著作权人在内的任何人都不得以与该被许可人相同的使用方式对该作品进行使用。正因为如此，实际生活中，常有人误将专有许可当转让对待。从法律上看，专有许可使用与转让存在本质的区别，即专有许可使用人只能自己在约定的时间和地域范围内按约定的方式使用，不能转让该权利；而受让人不仅自己能够使用，而且还能将其拥有的权利转让或许可给他人①。

与法定许可使用相比，许可使用是著作权人通过许可使用合同授权相对人使用其作品的行为，被许可的标的可以是著作财产权中的任何权利，使用方式、时间、地域范围等都可以通过协商约定，是自己意志的体现。而法定许可使用则是法律直接规定，某些特定主体以某种方式使用作品的制度，除法律规定的特殊情形外，法律未做规定的，任何人不得擅自使用。在某种意义上讲，法定许可使用也是著作权人意志的体现，因为法律规定，著作权人声明不许使用的，任何人都不得不经著作权人许可而使用。另一方面，虽然法定许可使用者也得按照规定向著作权人支付报酬，但其报酬是法律规定的，不是与著作权人协商约定的。

与强制许可使用相比，许可使用是著作权人意志的体现，而强制许可则是违背著作权人意志的使用。因此，强制许可受到很多限制。

（二）著作权许可使用合同

著作权许可使用合同是建筑设计著作权人与相对人订立的许可其在约定的时间和地域范围内按约定的方式使用其作品的合同。《著作权法》规定："使用他人作品应当同著作权人订立许可使用合同，本法规定可以不经许可的除外。"因此，许可使用合同是要式合同、双务合同、有偿合同。

许可使用合同包括以下主要内容：①许可使用的权利种类。许可使用的权利种类是许可使用合同的标的。许可使用合同明确约定的权利，相对人才能使用；合同未明确约定的，相对人不得使用，否则就是侵权；许可使用的权利是专有使用权或者非专有使用权。该项内容决定许可使用权的性质。合同约定专有使用权的，相对人所获得的就是在合同约定的时间和地域范围内对作品享有排他的使用权；合同约定非专有使用权的，相对人所获得的就是在合同约定的时间和地域范围内对作品享有使用权，但无权阻止著作权人自己或者授权他人以相同

① 吴汉东.知识产权法学[M].5版.北京：北京大学出版社，2011：145.

的方式使用该作品。对著作权人和相对人来说,这个条款都是极其重要的。②许可使用的地域范围、期间。许可使用的地域范围就是著作权人许可相对人有权使用作品的地理区间,可以是全国范围,也可以是某个地理区域。许可使用的期间,就是许可使用合同的有效期间。此期间不得超过著作权的保护期。③付酬标准和办法。付酬标准,就是被许可人应当向著作权人支付使用费的标准。在我国,可参考的付酬标准有许多,如果许可使用合同不做明确约定,被许可人就无法向著作权人付酬,容易引起纠纷。付酬办法也是一个重要条款,应当在合同中明确约定。④违约责任。与著作权转让合同中违约责任的内容类似。除上述条款外,如果双方当事人认为需要约定其他内容的,可以进行协商约定。常见的内容有:作品的名称、作者的姓名或名称、被许可的权利与著作权其他权利的关系等。

在签订著作权许可使用合同时要认识到,著作权许可使用的仅仅是财产权,人身权是不能被许可使用的[①]。因此,许可使用人可以在著作权许可使用合同中约定,若是作品使用人侵犯了许可使用人的著作人身权,例如署名权、修改权、保护作品完整权等,作品使用人应当对其承担赔偿责任。

由于著作财产权的内容很多,具体包括复制权、发行权、出租权、展览权、表演权、放映权、广播权、信息网络传播权、摄制权、改编权、翻译权、汇编权以及应当由著作权人享有的其他权利。因此,在签订著作权许可使用合同时,要写明许可使用的权利范围。若是部分权利,则要将所许可使用的内容写清楚,避免发生争议。

为了避免合同双方在履约过程中就许可使用的范围和期限发生争议,签订著作权许可使用合同时,双方应把著作权许可使用的使用范围和时间做一个详细的约定。同时应当在著作权许可使用合同中明确约定,在履约过程中,若是作品使用人超出了所限制的范围或期限使用,就要向许可使用人承担相应的赔偿责任。

关于著作权许可使用合同的酬金约定,酬金是指许可使用人因许可作品使用人享受其相关权利而应获得的报酬,也是作品使用人应承担的主要义务。双方在约定著作权许可使用合同酬金时,可根据所许可使用的权利种类的多少、使用的地域范围和期间、作品的质量、作品在社会上影响的程度等因素进行考虑,从而确定金额。现实生活中,一些权利人通过拍卖这种方式来选择著作权许可使用合同的相对人,也可作为约定金额的一种方法;关于著作权许可使用合同约定的付酬方式和日期,在签订著作权许可使用合同时,双方应就酬金的支付方式

---

① 刘敏,范旭静.浅谈著作权许可使用合同的签订及注意事项[J].品牌与标准化,2014(7):40-41.

和日期进行明确约定。根据酬金的数额大小，其支付方式可以分为一次性支付和分期支付。若是选择分期支付，则对于分期支付的具体方式要约定好，以免发生纠纷；关于著作权许可使用合同酬金的逾期支付责任，双方在著作权许可使用合同签订时可以约定，若是作品使用人延期支付酬金的，应当按照一定数额支付补偿金；同时，还可以约定一个期限作为合理期限，若是作品使用人在期限到达之后仍未支付，则许可使用人有权解除著作权许可使用合同并要求其承担赔偿责任。

（三）商标权的许可使用

1. 商标权许可的概念

商标使用许可，是指建筑设计相关的商标权人（或其授权的人）依据一定的法律程序将其注册商标许可他人使用，并可就给予的使用权取得补偿的制度。使用许可关系中商标权人为许可人，使用注册商标的人为被许可人。使用许可关系建立以后，商标权人并不丧失该注册商标专用权，被许可人只取得注册商标的使用权。许可权是商标权的一项重要内容，没有这一权利，商标权作为一种“产权”是不完整的。同时它又是一项从属的权利，是从专用权派生出来的一项权利，商标权人可以行使也可以不行使。

使用许可并非一开始就得到法律的认可。作为一种用来区分来源的标志，商标禁止不同主体同时使用，因为若允许他人使用就无法起到区别作用。在这一点上，商标不同于专利，专利的实施依赖于有实施能力的经营者，专利权人特别是专利的发明人往往需要寻找合作伙伴，实施许可是专利权行使的重要方式。后来，随着商标的经济作用的扩展，商标权使用许可得到法律允许，已成为实现商标财产价值的手段之一。

2. 商标权许可的意义

商标权许可有利于建筑设计企业增加收入，为社会提供更好的产品。对商标权人来说，许可他人使用注册商标，是企业以无形资产扩大市场的竞争策略；对被许可人来说，使用他人已享有一定声誉的商标，实际上是以较先进技术和管理模式经营企业，从而减少了创业风险和产品进入市场的障碍，使短期内获得经济利益有一定保障。在使用许可过程中，为了保证许可使用商标商品的质量，许可人和被许可人在企业管理、生产技术、产品营销及售后服务各个环节互助互惠，不仅带动企业竞争力的全面提高，同时还可满足消费者对名牌产品的需求，促进市场繁荣。

商标权许可有利于对外经济技术合作。在国际贸易尤其是国际技术转让活动中，商标使用权的流转具有随附性，即商标权的许可伴随着技术转让、合资经营等一并发生。国内企业获得授权许可使用外国商标，往往是引进国外技术、生产线进行产品制造加工的“副产品”，或者是定牌加工等贸易形式中所产生的结果之一。所以，商标使用许可对大企业来说是开拓国外市场、对外投资经营的一种方式；对中小企业来说，则是吸收劳动力就业，赚取外汇，创造经济效益的一条有效途径。

3.商标使用许可的利弊分析

商标使用许可是一把双刃剑，利弊并存。一般来说，许可使用的商标是知名度较高的商标，所使用的对象相应为质量较高的商品或服务。因而，在进一步宣传注册商标特别是著名商标，扩大注册商标的影响，增大商品或服务的市场占有率，满足消费者的需要，带动和促进落后企业的发展等诸多方面，商标许可使用制度无疑都发挥着重要作用。但是，任何事物都有两面性，注册商标使用许可制度产生正面效应的同时，也可产生一定的负面效应。对于商标使用许可的利弊，可以从商标许可人、商标被许可人、消费者三个角度分析。

首先，对于商标使用许可的许可方而言，通过实施注册商标使用许可制度，许可他人使用其商标，一方面可以扩大商标的宣传，提高其商标在消费者中的认知度，有利于促进该品牌商品的市场销售；另一方面商标注册人不仅可以从中获得稳定的使用费，还可迅速地扩张市场份额，促进商标升值①。然而，对许可人而言，许可使用最大的负面效应就是商标功能的弱化，从而导致其权益受损。注册商标被许可使用尤其是多次许可使用以后，极有可能在识别功能、品质保证功能和广告竞争功能上产生一定的弱化现象，而此三种功能是商标的最基本功能。识别功能的弱化使消费者单从商标上难以弄清商品的出处，从而将不同生产者所提供的同一种商品区别开来。品质保证功能的弱化最重要的弊端在于商品品质有可能下降，具体原因是许可人的疏忽或许可人怠于对被许可人进行全面监督。一旦以上两个功能被弱化，广告竞争功能也就无从谈起。

其次，对于被许可方而言，商标许可是一种投入少、风险小、见效快的进入市场方式。使用许可方无须花费太多的人力、财力以及时间成本创造培养自己的品牌即可借助名牌效应，取得可观的市场份额。但是，高额的许可使用费、对技术设备的升级和改善以及培训工作人员的资金投入是商标被许可人不得不考虑的因素。尽管知名品牌能够取得较大的市场份额，但是对于特定区域而言，其品牌商品的市场总量是有限的，在该区域内如果同时存在诸多同一品牌的商品、服务提供，他们之间就要为有限的市场容量展开激烈的竞争。鉴于商品、服务的同

---

① 杨建锋.华伦天奴“们”如何自相残杀：商标使用许可应遵循适度原则[J].中华商标，2004(1)：33-34.

一性，价格战将成为竞争的主要方式，其后果是各个商品、服务提供者的利润被摊薄、稀释，使得该品牌商品、服务的提供者无法获得该品牌本应提供的回报①。竞争就是一种优胜劣汰的机制，必然会导致其中一些提供者被迫倒闭出局。

4. **商标权许可使用的方式和种类**

商标权许可使用的方式中最常见的是合同许可。以合同方式确立使用许可关系最为普遍。商标使用许可合同包括独立的许可协议，也包括其他合同中的商标使用许可条款。如前所述，许多情况商标许可是技术转让合同、成套设备进口合同等综合性的、含有知识产权其他方面内容的合同的组成部分。通过技术转让合同，被许可人采用专利技术或非专利技术生产经营某项产品，因而可以使用许可方的注册商标。除了技术合同外，商业特许经营、连锁经营也包含商标的使用许可。例如，在商业特许经营关系中，商标使用许可是构成双方权利义务关系的基础之一，被许可方使用许可方的商标等知识产权从事经营活动，许可方向被许可方提供经营指导、技术支持、人员培训、物流配送，使被许可方的产品或服务达到许可方的统一标准。又如，在定牌加工合作关系中，加工方生产并销售带有委托方注册商标的商品，也是一种商标使用许可合同关系。根据被许可人获得的使用权的不同，商标使用许可合同可分为以下三类：一是普通许可。即许可人允许被许可人在规定的期限、地域内使用某一注册商标，同时，许可人保留自己在该地区内使用该注册商标和再授予第三人使用该注册商标的权利。二是排他许可。即许可人允许被许可人在规定期限、地域内使用某一注册商标，许可人自己可以使用该注册商标，但不得另行许可他人使用该注册商标。三是独占许可。即许可人允许被许可人在规定的期限、地域内独家使用某一注册商标，许可人不得使用也不得将同一注册商标再许可他人使用。上述三类许可形式可大致分为独占许可和非独占许可。非独占许可相当于一个免予起诉被许可人侵权的契约，它不禁止许可人向第三方做出新的许可或自己使用许可标的，也不禁止许可人在被许可人的利益受到侵害时保持沉默。相反，独占许可为被许可人提供更多的保证。它要求许可人在许可合同的范围内抑制竞争，从而使被许可人在这一范围内对权利标的进行排他性的使用。正是基于许可的性质，在注册商标专用权被侵害时，独占使用许可合同的被许可人是适格的原告，可以自己的名义提起诉讼；排他使用许可合同的被许可人可以和商标注册人共同起诉，也可以在商标注册人不起诉的情形下，自行提起诉讼；普通使用许可的被许可人经商标注册人明确授权，可以提起诉讼②。

---

① 朱军华. 商标使用许可策略的运用及风险防范[J]. 经营者，2002(12)：63.

② 吴汉东. 知识产权法学[M]. 5版. 北京：北京大学出版社，2011：134.

商标权其他方式的许可是作为争议的解决方式而产生的。原来的侵权者成为被许可人，当事人的关系转变为使用许可关系。还可能有另外一种情况，即商标申请人发现自己欲申请注册的商标已有人使用。该申请人可以与使用在先的企业取得联系，收购下该商标，同时为在先使用者留下一段时间逐渐停止使用该商标。在这一期间内，双方当事人的关系为使用许可关系。商标许可使用不得强制进行。强制许可存在于专利权、著作权领域，当自愿许可交易成本过高或者公众利益需要的特定情况下，可以对专利权、著作权实行强制许可实施。商标权的强制许可是不允许的，这是因为商标是用来识别出处、区分来源的标志，使用的商标差异越明显，区别效果越好，而强制性地让某个商标被他人使用，无论怎么说都是毫无意义的。

5.商标许可合同备案

修改前和修改后的《商标法》均规定，商标注册人可以通过签订商标使用许可合同，许可他人使用其注册商标，商标使用许可合同应当报商标局备案。《商标法实施细则》还规定，许可人和被许可人应当在许可合同签订之日起 3 个月内，将许可合同副本交送所在地县级工商行政管理机关存查，由许可人报送商标局备案，并由商标局予以公告。违反此项规定的罚则是，由许可人或者被许可人所在地工商行政管理部门责令限期改正，拒不改正的，处以一万元以下的罚款，直至报商标局撤销该注册商标。与此相比，《商标法实施条例》虽也规定许可人和被许可人应当在许可合同签订之日起三个月内将合同副本报送商标局备案，但既没有规定存查和公告程序，也没有规定不报送备案应负的法律责任。虽然我国商标法规定商标使用许可合同“应当”备案，但是商标许可使用合同不是必须经过备案才产生法律效力。

首先，修改后的《商标法》已经充分体现了尊重私权自治的原则，商标许可使用是民事主体之间自愿发生的民事行为，双方许可使用合同一经签订即产生法律效力，除非当事人特别约定，不需要经过他人的批准或确认，如果发生法律上的纠纷，双方当事人则可以寻求司法救济。其次，许可使用协议是主合同，许可备案是从合同，按照主合同与从合同的关系，主合同不依赖从合同而独立存在，从合同以主合同的存在为前提，在效力上受主合同的影响和制约，因此不进行许可备案并不影响许可协议的成立，除非双方在许可协议中有特别约定。既然备案不是商标许可使用的必经程序，也不是许可合同成立的要件，那么为什么还要规定“应当”备案呢？这一问题可以从另一个角度，即商标行政管理角度来理解。现实生活中，社会和法律对执法的效率和准确性提出了越来越高的标准和要求，而合同签订形式的多样化，以及当事人之间合同关系的不确定性，都给商标行政管理工作带来了挑战，而经过国家商标主管机关备案的商标许可合同有利于执法机关掌握商标使用人使用注册商标的情况，及时查处商标侵权行为。所以，从这一角度理解，国家法律作出强制性规定，立法宗旨不在于干涉民事行为，而在于提高执法的准确性，切实保护商标注册人的合法权益，维护公平竞争的社会秩序①。

(四)专利权的许可使用

1.专利实施许可合同的概念与内容

专利实施许可合同，是指就建筑设计的专利权人或者经专利权人授权的人作为一方(即许可人)许可另一方(即被许可人)在约定的范围内实施专利技术所订立的合同②。专利实施许可不同于转让，合同生效后专利权仍在专利权人手中，被许可人只享有合同约定范围内的实施权，并不享有完整的专利权。

专利实施许可合同具有自身的法律特征。具体如下：①合同关系的独特性。专利实施许可合同的许可方是掌握一定的专利技术并能够为他人提供该专利技术的自然人、法人或者其他组织，合同内容围绕专利权及专利使用权的归属、专利实施的方式和收益的分配等展开，而不涉及财产所有权及物权关系，专利实施许可合同关系属于知识产权关系，订立专利实施许可合同的目的不在于转移专利的所有权，而在于专利的变现增值。②合同标的的殊异性。专利实施许可合同的标的是专利技术的使用权，专利实施许可合同标的所指对象是人的智力活动成果。人的智力活动成果属于无形财产，无形财产的特性决定了其既可以脱离物质实体而独立存在，也可以通过诸如仪器、磁盘和图纸等其他载体的形式予以表现。另外，合同标的对象的价值具有不确定性，没有形成统一的标准。在一般贸易合同中，商品的成本及利润均较易计算，而专利技术的价值须综合专利的开发成本、产品的供需状况、可能的经济效益以及潜在的市场风险等诸多因素才能确定。③合同履行的短期性。根据《民法典》第八百六十五条规定："专利实施许可合同仅在该专利权的存续期间内有效。"实践中，专利实施许可合同一般都规定有明确的有效期。由于技术更新的频率越来越快，导致专利实施许可合同的有效期较短，合同履行呈现出短期性的特点。目前，这类合同的履行期限一般为5～10年，在信息科学技术等产品换代更快的领域，专利实施许可合同的履行期限更短。④合同效力的地域性。如前所述，专利实施许可合同中的被许可人只能在合同约定的范围内实施专利技术，这一范围包括约定的地域范围。因此，被许可人只有在特定的地域范围内享有合同赋予的权利及承担合同约定的义

① 闫卫国.与商标使用许可合同有关的问题[J].中华商标，2003(8)：54-55.

② 吴汉东.知识产权法[M].北京：法律出版社，2004：168.

务。专利实施许可合同的这一特性是知识产权的地域性特征的当然之义。⑤合同行为的要式性。《专利法》第十二条规定:“任何单位或者个人实施他人专利的,应当与专利权人订立书面实施许可合同,向专利权人支付专利使用费。”根据《民法典》第八百六十三条的规定,专利实施许可合同应当采用书面形式。同时,当事人订立合同,有书面形式、口头形式和其他形式。法律、行政法规规定采用书面形式的,应当采用书面形式。当事人约定采用书面形式的,应当采用书面形式。由此,专利实施许可合同必须采取书面形式,属于要式合同。未采取书面形式的,合同不成立,除非根据法律规定,当专利实施许可合同的一方当事人已经履行主要义务,且另一方接受的,该合同才成立。虽然有观点认为专利实施许可合同应确立默认许可制度①,但在现行法律没有对这一问题做出修改前,专利实施许可合同的要式性仍无法改变。

专利实施许可合同应当包括以下内容:发明创造的名称、内容;专利申请日、申请号、专利号以及专利权的有效期;实施许可的范围;技术情报和资料以及保密事项;技术服务的内容;验收标准和方式;专利实施许可费的数额和支付方式;违约责任及其承担;技术后续改进的提供和分享方式;争议解决办法;等等。

2. 专利实施许可的种类

按被许可人享有实施权的排他程度不同可以分作独占实施许可、排他实施许可和普通实施许可。独占实施许可是指在独占实施许可有效期间,被许可人以外的任何人,包括专利权人本人,都不得实施该项专利,只有被许可人享有实施该项专利的权利的许可方式。但专利权仍然属于专利权人,待实施许可期限届满专利权人将再度享有全部实施权。排他实施许可是指专利权人将许可他人实施专利的权利仅授予某个被许可人,在该实施许可有效期间,专利权人不得再度许可任何第三人实施该项技术,但专利权人本人仍保留实施权,即专利权人本人仍可以实施该项专利的许可方式。独占实施许可和排他实施许可的差别就在于专利权人自身能否实施其专利。普通实施许可的被许可人则不享有任何意义上的专有实施权,专利权人不仅自己可以实施其专利,而且还可不受限制地再许可他人实施其专利。

根据发放专利实施许可的人是否为专利权人,分为主许可和分许可。主许可即专利权人自己颁发的专利实施许可,分许可则是由被许可人依据专利权人在主许可中的授权再向他人发放的专利实施许可。分许可从属于主许可,如果在主许可中没有特别授权,被许可人不享有发放分许可的权利。

---

① 蒋逊明,朱雪忠.中国专利实施许可制度存在的问题及对策[J].科研管理,2009(5):50.

根据许可合同的对价是许可使用费还是被许可人自己专利的实施权，还可以分出一种交叉许可。交叉许可，是指专利权人之间相互交换自己专利的实施许可而达成的一种许可方式。这种许可方式实际上就是专利领域中的“易货贸易”。“专利联营”或者“专利池”就是这种许可方式的产物①。

3. **强制许可**

所谓强制许可，是指在特殊的法定条件下，未经专利权人同意，他人可在履行完毕法定手续后取得实施专利的许可，但仍应向专利权人缴纳专利实施许可费。这种法定手续通常是报专利局审核、批准。

我国现行专利法对发明专利和实用新型专利规定了强制许可，但要施行强制许可的规定至少应当满足以下条件之一：专利权人自专利权被授予之日起满3年，且自提出专利申请之日起满4年，无正当理由未实施或者未充分实施其专利的，国务院专利行政部门可根据有条件实施者的申请，给予实施该发明或者实用新型专利的强制许可；专利权人行使专利权的行为被依法认定为垄断行为，为消除或者减少该行为对竞争产生的不利影响，国家专利行政部门可以根据请求给予实施专利的强制许可；为了公共健康目的，对取得专利权的药品，国务院专利行政部门可以给予制造并将出口到符合我国参加的有关国际条约规定的国家或者地区的强制许可；一项取得专利权的发明或者实用新型比先前已经取得专利权的发明或者实用新型在技术上有重大进步且具有显著的经济价值，其实施又有赖于前一发明或者实用新型的实施的，专利局根据后一专利权人的申请，可以给予实施前一发明或者实用新型的强制许可；强制许可涉及的发明创造为半导体技术的，其实施限于公共利益目的和反垄断目的。

在专利局做出强制许可决定之后，双方当事人还应当就许可使用费进行协商。若不能就实施许可费达成协议，可由专利局进行裁决。

强制许可在性质上不具有独占性，属于普通实施许可，且不可转让。一般而言，强制许可的申请人在提出申请时应当提供证据，以证明其以合理的条件请求专利权人许可其实施专利，但未能在合理的时间内获得许可。此外，强制许可的目的通常也只限于满足国内市场的需求。

（五）专利实施许可合同违约责任的构成要件

专利实施许可合同违约责任，是指合同中承担约定义务的当事人不履行或者不适当履行其义务导致违约的发生，进而向非违约方承担法定的或约定的损害赔偿等义务。专利实施许可合同的违约方向非违约方承担损害赔偿等义务应

① 吴汉东. 知识产权法[M]. 北京：法律出版社，2004：168.

满足一定的条件，这些条件即是专利实施许可合同违约责任的构成要件。大部分学者认为，专利实施许可合同违约责任的构成要件有二：违约方有违约行为和违约方无免责事由。

1. 违约方有违约行为

违约行为是违约方承担违约责任的基本前提，没有违约行为的存在，也就不会产生违约责任。实践中，专利实施许可合同中的违约行为的形态有以下几种情形：第一种情况是不履行。不履行专利实施许可合同义务的情况一般有两种：一是拒绝履行，即义务人能够履行但故意拒绝履行，如许可方拒绝被许可方实施合同中约定的专利技术、被许可方有能力支付合同价款但拒绝支付等；二是履行不能，即虽然义务人主观上愿意履行合同义务，但由于技术实施水平、实际履行能力等客观条件的原因而无法履行；另一种情况是不适当履行。又称不完全履行或不正确履行，指义务人虽然具备履约能力，也有履约的行为，但没有按照合同的约定全面履行义务。义务人履行专利实施许可合同义务不符合约定条件的情况大致有两种：一是义务人虽然履行了专利实施许可合同义务，但逾越了合同中双方约定的条件；二是义务人虽然履行了专利许可合同义务，但是没有按照合同中的约定全面履行合同的各项义务；还有一种情况是履行迟延。又称逾期履行，是一种比较常见的违约行为形态，指义务人未在专利实施许可合同约定的期限内履行义务，而是在约定的期限届满后履行①。合同约定有明确的履行期间是判断是否构成履行迟延的前提。在专利实施许可合同中，当事人没有明确约定履行义务期间的情况下，经权利人催告或权利人指定的期间届满，债务人仍没有履行义务的，也构成履行迟延；另外一种情况是预期违约。预期违约有明示违约与默示违约两种情况，是指在专利实施许可合同已经有效成立的前提下，当事人一方在合同履行期限届满之前，以自身的行为或者言语明确表示不履行合同主要义务。预期违约原是英美合同法中的制度，是合同一方在合同规定的履行期届满前毁弃合同，否认合同的有效性或者明确表示不履行已承诺的合同义务②。

2. 违约方无免责事由

违约责任的免责事由是指免除或者限制违约方承担违约责任的原因，包括法定免责事由（不可抗力和非违约方过错）与约定免责事由。专利实施许可合同违约责任的免责事由亦是如此。

---

① 刘远山，李少彬，余秀宝. 浅谈专利实施许可合同违约责任[J]. 法制与经济（中旬刊），2011(3)：18-20.

② 魏振瀛. 民法[M]. 北京：北京大学出版社，2000：430.

(1)不可抗力。不可抗力是指不能预见、不能避免并不能克服的客观情况,因不可抗力不能履行合同的,部分或全部免除责任,但法律另有规定的除外。也就是说,当合同一方没有履行专利实施许可合同中的义务是因不可抗力的因素造成的,债务人可以此主张部分或全部免除其违约责任,但债务人迟延履行后发生不可抗力的情形,其违约责任不能免除。

(2)非违约方过错。这种情形是指非违约方对损害的发生存在主观上的故意或过失。在专利实施许可合同中,非违约方有过错的,未履行合同义务的一方可以减轻或免除责任。合同双方当事人都有过错的,发生过错相抵,各自承担相应的责任。所谓过错相抵,是指违约方可以因相对人的过错而减轻或免除其违约责任。

(3)约定免责事由。专利实施许可合同当事人可以在合同中约定免责事由,即免责条款。当双方约定的免责事由发生时,可免除或者限制违约方的违约责任。约定的免责事由不得违反法律、行政法规的强制性规定,也不得违反社会公共利益和诚实信用原则。

(六)专利实施许可合同违约责任的承担方式

专利实施许可合同违约责任的承担方式是指在合同履行过程中,当违约行为发生时,违约方向非违约方承担责任的具体形式。《民法典》第五百七十七条规定:"当事人一方不履行合同义务或者履行合同义务不符合约定的,应当承担继续履行、采取补救措施或者赔偿损失等违约责任。"就专利实施许可合同而言,违约责任的承担方式还有支付违约金、适用定金罚则等。实践中最常见的是赔偿损失和支付违约金两种方式。

1.赔偿损失

赔偿损失作为一种专利实施许可合同违约责任的承担方式,目的在于填补受害人所受之实际损害,不具有惩罚性。确定赔偿损失的范围应遵循完全赔偿原则,同时应注意合理预见规则、减轻损失规则和损益相抵规则的适用。首先,完全赔偿原则要求专利实施许可合同的违约方对于因违约行为造成的全部损失负赔偿责任,包括直接损失和间接损失。直接损失是指因专利实施许可合同当事人一方的违约行为已经造成的另一方财产的减少或者支出的增加;间接损失是指由于专利实施许可合同当事人一方的违约行为造成的另一方可预见的财产收益的减少或者支出的增加,即在合同适当履行后可以取得的财产利益的损失。其次,合理预见规则是指专利实施许可合同违约方承担的赔偿间接损失的责任范围不允许超过其在订立合同时所能预见到或应当预见到的损失的规则。因赔偿损失以填补损害为原则,合理预见规则为防止非违约方不当得利、损害违约方利益而设。再次，减轻损失规则，指专利实施许可合同的当事人一方违约后，非违约方应采取适当的措施以避免损失的扩大，否则非违约方不得要求违约方就扩大部分的损失进行赔偿。减轻损失规则的目的是为了促进合同当事人之间精诚协作，减少损失。最后，损益相抵规则，又称损益同销规则，指专利实施许可合同的非违约方因损害的发生而获得利益时，在其应得的赔偿额中应扣除其所获利益的规则。基于同一赔偿原因而受有利得，则应扣除利得，才为其实际所受的损害①。

2. 支付违约金

专利实施许可合同中违约金的功能同样主要在于填补损害，法律不允许专利实施许可合同当事人约定的违约金数额超过合同价款、使用费或者报酬的总额。鉴于科技活动的探索性、复杂性与不确定性的特点，专利实施要求较高的专业知识和技术能力。当一方违约时，确定违约方给对方当事人造成的损失额存在一定的难度，因而法律对当事人承担违约责任方式的规定较为灵活。专利实施许可合同当事人既可以约定违约金，也可以约定因违约而产生的损失额的计算方法。违约方支付违约金时应注意以下问题：首先，一方违约，但没有给另一方造成损失时，按照双方约定的违约金支付；其次，一方违约，同时也给另一方造成损失时，如果双方约定的违约金过分高于或者低于实际损失，合同当事人可要求适当减少或者增加；再次，合同当事人针对迟延履行约定了违约金的，违约方支付违约金后，还须履行合同义务。

3. 继续履行

继续履行又称强制实际履行，是指专利实施许可合同的一方当事人违约时，另一方有权要求违约方继续履行其债务的一种责任形式。继续履行作为承担违约责任的一种方式，其目的是要求合同的违约方继续履行合同义务，以顺利实现合同目的。

4. 采取补救措施

在专利实施许可合同中补救措施有多种，如当许可人违约时可以减少价款或报酬等。采取补救措施一般是在合同不适当履行的条件下适用，且违约方有能力采取补救措施②。

---

① 史尚宽. 债法总论[M]. 北京：中国政法大学出版社，2000：310.

② 刘远山，李少彬，余秀宝. 浅谈专利实施许可合同违约责任[J]. 法制与经济（中旬刊），2011(3)：18－20.

5. 适用定金罚则

专利实施许可合同当事人若订有定金条款，当一方违约时，适用定金罚则，即支付定金的一方不履行约定义务，无权要求返还定金；收受定金的一方不履行约定义务，应双倍返还定金。专利实施许可合同当事人约定的定金数额不得超过主合同标的数额的百分之二十，超过部分无效。

参考文献

[1]林徽因. 中国建筑常识[M]. 北京:北京理工大学出版社,2017.

[2]艾学明. 公共建筑设计[M]. 2 版. 南京:东南大学出版社,2015.

[3]冯美宇. 建筑设计原理[M]. 武汉:武汉理工大学出版社,2020.

[4]杨书婷. 现代建筑设计中的色彩美学的艺术体现[J]. 建筑结构,2022(3):162.

[5]潘琦. 文化性和艺术化主导下的建筑设计[J]. 建筑结构,2022(3):164.

[6]王东旭. 建筑工程中建筑设计的重要性及强化措施[J]. 陶瓷,2020(12):106.

[7]赵沛源. 现代建筑设计的艺术美学展现[J]. 建筑结构,2021(16):167.

[8]吴德峰. 建筑外墙陶瓷装饰的设计原则与意义[J]. 中国陶瓷,2018(1):71.

[9]王懔. 当代建筑设计应遵循的五项原则[J]. 美术观察,2014(9):24.

[10]赵悟,鲁璇. 基于人性化理念的建筑室内空间环境设计探析[J]. 建筑经济,2021(7):96.

[11]何相宇,张路. 建筑结构设计依据合理化识别方法研究[J]. 建筑结构,2019(S1):218.

[12]马景忠. 中日两国建筑设计程序的比较[J]. 建筑学报,2003(8):67.

[13]郭禾. 知识产权法[M]. 5 版. 北京:知识产权出版社,2014.

[14]刘春田. 知识产权法[M]. 北京:高等教育出版社,2009.

[15]张玉敏. 知识产权法学[M]. 北京:法律出版社,2011.

[16]韩松. 知识产权法[M]. 北京:中国人民大学出版社,2006.

[17]王春燕. 也论知识产权的属性[J]. 中国法学,1996(3):96.

[18]刘春茂. 中国民法学・知识产权[M]. 北京:中国人民公安大学出版社,1997.

[19]史尚宽. 民法总论[M]. 北京:中国政法大学出版社,2000.

[20]王利明. 民法[M]. 北京:中国人民大学出版社,2005.

[21]吴汉东. 知识产权法[M]. 北京:中国政法出版社,2011.

[22]王泽鉴. 民法总论[M]. 北京:中国政法出版社,2001.

[23]杨立新. 民法总论[M]. 北京:高等教育出版社,2007.

[24]维纳. 控制论. [M]. 郝季仁,译. 北京:科学出版社,1962.

[25]王迁. 知识产权法教程[M]. 北京:中国人民大学出版社,2011.

[26]张玉敏. 知识产权法学[M]. 北京:法律出版社,2001.
[27]夏征农. 辞海[M]. 上海:上海辞书出版社,1989.
[28]李健. 论建筑物的知识产权[J]. 沈阳建筑大学学报(社会科学版),2011(3):355.
[29]郑思成. 知识产权法[M]. 2 版. 北京:法律出版社,2003.
[30]李明德. 美国知识产权法[M]. 北京:法律出版社,2014.
[31]李永明. 建筑作品著作权问题研究[J]. 浙江大学学报(人文社会科学版),2008(1):74.
[32]王迁. 论建筑作品的表现形式[J]. 法商研究,2014(6):126.
[33]刘宁. 建筑作品著作权侵权认定探析[J]. 福州大学学报(哲学社会科学版),2016(5):99.
[34]冉崇高,赵克. 著作权与外观设计专利权的竞合与冲突[J]. 人民司法,2011(21):90.
[35]汪廷固. 建筑设计作品保护方式的法律探析[J]. 设计,2017(16):110.
[36]郑效军,何英,高海龙. 建筑作品定义辨析[J]. 知识产权,2008(3):73.
[37]童海超. 如何认定建筑工程设计图图形作品的独创性[N]. 中国知识产权报,2017-10-11(8).
[38]朱啸飞. 建筑作品的法律特征及其保护条件[J]. 法治研究,2010(6):95.
[39]梁志文. 摄影作品的独创性及其版权保护[J]. 法学,2014(6):32.
[40]汤宗舜. 专利法教程[M]. 北京:法律出版社,1996.
[41]曹阳. 专利实务指南与司法审查[M]. 北京:法律出版社,2018.
[42]黄晖. 商标法[M]. 北京:法律出版社,2004.
[43]杜颖. 商标法[M]. 北京:北京大学出版社,2015.
[44]李明德. 美国知识产权法[M]. 北京:法律出版社,2003.
[45]文学. 商标使用与商标保护研究[M]. 北京:法律出版社,2008.
[46]曾陈明汝. 商标法原理[M]. 北京:中国人民大学出版社,2003.
[47]吴汉东. 知识产权侵权诉讼中的过错责任推定与赔偿数额认定[J]. 法学评论,2014(5):124.
[48]刘瑛. 再论建筑作品的著作权保护[J]. 知识产权,2012(2):35.
[49]林欢. 著作权法中思想与表达二分法原则的运用[J]. 法制与经济,2016(7):100.
[50]吴汉东,曹新明. 西方诸国著作权制度研究[M]. 北京:中国政法大学出版社,1998.
[51]王迁. 知识产权教程[M]. 北京:中国人民大学出版社,2019.

[52]崔国斌.著作权法原理与案例[M].北京:北京大学出版社,2014.
[53]张今.著作权法[M].北京:北京大学出版社,2018.
[54]韦之.著作权法原理[M].北京:北京大学出版社,1998.
[55]卢海君.美国的建筑作品著作权制度及对我国的启示[J].北方法学,2010(2):50.
[56]李扬.日本著作权法[M].北京:知识产权出版社,2011.
[57]李鹏媛.著作权中个人合理使用制度研究[J].传播与版权,2020(10):167.
[58]龙文懋.知识产权法哲学初论[M].北京:人民出版社,2003.
[59]左晶,李然.我国著作权保护期制度优化研究[J].出版发行研究,2019(4):61.
[60]陈仲伯.专利信息利用与创新[M].北京:知识产权出版社,2012.
[61]冯晓青,刘友华.专利法[M].北京:法律出版社,2009.
[62]宁立志.欧盟专利的发展及其核心问题[J].学习与实践,2012(5):48.
[63]苏平,何培育.专利法[M].北京:北京大学出版社,2020.
[64]崔国斌.专利法:原理与案例[M].北京:北京大学出版社,2020.
[65]舒予.论企业专利交叉许可的对内共赢与对外垄断[J].创新,2007(5):83.
[66]德雷特勒.知识产权许可[M].王春燕,译.北京:清华大学出版社,2003.
[67]王保民,张峣.我国专利先用权制度实施的困境与立法完善[J].知识产权,2013(8):62.
[68]中国科学技术情报所专利馆.国外专利法介绍(第二卷)[M].北京:知识出版社,1981.
[69]王敏,曹晓娟.浅析专利权的限制[J].企业导报,2014(12):132.
[70]袁秀挺,凌宗亮.我国知识产权法定赔偿适用之问题及破解[J].同济大学学报(社会科学版),2014(6):117.
[71]边仁军.专利侵权损害赔偿规则的标准、困境与重构[J].知识产权,2021(3):38.
[72]王太平.商标侵权的判断标准:相似性与混淆可能性之关系[J].法学研究,2014(6):162.
[73]王太平,卢结华.欧盟商标法上侵犯商标权的判断标准[J].知识产权,2014(11):77.
[74]孔祥俊.商标与不正当竞争法:原理与判例[M].北京:法律出版社,2009.
[75]王太平.商标法:原理与案例[M].北京:北京大学出版社,2015.
[76]肖乾利.浅析商标反向假冒行为的性质及法律规制[J].西华大学学报(哲学社会科学版),2007(5):89.

[77]宋红松,刘君. 商标权的限制与漏洞补充[J]. 中华商标,2002(2):44.
[78]广东省深圳市福田区人民法院课题组. 商标侵权惩罚性赔偿的制度构建[J]. 知识产权,2020(5):44.
[79]冯术杰,夏晔. 警惕惩罚性赔偿在知识产权法领域的泛用:以商标法及其实践为例[J]. 知识产权,2018(2):42.
[80]张鹏. 知识产权惩罚性赔偿制度中故意认定的关键因素探析[J]. 知识产权,2017(5):40.
[81]张维. 知识产权侵权获赔额整体偏低[N]. 法制日报,2013-4-18(4).
[82]王泽鉴. 侵权责任法[M]. 北京:中国政法大学出版社,2001.
[83]张新宝. 中国侵权责任法(修订版)[M]. 北京:中国社会科学出版社,1998.
[84]李楠. 商标侵权归责原则研究[D]. 大连:大连理工大学,2013.
[85]冯晓青. 知识产权侵权归责原则之探讨[J]. 江淮论坛,2011(2):87.
[86]王利明. 侵权行为法归责原则研究[M]. 北京:中国政法大学出版社,2003.
[87]刘宁. 对我国知识产权侵权归责原则的理论探讨[J]. 同济大学学报(社科版),2008(6):108.
[88]杨志祥. 著作权侵权行为的归责原则[J]. 理论学刊,2009(3):98.
[89]李明德. 美国知识产权法[M]. 北京:法律出版社,2003.
[90]李洋. 知识产权法基本原理:著作权法[M]. 北京:中国社会科学出版社,2013.
[91]董燕石. 浅谈建筑作品的著作权保护[J]. 知识产权,2005(4):50.
[92]姚维红. 我国专利侵权责任归责原则立法研究[J]. 电子知识产权,2017(10):12.
[93]福克斯. 侵权行为法[M]. 北京:法律出版社,2006.
[94]王泽鉴. 民法学说与判例研究(第2册)[M]. 北京:中国政法大学出版社,1998.
[95]蒋志培. TRIPS 肯定的知识产权侵权赔偿的归责原则和赔偿原则[J]. 法律适用,2000(10):7.
[96]姚维红. 我国专利侵权责任归责原则立法研究[J]. 电子知识产权,2017(10):12.
[97]郑成思. 侵害知识产权的无过错责任[J]. 中国法学,1998(1):81.
[98]汤宗舜. 知识产权的国际保护[M]. 北京:人民法院出版社,1999.
[99]张玉敏. 侵害知识产权民事责任归责原则研究[J]. 法学论坛,2003(3):20.
[100]冯晓青. 知识产权侵权归责原则之探讨[J]. 江淮论坛,2011(2):87.
[101]胡开忠. 知识产权比较研究[M]. 北京:中国人民公安大学出版社年

版,2004.
[102]王利明.论返还不当得利责任与侵权责任的竞合[J].中国法学,1994(5):74.
[103]张广良.知识产权侵权民事救济[M].北京:法律出版社,2003.
[104]曹阳.专利实务指南与司法审查[M].北京:法律出版社,2019.
[105]刘庆辉.中国专利侵权诉讼指引[M].北京:中国法制出版社,2019.
[106]白新潮.侵犯知识产权犯罪法律适用问题研究[J].中国检察官,2006(10):26.
[107]黄薇.中华人民共和国民法典释义(下)[M].北京:法律出版社,2020.
[108]黄忠.赔礼道歉的法律化:何以可能及如何实践[J].法制与社会发展,2009(2):118.
[109]杜颖.商标法[M].3版.北京:北京大学出版社,2016.
[110]王太平.商标法[M].北京:北京大学出版社,2017.
[111]田村善之.日本现代知识产权法理论[M].北京:法律出版社,2010.
[112]曾世雄.损害赔偿法原理[M].北京:中国政法大学出版社,2001.
[113]孔祥俊.反不正当竞争法新论[M].北京:人民法院出版社,2001.
[115]王洪友.知识产权理论与实务[M].北京:知识产权出版社,2016.
[115]毛金生.海外专利侵权诉讼[M].北京:知识产权出版社,2012.
[116]郑文丽.企业制定战略规划存在的问题及对策分析[J].技术与市场,2021(1):188.
[117]吴汉东.科技、经济、法律协调机制中的知识产权法[J].法学研究,2001(6):128.
[118]王苏菲.论企业战略发展与内部控制管理的关系[J].现代国企研究,2019(10):46.
[119]易继明.知识产权强国建设的基本思路和主要任务[J].知识产权,2021(10):13.
[120]叶珺君.知识产权对创新创业的激励机制研究[J].继续教育研究,2021(5):96.
[121]国家知识产权局知识产权保护司.企业知识产权保护指南[M].北京:知识产权出版社,2022.
[122]盛斌,毛其淋.贸易自由化、企业成长和规模分布[J]世界经济,2015(2):3.
[123]叶国灿.企业管理模式的创新趋势[J]管理世界,2003(12):146.
[124]顾金焰.企业知识产权管理部门设置[J].电子知识产权,2006(11):56.
[125]高正宏,倪佳逸.强化企业知识产权协同保护的探索与实践[J].现代企业,

2022(5):90.
[126]肖世良.激励机制在企业人力资源管理中的应用[J].人才资源开发,2022(7):91.
[127]李维真.企业商业秘密风险解析与制度建设[J].商业经济研究,2021(15):129-131.
[128]张倩.竞业限制与竞业禁止对企业商业秘密的保护作用探讨[J].企业改革与管理,2022(5):40-42.
[129]董保华.十大热点事件透视劳动合同法[M].北京:法律出版社,2007.
[130]曾竞.劳动者违反竞业限制义务的认定与责任竞合问题研究[J].法律适用,2020(4):56-68.
[131]单海玲.雇员离职后的竞业禁止[J].法学研究,2007(3):71-79.
[132]姚建军.竞业限制不正当竞争诉讼研究:以竞业限制与商业秘密的关系为视角[J].法律适用,2013(2):81-86.
[133]陈艳.违反竞业限制义务的违约责任[J].中国人力资源社会保障,2022(3):54.
[134]张然.加强企业销售合同管理的思考[J].现代商业,2009(5):175.
[135]张隽.浅析企业采购合同管理存在的问题与对策[J].中国集体经济,2022(2):34.
[136]张杰.采购与供应管理[M].13版.北京:北京机械工业出版社,2011.
[137]石晨阳.浅论采购环节的知识产权风险管控[J].现代商业,2020(16):107.
[138]王双陆.企业知识产权运营及其法律规制研究[J].中国市场,2019(24):97.
[139]张亚雯.浅析新常态下中小企业的知识产权保护问题[J].商场现代化,2018(16):93.
[140]顾金焰.企业知识产权管理部门设置[J].电子知识产权,2006(11):56.
[141]冯晓青.企业知识产权运营及其法律规制研究[J].南京社会科学,2013(6):86.
[142]杨玲.专利实施许可备案效力研究[J].知识产权,2016(11):77.
[143]姚兵.企业员工招聘中的"三重匹配性"[J].企业科技与发展,2021(8):108-110.
[144]谢永立.深化国企改革进程中,员工关系管理如何升级[J].人力资源,2020(24):114.
[145]苏焕.人力资源在人才招聘中的策略[J].中国商论,2022(9):121.
[146]唐金芝.企业人力资源招聘存在的问题和改善对策分析[J].商场现代化,

2021(16):139.
[147]高正宏,倪佳逸.强化企业知识产权协同保护的探索与实践[J].现代企业,2022(5):90.
[148]熊小荣.企业知识产权人才培养与发展[J].通信企业管理,2019(12):46.
[149]赵冰.我国中小企业核心人才管理问题研究[J].现代商业,2020(2):109.
[150]袁洪君.入职管理中的风险控制[J].人力资源,2014(9):50.
[151]张素英.降低员工泄露商业秘密的风险[J].保密工作,2013(12):53.
[152]王卓.浅谈企业如何防范员工离职风险[J].中国电业,2020(8):94.
[153]邓秋香.企业人力资源培训与开发的问题与解决对策[J].商业观察,2021(33):36.
[154]肖世良.激励机制在企业人力资源管理中的应用[J].人才资源开发,2022(7):91-92.
[155]唐苏娜.国企人力资源管理中创新绩效考核的问题探究[J].中国市场,2018(27):185.
[156]尹宏.论国企人力资源管理绩效考核中的问题及对策[J].企业改革与管理,2014(12):67.
[157]母海林.企业绩效考核问题及其对策探讨[J].企业改革与管理,2022(3):87.
[158]潘阳红.新时代家庭文化建设的创新研究[J].知与行,2019(5):119.
[159]王俊文.论新形势下市场营销理念的创新与发展[J].科技经济市场,2016(3):79.
[160]安蕊,朱英泮.企业市场营销管理及创新策略[J].中国市场,2021(6):135.
[161]曾莠咏.新形势下企业管理的创新战略研究[J].商业文化,2021(35):70.
[162]吴海燕,杨武.我国企业研发人员创新能力开发模式探析[J].科技管理研究,2010(3):17.
[163]张爽.中小型企业技术创新对企业可持续发展的作用[J].经济研究导刊,2010(22):19.
[164]李宇红,苏艳芳.中小企业面向市场的新产品开发[J].商场现代化,2007(5):104.
[165]林钟高,吴利娟.公司治理与会计信息质量的相关性研究[J].会计研究,2004(8):65.
[166]蒋艺翅,姚树洁.信息披露质量对企业创新的激励与治理效应研究[J].当代经济科学,2022(2):117.
[167]鞠欣余.软件盗版的成因与解决对策研究[J].科技资讯,2016(35):244.

[168]常守风.论著作权转让的特点及界限[J].出版发行研究,2002(5):41.
[169]冯晓青.企业知识产权管理[M].北京:北京知识产权出版社,2015.
[170]张惠彬,王怀宾.著作权集体管理制度的反思与回应:信托视角下[J].中国编辑,2022(5):56.
[171]李永军.对我国民法典上"民事责任"的体系化考察[J].当代法学,2020(5):3.
[172]陈晓君.合同法学[M].北京:中国政法大学出版社,2007.
[173]陈文曲.我国民事诉讼基本原则的内在沟通逻辑[J].法律科学,2022(4):182.
[174]高鸿钧.商谈法哲学与民主法治国[M].北京:清华大学出版社,2007.
[175]刘敏,范旭静.浅谈著作权许可使用合同的签订及注意事项[J].品牌与标准化,2014(7):41.
[176]朱军华.商标使用许可策略的运用及风险防范[J].经营者,2002(12):63.
[177]闫卫国.与商标使用许可合同有关的问题[J].中华商标,2003(8):54.
[178]蒋逊明,朱雪忠.中国专利实施许可制度存在的问题及对策[J].科研管理,2009(5):50.
[179]魏振瀛.民法[M].北京:北京大学出版社,2000.
[180]史尚宽.债法总论[M].北京:中国政法大学出版社,2000.

后　记

本书是中国建筑西北设计研究院内部业务建设经费支持课题“建筑设计机构知识产权保护与利用体系的建构研究”(NB-2021-GCGL-01)的主要成果之一。首先感谢中国建筑西北设计研究院对本书出版的全额经费支持，中国建筑西北设计研究院是新中国成立初期国家组建的六大区建筑设计院之一，曾先后隶属于国家建筑工程部、国家建委、国家建工总局、国家住建部、中国建筑集团，现已发展成为全国资质最全、规模最大、实力最强的甲级建筑设计单位之一。本课题的研究过程中得到了很多单位、学者和同学的支持与帮助。西安交通大学知识产权研究院院长马治国教授作为我的博士生导师，为本课题的完成提供了重要指导。西北大学法学院刘桢讲师为本课题提供了重要的研究思路。西安交通大学法学院博士生国小娜、硕士生孙慧敏、硕士生刘亚林，中国人民大学法学院硕士生李婧琳等同学在研究生就读期间直接作为课题成员积极参与本课题的研究并做出了重要贡献。中国建筑西北设计研究院法律事务部王凯峰、科技发展部王元舜为本课题的研究提供了重要支持。在本书即将付梓之际，向支持、帮助、指导、参与本课题研究的所有人员的慷慨付出和无私贡献表示衷心感谢。感谢马治国教授为拙作慷慨作序。

本书所涉及的建筑设计领域的知识产权保护问题研究仅为初步尝试，书中的内容以及任何缺点、错误和不当之处均由笔者负责。

赵　龙

二〇二二年八月于西安